조선총독부 도시계획 공문서와 기록평가론

조선총독부 도시계획 공문서와 기록평가론

한국국가기록연구원 엮음

발간사

일제시기 도시계획사는 한국 근현대 100년을 관통하는 의미를 지닌다. 근대 시기에 시작된 도시화와 그 계획과정은 현대 도시의 모습에 상당한 영향을 미치고 있으며, 한편 도시의 형성과정을 추적하는 데에 중요한 열쇠가 되기 때문이다. 한국국가기록연구원에서는 2004년부터 2년에 걸쳐 한국학술진흥재단의 지원을 받아 『일제시기 도시계획 공문서에 대한 기록학적 평가』에 대한 연구를 실시하였다.

물론 도시계획사 분야에서는 90년대에 들어 근대 도시계획의 형성 및 일제시기 도시계획에 관한 연구가 활발하게 진행되어 왔다. 기존의 연구 성과를 통하여 일본을 통한 근대적 도시계획의 수용, 서울 및 주요 지방도시에서 시행된 도시계획의 내용, 일제시기 도시계획의 무단적·독단적 특성 등에 대한 대체적인 윤곽이 밝혀졌다. 그러나 기존의 연구가 법령집이나 관찬자료집 등 제한적인 자료에 기초하여 이루어져 도시계획 관련 법령과 도시계획안에 대한 평면적인 분석에 머물렀다는 한계를 지니는 것이 사실이다.

도시계획 관련 공문서들은 관찬자료집 같이 식민 통치자의 이해관계에 적합하게 취사선택된 2차 자료가 아니라 도시계획과 토목 업무를 담당하는 조직체계를 통하여 도시계획의 입안, 토지 수용 및 토지구획·용지조성, 각종 토목공사의 시행 등이 이루어지는 과정을 보여주는 1차 자료이기 때문에 더욱 자료의 가치가 크다. 이러한 자료들이 존재함에도 불구하고 이들 사료가 연구에 활용되지 못하고 있는 것은 결국 넓게는 기록사료의 과학적 관리, 좁게는 그 존재 개요에 대한 파악 및 소개, 그리고 나아가서는 사료의 가치 평가를 토대로 한 적극적인 제공 활동이 이뤄지지 못했기 때문이라고 할 수 있다.

이러한 문제의식에 기초하여 본 연구는 일제시기 도시계획 관련 공문서를 기록학적으로 평가, 분석하여 기록사료의 균형적 이용과 역사 해석의 객관성을 보장하는 토대를 세우는 데에 목적을 두었다. 이를 위해 우선 기록사료의 가치를 평가하고 평가의 결과를 사료 이용자들에게 제공하는 방법론을 도시계획 관련 공문서를 대상으로 하여 개발하고자 하였으며, 그러한 천착의 결과가 이 단행본에 담기게 되었다. 이 단행본은 조선총독부 도시계획 공문서는 물론 근대 역사기록을 평가(혹은 재평가)하기 위한 방법론적 기초를 제공하기 위한 것으로서, 이를 통해 다른 분야 역사기록에 대한 체계적인 평가에 적용되고 확산되기를 기대하는 바이다.

이 책이 나오기까지 많은 분들의 지원이 있었다. 우선 지난 2년동안 이 과제를 지원해 준 한국학술진흥재단에 감사드린다. 또한 문서 열람과 복사에 협조해준 국가기록원과 상업성이 낮은 출판물을 흔쾌히 맡아준 도서출판 진리탐구의 조현수 사장에게도 고마움을 전한다. 끝으로 연구책임을 맡아 수고를 아끼지 않은 곽건홍 박사와 집필진의 노고를 치하하며, 특별히 옥고를 내어주신 국가기록원의 박성진 박사에게 감사를 드린다. 이 책이 아무쪼록 기록사료의 체계적 이용과 이를 통한 연구 활성화에 일조하기를 바란다.

2008년 5월
한국국가기록연구원 원장
김 학 준

총 론

이 연구는 일제시기 도시계획 관련 공문서를 기록학적으로 평가, 분석하여, 기록사료의 균형적 이용과 역사해석의 객관성을 보장하는 토대를 세우는 데에 목적을 두고 있다. 일제시기에 입안, 시행된 도시계획은 현재 시행되고 있는 근대적 도시계획의 원형을 이루고 있다. 1912년 10월에 제정된 [시가지의 市區개정 또는 확장에 관한 건]에 따른 시구개정사업은 근대적 도시계획의 직접적인 전사(前史)를 구성하며, 1934년 6월에 제정된 [조선시가지계획령]은 해방 이후 '조선 총독'이라는 말만 '대한민국 대통령'으로 바꾼 채 1962년까지 유지되었다. 그리고 1962년 1월에 제정된 (구)도시계획법과 1971년 1월에 제정된 (신)도시계획법도 [조선시가지계획령]을 원형으로 하여 제정된 법령이다.

이처럼 한국 근현대 100년을 관통하는 의미를 지닌 일제시기 도시계획사에 대하여 90년대 이후 상당한 연구들이 산출되었다. 그러나 이들 연구를 검토해 보면 자료 이용상의 많은 문제점들이 발견된다. 즉 관보(官報)나 조선총독부가 발간한 관찬자료집 등 제도 관련 법령류나 일정한 의도를 가지고 편찬한 자료집만이 반복적으로 사용되고 있음을 확인하게 된다. 이미 30여 년 전부터 지적되어온 사료의 부조적(浮彫的) 이용의 문제점이 아직도 그대로 노정되고 있음을 알 수 있다.

이러한 현상은 일제시기 도시계획 관련 공문서가 다수 존재한다는 사실조차 연구자들에게 제대로 알려지지 않고 있는 기록사료 관리 및 이용상의 문제와 무관하지 않다. 일제시기 도시계획의 수립 및 집행에 관련된 공문서가 약 1,000여 책(문서철)이 존재하고 있다. 도시계획 관련 공문서들은 관찬자료집 같이 식민 통치자의 이해관계에 적합하게 취사선택된 2차 자료가 아니라 도시계획과 토목 업무를 담당하는 조직체계를 통하여 도시계획의 입안, 토지 수용 및 토지구획·용지조성, 각종 토목공사의 시행 등이 이루어지는 과정을 보여주는 1차 자료이기 때문에 더욱 자료의 가치가 크다. 이러한 자료들이 존재함에도 불구하고 이들 사료가 연구에 활용되지 못하고 있는 것은 결국 넓게는 기록사료의 과학적 관리, 좁게는 그 존재 개요에 대한 파악 및 소개, 그리고 나아가서는 사료의 가치 평가를 토대로 한 적극적인 제공 활동이 이뤄지지 못했기 때문이라고 할 수 있다.

근대 기록사료와 관련하여 현재까지 조선총독부 공문서를 평가론의 관점에서 분석한 연구는 없었다. 다만 조선총독부 공문서를 이해하기 위하여 필요한 기초적인 지식이라는 측면에서 조선총독부 공문서제도의 형성, 공문서의 양식 및 공문서의 생산, 유통, 편찬, 보존 등에 관한 연구가 이루어졌으며, 최근 공문서의 분류, 기술 등으로 연구가 확대되고 있다. 그러나 이 연구들은 조선총독부 공문서의 생산, 유통, 편찬, 보존에 이르는 전체 과정을 공문서를 생산한 조직체계의 활동과 연관시켜 분석하지 못함으로써 공문서 사이의 상호관련성 및 공문서가 가진 정치적·사회적 의미가 잘 드러나지 못하는 경우가 많았다. 최근 기록학의 연구방법론을 역사학계에서 일부 수용하여 기존의 문제점들을 보완하는 작업도 이루어지고 있지만 여전히 역사학계에서는 특정한 목적 하에 생산된 기록사료를 전체적인 관점에서 망라하고 이를 평가하는 작업으로까지는 발전시키지 못하고 있다. 기록의 가치는 역사학자의 관점에 의해 부여되는 것이 아니라 기록 자체에 내재해 있기도 하기 때문에 내재된 가치를 범주화하여 평가할 필요가 있다. 더 나아가 기록의 생산과 보존은 특정한 목적과 평가에 따른 기준이 개입되므로 기록이 가진 역사적 의미를 이해하기 위해서는 단순히 기록 안에 담긴 내용을 이해하는 것만으로는 부족하며, 어떤 문서들이 어떠한 목적에서 생산되었고 어떠한 과정을 거쳐 폐기, 보존되었는가에 관한 역사적·사회적 맥락이 필수적으로 요구된다.

도시계획사 분야에서는 90년대 들어 근대 도시계획의 형성 및 일제시기 도시계획에 관한 연구가 활발하게 진행되어 왔다. 기존의 연구 성과를 통하여 일본을 통한 근대적 도시계획의 수용, 서울 및 주요 지방도시에서 시행된 도시계획의 내용, 일제시기 도시계획의 무단적·독단적 특성 등에 대한 대체적인 윤곽이 밝혀졌다. 그러나 기존의 연구가 법령집이나 관찬자료집 등 제한적인 자료에 기초하여 이루어졌기 때문에 도시계획 관련 법령과 도시계획안에 대한 평면적인 분석에 머물렀을 뿐 서울과 지방에서 추진되는 도시계획에 대한 종합적인 시야나 도시계획이 수립, 추진되는 구체적인 과정과 맥락에 대한 접근이 결여되어 있었다. 이러한 실정에서 일제시기 도시계획의 수립, 집행에 관련된 조선총독부 공문서의 발굴과 이에 대한 기록학적 분석은 일제시기 도시계획사 연구에 필수적인 기초 자료를 제공할 수 있을 뿐만 아니라 일제시기 도시계획의 이론과 실제, 계획과 실행에 걸친 전과정을 조망함으로써 일제시기 도시계획사 연구에 새로운 지평을 열 수 있을 것이다.

이러한 문제의식 및 기존 연구에 대한 평가에 기초하여 이루어지는 본 연구는 본격적으로 기록사료의 가치를 평가하고 평가의 결과를 사료 이용자들에게 제공하는 방법론을 도시계획 관련 공문서를 대상으로 하여 개발 보급하려고 한다. 따라서 본 연구의 목적은 단순히 일제시기의 도시계획사를 연구하는 데 있지 않다. 일제시기 도시계획 관련 공문서를 기록학적으로 분석하여 재구성하고, 기록사료 평가론에 입각하여 사료의 가치 서열을 책정하며, 이를 평가목록집의 형태로 출간함으로써 사료 이용의 체계화에 직접적으로 기여하는 데에 목적을 두고 있다는 것이다.

'기록학적 분석(archival analysis)'이란 어떤 역사적 행위나 사실이 기록으로 생성되고, 유통·활용을 통해 의미가 부여되는 사회적·역사적 맥락을 확인하고 분석하는 접근법을 의미한다. 기록이 가진 의미를 이해하기 위해서는 기록 안에 담긴 내용을 이해하는 것만으로는 부족하며, 무엇이, 왜, 어떻게, 누구에 의해 다큐멘테이션(documentation)되는지, 그리고 무엇이 어떻게 남아서 활용되는지에 관한 드러나지 않은 맥락

(context)을 이해하는 것이 필요하기 때문이다.

　이 연구는 기록을 통해 도시계획이라는 정책 현상과 관련된 개인과 조직의 활동 및 이와 관련된 집단화된 기억을 정합성 있게 설명해낼 수 있어야 한다는 문제의식에서 출발한다. 분석 대상인 '도시계획'이란 일본정부와 조선총독부에 의해 입안된 조선의 도시계획 정책 입안, 계획의 집행, 그 결과와 영향 등을 포함한 총체적 현상을 의미한다. 따라서 도시계획 관련 공문서는 이러한 행위의 반영물로서 존재하게 되며, 기록학적 분석과 평가는 이들을 적절하게 이용, 해석하는 데에 매우 중요한 전략을 제시할 수 있을 것이다.

　기록관리 환경이 변화하고 기록의 의미가 부각되면서 기록에 관한 연구는 기록 관리의 원리나 기술적 도구 개발에 머물지 않고 기록을 하나의 사회적 현상이자 결과물로 보고 이와 연계된 사회정치적·역사적 요인들을 이론적으로 해명하는 데까지 확대되고 있다. 본 연구에서의 '기록학적 분석'은 이와 같은 최근 연구 경향을 반영하며 기록과 사회의 관계에 관한 기록평가론적 관점에 기초한다.

　기록은 사람과 사물, 현상에 관한 증거이다. 증거란 사실에 관한 표현의 진실성이나 신뢰성의 정도에 따라 그 권위가 정해지게 마련이다. 1차 사료로서 기록은 젠킨슨(Jenkinson)이 말한 중립적 특성(impartiality) 때문에 사실 입증을 위한 중요수단이 되어 왔다. 그러나 기록의 대상과 작성형식은 일정한 의도에 따라 정해지며, 그것이 선별되어 남겨지는 과정에도 일정한 목적이나 가치관에 따른 상대적인 기준이 개입된다. 따라서 기록이 가진 의미를 이해하기 위해서는 기록 안에 담긴 내용을 이해하는 것만으로는 부족하다. 즉, 무엇이, 왜, 어떻게 문서화되는지, 그리고 무엇이 어떻게 남아서 이용되는지에 관한 드러나지 않은 맥락을 이해하는 것이 필요하다. 기록학적 분석은 기본적으로 이러한 이해를 추구한다.

　이 연구에서 '기록학적 분석'은 일제시대 도시계획 및 개발이라는 특정한 현상에 관한 기록을 조사하고, 그러한 기록이 만들어지고 남겨지는(또는 폐기되는) 맥락에 관한 사회적 함의를 추구하는 것이다. 이를 통해 기록의 의미와 가치를 더욱 분명히 이해할 수 있을 것이다.

기록관리 영역에서의 평가는 생산된 기록의 가치를 판단하고 그 결과에 따라 선별·수집하는 실천행위이다. 따라서 기록 가치평가론은 기록학적 분석의 중요한 이론적 기반과 접근방식을 제공한다. 기록학적 분석이 지향하는 목적은 기록과 인간의 관계에서 발현되는 의의의 정도 즉, 가치의 내용과 그 가치의 실현을 이해하는 것이다. 기록가치론은 크게 쉘렌버그로 대변되는 미국의 관점과 젠킨슨 등의 유럽의 관점으로 대별된다.

기록의 가치인식에 관한 쉘렌버그(Schellenberg)의 접근방식은 기록의 가치를 직접적인 생산목적의 1차적 가치와 증거가치나 정보가치에 따른 2차적 가치라는 상대적 범주화를 통해 구분하는 것이다. 쉘렌버그는 기록의 가치를 직접적인 생산 목적에 따른 '1차적 가치'와 생산목적에 의한 사용이 종료된 후의 활용가치인 '2차적 가치'로 범주화하여 구분했다. 2차적 가치는 다시 기록을 생산한 주체의 기능과 조직에 관한 증거가치 그리고 인물·사물·현상에 관한 각종 연구에 대한 유용성을 기준으로 한 정보가치로 이루어진다. 그의 가치론을 분류학적(taxonomic) 분석으로 규정하고 그것을 통해서는 기록의 상징적 가치, 특히 사회적 가치를 판단하기 어렵다는 비판이 제기되었음에도 불구하고, 그의 가치론은 현대 기록가치론의 맥락을 파악하는데 매우 중요하다.

미국에 비해 오랜 기록관리 역사를 가진 유럽은 신대륙과는 다른 관점을 견지한다. 쉘렌버그의 가치론에서 알수 있듯이 미국의 관점이 '기록 이용의 성격을 분석'한 것이라면 젠킨슨으로 대변되는 전통적인 유럽의 관점은 '생산자에 대한 강조'이다. 젠킨슨은 유럽의 전통적 관념에 기반하여 비생산자가 기록의 가치를 평가하는 행위는 주관적 가치개념이 개입되는 중립성 훼손과정이라고 주장하였다. 이와 같은 주장은 기록에 대한 '평가무용론(非評價論)' 입장에 서 있다. 듀란티(L. Duranti)는 젠킨슨을 통해 로마시대 이래 기록의 가치를 '영속적 기억(perpetual memory)' 그리고 '공공의 신뢰(public faith)'라는 개념으로 파악한 유럽 기록학이론(archival theory)의 전통을 정리하는 한편 미국식 평가선별에 대한 비판론을 전개하며, 쉘렌버그를 이론을 도외시한 방법론자라고 규정하였다. 이에 대하여 볼스 등은 쉘렌버그는 20세기 초 미국이 직면한 공공기록 관리문제를 해결하기 위해 유럽의 전통적인 이론이나 관념으로는 해결되지 않는 새로운 문제를 확인하고 그 해결방법을 제시하려 했다고 반박하였다. 양자의 대별된 입장은 구미의 고전적인 기록평가론의 양대 견해를 이루는 것으로 기록평가에 관한 현재의 논점을 이해하는데 중요한 실마리를 준다.

쉘렌버그(Schellenberg)의 기록 가치 개념에서는 '활용자의 이해'가 중요시되는 반면 비평가론적 입장은 '생산자의 목적'을 절대적으로 중시하여 기록이 생산 목적에 따라 활용될 때에는 물론 향후 비현용단계에서도 생산 당시의 질서가 비생산자적 시각에서 훼손될 경우 사실상 기록의 가치가 실현될 수 없다고 간주한다. 이러한 가치론의 흐름과 쟁점을 파악하는 것은 기록평가론을 이해하고, 평가전략을 세우는 데에 필수적이다.

기록의 사회표상화란 개별적이며 분산된 평가선별이 지닌 한계를 벗어나 기록이 얼마나 정확하게 '사회의 이미지'를 담고 있느냐에 따라 평가되어야 한다는 입장이다. 즉, 사회는 당대 사람들이 생산하고, 남기고, 이용한 기록을 통해서 표상된다는 것이다.

이와 관련된 구미의 연구는 두 가지 방향으로 진행되었다. 하나는 기록의 평가 및 선별 준거를 기록의 내적 특성이 아닌 기록이 생산된 사회적 과정에서 찾아야 한다는 접근방식이다. 다른 하나는 수집이라는 좀더 실천적 차원에서 진행된 것으로서 고립된 개별 기록관의 평가 수집물의 파편성·편향성에 대한 비판으로부터 기록의 생산·활용과 관련된 다양한 요인들에 대한 다각적인 접근 필요성을 제시한 것이었다.

전자의 대표적 예는 붐스(Booms)의 이론이다. 그는 기록의 가치에는 사회의 구조나 기능, 기록생산자, 생산과정에 인간경험의 광범위한 스펙트럼이 반영된다는 거시적인 시각을 제시하였다. 그에게 있어 중요한 것은 만들어진 기록에 대한 평가가 아니라 장기보존의 가치를 지니는 기록 즉, 아카이브즈가 만들어지는 요인의 발생적 특성(generic characteristics of factor)을 탐구하는 것이었다. 다시 말해 기록보다는 생산자 또는 생산요인에 주목하여 기록물생산의 개념적 행위에 근거한다는 것이다.

후자는 미국의 다큐멘테이션 전략을 의미한다. 미국에서는 70년대 기록평가와 관련된 아키비스트의 사회적 임무에 대한 비판이 대두되었는데, 1970년 역사학자 하워드 진은 미국 아키비스트들에 의한 평가선별이 엘리트에 편중되어 있다고 비판하였고 아키비스트였던 햄(Ham) 등이 이에 동조하였다. 이에 맞추어 '당대의 대표적 지표(representative indicator) 선별', 개별기관의 범위를 넘어서는 전 사회적 차원의 기록 평가선별과 수집 등이 제기되었고, 그것은 '전략적 다큐멘테이션'이라는 이론으로 수렴되었다.

다큐멘테이션 전략에 대한 실천적 논의는 1987년 헤크먼 등((Larry Hackman)이 다큐멘테이션 전략에 대한 개념적 유형을 제시하면서 일진전되었다. 헤크먼 등에 의하면 '다큐멘테이션 전략'은 진행 중인 논쟁, 활동, 기능 혹은 주제와 관련한 적합한 기록을 선별하고 구성하기 위한 계획으로서 기록생산자, 기록행정가, 아카비스트, 이용자, 관련 전문가나 수혜자(beneficiaries) 등 관심을 공유한 집단이 포함되어 이루어지는 지속적 메커니즘이다.

다큐멘테이션 전략은 기록 생산과 관리, 보존에 영향을 미치는 많은 기관들과 개인들의 상호작용을 통하여 수행되는 것이며 전 세계적 차원, 국가, 지역 등 다양한 단위에서 개발될 수 있다.

해크먼 등이 제시한 다큐멘테이션 전략의 실행 모델은 예비 단계와 다섯 개의 상호작용 단계로 구성된다. 예비단계는 다큐멘테이션 영역을 획정하며, 예비분석 내용을 기반으로 하는 다섯개의 단계는 다큐멘테이션전략의 기초, 다큐멘테이션 그룹에 의한 전략수행, 다른 분야에 의한 전략수행, 다큐멘테이션 보고서의 작성, 다큐멘테이션 영역에 대한 재심의 등이다.

테리 쿡은 미국 초기의 다큐멘테이션전략 모델에 대하여 평가주체가 도출한 '유력한' 특정 주제의 기록을 다큐멘테이션하는 것에서 비롯되는 주관성을 비판하면서 기록을 생산한 주체와 환경이라는 기능적 배경을 강조하는 거시평가모델을 제시했다.

기능 분석 평가론의 배경은 ①분류학적(taxonomic) 가치론에 대한 비판, ②'무엇이 기록되었는가' 보다는 '무엇이 기록되어야 하는가'에 대한 관심, ③방대한 기록량에 대처한 평가방법 등으로 나누어 볼 수 있다. 첫 번째 분류학적 가치론에 대한 비판이란 기록물에 내재된 가치를 개념적으로 범주화하여 분류하고 이를 가치인식의 근거로 삼는 것에 대한 비판이다. 예컨대 '증거가치', '정보가치' 등 가치의 '서술적 범주화(descriptive categorization)'는 기록에 담긴 사회적 역동성 또는 조직의 메커니즘을 반영하지 못한다는 것이다. 두 번째 논점은 기록은 조직이나 개인이 벌인 활동의 근거인 '기능'이 작용한 결과이므로 그 기능 분석을 통해 기록 평가의 적절한 기준이 제시될 수 있으며, 나아가 기능별 중요도에 따라 선별 우선순위를 낼 수 있다는 것이다. 또한 그러한 순위에 따라 중요 기능을 반영하는 기록으로서 무엇이 생산되어야 하는가라는 문제의식에까지 이르게 된다. 세 번째는 방대한 양의 현대 공공기록 평가선별에서는 기능에 근거한 종류별 평가가 기록물 자체 개별 평가에 비해 보다 효율적이라고 보는 입장을 의미한다.

그러나 다큐멘테이션 전략과 거시적 평가모델이 기능분석에 대한 입장에서 대별점을 형성하는 것은 아니다. 거시적 관점의 기능분석론의 '기능'은 법적·재정적·행정적 근거라기보다는 조직, 정책 그리고 조직구성원 간의 상호작용의 결과로서 보다 넓은 영역에서의 사회적 역할을 의미한다. 기능분석론에 의한 평가모델은 공공분야에서의 기록평가 특히 정부분야의 평가선별제도에서 상당한 유용성을 갖는다.

수집정책으로서의 다큐멘테이션 전략, 거시적 평가론과 기능분석론은 개별적 기록이 아닌 집합적 기록을 중시하고, '무엇이 기록되었나' 보다는 '무엇이 기록되는가', '무엇이 기록되어야 하는가'에 관심을 두었으며, 증거가치나 정보가치같은 '서술적 범주화' 보다는 기록에 담긴 사회적 역동성이나 조직 메커니즘을 주목하였다는 점에서 기록 평가작업시 반드시 파악해야 할 이론들이다.

평가는 사회나 지역, 주제 영역에 관한 표상화를 목적으로 하는 거시적 차원의 평가와 개별 기록에 대한 평가과정인 미시적 차원의 평가로 나눌 수 있다. 전자는 사회를 비롯한 문서화 대상의 증거로서 기록의 집합적 관련성의 확인이나 상징화가 기록평가의 주요 목적인 반면, 후자에서는 개별 기록에 대한 '주관적인' 평가를 가급적 객관화하기 위해 기록 평가과정과 그 기준을 체계화하는 것을 중시한다.

거시적 관점의 평가가 일정한 기록 집합이 생산·형성된 맥락을 시간적·공간적으로 파악하고 대표적 기록을 추리는 것이 목적인 반면, 미시적 평가는 기록이 평가·선별되는 개별 과정에 적용될 수 있는 일관적이며 객관적인 원칙 및 실행방식을 추구하는 것으로부터 출발한다. 미시적 관점에 담긴 문제의식은 기록에 대한 개별적 평가행위와 절차를 분석하여 평가주체가 자의적으로 행하는 것이 아닌, 보편적이며 합당한 설명이 가능하도록 정립한다는데 있다.

거시적인 관점과 미시적인 관점을 대립적으로 파악하는 것은 이제까지의 기록평가론의 추이에서 보나 현실적으로 보나 적절하지 않다. 전자가 기록에 의한 사회 등 문서화영역 전반에 관한 표상화를 지향한다면 후자는 개별적인 평가선별의 표준화를 목표로 할 것이다. 따라서 거시적 접근법과 미시적 접근법은 상호 정합성있게 결합될 필요가 있다.

도시계획사 분야에서 일제시기 도시계획과 관련한 연구들이 축적되어 왔다. 기존의 연구는 일제시기 도시계획의 흐름을 1912년부터 1933년까지 「시가지의 시구개정 또는 확장의 경우 신청에 관한 건」에 따른 시구개정(市區改正)의 시기와 1934년에서 1945년까지 「조선시가지계획령」에 따른 시가지계획의 시기로 구분하고, (1)경성부(京城府)를 대상으로 19세기 말 일본의 도시계획과 경성의 도시계획과의 관계, 경성에서 시행된 시구개정과 시가지계획의 내용과 특징 등을 분석하거나 (2)지방도시(청주, 부산, 목포, 진주, 통영 등)를 대상으로 도시계획의 변천에 따른 시기별 도시계획의 특징, 도시의 변화 양상을 분석하는 것이 대부분이었다. 이들 연구는 법령집이나 『조선토목사업지』(1937), 『경성부토목사업개요』(1938) 등 조선총독부에서 시행한 토목사업을 정리한 관찬자료집이나 소수의 조사보고서류를 이용하여 도시계획의 관련 법령과 도시계획안을 분석하거나 사업 시행의 전모를 파악하는 것이 대부분이었다. 나아가 좀더 폭넓은 자료를 활용하는 경우에는 『관보(官報)』를 활용하여 도시계획 관련 세칙 및 토목사업의 시행 여부를 보완하거나 신문, 잡지의 기사를 활용하여 도시계획 수립을 둘러싼 논의나 토목사업이 시행되는 과정의 일단을 보여주었다. 이러한 연구를 통하여 일본을 통한 근대적 도시계획의 수용, 식민지에서 시행되는 근대적 도시계획의 무단적·독단적 특성, 경성부 및 주요 지방도시에서 도시계획이 수립, 시행되고 이에 따라 도시공간이 변화하는 대체적인 윤곽이 밝혀졌다.

　그러나 기존의 연구는 첫째, 도시계획 관련 법령과 도시계획안에 대한 평면적인 분석에 치중하였기 때문에 도시계획이 수립, 추진되는 정책적인 맥락, 도시계획이 수립된 이후 토목공사가 시행되는 구체적인 과정에 대한 역사적 분석이 결여되어 있다. 둘째, 법령집이나 토목공사를 정리한 소수의 관찬자료집에 의존하였기 때문에 도시계획안 및 시행 결과에 대한 제시만 있을 뿐 도시계획을 수립, 시행하는 주체(조선총독부 토목과, 토목회의, 道 토목과 등)에 대한 접근이 결여되어 있으며 입안된 도시계획이 토목공사로 시행되는 전후의 사정을 파악하기 곤란하다. 최근 일부 연구에서 관보, 신문, 잡지를 이용하여 자료의 다양화를 추구하고 있지만 주변적인 보완에 그칠 뿐이다. 셋째, 많은 연구들이 잔존 자료가 풍부한 경성부를 대상으로 한 결과 경성부의 사례가 일제시기 도시계획의 전반적인 특징으로 일반화되는 경향이 있으며, 지방도시를 대상으로 한 몇몇 연구들도 조선총독부에서 발간한 관찬자료집이나 몇몇 시가지계획 관련 자료를 활용하는 정도이기 때문에 시지(市誌)류에 기초하여 도시계획안을 정리하는 데 불과하다.

이러한 실정에서 국가기록원의 토목 관련 공문서는 일제시기 도시계획사 연구를 진전시킬 수 있는 중요한 단서를 제공해 준다. 우선 국가기록원의 토목 문서군은 조선총독부에서 정리, 발간한 관찬사료집 같은 2차 자료가 아니라 조선총독부의 조직체계를 통하여 도시계획이 입안되고 토목공사가 시행되는 과정과 맥락을 보여주는 1차 자료이다. 따라서 도시계획의 입안과 토목공사의 시행에 관련한 업무담당자들의 생생한 목소리를 들을 수 있으며, 각종 조사와 보고를 통하여 도시계획, 토목공사가 입안되는 직간접적인 맥락, 시행의 구체적인 과정(시행/굴절/좌절)과 문제점, 당시 조선사회의 반응을 엿볼 수 있다. 또한 국가기록원의 토목 문서군은 도시계획이 시행되는 43개 도시 대부분에 대한 자료를 포괄하기 때문에 경성에 편중된 기존 연구를 넘어서서 조선 전체로 시야를 확장할 수 있다. 손정목의 연구(『일제강점기 도시계획 연구』)에서 국가기록원 소장 자료 중 일부가 소개되었지만 이는 일부 도시의 시가지계획 결정이유서와 도면만이 활용되었을 뿐이며, 조선총독부 조직체계에 의하여 도시계획의 입안 및 시행이 이루어지는 구체적인 과정을 보여주는 1차 자료로서 조선총독부 공문서가 가진 특징은 무시되어 버렸다.

국가기록원에서 소장하고 있는 조선총독부 공문서를 집중적으로 활용하는 본 사업에서는 도시계획에 대한 정책 결정 및 집행 구조를 조선총독부 공문서와 연계하여 분석함으로써 기록사료 활용의 새로운 방법론을 제시하고, 기존 연구에서 나타나는 부조적 사료 이용방식의 한계를 극복할 수 있는 하나의 대안을 마련할 수 있을 것이다.

기존의 연구에서 도시계획의 수립 및 집행 여부는 확인되었지만 도시계획이 어떤 조직에서 어떻게 수립되고 집행되었는지에 대한 분석은 전무한 실정이다. 도시계획이 어떻게 수립되고 진행되었는지를 밝히기 위해서는 도시계획 관련 자료가 어떻게 생산되었는지를 분석하는 것이 필요하다. 관보(官報) 및 관찬자료집을 통하여 도시계획 관련 사료가 생산되는 조직과 기능을 재구성해 보자면, 우선 조선총독부 내무국(內務局) 토목과(土木課)가 도시계획과 토목공사의 업무 담당자임을 파악할 수 있다.

일제시대 도시계획의 수립, 시행은 [조선총독부 내무국 토목과-도 내무부 토목과-부군 서무계(경성부의 토목과, 도시계획계)]라는 기본적인 조직체계를 통하여 이루어졌다. 또한 조선총독부의 정책과 관련된 주요 토목공사 및 도시계획은 총독 직할의 토목회의에서 논의, 결정되었으며, 주요 도시에서 행해졌던 토목공사는 각지에 설치된 토목출장소가 담당하였던 것으로 보인다. 정부기록보존소 소장 조선총독부 공문서는 기존의 연구에서 다루지 못했던 도시계획 담당부서의 조직과 기능, 즉 [조선총독부 내무국 토목과-도 내무부 토목과-부군 서무계]라는 기본적인 조직체계와 이를 통하여 이루어지는 도시계획의 입안과 시행의 구체적인 과정을 그려내는 데 핵심적인 역할을 할 것이다.

이 연구에서 활용하고 있는 자료들은 3,500여 문서철에 이르는 국가기록원 소장 토목 문서군 및 2,400여 문서철에 이르는 지방행정 문서군을 중점적으로 활용하였다. 또한 조선총독부 관리를 역임한 인물들이 개인적으로 소장하고 있는 문서와 이들의 회고록들을 활용하였다. 즉 첫째, 정부기록보존소 소장 토목 관련 문서와 예산 관련 문서, 둘째 각 대학도서관이나 행정기관 자료실에 소장되어 있는 (인가)신청서, (사업)계획서, 조사보고서, 결정(이유)서, 회의록, 답신서 등의 문서, 셋째 일본의 국립공문서관, 국회헌정자료실, 외무성외교사료관, 방위청 방위연구소 도서관, 아시아역사자료센터와 도쿄대학교, 교토대학교, 오사카대학 등 대학도서관에 산재되어 있는 조선총독부 도시계획, 토목공사 관련 공문서 및 개인 소장 문서, 회고록 등을 활용하였다.

이 연구는 크게 세 부분으로 구성되어 있다. 제1부는 조선총독부 공문서 평가의 이론과 실제를 다룬 글, 제2부는 일제시기 도시계획 기록의 콘텍스트를 구성하는 글, 제3부는 기록 평가 이론을 다룬 글들이 실려 있다.

제1부 조선총독부 공문서 평가의 이론과 실제에는 4편의 글이 실려 있다. 이승일은 「조선총독부 공문서의 기록학적 평가 - 조선총독부 도시계획 관련 공문서군을 중심으로 -」에서 조선총독부 공문서에 대한 현대적 평가를 통하여 기록으로 남아야 할 다큐멘테이션 영역을 구체적으로 지정하고, 현재 남아 있는 기록물과 비교 검토할 수 있는 이론적, 실제적 기반을 마련하고자 하였다. 이승일의 논문은 기존의 평가이론을 재정리함과 동시에 기능평가론을 중심에 두고 평가 방법론을 설계하여 이를 총독부 문서에 적용시켜본 글이다.

김익한은 「불균형 잔존 행정기록의 평가방법 시론 - 조선총독부 공문서의 평가절차론 수립을 위하여」에서 총독부공문서의 평가를 위해 행정기록의 평가론을 시론적으로 정리하고 있다. 이 글은 기존의 평가이론을 조작적으로 재정의하여 불균형 잔존 행정기록의 평가방법론을 설계하고 이를 총독부 문서에 적용시킬 수 있도록 절차화하고자 하였다.

박성진은 「조선총독부 공문서 보존기간 책정기준과 가치평가」에서 조선총독부의 공문서 보존제도는 일본 제도의 영향 하에 전개되었으며, 조선총독부의 영구보존 책정기준은 '영구보존을 필요로 하는 서류', '중요한 문서', '영속적인 성질을 갖는 사건에 관한 서류' 등으로 상당히 포괄적이었음을 밝혔다. 또한 조선총독부의 영구보존문서는 대체로 예규로 삼을만한 문서, 재산에 관한 문서, 인사에 관한 문서 등이었다.

이송순은 「조선총독부 시가지계획 관련 공문서의 분류와 평가」에서 국가기록원 소장 총독부 공문서 중 조선시가지계획 관련 문서 60여철에 대한 평가를 시도했다. 그러나 일제시기 진행된 시가지계획의 모든 상을 도큐멘테이션 하는 데는 상당한 한계를 갖고 있었다. 따라서 '조선총독부 공문서 종합목록'에서 분류한 문서군을 단위로 총독부 공문서 전반에 대해 거시적 기능평가와 개별 기록에 대한 역사적 평가를 병행해서 기록 평가가 이루어지는 것이 시급한 과제임을 제시하였다.

제2부 일제시기 도시계획 기록의 콘텍스트에는 3편이 글이 실려 있다. 이광희는 「일제 강점기 도시행정의 이중성에 대한 연구」에서 식민지 근대화론의 비판적 검토에 대한 문제의식을 갖고 일제강점기 도시행정의 특징을 살펴보고 있다. 그 결과 일제 강점기의 도시행정이 근대성과 식민지성을 동시에 가지고 있음을 밝혔다. 즉, 일제 강점기에 도입된 도시행정제도는 근대적인 측면이 없지는 않았지만 식민지 통치를 위해 이식된 근대성이었으며 근대화의 혜택은 대부분 일본인들에게 주어졌다. 일제가 근대적인 도시계획 기법을 동원하였지만 일본인 밀집지역을 대상으로 하였을 뿐이며 대다수 한국인이 거주한 지역은 대상에서 제외되었다.

이명규는 「일본 본국과 조선총독부 도시계획 비교 연구」에서 일제 강점기에 도입된 한국의 도시계획제도는 현재까지도 많은 영향을 미치고 있음을 밝혔다. 즉, 도시계획이란 용어에서부터 의사결정과정, 사업의 내용, 업무에 종사하고 있는 분야의 특성까지 많은 영역에 걸쳐 있다. 또한 한국의 조선시가지계획령과 일본의 (구)도시계획법을 비교 분석한 결과, 일제가 조선시가지계획령을 한반도에 적용한 배경은 식민지 개발정책을 수행하기 위해서 였으며, 자체적인 도시문제의 해결이나 계획적인 도시개발에 목적이 있었던 것이 아니었다. 곧 일본의 국토계획적 성격이 강했으며, 강제적 토지구획정리방식이었음을 강조하였다.

이송순은 「조선총독부 도시계획 관련 조직 및 기구 분석」을 통해 도시계획의 정책 입안 과정과 실무 주체를 분석하였다. 조선총독부 토목과는 도시계획을 포함한 조선의 사회기반시설 마련, 즉 토목사업 실무담당 부서였으며, 조선 도시계획에서 최고의 정책 심의, 조정기구는 조선총독부토목회의와 시가지계획위원회였다. 시가지계획위원회는 일본의 도시계획위원회와는 달리 설치 근거가 법에 규정되지 않았고, 총독부가 임의적으로 조직하였다.

제3부에는 기록 선별·평가론의 검토와 적용을 다룬 3편의 글이 실려 있다. 이승억은 「기록 평가 선별 결정 요인으로서의 기록 특성·가치·맥락」에서 평가 선별 결정 요인의 정식화에서 비롯된 문제의식을 바탕으로 평가 선별의 결정 요인 검토는 실제 평가 실무자들에게 영향을 미치는 요인으로부터 출발할 필요가 있음을 주장하였다. 그 결과, 기록 특성 확인에 관한 문제, 가치 판단에 관한 문제, 기록 배경 파악에 관한 문제를 기록 평가 선별 결정의 정합성을 판단하기 위한 범주로 설정하였다. 또한 기록 평가에서 아키비스트의 역할이 평가론에서 중요한 논쟁 주제였음을 부각시키고, 정보통신 환경이 발전하는 가운데에서도 여전히 특정계급·계층 사이에 존재하는 정보의 생산·보존·활용에 대한 물적·지적 영향력의 차이가 다큐멘테이션의 형성에 근본적인 영향을 미치고 있으며 따라서 아키비스트는 전자 환경에 부합되는 평가 선별 결정에 상당한 주의를 기울여야 한다는 점을 제안하였다.

이승억은 「기능분석에 의한 거시평가 적용 시론 - '국토개발' 정책 분야에 대하여」에서 기능분석을 통한 거시적 평가에 관한 이론적 내용과 이에 기초한 실제 평가실행 방법을 정리하고, 이를 실제 국토개발 정책 분야에 적용한 점이 특징이다. 기능분석을 통한 거시적 평가는 국가 단위의 평가 선별 정책을 수립하는데 다른 평가 방법보다도 포괄적이며 합리적인 적절한 방향을 제시해 준다고 주장하였다.

설문원은 「공공업무의 체계적 기록화를 위한 보유일정표 설계 방안」에서 현행 기록물분류기준표를 평가 분석하고, 새로운 기록관리환경에서 그 역할 및 구조가 어떻게 재설계되어야 하는지를 제안하였다. 국가기록관리혁신의 첫 번째 아젠다 '공공업무 수행의 철저한 기록화'

와 관련하여 가장 주목해야 할 도구가 '기록보유일정표'이다. 보유일정표란 조직의 기능이나 업무와 관련하여 어떤 기록을 누가 얼마동안 어디에서 보유해야 하는지를 체계적으로 명시한 도구이다. 분류기준표는 단순한 '보존기간' 책정도구에서 벗어나, 국제표준에 걸맞는 역할을 이행해야 함을 강조한다. 이에, 공공업무의 체계적인 기록화를 위한 도구로서 보유일정표 체계를 제안하였으며, 특히 유형, 구조, 구성요소를 중심으로 제안하였다.

서은경은 「기록물 재평가 및 처분을 통한 보존관리 전략에 관한 연구 : 사기록 보존소를 중심으로」에서 가치 있는 기록을 선별하여 보존하고, 가치 없는 기록은 처분하는 업무가 기록관리의 핵심적 업무이며, 어떠한 기록관도 모든 기록을 보유할 수 없으므로 기록 처분을 위한 재평가작업이 필수불가결한 업무임을 강조하였다. 또한 재평가 원칙과 처분업무 프로세스를 고찰하였다.

이상의 논문들은 조선총독부 공문서군 평가는 물론이고, 일제시기 도시계획사 연구 분야에서도 기록학적 분석과의 접목을 시도하는 등 새로운 시각과 방법론을 제시하여 연구사적 의미가 상당히 크다고 할 수 있다. 또한 기록의 평가방법론을 이론적으로 접근하고, 이를 바탕으로 사례 분석을 시도한 점은 시사하는 바가 매우 크다. 다만, 기록의 평가방법론에 대한 다양한 이론적 접근과 분석은 이루어지지 못했으며, 이 책에 실리지 못한 것은 아쉬운 점이다. 이러한 한계는 후속 연구를 통해 보완될 것이다. 기록학적 분석 방법론을 인문사회과학 분야에 접목하고자 한 이 책의 시도가 '인문학의 위기'가 화두로 떠오른 이 시대에 '위기'를 '기회'로 전환하는 계기로 작용하길 기대해 본다. 아울러 기록학 분야가 역사학, 문헌정보학은 물론이고 다양한 인문사회과학 연구자들과 소통구조를 갖추어 학문적 정체성을 마련해 가는 기회가 되었으면 하는 바람이다.

목 차

제3부 : 기록 선별·평가론의 검토와 적용

제1부

조선총독부 공문서 평가의 이론과 실제

조선총독부 공문서의 기록학적 평가
- 조선총독부 도시계획 관련 공문서군을 중심으로 -

이 승 일

1. 머리말

테리 이스트우드는 "특정 시대의 기록물을 이해하기 위해서는 그 사회의 정치적, 경제적, 사회적, 문화적 환경을 이해"할 것을 제안한 바 있다.[1] 이 언설은 어떤 기록을 선별하여 보존할 것인가의 문제는 그 기록을 생산한 사회적 배경과 밀접한 관계가 있음을 의미하는 것으로, 기록평가에서 아키비스트의 시선이 어디에 있어야 하는지를 말해주고 있다. 이와 같은 측면에서 역사학적 접근방법은 당대 사회를 대표하는 사건과 주제, 활동, 지역, 계층, 지배적 관념 등을 표상화한다는 점에서 테리 이스트우드의 언설과 맥락을 공유하고 있다. 역사학의 학문적 특징은 기록에 내재해 있는 지식정보를 당대의 사회적 조건과 관련지어 해석하는 것에 있기 때문에, 정보 선별의 도구로서 역사학적 평가는 참고할 가치가 있다. 그러나 역사학에서의 '해석', 즉 평가는 역사학자들의 관심과 史觀 등에 따라 의미가 달라질 수 있다. 개인의 역사적 관념은 특정 사회의 정치적, 사회적 환경과 그 시대의 지배적 이념에 영향을 받으며 형성되지만, 역사학계에서 기록 일반에 대한 보편적 평가틀을 구성하려는 움직임은 활발하지 않은 편이다.

---

1) Cook, Terry, "Archival science and postmodernism: new formulation for old concepts" *Archival science* 1, 재인용

역사학에서의 평가와 기록학에서의 평가는 용어는 같지만 학문적 토대나 의미는 다르다고 볼 수 있다. 기록학에서의 평가는 지식, 혹은 정보 집약체로서의 아카이브즈를 선별하는 것이지만, 역사학에서의 평가는 아카이브즈의 사회적이고 역사적 의미를 구조적으로 표현하는 것이기 때문이다. 따라서 역사학에서의 평가 및 보존의 대상은 가급적 확대되는 경향이 있고, 개별 역사학자들의 연구 관심에 따라서 중요 사건과 현상의 획정이 주관성을 띠게 된다.

한편 기록학은 평가방법과 가치의 객관적 지표를 찾으려는 노력을 부단히 추구하고 있다. 기록학과 역사학은 상호 의존적이고 보완적인 관계로서 상대방의 연구를 흡수할 때 좋은 성과를 낼 수 있다. 특히 역사학은 기록정보의 사회적 가치를 분석하는 다양한 방법과 수단을 갖고 있기 때문에 평가에서 역사학은 기록학의 중요한 보조 학문분야라 할 수 있다.

그러나 한국의 역사학은 매우 오랜 전통과 다양한 학문적 배경, 두터운 연구자층이 있는데 반해서 한국 기록학계의 학문적 연구는 활성화되어 있지 않은 편이다. 그럼에도 불구하고 1999년 기록물관리법 제정 이후 괄목할만한 성장을 하고 있다. 제도적 차원에서의 법적 정비에 따라 기록학 이론에서도 발전을 보이고 있다. 예컨대 전자기록으로 표현되는 현대적 기록관리 환경에 조응하여 전통적인 기록관리 원칙이었던 라이프사이클, 원질서존중, 출처주의2) 등 여러 개념들의 변화 양상을 포착하여 새로운 개념들로 변형시키는 과정에 있다. 기록연속체론, 메타데이터에 관한 다양한 논의들로 대표되는 급속한 변화는 기록의 평

---

2) 출처주의에 관한 다양한 논의와 그 의미에 관해서는 김명훈의 연구보고서 참조 바람. 김명훈, 『출처주의와 현대기록관리』(한국국가기록연구원연구보고서), 2003.

가에서도 일어나고 있는 실정이다.

최근의 기록관리 연구 경향은 평가에서 기록 자체보다 기록의 사회적 의미 즉 정보의 사회적 맥락과 의미를 중시하는 쪽으로 나아가고 있다. 뿐만 아니라 전자기록환경에서는 평가에서 기록의 속성을 고려하지 않으면 안된다는 지적이 나오고 있다. 전자기록은 매체에 통합된 물리적 성격보다는 구조, 내용, 배경이 개별적으로 연관된 '논리적 실체'로 간주되고 있고3) 전자환경에서는 기록의 진본성과 생산맥락을 유지함으로써 행위 증거로서의 기록이 유지될 수 있기 때문이다.4)

전자기록의 평가와 관련해서 내용중심적 평가에서 증거지향적 평가로의 전환 움직임은 종이기록물 시대에는 평가의 주요 요소로 등장하지 않았던 진본성 등을 평가의 요건으로 설정하고 있는 듯하다.5) 만 하리츠는 평가를 "조직의 의사결정 및 활동과정을 명확하게 포착하는 행위"로 정의하고 기록물의 '증거성'은 평가의 수단이 아니라 궁극적 목적이 되어야 한다고 주장하였다.6) 평가의 목적으로 설정된 만 하리츠의 '증거'는 쉘렌버그가 아카이브즈 요건으로 설정한 '증거 가치' 개념과 달리 1차 가치의 생산과정과 직접 관련이 있다.7) 만 하리츠는 전자기록 환경에서 아키비스트가 유의해야 할 명제를 언급했다는 점에서

---

3) 이승억, 「전자환경에서의 기록관리 개념에 관한 재검토」, 『기록학연구』 6, 2002.

4) 전자기록의 속성에 관해서는 다음의 논문 참조. 설문원, 「행정기관의 기록관리 메타데이터 요소 분석」, 『한국비블리아』 5-1, 2004, 221쪽 ; 김익한, 「기록의 속성과 메타데이터 표준을 통해 본 한국의 기록기술」, 『기록학연구』 10, 2004.

5) 김명훈, 「전자기록의 평가 : 기록의 속성과 관련하여」, 제37회 한국기록학회월례 발표문, 2005.

6) Menne-Haritz, Angelika, "Appraisal or selection: can a content oriented appraisal be harmonized with the principle of provenance?"

7) 이승억, 「기록 평가선별 결정 분석에 관한 연구」 『기록학연구』 12, 2005, 47-48쪽.

의미가 있으나 기록평가 방법으로서는 의문의 여지가 있다.

방대한 기록정보 중에서 극히 일부만을 선별하여 보존한다는 일반적인 전제에 동의한다면, 만 하리츠의 "행위의 증거"라는 언설은 "어떤 행위를 선별하여 기록으로 남길 것인가" 라는 평범한 질문으로 되돌아가야 한다. 평가선별은 행위 일반의 증거의 보존 논리를 만드는 것이 아니라 특정 행위만을 선별 보존하는 것에 관심이 있기 때문이다. 만 하리츠의 '증거'의 문제는 전자기록 환경 속에서 새롭게 주목받고 있지만, 아카이브즈 뿐만 아니라 레코드의 경우에도 똑같이 적용되는 기록관리 일반의 문제라는 점에서 선별 기준을 제시하지는 못하고 있다.

전자기록의 특성 그 자체를 평가선별의 직접적인 결정요인으로 볼 수는 없다. 기록특성에 대한 고려는 평가선별 절차의 시작이자 전제로서 적합한 평가선별 대상임을 확인한다는 점에서 의미가 있다.8) 전자기록은 기록관리에서 많은 변화를 초래했지만, 평가 업무에서 아키비스트는 전자기록이든 종이기록이든 매체 형식에 관계없이 사회를 대표적으로 표상하는 '(지식)정보' 선별의 관점을 유지해야 않을까 생각한다.

이 논문은 기록 가치의 원천을 기록 자체 혹은 기록의 생산과정으로부터 도출해야 한다는 관념이 방대한 기록정보를 선별하는데 효과적이지 않다는 관념에서 출발한다. 기록 자체보다는 기록이 표상하는 사회적 의미와 기록과 사회와의 관계 즉 기록생산의 배경으로서의 사회적 컨텍스트 속에서 찾으려 한다.9) 기록의 가치(혹은 의미)를 사회와 단절된 기록 자체 혹은 생산과정에서 찾으려는 시도는, 아키비스트로 하여

---

8) 위의 논문, 61쪽.

9) "Parliamentary Institutions: The Criteria for Appraising and Selecting Documents (ICA Study 15)" (www.ica.org)

금 목표없는 맹목적 평가로 안내할 가능성이 높다. 아키비스트는 선별도구에 휘둘리는 피동적 존재가 아니라 선별목표를 끊임없이 고민하는 목적의식적 · 능동적 존재로 자리매김할 때, 역사적 과제를 실천하는 의미있는 학문행위를 하게 될 것으로 믿는다.

2. 기록의 가치 개념과 평가이론의 검토

기록학에서의 평가는 일반적으로 지속적 가치가 있는 중요기록물을 선별하는 행위라 할 수 있다.[10] 기록생산자는 단지 일상의 업무를 수행하기 위해서 기록을 생산할 뿐, 특정 기록이 갖는 중요성을 認知하면서 기록을 생산하는 것은 아니다. 모든 기록은 현재의 특정한 업무 목적에 의해서 생산될 뿐이다.

그러나 어떤 기록물은 일상적인 활동에서 더 이상 필요없게 된 뒤에도 그것의 보존을 정당화시켜주는 수많은 잠재적 유용성을 가질 수 있다.[11] 영구보존 대상으로 선별된 기록은 생산목적과 달리 미래에도 가치를 지속적으로 유지하거나 혹은 새롭게 창출될 것이라는 믿음에 기초한다. 따라서 아키비스트의 선별이라는 지적 과정은 미래적 가치(혹은 유용성)를 상정하지 않을 수 없다.

한편 미래적 가치를 고려한다는 것은 현재의 아키비스트가 향후 미

---

10) Ham, F. Gerald, *Selecting and Appraising Archives and Manusripts*(SAA 1991) (강경무, 김상민 역 , 『아카이브와 매뉴스크립트의 선별과 평가』, 진리탐구, 2002.)

11) Miller, Fredric M, *Arranging and Describing Archives and Manusripts*(SAA 1991) (조경구 역, 『아카이브와 매뉴스크립트의 정리와 기술』, 진리탐구, 2002.)

래의 (역사)연구자들의 연구 관심과 중요도를 선험적으로 규정한 후, 그것에 맞는 선별 기준과 방법을 개발한다는 의미는 아니다. 미래적 가치는 아키비스트를 비롯한 그 누구도 판단할 수 없는 미지의 영역에 속하기 때문이다. 역설적이지만, 미래적 가치는 오히려 현재적 가치와 매우 밀접한 관련을 맺고 있다. 아카이브즈의 최대 이용자라 할 수 있는 역사연구자는 현재적 관점에서 과거를 바라보기는 하지만 당대인의 삶과 이념, 사건에 대해 흥미를 갖고 있기 때문이다.

'가치'라는 개념은 매우 주관적이면서도 사회적 의미를 띠고 있기 때문에 가치의 개념과 가치를 결정하는 방법은 다양할 수 밖에 없다. 가치 결정의 방법을 확정하는 문제는 곧 평가선별의 문제와 관련이 있는데 가치 결정의 역사 자체를 검토해보는 것도 객관화를 위한 하나의 방법이 될 수 있다. 근대기록관리제도가 성립한 이후 유럽과 미국에서는 가치 결정의 객관성을 확보하기 위해 부단히 노력하였고, 이와 같은 다양한 시도를 조사함으로써 가치 결정의 근거를 마련하는데 도움이 되기 때문이다.

모든 기록은 어떤 목적(혹은 가치)을 갖고 있기 때문에 생산되었지만 일정한 가치 기준에 따라 기록물을 선별·보존해야 한다는 근대적 관념은 20세기에 접어들면서 확립 되었다

이와 같은 관념은 생산된 기록물의 규모와 처리 방식이 당대의 사회적 조건과 비용에 의해 제한되면서 자연스럽게 발생했다. 젠킨슨과 같이 아카이브즈의 신뢰성과 증거로서의 가치에 관심을 갖는 아키비스트는, 아카이브즈를 일상적인 활동 속에서 생산되고 접수된 기록물이며 기관 활동의 무의식적이고 객관적인 부산물로서, '가치'는 아카이브즈 내에 있는 행정적 성격 속의 '공정성(impartiality)'에 있다고 보았다. 일상적인 활동은 진실한 기록물을 필요로 한다. 만약 기록물이 의식적인 역사기록으로 생산되었다고 한다면, 그 기록물이 가진 증거의 공정성과 신뢰성이 문제시될 수 있다. 젠킨슨의 목표는 이러한 진실성을 보존함과 동시에 미래의 활용을 위해 기록물을 선별하려는 동기를 선별업무로부터 완전히 제거할 수 있는 객관적인 기준을 만드는 데 있었다.[12] 요컨대, 그는 기록생산자가 아닌 아키비스트나 역사가에 의한 평가는 편파적이고 불공평을 피할 수 없다고 생각하였다. 물론 기록생산자에 의한 평가도 객관적이라고 할 수는 없지만, 기록생산자가 업무상의 관점에서 평가하는 쪽이 오히려 남겨진 기록에 생산자의 개성이나 특질이 반영된다고 보았다.[13] 따라서 선별평가는 아키비스트가 아니라 기록생산자 및 그로부터 법적으로 위임된 자만이 수행할 때 불편부당한 아카이브즈를 구성할 수 있다고 믿었던 것이다. 결과적으로 젠킨슨은 기록평가에서 아키비스트의 역할을 최소로 제한하는 쪽이었다고 볼 수 있다.

이에 반해 미국의 기록학계에서는 평가선별에서 아키비스트의 역할을 상대적으로 강조하였다. 미국의 연방기록을 담당한 아키비스트는

---

12) 강경무 김상민 역, 『아카이브즈와 매뉴스크립트의 선별과 평가』, 진리탐구, 2005.

13) 安藤正人, 「歐美記錄史學における記錄評價選別論の展開」, 『記錄史料の管理と文書館』, 1996.

최초로 기록물에 어떤 특정한 가치가 내재되어 있다는 관념에 기초하여 평가업무를 개시한 바 있는데 쉘렌버그는 기록을 레코드와 아카이브즈로 구분하고 아카이브즈를 증거가치와 정보가치가 내재된 특수한 기록으로 보았다.[14) 즉 레코드와 아카이브즈를 엄격히 구분하여 아카이브즈 중심의 선별과 보존 논리를 만들었다.

쉘렌버그가 고안한 전통적 평가방법에서는 증거적 가치를 중시하여 기록생산자의 위치와 기능 분석을 매우 중요한 잣대로 삼게 된다. 쉘렌버그의 가치유형론은 상대적으로 객관적인 기준을 제시하였다는 점에서 미국에서 채택되어 현재까지도 실용화되고 있는 형편이다.

그러나 약간 다른 각도에서 1950년대 독일에서는 국가기록물을 대상으로 평가기준을 마련한 바 있다. 쌍테와 로어 등은 조직과 기능의 위계가 곧 기록의 가치 서열을 결정한다는 사고를 갖고 있었다.[15) 구체적으로는 내각이나 중앙정부가 생산한 기록은 전부 보존하고 하위 행정조직의 기록은 폐기하자는 주장이다. 쌍테/로어 모델은 국가기록물에 대한 효율적 관리와 평가에서 기록 자체보다는 출처지향의 평가 방법을 상정하였다는 점에서 특징이 있다.

근래에는 쉘렌버그류의 가치유형론에 기초한 평가이론의 한계를 지적하는 경향이 대두하고 있다. 이와 같은 새로운 경향은 기록물생산환경의 급속한 변화에 의해서 쉘렌버그식 평가가 대응하기 어렵다는 실용적 차원에서 제기되었지만, 인식론상에서는 아카이브즈에 대한 변화

---

14) Schellenberg, T. R., "The appraisal of modern public records", *National Archives Bulletin 8*, Washington : National Archives and Records Service, 1956. (오항녕 편역, 「현대 공공기록의 평가」, 『기록학의 평가론』, 진리탐구, 2005.)

15) Booms, Hans, "Society and the formation of a documentary heritage issues in the appraisal of archival sources", *Archivaria* 24, 1987. (오항녕 편역, 「사회와 기록유산의 형성」, 『기록학의 평가론』, 진리탐구, 2005, 190-193쪽.)

된 관념에 기초하고 있다. 쉘렌버그가 추정한 객관적 실체로서의 기록가치 개념은 기록생산기관의 조직이력과 개인의 정보를 중시하게 되는데, 이 때의 가치는 기록에 잠재되어 있다가 미래의 어떤 시점에서 발현되거나 혹은 새롭게 창출되는 것이다.

그러나 기록의 가치는 개별기록에 내재해 있는 객관화된 그 무엇이 아니라, 기록을 둘러싼 사회에 의해 주어지는 것으로 파악한 아키비스트가 있다. 붐스는 절대적 의미에서의 가치의 실체란 존재하지 않으며 사회와 역사의 산물이라고 파악하였다. 즉, 기록의 가치는 기록에 내재해 있는 고정불변의 객관적 실체라기보다는 시대와 사회적 조건에 따라 변화하는 사회적 가치라고 보는 것이다.

기록의 사회적 가치는 변화하는 것이기 때문에, 붐스는 항상 현재적 관점에서 분석할 것을 주장했다. 이와 같은 붐스의 견해는 아키비스트가 현대 기록을 평가할 때 선택할 수 밖에 없는 것이다. 미래 사회는 미지의 영역이기 때문이다. 대신에 사회적 가치의 평가에서 주관적 판단을 배제하기 위해 '사회의 여론'이라는 잣대를 만들었다. 무엇이 중요한 기록을 선별하는 기준일까를 고민하는 아키비스트라면 특정 시대와 사회적 조건에 맞는 객관적 기준을 만들어내고 싶어한다는 점에서 붐스의 견해는 매력적인 문제의식을 갖고 있다.

결과적으로 붐스는 과거 세대와는 비교할 수 없을 정도로 방대한 양의 기록물 처리에서 아키비스트가 소극적으로 대응하기보다는 오히려 적극적으로 기록더미에 뛰어들 것을 제안하였다. 붐스는 인식론상으로 가치없는 것을 폐기함으로써 생기는 평가의 부정적 결과로부터 영구히 가치있는 기록을 선별한다는 긍정적·능동적 선별을 강조하였다. 붐스의 능동적 선별은 개별 기록물의 가치를 유형화하여 평가하는 것이 아니라, 평가 관념 자체의 전환을 촉구하는 것이었다. 붐스의 제안은 어떤 기록물을 보존할 것인가보다는 어떤 '사건'과 '현상'을 다큐멘테이션할 것인가로 초점을 변경했다는 점에서, 평가의 접근 방법을 완전히 바꾸어 놓았고, 아키비스트는 항상 사회와 역사적 변화에 민감하게 반응하면서 학습하는 연구자가 되지 않으면 안될 것을 제안하는 것이다.

특히 붐스는 쌍테/로어 모델을 강력히 비판하였으나 인식론상에서는 쌍테/로어 모델이 잠재적으로 지니고 있던 기록에서 기록의 배경으로의 전환을 전면화하였고, 특히 행정위계체론이 갖는 국가기록물 중심의 보존논리를 사회 전체로 확대했다는 점에서 아키비스트 시각의 확장을 촉구한 것이었다. 그러나 '공공의 여론'이라는 선별의 기준은, 문제의식은 공감할 수 있으나 객관적 지표로 삼기에는 매우 애매한 것이기도 하다.

1980년대 초반 미국의 제럴드 햄도 새로운 제안을 하였다. 햄은 지금까지의 중요기록물 선별이 학문의 연구분야를 지원하는데 한정되어 사회활동 전체상을 전승하는 데에는 소홀하였다고 진단한 후, 평가에서 사회상의 적극적 반영을 주장하였다.16) 아카이브즈 선별에서 기록을 둘러싼 전후관계가 폭넓게 고려되어야 한다는 햄의 제안을 실행하기 위한 구체적인 방법은 다큐멘테이션 전략으로 형상화되었다. 사무엘스, 해크만, 워노블레웨트는 현대 기관의 다큐멘테이션 작업이 상호 연관성을 갖기 위해서는 하나의 주제, 활동, 혹은 지역에 관한 다큐멘테이션 계획하에서 각 기관의 합리적인 개발노력이 필요하다고 주장하였다. 이러한 움직임은 기록의 성격에 대해서 다시 고찰해야 한다는 것과 각 기관간의 상호적인 수집전략을 세워야 한다는 점을 강조한데서 큰

---

16) 김명훈, 『출처주의와 현대기록관리』(한국국가기록연구원보고서), 2003, 50쪽.

발전을 이룩한 것이다.17)

이들은 쉘렌버그와 그 추종자들이 주창한 전통적인 기록관리원칙들이 기관들의 관료제적 구조를 이해할 것을 강조하고 있으며, 아키비스트들은 행정적 위계질서 안에서 각 부서의 지위와 기능을 분석할 것을 요구한다고 비판하였다. 그러나 사무엘스는 단일기관에 대한 분석만으로는 평가결정을 지원하기에 불충분하고 현대 사회의 기관과 정보 자체의 통합적 경향으로 말미암아 단일기관적 접근방식 자체를 극복해야 한다고 지적하였다.18)

다큐멘테이션 전략은 아키비스트 평가의 초점을 단일 기관 혹은 기록 자체에서 보다 넓은 사회적 맥락으로 이동시켰다는 점에서 붐스의 견해와 유사하다고 할 수 있다. 그리고 특정기관에만 토대를 둔 평가의 한계를 극복할 필요성과 보다 광범위한 정보적·사회적 컨텍스트 속에서 기록물을 선별할 필요성이 있다고 생각했다.19) 이러한 방법론은 많은 장점을 제공하는데, 첫째 다큐멘테이션 전략은 포괄적이고 합리적으로 계획된 아카이브즈를 제공한다. 둘째 다큐멘테이션 전략은 아키비스트가 이전보다 소량이긴 하지만 더 나은 기록물을 보존할 수 있도록 해주고, 이를 통해 아카이브즈의 선별과 보존에 드는 자원 활용을 극대화시켜 준다. 셋째, 다큐멘테이션 전략은 특정 기관 혹은 특정 학문 분야의 경계선을 넘어 상호 관련되는 기록물로부터 아카이브즈 선별을 용이하게 한다.

---

17) Boles, Frank, "An overview", *Archival Appraisal*, Neal-Schuman Publisher, Inc. (오항녕 편역, 「평가론의 역사」 『기록학의 평가론』, 진리탐구, 2005, 19-20쪽.)

18) Samuels, Helen, Willa, "Who controls the past", *American Archivist* 49, 1986 봄. (오항녕 편역, 「누가 과거를 지배하는가」 『기록학의 평가론』, 진리탐구, 2005, 225-229쪽.)

19) 강경무 김상민 역, 『아카이브와 매뉴스크립트의 선별과 평가』, 진리탐구, 2005.

다큐멘테이션 전략이 갖는 장점에도 불구하고 현재까지 공기록물을 평가하는데 전면적으로 도입되지는 못하고 있다. 다큐멘테이션 전략을 수행하는 과정에서 발생하는 막대한 비용과 인원의 문제를 해결하지 않으면 공기록물 평가 업무에 적용하기가 매우 힘든 방식이라는 점이 몇몇 사례연구에서 드러나고 있다. 특히 사회의 과정을 분석하여 기록해야 할 주제 선정의 객관적 지표를 개발하지도 못한 상태이다. 다큐멘테이션 전략은 아카이브즈 수집을 위한 방법론으로서는 적극적 의미를 띠고 있지만 조직형 보존소에서는 적용하기가 매우 어렵다는 단점도 있다. 특히 과연 무엇을 기록으로 남겨야 할 것인가에 대한 구체적인 방법론을 제시하지 못하고 있다.

미국 아키비스트에 의해 개발된 다큐멘테이션 전략의 의미와 한계를 나름대로 극복하여 평가업무에 적용하는 사례가 캐나다에서는 실행되고 있다. 기능평가 혹은 거시평가로 알려진 이 방법론은 공기록물 평가에서 유용한 평가틀을 제공하고 있다.

테리 쿡은 정부에서 추진하는 업무에 대한 이해와 다큐멘트를 초월하여 '거버넌스'에 초점을 맞출 것을 제안하였는데, 장기간의 아카이벌 보존을 거시적 평가를 통해 정의되는 영구기록들 사이에, 그리고 시민-국가의 관계 배경에 '시민'을 두고 있다. 쿡은 조직과 기능의 위계에 따른 가치 결정 방식을 부정하지는 않지만, 좀 더 폭넓은 사회적 컨텍스트 속에서 평가 업무를 수행할 것을 요구하였다. 평가에서 거버넌스 개념의 도입은 현대사회의 구조적 변화와도 관련이 있다. 즉 국가가 위에서 사회의 모든 면에 개입, 간섭하는 것이 아니라 국가의 국정 파트너로서 시민사회의 성장이라는 사회적 변화를 반영하고 있다. 따라서 사회를 대표하는 중요 기록은 국가에 의한 일방적 통치기록이 아니라 국가와 시민사회간의 상호관계를 반영하는 것을 의미한다.

거시적 평가는 평가에 대한 초기의 주요 초점이 기록(기록이 내포한 가치 연구나 특성 연구)에서 기능적 맥락(기록을 생산한 개념적, 실질적, 기능적 출처)으로 전환된다.[20] 기능평가는 기록 그 자체의 가치보다는 기록생산의 OPI(Offices of Primary Interest)[21]의 아카이벌 가치를 강조하는데 이러한 논지는 기관의 수많은 기록시리즈, 데이터베이스 및 미디어콜렉션을 하나씩 하나씩 직접 다루기보다는 가치있는 기록을 생산하는 부서(offices), 분야(sectors), 지점(branches) 등을 평가하기 위한 것이다.[22]

따라서 기능평가에서는 중요기록이 산출될 가능성 있는 영역을 선별·지정하는 것이 오히려 중요하다고 볼 수 있다. 국가기록물을 대상으로 할 때 기록산출의 영역은 조직 및 기관이라 할 수 있는데, 캐나다 기능평가는 기관 및 기능의 위계, 즉 사회적 배경이라는 '출처'에 기초하여 기록의 가치를 서열화하는 것이 출발점이라 할 수 있다. 그리고 기능평가에서 기관을 등급짓는 기준은 기능의 다양성, 정치적 위치, 크기, 예산, 사회적 영향 등이다.[23]

---

20) Cook, Terry, "Macro-appraisal and functional analysis: documenting governance rather than government", *Journal of the Society of Archivists* Vol.25, No.1,2004.

21) 테리 쿡에 의하면 OPI는 법률, 규칙, 정책 또는 규정에 의해 특별히 할당된 캐나다 정부의 특정 기능 활동을 수행하기 위한 권위, 의무, 책임이 있는 연방정부 기관-부서, 기관, 위원회, 사무소 또는 위임기관을 가리킨다. 즉 국가의 중요 정책을 결정, 수립하는 등 국민에 대한 중요 책임성을 지닌 중요기록물이 생산되는 지점인, 정부 내 행정기구 내지 부서를 의미한다.

22) Cook, Terry, "Macro-appraisal and functional analysis: documenting governance rather than government", *Journal of the Society of Archivist* Vol.25, No.1, 2004.

23) Cook, Terry, "Many are called, but few are chosen: sampling and selecting case files" *Archivaria* 32 (summer 1991).

외형상 기능평가는 조직·기능의 위계에 따른 가치 부여라는 측면에서, 기록생산자(출처)의 가치와 기록의 가치를 일치시킨 쌍테/로어의 행정위계 모델과 방법론상으로는 유사하지만, 시민사회 속에서 국가의 기능에 대한 조합을 반영하는 소위 '거버넌스'에 초점을 맞춘다는 점에서 민주적 절차성을 강조한 평가이론이라 할 수 있다. 캐나다 기능평가의 초점은 시민 거버넌스와 시민-국가의 상호작용에 맞추는 것이지, 정부의 기능의 다큐멘트에 맞추는 것은 아니다.24) 일방적인 '거버먼트'에서 쌍방향의 '거버넌스'로 기능 과정이 전환되었다는 점에 주목해야 한다. 여기에 본질, 구조, 특성, 생산절차, 다른 기록/정보와의 상호관계 등과 같은 모든 매체 속에 기록된 정보의 생산자의 이해에 기초한 유사한 연구가 개발되어야 한다. 아래의 그림은 "기록물평가시스템"의 평가 프로세스를 필자가 수정하여 도표화한 것이다.

---

24) Cook, Terry, "Macro-appraisal and functional analysis: documenting governance rather than government", *Journal of the Society of Archivist* Vol.25, No.1, 2004.

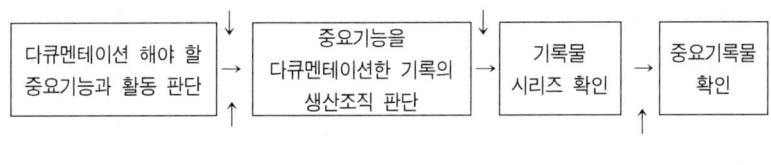

기록생산자, 이용자, 아키비스트, 연구자등의 공동연구(중요기능,활동,주제선별)

중요기능의 생산구조 파악 기관의 구조 분석

| 다큐멘테이션 해야 할 중요기능과 활동 판단 | → | 중요기능을 다큐멘테이션한 기록의 생산조직 판단 | → | 기록물 시리즈 확인 | → | 중요기록물 확인 |

기관의 조직서열 및 예산·인원 규모 중요기능 및 활동 분석

중요 기록물 선별 기록물 성격에 따른 유형화

[그림 1] 평가 프로세스

위에서 알 수 있듯이 기능평가(macro appraisal)는 어떤 기능이나 활동이 다큐멘테이션되어야 하는지를 판단하는 것에서 출발한다. 그리고 기관이 수행하는 가장 중요한 기능이나 활동을 판단하기 위해서 기관과 그 기관의 프로그램을 분석하는데, 이러한 분석은 현행 기록물이라면 기관과 기관의 프로그램에 대한 기록물의 심사, 기관 직원과의 인터뷰가 중요한 판단의 근거가 된다. 그러나 조선총독부 공문서와 같은 역사기록물의 경우에는 철저한 역사학적 접근 방식이 필요하다. 예컨대, 조선총독부의 전체 기능과 활동을 시대적 흐름에 따라 구조화하여 위계에 따른 배치가 필요하고, 공문서 생산조직의 특징과 유통에 대한 이해도 필요하다.

기능의 중요성은 전체적인 행정구조 내에서 기관 및 기관의 프로그램의 중요성과 같은 요소들을 기준으로 평가할 수 있다. 기관의 직원이나 예산의 규모, 정치적·경제적·사회적 시스템에 대한 기관

프로그램이 미치는 영향력, 프로그램과 다른기관 나라 업무 조직 개인 상호간의 상호작용의 정도, 광범위한 기능을 지원하는 과정에서 생겨난 기록의 중요성은 광범위한 기능의 기록과 연관지어 고려될 필요가 있다.

둘째, 이와 같은 특정 조직의 중요기능과 활동을 선별한 다음에는 그 기관 내에서 중요기능을 문서화한 기록들이 어디에서 생산되는지를 판단한다. 이것은 그 기관의 조직을 분석하는 것에서 시작한다. 조선총독부의 경우에는 현대 조직과는 달리 상대적으로 단순하고 안정된 형태를 보이고 있다. 이와 같은 조직에서는 조직 위계의 선별이 매우 쉽고, 기능의 특징도 잡기 쉬운 편이다.

셋째, 그리고 이와 같은 선별과정을 거치고 아키비스트는 중요기능에 책임이 있는 사람들에 의해 생산된 기록시리즈를 확인한다.

넷째, 아키비스트는 중요기능을 가장 완전하고 간결하게 문서화한 기록들을 찾아낸다.25)

이처럼 기능평가는 중요 기록물을 직접 선별하는 것이 아니라, 중요 기록물을 생산하는 조직과 기능을 우선적으로 선별하는 것이고 조직의 중요 기능을 가장 완전하고 간결하게 제공하는 기록을 식별하는 것이라고도 말할 수 있다. 따라서 우선 중요 기록물을 생산하는 조직과 기능을 선별하는 기준을 확정할 것을 요구한다. 거시평가에서의 기능의 개념은 가치있는 것과 없는 것, 사회적으로 기억될 가치와 그렇지 않은 것, 영구기록이 되어야 할 것과 파기되어야 할 것에 대한 이론적 가정을 반영한다.26)

---

25) 남희숙 역, 『기록물평가시스템』, 진리탐구, 2002, 54-56쪽.

26) Cook, Terry, "Macro-appraisal and functional analysis: documenting governance rather than goverment" *Journal of the Society of Archivists* Vol.25, No.1, 2004.

식민지 조선의 경우에도 쿡의 입론은 시사하는 바가 있다. 異民族
인 일본인이 조선총독부를 설치하여 조선인을 지배한 기록물의 성격
을 어떻게 보아야 할 것인가 하는 점이 고려할 부분이다. 조선총독부
의 최상위 관료와 직원은 일본인이고 이들에 의해 생산된 기록물은
조선인들이 아니라 일본인이 생산한 것이다. 따라서 조선총독부가
생산한 기록물은 철저하게 일본인의 관점에서 조직되었고, 조선인에
대한 일본인의 정책 방향이 일방적으로 흐르는 것을 반영한다. 만약
조직과 기능의 위계만으로 아카이브즈를 선별할 경우 조선인들의 삶
과 생활, 모습을 반영한 기록들은 중요 아카이브즈로 구성되지 않을
것이다.[27]

식민지 상황에서 한국인의 모습을 반영한 중요 기록물은 과연 어떻
게 판단할 수 있을 것인가 하는 점이 중요한 과제가 될 수 있다. 거버
넌스 개념의 응용적 해석이 필요하다. 거버넌스 개념은 통치, 협치 등
다양한 개념으로 쓰이고 있는데, 식민지의 특수성을 반영한 아카이브
즈를 구성하려면 일제와 조선인간의 상호 작용의 개념으로 사용할 필
요가 있다. 지배자와 피지배자간의 상호작용의 범주에는 지배에 대한
피지배자의 거절, 저항, 투항, 협력 등 모두를 포함하기 때문이다. 따라
서 조선총독부 정책 사안 중에서 조선총독부와 조선인의 상호 작용을
반영하는 업무가 중요업무로서 이해될 필요가 있다. 또 상호 작용하는
조직 및 기능도 파악할 필요가 있는데, 예컨대 中樞院, 道會, 府會, 邑
會, 面協議會, 재판소 및 경찰기구 등이 조선인과 조선총독부가 직접
맞닿는 부분으로 아카이브즈를 생산할 가능성이 높은 조직으로 볼 수

---

27) 쿡에 의하면 시민-국가의 용어는 기업-고객, 대학-학생, 병원-환자, 조합-조합원,
교회-신도 등과 같이 상대적으로 변화하는 개념으로 보고 있다.

있다.28)

　또, 기능 혹은 이슈, 사건, 활동의 측면에서 적용할 경우, 식민지 도시계획은 법령의 성격상 조선총독부와 일본본국, 그리고 지방관청 및 지방의회간의 상호작용으로 발현된다. 물론 조선총독부의 위로부터의 지시와 감독이 절대적이었으나 시가지계획에서 지방도시와 지역주민들의 이해관계를 조정할 필요도 있었기 때문에, 형식적이지만 법령상으로는 해당 지역 조선인들의 의견을 반영해야 했고, 그 경우 도시계획 기능은 조선인과 조선총독부가 상호작용하는 하나의 사례가 될 수 있다.29)

　이 논문은 조선총독부 공문서 평가에서 중시해야 할 기록생산영역을 확정하는 방식을 네가지로 구분하였다. 1930년대 식민지 조선에서 기억으로 남겨야 할 주제, 사건, 이념의 선정은 첫째 역사연구 경향 분석, 둘째 기록 생산자인 조선총독부 관료들의 업무 중요도 분석, 셋째 조직 및 기능의 위계화, 넷째 조선총독부와 조선인들의 상호작용 여부 등의 요소로 판단할 것이다. 궁극적으로는 이 평가결과를 조선총독부 당국의 평가30)와 현재 국가기록원에서 보존하고 있는 기록물을 서로 비교하여, 조선총독부 도시계획 기능이 얼마나 잘 다큐멘테이션되었고, 또 얼마나 잘 보존되어 있는가를 판단하는데 하나의 사례를 제공할 수 있

---

28) 독립운동이나 의병운동을 지방 경찰관서에서 진압했을 경우, 조직 위계에 의해서만 아카이브즈 여부를 판단할 경우 조선인들의 독립운동 기록들은 기억에서 사라질 가능성이 높아진다. 따라서 식민지 특수성을 반영한 아카이브즈를 구성하는 방법으로서 쿡의 입론은 의미가 있다.

29) '조선시가지계획령' 제2조. "시가지계획 구역 및 시가지계획은 그 구역에 관계 있는 府會, 邑會 또는 面協議會의 의견을 듣고 조선총독이 결정한다."

30) 박성진, 「조선총독부의 공문서 보존기간 책정기준과 가치평가」『기록보존』15, 2002.

으리라 생각한다.

3. 기록의 선별 배경으로서의 사회적 컨텍스트

가. 도시계획 현상에 대한 기록생산자 및 이용자적 접근

1) 조선총독부 공문서의 생산 현황의 추정

현재 국가기록원이 소장하고 있는 조선총독부 공문서는 해방 직후 조선총독부 문서과가 보관하고 있던 공문서 약 14,000여책을 한국정부가 일괄 접수한 것에서 유래한다. 이후 (구)정부기록보존소가 중앙 및 지방행정기관 등에서 지속적으로 이관받아 현재는 약30,000여책을 보존하고 있다.[31] 조선총독부 공문서는 1910년부터 1945년까지 업무와 관련하여 생산 및 접수한 문서, 대장, 도면, 사진, 간행물 등 모든 형태의 기록정보를 의미한다. 그리고 이와 같은 공문서를 생산한 부서는 조선총독부관제에 규정된 모든 조직 및 개인으로 볼 수 있다.

그러나 조선총독부 공문서는 본부 문서과가 일괄적으로 관리하였던 것이 아니라 본부 및 소속기관이 각자 독자적인 규정을 만들어 관리하였으므로, 식민지 시기 공문서는 조선총독부 본부와 소속기관별로 보관되어 있었다. 따라서 조선총독부 공문서는 국가기록원 뿐만 아니라 지방관서에도 상당량이 보존되어 있을 것으로 추정된다.

한편으로 국가기록원이 소장하고 있는 조선총독부 공문서는 현대적

---

31) 국가기록원이 관리하고 있는 공문서 중에는 대한제국과 통감부가 생산한 것도 일부 있다. 이것은 일제가 한국을 강제로 병합한 이후에 식민통치의 참고로 사용하기 위해서 보존한 경우도 있고, 대한제국 및 통감부가 시행한 행정업무가 조선총독부로 이관되어 연속적으로 행해진 사정도 있다.

의미에서의 '선별과 평가' 과정을 거친 아카이브즈는 아니다. 해방 직후 일제가 남긴 공문서를 식민통치기록의 측면에서 영구보존기록으로 지정하였을 뿐이다. 이 문서들은 조선총독부 스스로 영구보존문서로 평가하여 보존하고 있는 것도 있지만, 유한보존의 문서가 폐기 연한이 도래하지 않은 채 해방을 맞아 남아 있는 경우도 있다. 조선총독부 공문서의 역사적 가치는 누구도 부정할 수는 없지만, 기록학의 관점에서 평가할 필요성도 여전히 남아 있다. 현재 남아 있는 기록들이 식민지시기를 대표하는 기록군으로서의 의미를 갖고 있는지 여부 등을 판단하여 이용자들에게 편의를 제공할 필요가 있는 것이다.[32]

조선총독부 공문서를 분석할 때 의문이 드는 것은 약35년간의 조선총독부 본부의 통치기록이 왜 14,000여책에 불과한가 하는 점이다. 기록관리체제가 정상적으로 작동하였다면 1945년 해방시에는 영구보존문서와 폐기연한이 도래하지 않은 유한보존문서를 포함하여 방대한 양이 남아 있어야 하지만 대한민국 정부가 접수한 문서는 매우 소량에 불과하였다. 현재까지의 연구에 따르면 해방 직전 혹은 직후에 조선총독부 직원에 의해서 조직적으로 폐기된 것으로 알려져 있으나 문헌사료에 의한 것은 아니고 회고에 의한 것이다. 뿐만 아니라 조선총독부의 문서 생산량이 어느 정도인지에 대해서도 전혀 알려진 바가 없다. 이러한 사실은 조선총독부 공문서의 평가와 보존의 연구에서 중요한 어려움을 안고 진행할 수밖에 없음을 의미하는 것이다. 예컨대, 대만총독부 공문서는 "永久保存公文類纂" 4,193책과 2595점을 중심으로 "15년보존

---

32) 국가기록원이 소장하고 있는 조선총독부 공문서는 한국사학계의 연구자들조차도 일상적으로 이용되는 자료가 아니다. 그 이유는 이용에 대한 어려움도 있겠지만, 조선총독부 공문서에 대한 아카이브즈로서의 의미가 소개되지 않은 것과도 관련이 있다.

공문유찬" 3,224책, "5년보존공문유찬" 88책, "1년보존공문유찬" 4책 등 모두 7509책, 2595점에 불과하다.[33] 약50년간 식민지배를 받은 대만 의 경우와 비교하면 조선총독부 본부의 공문서 14,000책이 오히려 적다 고 할 수 없다. 대만총독부와 조선총독부의 기록관리체제는 여러 가지 점에서 차이가 있기 때문에 대만의 사례로써 조선의 상황을 추정하는 것에는 문제가 있지만, 기록보존과 폐기의 문제는 매우 민감한 문제로 서 치밀한 조사가 필요하다.

또한 적절한 기록평가 방법론을 확정하기 위해서도 1910년부터 1945 년까지 조선총독부 본부가 업무와 관련하여 생산 혹은 접수한 전체 공 문서량을 추정할 필요가 있다. 제국의회설명자료 중 문서과 보고 사항 에는 <일반문서수발통수>표와 <극비문서수발통수>표가 있는데, 이 표 를 통해서 조선총독부 본부의 문서생산량을 대략 가늠할 수 있으리라 생각한다. 1940년 기준으로 일반문서는 1,174,063통이고 극비문서는 234,807통이 생산되었으므로 1년 총생산량은 1,408,870통이고, 35년으로 확대하면 49,310,450통이다. 10통을 1冊으로 편철한 것으로 가정하면 부 책(簿冊)으로는 약 4,931,045책[34], 20통을 1冊으로 편철한 것으로 가정 하면 약 2,465,522책으로 추정할 수 있다. 이것을 소속기관을 포함하여 전국으로 확대하면 상당히 많은 문서가 생산되었다는 것을 추정할 수 있다. 아래의 도표를 통해 조선총독부 각도와 府郡의 문서 생산량을 대 략 추정할 수 있다.[35]

---

33) 檜山幸夫, 「臺灣總督府文書と日本の近代行政文書」, 『臺灣總督府文書の史料學的硏 究』, ゆまに書房, 2003.

34) '제79회 帝國議會說明資料' 『일제하 전시체제기 정책사료 총서』 6권.

35) "朝鮮總督府官報 제1755호(1918년 6월 13일)"

[표 1] 道 文書受發件數票(1917)

	경기	충북	충남	전북	전남	경북	경남	황해	평남	평북	강원	함남	함북	총계
접수	112,624	34,324	57,145	73,859	84,360	90,869	81,886	81,433	65,575	66,974	64,291	41,916	42,062	897,318
발송	89,885	26,008	55,059	58,135	69,010	98,927	77,808	76,862	38,878	62,571	55,135	33,817	27,273	769,368

[표 2] 府郡 文書受發件數票(1917)

	경기	충북	충남	전북	전남	경북	경남	황해	평남	평북	강원	함남	함북	총계
접수	778,795	137,151	406,765	383,170	512,108	469,449	570,471	256,425	432,864	426,784	236,817	234,001	164,956	5,008,756
발송	540,527	157,181	335,258	359,804	458,853	391,232	415,338	258,686	364,766	399,554	254,670	210,265	152,070	4,299,194

1917년 각도와 府郡의 문서총생산량은 10,974,636건이고 1917년 생산량을 기준으로 식민지 시기 전체로 확대하면 약 384,112,260건이다. 연도는 다르지만 1940년 본부의 문서생산량이 1,408,870건임을 고려하면 조선총독부의 문서생산량을 대략 가늠해볼 수 있다. 또한 소속관서 중에는 각도, 府郡 뿐만 아니라 체신국, 재판소, 중추원 등 많기 때문에 소속관서 전체를 추정하면 훨씬 많은 문서가 생산되었을 것으로 생각된다. 그리고 이 논문은 조선총독부 내무국 토목 기능 문서들을 평가 대상으로 하고 있는데, 그 이유는 아래의 [표 3][36)]을 통해서 설명할 수 있다.

---

36) 김재순, 「조선총독부 공문서 관리제도와 총무처 정부부기록보존소소장 일제문서」, 『역사와현실』 9, 1993.

[표 3] 해방 직후 조선총독부 본부 문서과 소장 문서 현황

문서분류명	문서권수	문서분류명	문서권수
법무	264(1.87%)	학무	63 *
행형	360(2.55%)	편집	5
경무	155(1.10%)	상공	12
지방행정	1,336(9.49%)	광무	1,154(8.20%)
건축	42	산금	36
토목	3,280(23.3%)	연료	9
인사	6	경금속	9
외사	116	토지개량	1,571
노무	20	수리조합	3,706(26.3%)
이재	27	미곡	41
사계	37	임정	1,345(9.55%)
회계	65	사회교육	169
세무	77	총계	14,0729

비고 : 지방행정기관에서 이관된 문서는 제외.

도표상으로는 수리조합, 토목, 임정, 광무, 지방행정으로 분류된 문서
가 가장 많고, 토목 문서군은 두 번째로 문서량이 많다는 것을 알 수
있다. 문서의 양은 해당 기관의 기능 및 활동의 다양성을 의미하고 사
회적, 국가적 활동성의 증대는 곧 기능 및 조직의 중요성을 판단하는데
주요 근거가 된다.[37] 그리고 토목군 문서는 다른 조선총독부 문서와 달
리 상대적으로 양이 많고, 형식적 등질성을 유지할 가능성이 많다는 점
에서 기록평가 대상으로 설정하기에는 무리가 없을 것으로 생각된다.

---

37) 현재까지 남아 있는 보존문서의 양이 곧 생산기관의 기능의 중요성을 의미한다
고 말하기에는 무리가 있을 수도 있다. 왜냐하면 해방 직후에 중요 문서들에 대
한 폐기행위가 있었고 정책 관련 문서는 기록물의 성격상 다량의 문서 생산을
기대하기 어렵기 때문이다.

2) 역사논문에서 표상하는 1930년대 식민지 사회상

다큐멘테이션해야 할 주요 이슈와 사건, 활동을 선별하는 것은 평가 본연의 임무이고, 아키비스트는 인접학문분야와의 협력과 공동연구를 통해서 주관과 경험의 한계를 일정하게 보완해야 한다. 예컨대, 기록해야 할 주제와 사건의 선별은 기록생산 및 이용과 밀접한 관련이 있는 다양한 학문적 배경으로 구성된 다큐멘테이션 그룹, 즉 기록생산자, 이용자, 역사연구자, 아키비스트 등으로 구성된 그룹의 도움을 받을 필요가 있다.[38] 만약 도시계획 기록군을 평가하려면 식민지 시대의 역사적 사건(활동)을 다큐멘테이션하는 의미, 도시계획 사업이 1930년대 식민지 조선에서 차지하는 역사적 위치, 조선총독부의 행정사(조직 및 업무 분석), 조선공업화 정책의 추진 과정에서 새롭게 부상된 도시계획 기능의 의미, 만주사변으로 촉발된 대륙침략정책에 의해 새로운 거점도시 개발의 필요성, 식민지 경성의 의미와 도시계획 대상 도시들의 의미, 조선에서의 도시유산층의 자생적 요구, 도시계획 현상이 전체 식민지 조선사회에서 어떤 의미가 있는지, 일본의 식민정책에서 어떤 위치를 점하고 있는지 등을 역사적인 관점에서 분석할 필요가 있는 것이다.

1930년대 식민지 조선에서 발생한 대표적 사건, 주제, 이슈, 활동, 지배적 이념 등을 선정하는데 있어서 역사학 연구논문들의 서술 경향 분석은 많은 도움을 준다. 당시의 기록들을 전체적으로 파악할 수 없는 현대 아키비스트에게 다큐멘테이션해야 할 적절한 지역과 주제, 이념 등을 선별하는데 중요한 논거를 제시하기 때문이다.

여기에서는 최근 6년간 역사학보에 게재된 논문의 주제를 중심으로

---

38) Samuels, Helen Willa, "Who controls the past", *American Archivist* 49, 1986 봄. (오항녕 편역, 「누가 과거를 지배하는가」, 『기록학의 평가론』, 진리탐구, 2005, 233쪽.)

대략의 지표를 설정하였다. 역사논문은 일반 기록물과는 달리 조직 및 기능에 기초한 출처주의 원칙으로 분류하는 것은 곤란하고, 오히려 문헌분류와 같이 주제에 따른 분류가 적절하다. 일제시대 관련 논문들은 대주제 13개, 중주제 63개로 분류하였는데 구체적인 것은 아래의 도표와 같다.

[표 4] 일제시대 관련 논문의 주제별 현황

대주제	중주제
독립운동 (민족운동)	부르주아 민족주의 운동(국내/해외), 공산주의 운동(국내/해외), 노동농민운동
인물	민족운동가, 사회주의운동가, 친일파
식민정책	조선총독부(기구, 관료), 중앙 및 지방행정조직, 황민화정책(창씨개명, 사상전향, 내선일체), 일본본국의 식민정책, 조선군, 식민지법령, 강제동원(노동력동원, 종군위안부, 징병), 전시국민통제(국민정신총동원)
경제일반	금융(금융조합, 은행, 금융정책), 무역, 재정, 전시통제경제, 식민지근대화론
공업	식민지공업화, 각종 회사 및 공장(기업사례연구), 자본가, 조선회사령
농업 (농촌)	토지조사사업, 농촌진흥운동, 식민지 지주제, 농촌단체(농회, 식산계, 산업조합), 수리조합, 산미증식계획
사회사 (생활사)	민중생활(노동자, 농민), 철도, 전기, 버스, 식민지적 근대
사상	자치주의, 실력양성론, 사회주의 사상연구, 민족주의 사상연구
지역	조선의 각 지역사(향촌사), 지역운동, 지역문화
여성	여성일반, 신여성, 친일여성, 여성운동
교육	학교, 교육제도, 교육이념, 황민화교육, 실업교육, 직업교육
종교	유교, 불교, 천도교, 기독교,
문학	소설, 시, 근대문학, 저항문학, 카프, 친일문학

<출처 : 역사학보>

매년 약 200-300여편 이상씩 쏟아지고 있는 식민지 시기 관련 논문들

을 체계적으로 정리하는 것은 쉽지 않지만 우선 발표 논문의 숫자만을 보면 독립운동, 민족운동(인물)이 가장 많은 양을 차지하고 있다. 이는 한국학계의 전통적 경향으로서 우파민족주의 운동 뿐만 아니라 공산주의 계열의 독립운동으로까지 확대된 상태이다. 두 번째로는 식민정책과 지배기구에 관한 연구가 많은 상황이다. 한국사학계는 일제의 식민지배에 저항하는 조선인들의 모습을 표상화하는 한편 식민지배의 가혹한 실상을 알리는 것에 관심이 집중되어 있다. 따라서 역사논문에서 그리는 식민지상은 '침략'과 '저항'이라는 단어로 요약할 수 있다. 식민지배를 둘러싼 조선인과 조선총독부간의 갈등의 양상을 첨예하게 드러낸다는 점에서, 독립운동이라는 주제는 식민지 전체를 관통하는 주요한 사회 현상이라고 할 수 있다.

기록유산의 형성이라는 관점에서 보았을 때 1930·40년대를 대표하는 식민지상은 독립운동, 강제동원, 징병, 황민화정책, 공업화, 농촌진흥운동, 창씨개명, 사상전향 등이다. 식민지 조선의 도시화는 대표 주제로서 부각된 것은 아니라고 볼 수 있다. 그러나 이와 같은 연구경향을 곧바로 기록의 가치와 연결시킬 필요는 없다. 한국 역사학계의 특수성에 따른 결과로 볼 수 있기 때문이다. 오히려 이는 기록의 유산이라는 관점에서, 그리고 균형잡힌 역사학 구성을 위한 기초자료의 정리와 보존의 측면에서 기록학의 임무가 중시될 필요가 있다는 것을 보여주는 것이기도 하다.

최근 식민지 도시형성에 관해 연구자들이 관심을 갖기 시작하고 있는데39) 역사학계에서 근대도시 형성에 대한 관심의 증대는 사회사적

---

39) 손정목, 『일제강점기 도시계획연구』, 일지사, 1990; 손정목, 『한국개항기 도시변화과정연구』, 일지사, 1984; 손정목, 『일제강점기 도시화 과정 연구』, 일지사, 1996; 김기호, 「일제시대 초기의 도시계획에 관한 연구」『서울학연구』, 6, 서울시립

경향의 대두와 관련되어 있다. 침략과 저항, 독립운동 위주의 역사서술만으로는 식민지 시기를 살았던 다수 조선인들의 일상적 삶과 모습을 반영하기 어렵다는 문제의식에서 비롯되었다. 논문의 양으로만 보았을 때 농촌 및 농업과 같이 독립된 대주제로 묶을 수 있을 정도로 연구가 진행되지는 않았으나, 사회사 혹은 공업화의 일환으로 도시형성의 문제가 대두되고 있다.[40]

이와 같은 공리주의적 접근법은 과학적이지는 않지만, 영구보존기록이 사회적 목적을 위해 가치를 지니는 사회적 산물이라는 전제에 의존하고 있다. 그러나 이 전제는 아카이브즈에 대한 첫째 원칙은 될 수 없다. 기록의 이용은 주관적 판단과 측정의 문제에서 자유롭지는 못하기 때문이다.[41] 이용은 평가기준으로 독립적 요소로 기능할 수는 없지만, 기관의 사명, 기록의 내용, 특정 생산자에 대한 상대적 중요성의 평가, 그리고 정치적 고려와 관련은 있다.

가. 기록생산자의 업무 중요도

다음으로는 기록의 직접 생산자라고 할 수 있는 조선총독부 관료들

대부설서울학연구소, 1995; 김영근, 「일제하 경성지역의 사회 공간구조의 변화와 도시경험」,『서울학연구』20, 2003; 이명규, 「한국과 일본의 도시계획제도의 비교 분석에 관한 연구」, 서울대박사학위논문, 1994; 염복규, 「1933-43년 일제의 경성시 가지계획」,『한국사론』, 46, 2001. 도시계획에 관한 좀 더 포괄적인 연구 목록은 한국국가기록연구원, 「제1장 근대 도시계획 관련 연구문헌, 논문 목록」,『일제시 대 도시계획 관련 주제서지』참조.

40) 식민지 도시에 대한 관심은 일본의 연구자들이 먼저 가졌다. 일본은 일찍부터 근대도시가 형성되었고 일본의 근대화 정책과 밀접한 관련이 있기 때문에 일본 학계에서는 도시사가 큰 분과 학문으로 자리잡고 있다. 그리고 일본본국 뿐만 아 니라 식민지 조선과 대만의 연구도 진행되고 있다.

41) Greene, Mark, " 'The surest proof': an utilitarian approach to appraisal", *Arc hivaria* 45, 1998 봄. (오항녕 편역, 「가장 확실한 증거 : 평가에 대한 공리주의적 접근」,『기록학의 평가론』, 진리탐구, 2005.)

의 인식을 살펴보자. 현대 역사연구자들이 중요하다고 판단한 사회현상과, 업무 추진과정에서 기록을 생산한 조선총독부 관료들이 행정적 관점에서 판단한 중요 업무는 다를 수 있기 때문이다. 당시 조선총독부 관료들의 업무 중요도 인식을 엿볼 수 있는 자료는 帝國議會說明資料와 朝鮮總督府施政年報를 들 수 있다. 帝國議會說明資料는 조선총독부가 제국의회에 1년간의 업무를 보고하기 위해 만든 자료이다. 따라서 특정 연도의 조선총독부가 인식하는 중요업무를 확인할 수 있다. 帝國議會說明資料는 현재 모두 남아 있는 것은 아니고 몇 개년도에 불과하다. 왜냐하면 이 자료 자체가 극비문서로 분류되어 5부 내외의 분량만을 만들었기 때문이다.

1941년에 조선총독부가 제국의회에 보고한 사항들을 정리하면 다음과 같다. 제국의회 보고사항은 매우 방대하기 때문에 사정국 업무 보고 중에서 토목 부분만을 소개하면 다음과 같다.[42]

〈1941년 제79회제국의회설명자료중 사정국 보고 사항 중 토목 부분〉
 ▶ 治道공사의 연혁개요와 현황(각도별 연장, 교량건설과 유지 관리 현황)
 ▶ 도로 구책 계획
 ▶ 수풍수전 공사와 관련한 도로 부대공사 계획과 그 공정
 ▶ 부역 부과 상황과 장래의 방침
 ▶ 항만 수축 개량공사의 연혁 각항의 개요, 수축계획과 현재 진척상황 및 준공전망, 준공 후의 수용능력
 ▶ 지방항, 어항과 사설항의 기왕 시설공사 개요 및 장래계획, 준공 후의 효과
 ▶ 치수사업의 연혁, 각 하천 치수사업의 계획과 공정 상황

42) '제79회 帝國議會說明資料' 『일제하 전시체제기 정책사료 총서』 6권.

▶ 지방 토목비 보조사업의 상황과 수지계산

▶ <u>도시계획의 개요</u>

▶ <u>경성시구개정 현황과 장래의 계획 및 부역 확장 후의 부세일반과 도</u>
<u>시계획</u>

▶ 수도사업의 개황

▶ 공유수면 매축사업의 현황

▶ 북선 개척사업, 도로공사의 현황과 장래 계획

▶ 다사도항과 만주국 대동항 축항 계획의 관계

위 보고사항은 조선총독부 사정국의 총59개의 업무 보고 사항 중에서 토목관련 부분만을 떼어낸 것이다. 조선총독부의 업무 보고에서 중요 사항으로 거론되고 있는 것은 항만, 도로, 공유수면, 도시계획, 수도사업, 북선개척 등이다. 도시계획과 관련이 있는 것은 도로, 수도사업, 북선개척, 다사도항 등이다. 1941년 조선총독부의 제국의회 보고 사항 중에는 도시계획의 진행 상황과 앞으로의 계획이 추가되어 있는데 이는 조선총독부 관료의 입장에서 볼 때 도시계획 기능이 제국의회에 보고해야 할 정도의 주요 사업이라는 것을 보여주는 것이다. 이것을 뒷받침해주는 것이 <조선총독부시정연보>이다. 이 자료는 조선총독부가 매년 1년간의 조선총독부 사업을 일반에게 널리 공시하는 것으로, 이 역시 조선총독부가 판단하는 주요 업무를 중심으로 나열하고 있다. 시정연보는 매년 발행하는 것이기 때문에 모든 연도를 소개하기는 어렵고 표본으로 설정한 7개년도만을 소개하면 아래와 같다.

[표 5] 조선총독부시정연보상의 토목 관련 중요 사업

연도	주요 사업 내용
1913년	國道, 지방도로, 港灣修築, 河川改修, 토목사업조사, 총독부청사의 新營
1915년	道路改修, 市區改正, 항만수축, 치수 및 수리계획, 토목사업 조사, 총독부청사의 新營
1921년	토목회의, 도로개수, 市區改正, 항만수축, 치수, 수도, 건축(총독부청사 비롯한 각종 중요건물)
1934년	도로개수, 도시시설, 항만수축, 치수, 수도, 窮民救濟土木事業, 건축(각종 중요 건물)
1935년	도로개수, 도시시설, 항만수축, 치수, 수도, 궁민구제토목사업, 건축(각종 중요 건물)
1940년	도로개수, 도시시설, 항만수축, 치수, 수도, 건축(각종 중요건물)
1941년	도로개수, 도시시설, 항만수축, 치수, 수도, 건축(각종 중요건물)

<출처 : 朝鮮總督府施政年報>

1910 · 20년대에는 도로와 市區改正, 항만의 문제가 가장 주요 업무로 분류되고 있다. 이 시기는 도시계획 관련 법령이 부재한 것과 관련이 있다. 1912년에 시구개정에 관해 조선총독부의 훈령이 공포되기는 하였으나 이 훈령은 조선의 각도시를 체계적으로 정비 혹은 발전시키기 위한 것은 아니고 기존의 도로들을 정비하는 것에 주된 목적이 있었다. 그러나 시가지계획령이 공포된 1934년부터는 기존의 토목 사업뿐만 아니라 도시시설의 문제가 핵심 사업으로 부상되어 있다는 것을 볼 수 있다. 이에 따라 시구개정은 1934년부터 업무에서 사라지게 된다. 제국의회설명자료와 조선총독부시정연보에 나타나는 업무 중요도는 철저하게 행정적 관점만이 투영된 것이고, 현재 진행 중인 사업과 앞으로 수행해야 할 주요 업무들을 나열하고 있다.

이상에서 알 수 있듯이, 역사연구자들의 판단에 따른 '중요도'와 조선총독부 관료들의 업무상의 '중요도'가 일치하지 않을 수 있다. 그것은 사건과 업무를 바라보는 인식의 차이에서 비롯된 것이다. 조선총독부 관료는 주어진 업무를 수행하기 위한 관점에서 기록물을 우선적으로 판단한다면, 역사학자의 경우는 시대적 흐름과 역사적 관점에 따라 사건과 업무를 판단하기 때문이다. 이는 역사학자들의 연구 성과에서는 다른 주제에 비해서 도시사가 활발하다고는 볼 수 없으나, 조선총독부가 도시계획과 관련된 업무들을 토목과의 핵심 업무로 분류한 것을 보면 알 수 있다.

나. 1930년대 식민지 조선에서의 도시계획의 사회적 컨텍스트

아키비스트는 역사연구 경향과 식민지 관료들의 행정적 관점을 모두 이해한 상태에서 당시의 사회상을 새롭게 구축할 아카이브즈를 선별해야 한다. 그리고 특정한 시대 속의 사회상을 구축하는 것은 곧 기록평가의 첫 단계이기도 하다.

1910년 8월에 한국을 식민지로 만든 일제는 9월말에서 10월초에 걸쳐 많은 법령을 공포하여 식민지 통치를 위한 제도적 기틀을 마련하였다. 그들에게 있어서 가장 중요했던 것은 통치기구의 정비와 치안의 확보였으며 식민지 도시계획은 조선총독부의 중점 사업은 아니었다.

통감부 시기부터 이른바 '시가정리'를 시작한 일제는 1912년 10월 7일 조선총독부 훈령 제9호를 發하고[43], 1912년 '京城市區改修豫定路線' 31선을 발표하면서 본격적으로 시구개수를 시작하였다. 이 때 시행된 시구개수의 주된 목적은 19세기말의 도시개조사업의 흔적을 지우고 서울의 도시공간을 식민지 경성으로 재편하는 것이었다. 그 내용은 기존 서울의 도심부와 일본인 주거주지역인 남부를 연결하여 일본인들의 북

---

43) "朝鮮總督府官報(1912년 10월 7일)"

부 진출을 용이하게 하는 한편 총독부, 경성부청, 조선은행 등 식민지 지배의 중심기관들을 연결하는 도시의 새로운 중심축을 만들어내는 것이었다.[44]

총독부 직할 시행으로 시작된 시구개수는 1929년에 경성부로 이관되어 국고보조사업으로 1930년대 중반까지 계속되었다. 일제는 1930년대 초까지 도심부 정비의 수준을 넘어서 인접지역까지 포괄하는 도시계획은 전혀 고려하지 않고 있었다. 조선총독부가 전국적 차원의 도시계획을 수립하려는 계획도 없었고 "조선의 민도상, 재정상 도시계획은 불가"라는 것이 공식 입장이었다. 도시계획은 막대한 예산을 필요로 하는 사업이었기 때문에 특별한 정책적 판단없이 식민지에 대규모 투자를 할 필요는 없었다.

그러나 조선총독부는 1932년부터 이른바 "기성도시의 확장과 신흥도시의 건설을 함께 할 수 있는 조선 독자의 도시계획"을 언급하면서 입장을 변경하였다. 1930년대 초반에 도시계획에 대해 적극적인 입장을 띠게 된 것은 대략 두 측면에서 판단할 수 있다. 첫째 이른바 '조선공업화' 정책의 추진에 따라 일본자본의 유치와 공업화의 기반조성 차원에서 도시발달을 도모해야 할 필요성이 대두하였다. 1930년대 초 일본을 강타한 대공황의 여파는 그대로 조선에 파급되면서 쌀값폭락으로 인한 농촌의 파탄과 도시의 실업자 격증을 낳았다. 이에 대한 대책으로 조선총독부는 宇垣一成 총독 부임과 함께 일본, 조선, 만주를 각각 精工業 지대, 粗工業 지대, 농업 원료지대로 묶는 이른바 '日鮮滿 블록'을 구상하고 조선공업화 정책을 추진하였다. 총독부는 독점자본의 투자환경 조성에 주력하면서 공업화의 중심지로서 도시발달을 도모하기 위한 정

---

44) 염복규, 「1933-43년 일제의 경성시가지계획」, 『한국사론』 46, 2001.

책 수립의 필요성을 느끼게 되었던 것이다.

둘째, 공업화 및 인구 증가와 더불어 만주사변으로 촉발된 대륙침략 정책에 따라 그 거점으로 새롭게 도시를 개별하면서 地價나 인구를 통제할 필요가 생겼다.[45] 1930년대 도시계획의 특징과 식민정책적 맥락은 羅津이 시가지계획령의 첫 번째 적용지역으로 지정된 것에서 설명할 수 있다.

조선시가지계획령은 1934년 6월 20일에 制令 제18호로 공포되었고, 동년 7월 27일에 總督府令 제78호로 시행규칙이 공포되었다.[46] 그러나 시가지계획령이 1934년에 제정된 것은 조선총독부 관료들의 독자적 의견이 아니었다. 함경북도 나진을 빠른 시일내에 계획적인 시가지로 조성해야 할 필요성과 또 가장 적은 비용으로 그것이 이룩되어야 한다는 의견은 일본정부의 식민정책에 의한 결과였다.

1931년 9월 18일 만주사변의 결과 만주국이라는 일본의 괴뢰국가가 생긴 것은 1932년 3월 1일이었다. 일본정부는 80만제곱킬로미터의 광대한 면적에 무궁한 자원을 지닌 만주를 사실상의 식민지로 한 것이었다. 만주에서 산출된 자원을 일본본토로, 일본의 공업생산품을 만주로 보내기 위한 가장 가깝고 경제적인 수송로로 선정된 것이 일본본토 돈하항-해로-나진항-만국국 도문-길림-신경의 노선이었다. 일본정부의 표현에 따르면 경도선(新京-圖們)의 종단항구로 나진이 결정된 것이다.

원래 나진의 행정구역명은 경흥군 신안면이었고 1931년말 현재 인구수가 4,520명에 불과한 매우 빈한한 어촌에 불과하였는데 바다 끝에 위치한 동리명이 羅津洞이었기 때문에 일찍부터 나진항으로 불렸다. 이

---

45) 이상 염복규 위의 논문 인용.

46) '朝鮮市街地計劃令(1934년 6월 20일 제령 제18호' "朝鮮總督府官報"; '朝鮮市街地計劃令施行規則(1934년 7월 27일 朝鮮總督府令 제78호) "朝鮮總督府官報".

항구는 수심이 깊고 또 灣內에 있는 두 개의 섬인 대초도, 소초도가 방파제 역할을 해주었기 때문에 일찍부터 천연의 항구로 지목되었다고 한다. 이미 1899년에 영국 동양함대 12척이 입항한 사실이 있었고, 1904·5년 러일전쟁 때는 러시아의 블라디보스톡 함대가 이 항구를 근거지로 하여 활약하였고 이를 추격한 일본함대도 2일간 정박한 일도 있었다.

일본이 만주국을 식민지로 하고 新京-圖們을 연결하는 철도노선(京圖線)을 한반도의 북단까지 연장하기로 결정하자, 그 철도선의 끝이 되는 항구, 즉 종단항 후보지로 웅기, 나진, 청진 3개 항에서 치열한 유치운동이 벌어졌다. 이 중에서 만주 특산물의 대량 수송을 감당할 수 있는 항만조건이 가장 좋다는 이유로 나진이 선정되었던 것이다. 이것은 만주사변 직후 1932년 4월 일본각의에서 결정되어 8월 23일에 발표되었다.[47]

이렇듯 일제하 조선총독부가 추진한 도시계획은 조선의 각 도시를 근대화하는 시각이 아니라, 동아시아에서의 일본 침략의 교두보 확보라는 관점에서 추진되었다. 조선총독부의 도시계획은 일본본국의 만주 침략의 관점에서 추진되었기 때문에 도시계획 선정과 그 방식은 일본본국의 전체 식민정책의 일환으로 추진되었다. 나진은 나진읍만의 시가계획에 그친 것이 아니라 "만주국의 건설에 따라 國策으로 창설"된 신흥도시였던 것이다.[48]

따라서 市街地計劃令에 의한 도시계획은 조선총독부만의 사업이 아니라 일본정부의 포괄적 식민정책의 일환으로 추진된 매우 복합적 성

---

47) 손정목, 『일제강점기 도시계획 연구』, 일지사, 1990, 179쪽 인용.

48) 平島洋三 「朝鮮に於ける都市施設の槪要」 『都市計劃の基本問題』 下, 224쪽.

격을 띤 업무였다고 보아야 한다. 1934년 이후 조선지역의 도시화 현상은 조선도시의 내재적 발전이라는 사회적 현상과 더불어, 만주-조선, 일본의 연결거점도시 확보라는 일본식민정책의 전환의 연결점으로 이해할 필요가 있다. 1910년대 도시계획에 관한 법령이 공포되지 않은 상황에서는 도시계획이 중요 기능을 점하지 못했으나 1934년 시가지계획령 공포 이후 시가지계획 기능은 토목과의 핵심 기능으로 부상했다. 또 이러한 변화에 따라서 조선총독부 토목과의 사무분장규정에 도시계획 기능이 추가되었고, 토목과에는 都市計劃係가 설치되는 등의 변화가 일어났던 것이다.49)

그리고 식민지 시기의 시가지계획령은 일제 패망과 더불어 소멸된 것이 아니라 해방 이후까지 주요 내용들이 계승되면서 한국 도시계획의 추진하는 기본적인 제도로 활용되었다. 식민지 도시계획은 일본본국정부와 조선총독부가 공동으로 추진한 사업으로서, 일제의 만주침략정책과 그에 따른 조선공업화와 밀접한 관련을 맺고 있었다.

이상에서 알 수 있듯이, 역사연구와 총독부 관료들의 업무상의 관점에서 도시계획이라는 주제는 1930년대 핵심 이슈 중의 하나로 부상했다. 1934년 시가지계획령 공포와 그에 따른 도시건설은 1920년대 재조일본인들의 도시화에 대한 요구 뿐만 아니라 도시화 과정에서 조선인들의 이해관계와도 깊은 관련이 있다.

4. 기록 선별 요건으로서의 조직 및 기능의 가치 서열화

---

49) 1920년대 초반에도 토목과 사무분장규정에는 도시계획 업무가 추가되어 있다. 이는 일본본국에서 1919년 도시계획법이 통과되어 본격적으로 도시계획이 시행되고 조선에서도 이와 같은 움직임이 논의된 1920년대 사회적 분위기를 반영하는 것이지만 구체적인 법적 수단을 갖춘 것은 아니었다.

가. 조선총독부의 조직의 서열화 요건

역사학계의 연구와 조선총독부 업무 분석을 통하여 1930년대에는 도시계획 기능이 조선총독부 뿐만 아니라 일본정부에게도 매우 중요한 업무였다는 것을 알 수 있다. 과연 조선총독부가 수행한 도시계획이라는 업무는 당시 조선총독부의 일상적 업무 중에서 어떤 위치를 점하고 있었다고 평가할 수 있을까. 2장에서 언급했듯이, 캐나다에서 시행되고 있는 기능평가는 방대한 기록을 평가하는데 있어서 매우 유용한 방법론을 제공하고 있다. 캐나다 기능평가는 기왕의 평가이론과 대립한다기보다는 변화된 기록생산환경 속에서 좀더 현실적이고 적합한 기준(방법)을 제시한다는 점에서 고려해볼만하다

캐나다 기능평가는 기관 및 기능의 위계에 따라서 기록의 가치를 서열화하는 것이 출발점이라 할 수 있다. 기관을 등급짓는 기준은 기능의 다양성, 정치적 위치, 크기, 예산, 사회적 영향 등이다.[50] 이 중에서 정치적 위상과 사회적 영향은 제3장에서 이미 분석하였고, 이 장에서는 조직과 기능의 위계를 검토하는 것이 주된 내용이다.

조선총독부가 생산한 기록의 가치 서열화는 다른 방식으로 표현하면 조직 및 기능의 서열화를 의미한다. 이러한 가치평가 방식은 기록의 가치와 기록을 생산한 조직 및 개인의 가치를 등치시키는 것이라 할 수 있다. 지금까지는 기록생산자와 이용자, 역사연구자 등의 관점에서 기록의 가치를 추정하였으나, 평가이론에 기초한 아키비스트의 판단도 결합해야 균형있는 평가가 이루어질 수 있다.

조선총독부 조직은 현대 정부조직과 비교하면 규모나 인적 구성의

---

50) Cook, Terry, "Many are called, but few are chosen: sampling and selecting c ase files", *Archivaria* 32 (summer 1991).

측면에서 상대적으로 단순한 편이다.[51] 조선총독부는 크게 본부와 소속관서로 구분되는데 본부는 소속관서보다 상대적으로 상위 조직으로 간주한다.[52] 조선총독부는 1938년 현재 1관방 7局으로 구성되었는데, 관방은 조선총독을 보좌하기 위해 설치된 기구로서 조선총독부에서 추진되는 각종 중요 업무들에 관한 정보들이 집약되어 처리되는 조직이다. 그리고 조선총독부 본부의 各局은 해당 업무와 관련하여 모두 주요 정책을 입안, 결정, 집행하는 기능을 갖고 있다. 따라서 各局 상호간에는 조직 위계상 동일한 등급을 갖고 있다고 추정할 수 있다. 물론 특정한 기준이 있다면 各局의 경우에도 업무 중요도에 따른 서열화가 가능하기도 하다. 예컨대, 기능평가에서 중요한 지표인 업무의 복잡성, 인원 및 예산의 크기 등을 기준으로 서열화가 일부 가능하다.

[그림 6] 조선총독부 본부 조직도(1938년)

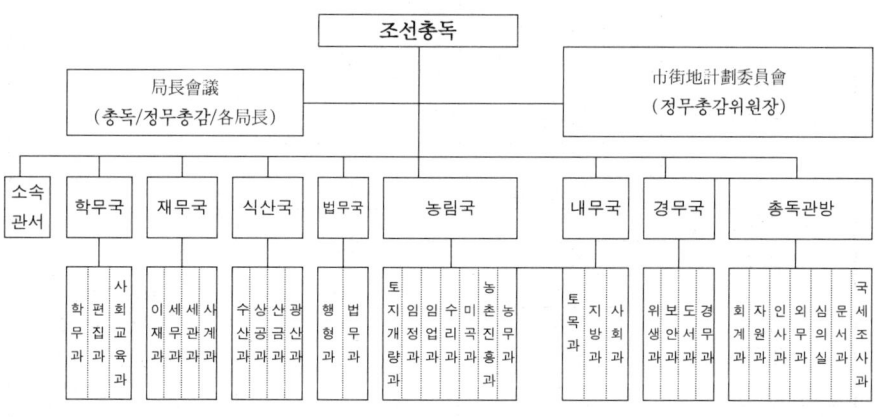

---

51) 조선총독부 조직은 1910년 조선총독부관제가 공포된 이후 여러 차례의 개정을 거쳤다. 여기에서는 시가지계획령이 공포되어 안정적으로 도시계획 기능을 수행하던 1938년을 기준으로 조직을 분석하였다. 조선총독부의 조직 변화와 토목과의 조직 개편에 대해서는 본 책의 이송순, 「조선총독부 도시계획관련 조직 및 기구 분석」 참고.

52) 조선총독부 조직 및 업무 분장의 변화에 대해서는 배성준, 『조선총독부 조직구조와 분류체계연구』, 한국국가기록연구원, 2004 참고.

[표 7] 조선총독부 조직 인원(1938년)

局 단위 부서	課 단위 부서	배치 인원	비고
총독관방 (164명)	국세조사과	10	
	문서과	33	
	비서관실	11	
	심의실	11	
	외무과	44	
	인사과	16	
	자원과	29	
	회계과	10	
경무국 (163명)	경무과	40	
	도서과	34	
	보안과	58	
	위생과	31	
내무국 (384명)	사회과	22	지방관리양성소(42명)
	지방과	17	지방토목출장소
	토목과	93	(5개지역 210명)
농림국 (248명)	농무과	40	
	농촌진흥과	20	
	미곡과	42	
	수리과	18	
	임업과	41	
	임정과	65	
	토지개량과	22	
법무국 (28명)	법무과	16	
	행형과	12	
식산국 (312명)	광산과	103	도량형소(8명)
	산금과	27	상공장려관(5명)
	상공과	46	연료선광연구소(17명)
	수산과	93	지질조사소(13명)
재무국 (74명)	사계과	21	
	세관과	9	
	세무과	24	
	이재과	20	
학무국 (90명)	사회교육과	35	
	편집과	17	관측소(25명)
	학무과	13	

<출처 : 조선총독부 및 소속관서 직원록(국사편찬위원회 DB 참조)>

各局의 인원을 보면 내무국>식산국>농림국의 순이고, 과 단위로 보면 광산과>토목과=수산과의 순으로 서열화가 가능하다.[53] 현행 법령에서도 대규모 예산이 투입되는 업무의 경우에는 중요 업무로 분류하는 것과 마찬가지이다. 그러나 조직 인원 및 소요 예산의 차이는 중요 기능을 의미할 수도 있지만, 사업의 성격이 크게 반영된 것으로 볼 수 있다. 예컨대 수행하는 업무의 성격상 인원과 비용이 많이 드는 업무가 있다. 이에 반해 가장 중요한 조직으로 판단되는 총독 관방이나 각종 위원회 등은 조선총독부에서 가장 핵심적인 업무를 수행하면서도 심의 및 정책결정 기능을 수행하기 때문에 소요 예산이나 인원이 적은 경우도 있다.

1930년대말 일제의 전시동원 체제 확립과 관련하여 조선의 인적·물적 자원을 강제동원하는 조직 및 부서가 인원과 예산에서 많은 할당을 받은 경우도 있는데, 이러한 사회적 조건은 해당 부서가 생산하는 기록의 양도 규정한다. 그럼에도 불구하고 조직의 중요도를 판단할 수 있는 객관적 지표를 개발할 필요가 있다. 식민지 시기의 경우에는 조선인과 조선총독부간의 상호작용 여부, 조직의 위계, 입법 및 사법관련 조직, 외교업무 조직 등을 기준으로 아래와 같이 요소를 설정하였다.

---

53) 대규모 예산이 소요되는 업무 및 기능 조직은 중요한 것으로 판단한다.

[표 8] 조직위계결정요소

		조직 위계 결정 요소
조 직 위 계	A (상위 조직)	① 조선총독부 정책 결정 및 조율 가구(局長會議) ② 정책 심의 및 자문조직(局長會議, 총독직속의 각종 위원회, 토목회의) ③ 외부 교섭 조직(총독관방-외무과) ④ 기밀문서 및 총독의 특명 사안을 다루는 조직(총독관방-비서관실) ⑤ 법령의 입안, 심의, 해석을 담당하는 조직(총독관방-심의실) ⑥ 조선총독부와 식민지 조선인들의 상호작용을 반영하는 중앙조직 (중추원) ⑦ 조선인들의 표준적 생활을 계량화하는 부서(총독관방-국세조사과) ⑧ 식민지 사법관련 조직 중 최고위 조직(조선고등법원 및 고등법원 검사국)
	B (중간 조직)	① 조선총독부 소속관서 중에서 정책 및 심의 조직(道의 知事官房) ② 인원 및 예산 규모가 특히 큰 조직(내무국, 식산국) ③ 조선총독부본부사무분장규정에 의거하여 해당 정책 입안 및 집행 조직 (경무국 외 7국) ④ 조선총독부와 식민지 조선인들의 상호작용을 반영하는 지방조직(府會, 邑會, 面協議會) ⑤ 식민지 사법관련 조직(복심법원, 지방법원 및 검사국)
	C (하위 조직)	① 府, 郡, 面, 邑 등의 도 하부지방행정기관 ② 각급학교 ③ 병원 및 의원 ④ 도서관 ⑤ 박물관

조선총독부 조직 중에서 가장 중요한 것은 조선총독과 정무총감과 직접 관련된 조직으로 볼 수 있다. 조선총독과 정무총감이 임석하는 조직이나 회의는 그 자체를 최상위 조직으로 분류할 수 있다. 이러한 측면에서 조선총독부의 局長會議는 가장 중요한 조직이라고 할 수 있다.[54] 局長會議는 매주 1회 조선총독이 임석한 가운데, 정무총감 및 各局長이 참여하는 조선총독부 최고의 협의 기구이다. 이 기구는 朝鮮總

[54] 국장회의의 각종 안건과 회의록이 남아 있었다면 중요기록으로 분류될 수 있지 않을까 생각한다.

督府官制에는 등재되어 있지 않지만 조선총독부의 중요 사항에 관해서 최종 결정하는 기구로서 현재의 국무회의와 유사한 기능을 수행하는 조직이다. 여기에는 본부 局部長이 참여하고 소속관서의 체신국장, 철도국장, 전매국장, 심의실수석사무관 및 官房各課長(국세조사과장 제외)이 참여하였다.55)

그리고 조선총독부 조직 중에서 총독을 보좌하는 관방의 일부 부서를 중요한 조직으로 판단하였다. 관방의 各課는 조선총독부 정책을 결정하거나 심의하는 조직이 많기 때문이다. 예컨대, 법령을 입안, 심의, 해석하는 심의실이나 조선총독부와 외부와의 교섭을 하는 외무과, 기밀문서와 총독의 특명사안을 다루는 비서관실은 일반 局課와는 달리 중요한 조직으로 분류하였다. 이렇게 볼 때 조직의 위계상 各局 생산문서보다는 총독 직속의 局長會議와 관방이 생산한 문서가 중요 문서로 분류될 가능성이 높아진다.

그리고 조선총독부에 설치된 위원회를 주목할 필요가 있다. 각종 위원회 중에서 정무총감이 위원장을 맡고 있는 위원회는 대체로 各局의 복잡한 이해관계를 조정하고 정책을 심의하는 기능을 수행하였다. 위원회는 집중적이고 단일한 사안에 관해서 특화된 기능을 수행하면서도 특정 업무와 관련된 모든 조직이 동시에 참여하는 복잡한 의사결정 과정을 갖고 있기 때문에 중요 조직으로 분류할 수 있다. 특히 위원회 관련 서류들은 위원회가 수행하는 특정 기능의 계획, 수정, 집행 등에 관해서 가장 완벽하게 남아 있기 때문에 정보의 구성도 매우 집중적이고 질 높은 내용으로 되어 있다. 정책입안 및 실행 등의 과정을 일목요연하게 파악할 수 있고 또 대부분의 위원회가 총독 직속기관이라는 점도

---

55) '朝鮮總督府處務規程(1940) 朝鮮總督府內訓第21號'

고려하면 중요 문서가 생산될 가능성이 높은 조직이다.

예컨대, 도시계획과 관련해서는 시가지계획위원회와 토목회의가 최상위 조직으로서 중요기록물 생산거점이다. 시가지계획위원회와 토목회의는 특정 기능만을 집중적으로 수행하기 위한 조직이고, 또 위원장은 정무총감으로서 도시계획에 관련된 모든 부서의 대표가 참여하기 때문이다.

토목회의는 1910년 9월 30일 토목회의관제 공포에 따라서 설치된 조직으로, 조선총독의 감독 하에 하천, 항만, 항로표지, 철도, 輕便鐵道, 軌道, 전기사업 및 상하수도에 관한 제도, 계획설비 기타 토목에 관한 중요한 사항을 조사, 심의하였다. 토목회의는 위와 같은 중요한 사항을 조사, 심의하고 그 근본정책을 확립하여 시정방침의 裁定에 제공하는 중요기관으로서 정무총감을 會長으로 하고 위원은 각부장관, 경무총장, 철도국장, 통신국장 및 조선주차군참모장으로 충원하고 기타 필요한 위원은 총독부 고등관 중에서 총독이 임명하였다.[56]

그러나 토목회의가 의결하는 사항은 정부의 시설에 관계할 뿐만 아니라, 민간의 경영 및 이해에 미치는 영향이 적지 않기 때문에 1919년 8월에 이른바 소위 '제도 혁신'의 취지에 비추어 1921년 4월 13일에 관제(칙령 제72호)를 개정하였다. 토목회의는 會長 1명, 위원 25명 이내로 조직하고, 정원 외에 필요한 경우에는 임시위원을 둘 수 있도록 하였다.[57] 위원 및 임시위원은 관계관청 고등관 및 학식과 경험이 있는 자 중에서 총독이 임명하기로 하였다.[58]

---

56) '朝鮮總督府土木會議官制(1910년 9월 30일 칙령 제375호)' "朝鮮總督府官報(28호)"

57) 토목회의 조직과 참석 인원에 대한 정리는 본 책의 이송순, 「조선총독부 도시계획관련 조직 및 기구 분석」 참고.

토목회의는 조선총독부가 본격적으로 도시계획을 추진하기 이전에 조선지역의 각종 토목사업과 일부 도시계획 기능을 수행하기 위해 설치된 조직이었으나, 시가지계획령이 논의되던 1932년에 폐지되었다.[59] 토목회의의 조직과 참여인원이 시가지계획위원회와 매우 흡사한 점을 볼 때 토목회의 폐지에 따라 본격적인 도시계획을 추진하기 위해 시가지계획위원회가 설치된 것으로 보인다.

시가지계획위원회[60]는 조선의 도시계획에 관한 입안 및 심의, 자문을 하는 기능을 수행하였으며, 이 위원회에 참여하고 있는 인원은 무려 25-52명으로 전국적인 규모이다. 시가지계획위원회는 정무총감을 위원장으로 하여 도시계획과 관련된 내무국장, 재무국장, 식산국장, 농림국장, 경무국장, 체신국장, 철도국장, 심의실사무관, 조선군참모장, 진해요항부참모장, 朝鮮殖産銀行頭取, 中樞院參議, 朝鮮商工會議所會頭 등 조선총독부 본부의 관료들 뿐만 아니라 도시계획이 집행되는 해당 지역의 도지사[61]까지도 임시위원으로 참여하는 매우 방대한 조직이었다. 참여하는 인원이 많기도 하지만, 도시계획과 직접 관련이 있는 민간인과 군관계자까지도 모두 참여하는 복잡한 조직이라는 점에서 중요 조직으로 분류할 수 있다.[62]

---

58) '조선총독부토목회의관제개정(1921년 4월 7일 칙령 제72호)' "朝鮮總督府官報(제2599호)"

59) '조선총독부토목회의관계폐지(1932년 7월 19일 칙령 제153호)' "朝鮮總督府官報(제1663호)"

60) '조선시가지계획위원회관제(1941년 1월 14일 칙령 제49호)' "朝鮮總督府官報(제4199호)"

61) 1939년에는 경기도지사, 충북지사, 충남지사, 전북지사, 전남지사, 경남지사, 경북지사, 황해도지사, 평북지사, 함남지사, 함북지사 등과 제19사단 참모장, 제20사단 참모장을 포함하여 모두 13명의 임시위원이 임명되었다.

62) 시가지계획위원회의 조직과 참석 인원에 대해서는 이송순, 「조선총독부 도시계

제1회시가지계획위원회는 1936년에 처음 개최되어 활동했으나 조선총독부 내부 조직으로 활동했을 뿐 官制상으로 반영되지는 않았고[63] 1939년에 내부적으로 규정을 설치하였다.[64] 그리고 1941년 조선총독부 관제개정에 의해서 비로소 勅令으로 직제가 마련되었다. 그 이전까지 시가지계획위원회는 조사·심의 기능을 갖고 있었으나 1941년 勅令에 의해 공포된 시가지계획위원회는 자문기능으로 격하되었다. 이러한 사실은 시가지계획이 조선총독의 독단적 사업 운용을 의미하는 것이라 할 수 있다.

이상에서 볼 수 있듯이, 조직 위계에 따른 모델은 조선총독부 본부를 중요하게 판단하고, 소속관서는 중요하지 않은 것으로 판단한다. 한편 사회의 기록유산을 균형있게 선별 보존한다는 관점에서 볼 때, 그리고 식민지라는 1930년대 조선의 특수성을 고려하면 식민지 조선인들의 모습을 반영한 아카이브즈를 구성할 필요가 있다. 따라서 조선총독부의 각종 정책에 대해서 조선인들이 어떻게 반응하였는지, 즉 거절, 저항, 협력의 메커니즘을 반영할 수 있는 아카이브즈를 구성할 필요가 있다. 이를 위해서 조직위계에서는 하위로 판단되지만, 조선인들의 삶을 복원한다는 점에서 상위조직으로 취급해야 할 것들이 있다. 예컨대, 소속관서 중에서 중추원을 비롯한 道會, 府會, 邑會, 面協議會 등은 조선총독부와 조선인들의 상호작용을 파악할 수 있는 조직이라는 점에서 상대적으로 중요거점으로 파악할 필요가 있다.

그리고 조선인들이 활동하는 조직은 아니지만 역시 조선인들의 일상

획관련 조직 및 기구 분석」 참고.

63) "경성신시가지계획및토지구획정리결정관계철(CJA0022534)" 이 문서철에 제1회 시가지계획위원회 관련 서류들이 합철되어 있다.

64) "제4회시가지계획위원회관계서류(2책의1)(CJA0015671)"

적 삶과 총독부 정책에 대한 저항과 협력의 메커니즘을 파악할 수 있는 각종 재판소와 검찰 조직 등도 중요 조직을 분류하였다. 조직 위계에 따른 평가만을 수행했을 경우에는 위로부터의 통치기록만을 남길 위험성이 있기 때문이다.

1. 조선총독부 기능의 분석

중요조직의 선별과 함께 사회적 활동 양상을 균형있게 파악하기 위해서는 "기능"에 대한 분석과 결합할 필요성이 있다. 중요한 기능과 중요하지 않은 기능의 선별은 선별된 조직 내에서의 각종 업무 분석을 통해서 가능하다. 예컨대, 조선총독부 各局은 정책기능과 집행기능을 동시에 수행하는 복합적 구조로 되어 있다. 모든 局은 해당 사무분장 규정에 근거하여 업무를 수행하는데, 해당 업무에 대해서 정책 초안을 제정하는 위치에 있었다. 조선총독부 各局의 생산한 문서들을 평가하려면 조직 서열만으로는 한계가 있고, 조직 내에서 수행하는 업무의 중요도에 따라서도 평가해야 한다. 아래의 도표는 기능 선별의 요건을 표준화한 것이다.

[표 9] 기능서열

		기능 위계 결정 요소
기 능 위 계	A (상위 기능)	① 해당 업무가 정책 결정 및 심의자문 기능이 있는가(정책 승인 및 인가 기능의 여부) ② 勅令法律에 의해 업무를 수행하는가(일본본국정부가 주도적으로 입안, 추진한 업무) ③ 制令에 의해 업무를 수행하는가(조선총독이 입안하고 천황의 승인을 받은 업무) ④ 해당 사안의 결재권자가 누구인가(총독 및 정무총감 사안을 최상위로 판단)

		⑤ 조선총독부 당국과 식민지 조선인들의 상호 작용을 반영하는가(ex ; 道會, 府會, 邑會, 面協議會는 하위 조직에 속하지만, 각 會가 생산한 시가지계획 관련 의사록은 최상위 기능) 혹은 경무국 문서 중 조선인들의 독립운동 및 각종 저항에 관한 업무 및 재판소 판결록은 식민지 조선인들과 총독부 법 체계간의 긴장관계를 보여준다는 점에서 중요 업무
		⑥ 해당 기관의 핵심적인 기능을 수행하는가(중요 기능 및 활동에 대해서도 사람에 따라 다르므로 사무분장상의 중요기능을 핵심기능으로 간주)
		⑦ 해당 업무가 帝國議會에 보고해야 할 업무인가
		⑧ 해당 업무가 단일조직에 의한 것이 아니라 다양한 많은 조직과 관련이 있는 복잡한 업무인가
	B (중간 기능)	① 訓令 및 府令에 의해 수행되는 사안
		② 해당 사안의 결재권자가 各 局長인 업무
		③ 소속관서 중에서 정책 결정 기능
		④ 조선총독부 본부 주관업무가 아닌 소속관서 업무
		⑤ 조선총독부 본부의 예·결산 업무

기능 서열화는 비슷한 위계를 갖는 조직간의 기능 중요도를 판단하여, 기록으로 남겨야 할 활동과 주제를 선별하는데 도움을 줄 수 있다. 예컨대 조선총독부 본부의 各局은 그 성격상 서로 같은 위계라고 볼 수 있으나, 各局이 생산한 모든 문서를 보존 대상 문서로 취급할 수도 없다. 이와 같은 경우에는 各局의 중요 활동과 기능을 선별함으로써 문제를 해결할 수 있다.

우선 업무를 추진하는 법령의 성격과 위상에 따라서 해당 업무의 중요도를 판단하는 방법이 있을 수 있다. 첫째, 동일한 局의 기능이라도 勅令·法律에 의해 업무를 수행하는 것이 최상위 기능으로 분류한다. 勅令은 일본본국의 천황의 입법명령이고 법률은 帝國議會가 發하는 것이기 때문에 법령의 성격과 위상을 고려하면 최상위라고 볼 수 있다. 칙령과 법률에 의해 수행되는 사업은 모두 일본본국정부가 주도적으로 수행하거나 적어도 일본본국과 상호 관련성이 있기 때문에 중요 가치를 갖는다. 식민지 조선의 경우 일반적으로는 조선총독부에서 정책을 결정하게 되고, 예외적인 사항의 경우에는 帝國議會가 發議한 '法律'이나 일본천황의 명령인 '勅令'으로 일본본국에서 직접 업무를 추진하는 경우가 있다. 법률과 칙령에 의해 수행되는 사업은 일본 식민체제의 틀을 구성 혹은 변경하는 것이기 때문에 가장 중요한 업무로 볼 수 있다. 예컨대, 조선총독부관제나 조선교육령, 공통법 등의 사항은 식민체제를 구성하는 사안이다.

둘째, 制令에 의해 업무를 수행하는가. 制令은 조선총독의 입법명령으로서 조선지역 내에서 입법, 사법, 행정권의 원천인 법령이다. 현재와 굳이 비유하자면 國會와 대통령령으로 추진하는 업무로서 조선지역에서는 최상위 성격을 갖는다. 특히 制令은 조선총독이 發議하지만 반드시 일본천황의 裁可를 받아야 하기 때문에, 制令 사안은 일본본국 정부와 서로 협의를 거친 것이다. 예컨대, 도시계획 기능이라 하더라도 제령인 시가지계획령에 입각하여 생산된 문서가 시구구정에 관한 총독부 훈령에 의해 생산된 문서보다 상위가치를 갖는다.

셋째, 업무의 성격상 조선총독 및 정무총감 결재사안은 중요 가치를 갖는 것으로 판단한다. 조선총독부 본부의 경우에는 문서를 크게 갑류문서와 을류문서로 구분하여 각각 처리 방식을 달리하였는데,[65] 갑류문서는 조선총독이 결재한 문서로서 문서건명부 등록이나 문서번호 책정, 보존연한 설정에서도 우위를 점하였다.

넷째 해당 업무가 단일조직에 의한 것이 아니라 다양한 많은 조직과 관련이 있는 복잡한 업무이면 중요 기능으로 분류하였다. 도시계획 기능은 내무국 토목과의 단독 업무가 아니라 조선군, 조선인, 식산

---

65) '朝鮮總督府處務規程(1940) 朝鮮總督府內訓第21號'

국, 체신국, 재무국, 농림국 등 매우 많은 조직과 관련이 있으면서 정무총감이 위원장으로 있는 시가지계획위원회와 밀접한 관련이 있다. 또한 해당 업무가 帝國議會에 보고해야 하는 업무는 중요 업무로 분류하였다.

이상과 같은 관점에서 파악했을 때 도시계획 기능의 가치 분석의 전거는 다음과 같다. 시가지계획령은 制令에 의해서 시행되는 것으로 기능상 최상위 가치를 갖는 것으로 판단된다. 또한 시가지계획령을 실제 집행하는 기구는 각 지방관청이지만 이를 심의하고 최종 결정하는 권한은 조선총독 직속의 시가지계획위원회에 있었다. 따라서 도시계획 기능은 위 기준에 따르면 최상위 조직에 의해 수행되고 기능도 최상위 기능을 갖는 것으로 평가된다.

또한 도시계획의 기능상의 변화에도 초점을 맞출 필요가 있다. 1912년 朝鮮總督府訓令에 의해 시행된 시구개정사업은 그다지 높은 가치를 갖은 것으로 볼 수 없으나 制令으로 시행된 1934년 이후의 시가지계획사업은 상위가치를 갖는 것으로 볼 수 있다. 이와 같은 변화는 훈령과 제령이라는 법령상의 위계에 따른 결과이면서도 일제 식민정책 전반에서 차지하는 도시계획의 위상 변화와도 깊은 관련이 있다. 1931년 만주사변 이후 1937년 중일전쟁에 이르는 일련의 상황의 변화는 조선의 지위와 기능에도 중요한 변화를 초래하였다. 1920년대까지 일본의 식민정책에서 조선은 공업화 혹은 도시화에 중요한 역할을 수행하지 못하였다.[66] 그러나 전시체제로 진입하면서 일제는 강력한 군수공업 정책을 추진하였고, 이러한 역사적 맥락에서 조선은 만주침략을 위한 거점

---

66) 이러한 사실을 간접 확인할 수 있는 것은 1910년대 시행된 각종 시구개정 관련 서류들이 전무하다는 점이다. 현재 국가기록원에 남아 있는 시구개정관련 문서들은 주로 1920년대와 1934년 시가지계획령 공포 이전의 것들이다.

도시의 건설이라는 과제가 부여되지 않을 수 없었다. 따라서 시가지계획령에 의한 각종 도시들은 만주-조선-일본본토의 연결점이면서 군수 확충을 위한 거점이다. 따라서 조선시가지계획령에 입각한 각종 기능들은 일본의 식민정책의 변화와 동아시아의 세력변동에 맞물려 중요성을 획득하고 있었다. 일본식민정책의 변화 및 동아시아에서의 조선의 위치의 변화에 따라 조선의 핵심적 사회상을 반영하는 것으로 볼 수 있다. 도시계획과 더불어 국가총동원법 및 징병제도의 조선시행, 징용 및 강제동원 등이 1930·40년대 조선의 핵심적 사회상을 구성하는 것으로 볼 수 있다.

한편, 각종 조선인들의 議會적 기능을 일부 수행하는 조직을 상대적으로 상위 조직으로 판단한 것은 식민지 시기 조선인들의 기록의 희소하다는 점 때문이다. 일반적으로 조선총독부 공문서는 일본인들이 조선통치 과정에서 생산한 부산물로서 일본인의 관점이 강하게 투영된 것이다. 따라서 조선인들이 식민통치 과정에 어떻게 개입되어 있었는가를 밝히기에는 문서의 성격상 곤란한 점이 있다. 府會, 邑會, 面協議會 등의 조직은 일본의 식민통치에 대한 조선인들의 대응의 양상을 살필 수 있다는 점에서 조직 위계상으로는 낮지만 상위 조직으로 분류하였다. 또한 조선총독부 고등법원의 판결록과 검사국 관련 문서들은 조선인들의 정치 사회적 동향을 일제의 시각에서 기록한 것이라는 점에서도 중요문서로 선별할 수 있다.

도시계획 기능은 조선총독부가 위로부터 조직한 기능 및 업무 활동이라고 할 수 있지만, 업무의 프로세스상 반드시 해당 지역의 조선인들의 의사를 반영해야 한다는 점에서 상호작용의 측면에서도 도시계획 기능이 수행되었다고 볼 수 있다. 이와 같은 상호작용은 조선인들의 의

사가 조선총독부 정책에 수용되었다는 것을 의미할 수도 있지만, 현실적으로는 위로부터의 강제와 그에 따른 조선인들의 저항과 반발을 초래하여 상호간의 수용과 타협 등을 포괄하는 개념이다.

한편, 기록의 유형의 측면에서 보았을 경우에도 도시계획 관련 문서들은 각종 도면, 지도, 항공사진, 정책결정서류 및 정책결정 이유서도 포함하고 있기 때문에 중요 가치를 갖는 문서들이 대량으로 생산될 가능성이 있다. 아래의 도표는 도시계획이 입안되어 집행되고 최종 사업이 완료될 때까지의 과정과 그 과정에서 중요 문서가 생산되는 지점을 표시한 것이다. 그리고 공문서의 흐름에 대한 파악은 기록물의 생산과 관리 과정을 파악할 수 있게 해준다는 점에서 기록물에 논리적 체계를 부여하는데 도움이 된다.

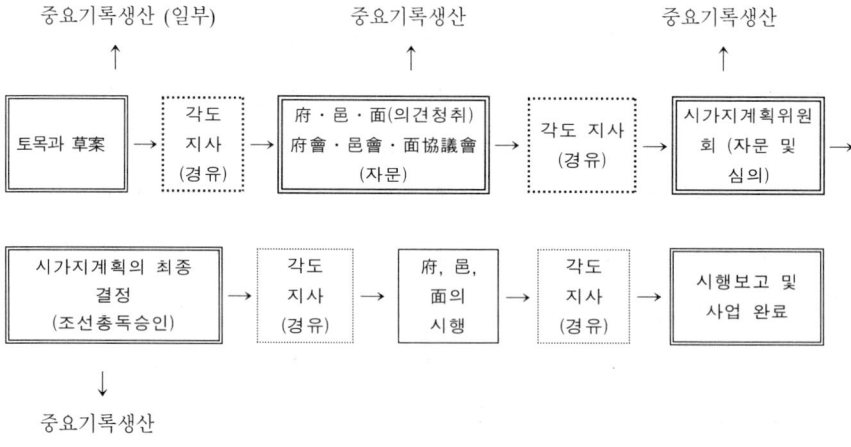

[그림 3] 도시계획 공문서 및 도시계획 집행도

조직위계의 측면에서 도시계획 기능은 조선총독 승인 사항이면서 정무총감을 위원장으로 하는 시가지계획위원회에서 수행하였기 때문에 상위 조직이라 할 수 있다. 또한 도시계획 업무는 制令으로 공포된 시가지계획령에 의해 수행되었기 때문에 최상위 기능으로 간주할 수 있다. 이는 조선총독부 사무분장 규정에 도시계획 기능이 추가된 것을 통해서도 확인할 수 있다. 1920년대 사무분장 규정에도 도시계획이라는 항목이 들어가 있었지만, 당시에는 도시계획을 실제로 집행하는 법적 근거가 마련되어 있지 않은 상태였다. 그러나 1934년 시가지계획령 공포 이후에는 토목과의 주요 사업으로 도시계획이 조선총독부 관료들에게는 중요한 업무로 자리잡았고, 이와 같은 변화는 조선총독부 관제에도 반영되었다.

[표 9] 조선총독부 내무국의 업무

대기능	중기능	소기능
내무(국)	토목(과)	(1) 도로, 하천, 항만, 운하, 사방용지, 수리, 상수, 하수, 광장, 공원 등 (2) 수면매립 및 사용 (3) 도시계획 (4) 지방 토목공사의 감독 (5) 토목회의 (6) 지형도 調製
	지방(과)	(1) 道府郡島邑面의 행정 (2) 道府邑面, 학교비 및 학교조합 (3)臨時恩賜金 (4) 神社 (5) 局內 타과의 주관에 속하지 않는 사항
	사회(과)	(1) 구호 및 求療 (2) 사회복리 (3) 주택 (4) 군사보호 (5) 제생원 및 감화원 (7) 기타 사회사업
	노무(과)	(1) 직업소개소 기타 노무의 수급조정 (2) 실업대책 (3) 노동력의 保持, 증강 (4) 노동조건 (5) 노동보호 (6) 기술자의 할당 (7)국민직업능력의 등록 및 국민징용 (8)기타노무

訓令에 의한 사무분장규정(1942. 11. 1)

위 사무분장 규정에 기초하면서도 토목과 관련 사업 중에서 핵심 기능을 아래와 같이 추출하였다. 지금까지의 모델화한 평가요소에 의해서 토목과 기능 중에서 핵심 업무 중의 하나는 도시계획과 토목회의 관련 기능임을 알 수 있다. 따라서 도시계획 기능에 의해 생산된 문서들을 집중적으로 조사·분석·평가할 필요가 있다. 국가기록원에 소장되어 있는 도시계획 관련 문서군과 이 논문에서 상정한 도시계획 시리즈 문서 중에서 중요한 문서들을 하위 시리즈로 묶으면 아래와 같다.

[표 10] 도시계획의 주요 시리즈

	하위 시리즈
A문서군	市街地計劃委員會, 土木會議, 道土木課長會議, 道會, 府會, 邑會, 面協議會 도시계획조사(시가지조사서), 도시계획결정(지방도시계획결정), 토지구획정리사업, 공업용지조성, 주택지경영, 시가도로, 시구개정 및 市區改修
B문서군	토지수용,토목출장소,상수도,하수도,공유수면매립,국고보조도로,하천,항만,운하, 철도,궤도,공원,비행장,사방용지,관유재산,영선관계, 예·결산

위 문서군들은 모두 중요한 문서로서 분류될 수 있다. 이 중에서 土木會議 문서는 현재 남아 있지 않다. 이러한 사실은 조선총독부가 반드시 기록으로 남겨야 했고, 또 남겼을 문서군들인데 어떤 원인에 의해서 모두 폐기되었다는 것을 보여주는 것이다. 또한 시가지계획위원회 관련 문서들도 조선총독부에 의해 폐기 혹은 방치되었다는 것을 보여주는 좋은 사례가 아닐까 생각된다. 시가지계획령에 의하여 1945년까지 도시계획이 집행된 도시는 모두 43개[67]였으나 시가지계획 관련 서류들이 남아 있는 도시는 경성을 비롯한 21여개 도시[68]에 불과하다. 나머지 도시들도 모두 시가지계획을 집행하였고 그 과정에서 관련 문서들이

---

67) 나진, 경성, 청진, 성진, 대구, 목포, 부산, 신의주, 인천, 평양, 함흥, 나남, 원산, 전주, 군산, 춘천, 대전, 개성, 진남포, 청주, 부여, 광주, 해주, 흥남, 양시, 다사도, 경인, 길주, 강릉, 진주, 안동, 홍원, 제천, 보산, 순천, 마산, 삼척묵호, 端川, 고원, 만포, 수원, 삼천포. 이상은 손정목의 저서에서 인용.

68) 경성, 부여, 부산, 목포, 대전, 군산, 강릉, 춘천, 다사도, 신의주, 강릉, 부여, 춘천, 보산, 대전, 해주, 다사도, 원산, 청진, 인천, 평양, 제천, 대구, 함흥 등.

생산되었으나 현재 남아 있지 않다. 일부 도시의 시가지계획 관련서류
들은 조선총독부가 簿冊 형태로 출판하여 몇 개가 각 대학도서관과 국
회도서관에 소장되어 있는 실정이다. 만약 도시계획을 주제로 아카이
브즈를 구축하려면 국가기록원을 포함한 지방행정기관 및 전국대학도
서관을 대상으로 수집해야 할 것으로 생각된다.

5. 맺음말

평가는 아키비스트에게 커다란 사회적 책임을 부여한다. 아키비스트
의 평가선별을 통하여 무엇이 기억되고 무엇이 잊혀질 것인지, 무엇이
주목할 만하고 무엇이 그렇지 않은지, 누가 사회적 목소리를 내고 누가
그렇지 못한지가 결정된다. 결과적으로 현재의 아키비스트는 과거를
설계하고 있으며, 그것에 대한 판단은 미래에 이루어진다.[69] 기록학이
라는 학문이 한국학계에서 등장하기 이전까지만해도 역사를 창조하는
자는 역사학자로 알려졌으나, 이제부터는 아키비스트와 역사학자가 공
동으로 역사를 창조하게 될 것이다. 오히려 미래의 역사학은 아키비스
트에 의해 계획적으로 선별된 아카이브즈에 의해 영향을 받을 가능성
이 높다.

이 논문은 역사기록물인 조선총독부 공문서에 대한 현대적 평가를
통하여 기록으로 남아야 할 다큐멘테이션 영역을 구체적으로 지정하
고, 현재 남아 있는 기록물과 비교 검토할 수 있는 이론적, 실제적 기반

---

69) Cook, Terry, "Macro-appraisal and functional analysis: documenting governanc
e rather than goverment", *Journal of the Society of Archivists* Vol.25, No.1,2004.

을 마련하는 것이 주된 목표였다. 조선총독부 본부의 경우 1910년부터 45년까지 지속적으로 문서 생산이 이루어졌음에도 불구하고, 1945년 해방 당시 총독부 본부의 문서가 약1만4천여책에 불과한 이유를 추론할 수 있는 이론적 근거를 제시해 줄 수 있으리라 생각한다.

예컨대, 국가기록원이 보존하고 있는 시가지계획 관련 문서는 20여 개 도시에 불과하지만, 당시의 조직 구조 및 기능평가의 관점에서 볼 때 당연히 기록으로 남아 있어야 할 문서의 유형과 성격, 분량은 훨씬 다양하게 존재해야 한다는 것을 알 수 있었다. 따라서 향후 도시계획과 관련된 아카이브즈를 구성하기 위한 다양한 방법, 즉 수집전략 수립이 요청된다. 수집계획으로서의 다큐멘테이션 전략은 도시계획에 관한 조선총독부 공문서의 균형잡힌 아카이브즈 구성을 위한 중요한 방법론이 될 수 있을 것이다.

결과적으로 이 연구는 계획된 아카이브즈를 구성하기 위한 특화된 수집전략을 동반하게 된다. 조선총독부에 의해 당연히 다큐멘테이션되었지만 현재 남아 있지 않은 기록들의 수집계획을 수립하고 이에 기초한 수집방법론 및 수집의 모델을 만들어야 한다. 앞으로의 연구는 이 연장선상에서 이루어질 필요도 있다

불균형 잔존 행정기록의 평가방법 시론
- 조선총독부 공문서의 평가절차론 수립을 위하여 -

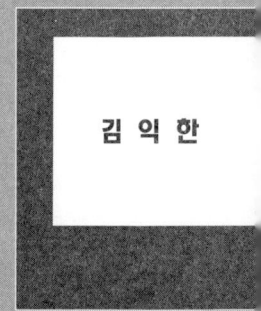

김 익 한

1. 머리말

  최근 조선총독부 공문서(이하 총독부문서로 약칭함)에 대한 연구들
이 다양하게 제출되었다. 연구자의 필요에 의해 국부적으로 총독부문
서를 이용하던 1990년대까지의 경향에 비교한다면 커다란 발전이라 아
니할 수 없다. 특히 총독부문서가 생산, 관리되는 원리를 파악할 수 있
게 되었고,[1] 총독부문서의 잔존 개황을 이해하게 되었을 뿐만 아니라,[2]
분류나 기술(description)의 방법론에 대해서도 개략적인 정리가 이루어
졌다는 점은 주목할 만한 변화이다.[3] 이를 통해 총독부문서의 구조 전
체를 이해한 상태에서 균형 있게 문서를 이용할 수 있게 되었다.
  그러나 아직 연구의 진척이 요구되는 부분도 적지 않다. 예를 들자면
총독부문서의 전문적 기술(description)을 위해 결정적으로 필요한 맥락

---

1) 이승일, 「조선총독부 公文書 제도 - 起案에서 成冊까지의 과정을 중심으로 -」,
    『기록학연구』, 9, 2002; 박성진,「조선총독부의 공문서 보존기간 책정기준과 가
    치평가」, 『기록보존』 15, 2002; 이경용, 「조선총독부의 기록관리제도」, 『기록
    학연구』, 10, 2004. 참조.

2) 『조선총독부 공문서 종합목록집』, 『조선총독부 공문서 다계층 상세목록집』,
    한국국가기록연구원, 2005; 곽건홍,「조선총독부 기록의 관리와 이용 - 경무국 재
    판 기록을 중심으로 -」, 『기록사료관리와 근대』, 한국국가기록연구원 엮음, 200
    5; 김재순, 「정부수립이전 행형기록 해제」, 『기록보존』 11, 1998. 193쪽 참조.

3) 『기록사료관리와 근대』, 한국국가기록연구원 엮음, 기록학연구총서 3, 진리탐구
    2005 참조.

(context) 정보의 정리를 들 수 있다. 총독부문서는 총독부의 행위의 산물이므로, 총독부문서를 체계적으로 기술하기 위해서는 생산 각 부서의 기능과 업무내용에 대한 충분한 정리, 그리고 이들과 총독부문서간의 관계 구조의 규명이 전제되어야 한다. 총독부문서의 분류체계를 구축하기 위해 총독부의 조직, 기능에 대해 기록학적으로 접근한 연구는 있었지만,4) 조직, 기능에 관한 데이터 구축의 방법을 본격적으로 다룬 연구는 아직 진행되지 못하고 있는 상황이다.

평가의 측면은 더욱 더 그러하다. 이론 영역에서 평가론을 정리·소개한 연구들은 다수 제출되었지만, 총독부문서에 이들 이론을 어떻게 적용할 것인지에 대한 접근은 이승일의 최근 연구를 제외하고는 별달리 이루어진 바 없다.5) 이 글에서는 총독부공문서의 평가를 위해 행정기록의 평가론을 시론적으로 정리하고, 아직 시론적인 수준이기는 하지만 이를 총독부공문서에 적용시키는 방법에 대해 논해 볼 것이다. 이러한 시도는 기록학 이론과 기록 처리의 실재가 아직 충분히 상호작용하지 못하고 있는 우리의 연구 상황에서는 나름대로 의미를 지닐 수 있으리라 생각한다.

위의 이승일의 논문은 기존의 평가이론을 재정리함과 동시에 기능평가론을 중심에 두고 평가 방법론을 설계하여 이를 총독부문서에 적용시켜본 역작이다. 이 글에서는 이승일의 작업에 이어 평가이론을 총독부문서의 평가라는 과제와 관련하여 재구성하고, 이를 토대로 평가의

---

4) 배성준, 「조선총독부 공문서 분류체계의 복원」, 『기록학연구』 9, 2002; 설문원, 「조선총독부 기록물을 위한 기능분류체계 개발 연구」, 『정보관리학회지』 20:1, 2003, 참조.

5) 이승일, 「조선총독부 공문서의 기록학적 평가 - 조선총독부 도시계획 관련 공문서군을 중심으로 - 」, 『기록학연구』 12, 2004, 이 책 제1장에 수록.

절차 방법론을 제안하려고 한다. 그런 의미에서 이 논문은 이승일의 논문에 대한 보완적 성격을 지닌다. 다만 이글은 기록학의 일반 이론적 차원에서 제기된 평가론의 수준만으로는 총독부문서의 실재적 평가가 쉽지 않을 것이라는 문제의식에서 출발한다는 특징을 지닌다. 기록학에서의 평가이론은 최소수준의 균형적 잔존상황이 전제된 기록을 대상으로 할 때 그 위력을 발휘한다.[6] 아니면 사실의 가치서열에 따라 짜여진 전략을 기초로 기록의 수집 전략을 수립하는 평가론이 대부분을 차지하고 있다.[7] 또 최근에는 기록 연속체론(records continuum)에 입각하여 기록의 원천인 인간의 행위, 업무, 기능을 평가하고 이를 기준이나 척도(guidelines, schedule)로 작용하게 하여, 생산 시점부터 체계적으로 기록이 평가될 수 있는 방법 등이 논의되고 있다.[8] 하지만 이런 이론들만으로는 존재 자체가 불균형적인 다량의 기록을 평가하는 방법론이 바로 도출되기 어렵다.

이 글은 기존의 평가이론을 조작적으로 재정의하여 불균형 잔존 행정기록의 평가방법론을 설계하고 이를 총독부문서에 적용시킬 수 있도

---

6) 쉘렌버그 이래 지금까지 진행되어온 기록 평가론은 적어도 과거의 사실을 최소수준으로 재현(representation)할 수 있는 기록의 잔존 상황을 전제로 이루어졌다.

7) Hackman, Larry J & Warnow-Blewett, J., "The documentationstrategy process: a model and a case study'", *American Archivist*, 50:1; Cox, Richard J., "A docu mentation strategy case study: Western New York," *American Archivist* 52:1, 1989, 등 참조.

8) McKemmish, Sue, "Placing records continuum theory and practice", *Archival Sc ience*, 1:4, 2001; Steemson, Micheal, "Confident australian records managers pic k up the challenge of the future", [web page], 2 November 2001, http://ww w.caldeson.com/confidnt.html [Citing Sue Mckemmish.]; Cook, Terry, "Archival science and postmodernism: new formulations for old concepts", *Archival Scien ce*, 1:1, 2001; 이승억, 「한국공공분야 '기록보유(Recordkeeping)'체제 전망 - '기록물분류기준표'의 제도적 의의와 특성 -」, 『기록학연구』 4, 2001. 참조.

록 절차화하는 데에 목적을 두고 있다. 총독부문서와 같은 유형의 행정기록은 기록 생산 당시의 제도적 한계와 이후의 관리 상 한계로 인하여 본래의 행정행위를 재현(representation)하는 측면에서 대단히 불균형적이다. 또한 당시의 행정 행위의 현실적 필요, 혹은 관행에 의해 일부 기록들이 집중적으로 잔존하는 양상을 나타내기도 한다. 이러한 유형의 기록을 상대평가의 관점이나 단순한 기록화 전략론의 관점에서 평가하는 것은 또 다른 불균형을 낳을 위험이 있다. 따라서 존재하는 기록의 특성을 고려하여 기존의 평가이론을 재정리하고, 이를 절차론화하는 일이 필요불가결하다고 할 수 있다.

평가이론의 재정리는 기존 이론에서 제출된 방법들을 몇 가지 지표를 가지고 정의하고 여기에서 정의된 이론·방법들의 특장점을 밝히는 방식으로 이루어질 것이다. 또한 이러한 내용을 토대로 하여 불균형 잔존 행정기록의 특성에 맞게 하나의 방법론적 조합을 만들어 내고 이를 절차론화 함으로써 평가방법론을 제안하게 될 것이다.

이 글의 결정적인 한계는 총독부의 업무기능, 기록생성 및 관리의 실재와 잔존 기록의 상관관계를 본격적으로 다루지 않는다는 데 있다. 총독부문서의 평가방법론을 온전하게 세우기 위해서는 앞으로 방대한 연구와 조사가 수반되어야 할 것이다.

2. 평가이론의 재해석

기록을 평가하려할 때는 두 가지의 핵심적 영역에 대한 답을 낼 필요가 있다. 어떠한 관점에서 평가할 것인가와 어떻게 평가할 것인가가 그것이다. 마치 역사적 사실을 재구성하여 역사를 창조하고자 할 때 사관(史觀)과 사료 해석이 필요하듯이 기록의 평가에서도 관점과 방법론이 요구된다.

그동안 논의되었던 기록학에서의 평가이론 역시 이러한 필요와 무관하지 않았다. 고전적인 평가이론이라 할 수 있는 쉘렌버그의 가치론은 이용자의 필요라는 관점에서 만들어진 대표적인 평가이론이다.9) 모두 알다시피 쉘렌버그는 생산자가 필요로 하는 가치를 1차적 가치, 일반 이용자가 필요로 하는 가치를 2차적 가치라고 정의하고, 특히 2차적 가치를 증거적 가치와 정보적 가치로 분류하여 평가하는 관점을 세웠다. 또한 가치가 존재하는지를 판단하는 방법의 측면에서 쉘렌버그는 평가자의 인식론에 절대적으로 의존하는 특징을 지닌 있다. 즉 기록에는 본래적으로 가치가 존재하고 가치 평가자는 증거적 혹은 정보적 가치라는 관점을 지니고 기록을 독해하여 그 가치의 존재여부를 확인해가야 한다는 것이다. 다만 평가자의 독해 결과가 다양할 수 있으므로 이를 객관화시키기 위해 증거적·정보적 가치를 더욱 세밀하게 분류하여 각각의 분류항목에 해당하는 내용이 기록 속에 담겨 있는가를 판정하도록 하였다.10)

그러나 쉘렌버그의 평가이론은 논리틀로서 단순 명확하다는 장점은 지니고 있지만 관점의 측면에서나 방법의 측면에서 많은 문제를 지니고 있다. 증거적 가치이건 정보적 가치이건 그것을 규정하는 보다 근원적인 관점의 문제가 존재함에 주목하지 않고 있다는 것이다. 어떤 과거

---

9) Schellenberg, Theodore R., 『현대기록학개론』, 이원영 역, 진리탐구, 2002. 참조.

10) Schellenberg, Theodore R., "Appraisal of modern public records", *NA bulletin* 8[Washington : NARS. 1956. [오항녕 편역, 『기록학의 평가론』, (진리탐구, 2005)]

의 사실과 그 사실을 담은 기록이 존재한다고 했을 때 그 사실을 문화적 관점에서 볼 경우와 경제적 관점에서 볼 경우에는 현격한 차이를 나타낼 수밖에 없다. 전자의 경우는 문화적 제 현상이나 현상의 원인이 될 요소를 중시할 것이고 후자의 경우는 경제적 현상과 원인 요소에 주목할 것이다. 이렇게 증거성과 정보성을 규정하는 상위의 관점이 다양하게 존재할 수 있을 뿐만 아니라 이러한 관점 역시 시대와 이해관계자의 특성에 따라 변화한다는 사실을 쉘렌버그는 충분히 천착하지 않았다. 이미 이러한 문제에 대해서는 이미 퓌쉬베인이 적절하게 지적한 바 있다.11)

쉘렌버그에 앞서 영국에서의 평가실무를 주도한 젠킨슨은 쉘렌버그와는 전혀 다른 입장에서 이론을 전개하였다. 표면적으로는 쉘렌버그가 가치를 인식할 수 있는 전문가를 평가 주체로 설정한 반면 젠킨슨은 기록 생산자를 평가 주체로 설정하였다는 점에서 그 차이를 설명해온 경향이 강하다. 그러나 그 배후의 의미를 해석해보면, 쉘렌버그의 아키비스트 주체론은 객관적 가치 인식론에 근거하고 있는 반면, 젠킨슨의 생산자 주체론은 객관적 가치 인식 그 자체를 부정하고 생산 시점의 목적에 충실한 가치 평가가 가장 적절하다는 사고에 기초하고 있다.12) 이는 앞서 지적한 바대로 가치 평가의 전제가 되는 관점의 다양성, 가변성의 측면에서 볼 때 충분히 일리 있는 주장이다. 그러나 그렇다고 해서 생산 시점에서의, 생산자의 목적에 기초한 가치 평가가 일반적인 이용자의 가치 욕구를 충족할 수 있는가의 여부에 대해서는 별도

---

11) Fishbein, Meyer H., "A viewpoint on appraisal of national records", *American Archivist* 33, 1970, 참조.

12) Jenkinson, Hilary, *A Manual of Archive Administration*, rev. 2nd. ed. London; Percy Lund, Humphries & Co. Ltd., 1966, 참조.

의 논의가 필요하다.

이렇게 평가론의 세계에서는 일정한 관점에 따라 가치를 규정하고 객관적 가치 인식이 가능한 사람과 방법에 의해 기록을 평가해야한다는 논리와, 이를 부정하고 기록 생산 시점에서의 목적의 경중에 따라 기록을 평가해야한다는 논리가 일찍부터 대립해왔다. 영국에서는 1950년대 후반 이러한 양자의 논리를 절충하여, 아키비스트가 객관적 평가 척도 혹은 지침을 개발하여 기록을 생산하는 업무담당자들의 잘못된 판단을 제어하게 하고 기록 평가 자체는 생산자에게 맡기는 방식을 채택한 바 있다. 그리그 시스템으로 불리는 이 절충적 평가론은 논리적으로는 거시적 차원에서의 관점과 기준이 제시, 생산 시점의 목적을 기준으로 한 가치평가 절차를 결합했다는 점에서 오랜 생명력을 유지할 수 있었다.[13)]

여기에서 한 가지 재차 정리하고 넘어가야 할 대목은 기록을 평가할 것인가 아니면 기록을 생산하게 한 행위, 업무, 기능을 평가할 것인가 하는 문제이다. 쉘렌버그의 가치론은 기본적으로 기록을 독해하여 그 속에 내재하는 가치를 평가하고 선별 작업을 한다는 것이라면, 젠킨슨이나 그리그의 평가론은 명시적으로 논하지는 않지만 결국 생산자의 일상 속에 존재하는 업무, 기능에 대한 중요성의 판단에 따라 업무, 기능의 가치서열을 매기고 그에 대응하는 기록을 선별하는 것을 의미한다.[14)] 다만 젠킨슨과 그리그의 경우 업무, 기능의 가치를 판정하는 방

---

13) Mercer, Helen, "The 'GRIGG System' and beyond", *The National Archives Appraisal Policy Background Paper*, 2004 참조.

14) Duranti, Luciana, "The concept of appraisal and archival theory", *American Archivist* 57:1, 1994에서 젠킨슨 등의 입장을 기능주의적 관점으로 재해석할 수 있는 단초가 마련되었다.

법에 대해서는 구체적으로 언급하지 않고 업무, 기능의 수행자가 가치 판단의 능력을 지니고 있다고만 파악하고 있을 뿐이다.

1980년대에 들어와 본격적으로 대두되었던 기록화 전략론은 이러한 점에서 젠킨슨의 논리를 계승하면서 기록의 근저가 되는 행위, 업무, 기능, 혹은 어떤 사실 등의 가치를 판단하는 관점과 방법에 대해 구체적 대안을 내놓았다. 최초로 기록화 전략론의 논리 틀을 제시하였던 붐스는 사회과정론이라는 방법론을 통해 사회를 평가분석하고 평가분석된 사회의 상을 최적으로 표상할 수 있는 기록을 찾아 보존할 것을 제안하였다.15) 이후 사무엘이나 햄, 콕스 등에 의해 발전된 기록화 전략론에서는 평가대상의 구조, 역동성을 이끌어가는 요인들, 기능 등을 분석하고 이들과 조응하는 기록을 선별하는 방법에 대해 논하고 있다.16) 논자에 따라 관점의 측면이 착종되기도 하지만 대체로 이들은 기록 생산 주체, 혹은 동시대의 사회가 지향하는 바나 목적하는 바를 최상위 척도로 하여 연역적으로 구조, 역동 요인, 기능, 사실들의 가치 서열을 매기는 방법을 고안하였다. 사무엘의 대학의 사명-대기능-하위기능에 대한 파악 방법, 그리고 이렇게 하여 파악된 구체적 척도를 기준으로 하는 기록의 평가방법이 그 대표적 사례이다.

기능평가론 역시 기본적으로는 같은 구조이다. 기록이란 기능이 작용한 결과이므로 기능 평가를 통해 기록 평가의 적절한 척도를 제시할 수 있다는 주장이다. 이들은 일반적으로 사용하고 있는 업무과정 분석,

---

15) Booms, Hans, "Society and the formation of a documentary heritage", *Archivaria* 24:2, 1987.(오항녕 편역, 『기록학의 평가론』, 진리탐구 2005, 159~221쪽 참조.

16) Cox, Richard J., "A documentation strategy case study: Western New York", *American Archivist* 52:1, 1989, Hackman, Larry J & J. Warnow-Blewett, "The Documentation strategy process: a model and a case study", *American Archivist*, 50:1, 1987 참조.

기능 분석의 방법을 통해 대상 사회 혹은 조직의 목적, 조직과 조직의 운영구조, 조직 구성원 간의 상호작용의 결과로서의 기능, 업무의 구체적 과정들을 분석하고 그 결과에 따라 기록을 평가하는 방법론을 마련했다.17) 명시적으로 언급하고 있지는 않지만 이들 역시 사회와 조직을 분석하는 다양한 관점에 주목하기 보다는 동시대의 사회나 조직의 주체가 설정한 목적 등을 기본 척도로 하여 그 하위 척도를 분석의 결과로 도출하고 그에 조응하는 기록을 찾아냄으로써 기록 평가를 수행할 수 있다고 보았다.

또 하나 주목할 말한 평가론은 볼즈에 의해 제시된 현실적이고 다양한 평가 척도론이다. 객관적 평가선별론이라고도 칭하는 이 논리의 특징은 정보 가치의 척도 보다는 소요비용 등의 요소를 부가하고 있다는 점에서 찾을 수 있다.18) 신젠킨슨주의자들을 비판하면서 볼즈가 지적한 대로 그의 정보 가치 평가의 척도는 쉘렌버그의 분류론적 가치 평가론과 기본적으로는 같은 논리 구조를 지니고 있다. 기록이 담고 있는 내용의 중요성, 완성도, 신뢰도, 원본성, 희귀성, 이용가능성 등을 척도로 하여 기록의 가치를 평가하려고 했던 볼즈의 시도는 구체적인 척도 그 자체는 다르다고 하더라고 쉘렌버그의 정보적 가치 평가론과 기본 구조를 같이 한다. 하지만 그는 평가한 결과의 기록들을 관리해야 하는 기관의 내적 환경 요소가 기록을 평가하는 데에 있어 중요한 현실적 척도가 됨을 지적하였다는 점에 특징이 있다. 이상 개관한 평가이론을

---

17) Overview of Classification Tools for Records Management, National Archives of Australia, 2003; Cook, Terry, "Macro-appraisal and functional analysis: documenting governance rather than government", *Journal of the Society of Archivists*, 25: 1, 2004 참조.

18) Boles, Frank, *Archival Appraisal*, New York: Neal-Schuman Publishers, Inc., 1991 참조.

재정리하여 간략하게 제시하면 다음과 같다.

1) 평가를 위한 관점 : 다양한 관점이 존재할 수 있다. 시대와 평가주체의 경향에 따라 다양할 수 있다. 그러나 논리적으로는 이 다양성을 끝까지 확대하면 다양성이 곧 전체를 의미하게 된다. 다양한 관점에서 기록을 평가한다는 것은 기록이 모두 가치 있을 수 있다는 결론에 도달할 수밖에 없게 된다. 따라서 기록 평가를 위한 관점은 사물을 보는 다양한 관점이라는 차원에서 찾아질 수 없다. 젠킨슨이 주장한 것처럼 기록은 생산 시점의 사회, 조직, 혹은 개인이 설정 혹은 지향하고 있던 목적을 기본 관점으로 하여 평가되어야 한다. 결국 역사학자의 해석적 작업 방식과는 달리 기록관리 영역에서의 평가는 본래 행위의 적절한 재현이라는 차원에서 제한적으로 이뤄져야 한다고 결론지을 수 있다.

2) 기록을 평가할 것인가 행위를 평가할 것인가 : 행위의 반영물로서 기록이 존재하므로 행위를 평가하는 것과 기록을 평가하는 것은 논리적으로는 유사한 결과로 귀결되어야 한다. 기록화 전략론이나 기능 평가론자들이 행위, 기능, 사실의 평가를 우선시한 것은 지속적으로 다량 반복 생산되는 기록 그 자체를 일일이 평가하는 일의 비효율성 때문이다.[19] 행위의 평가와 기록의 평가는 방법론적으로 극단적인 차이를 나타내지만 철학적으로는 같은 것으로 해석된다. 따라서 행위의 평가, 기록의 평가는 상황과 목적에 따라 선택적으로 취해질 수 있는 방법론이

---

19) 이승억, 「보존기록 평가선별론의 제 문제」, 한국비블리아학회, 발표논집 13, 2005; Boles, Frank, "Mix two parts interest to one part Information and appraise until done: understanding contemporary record selection processes", *American Archivist*, 50, 1987, 참조.

다. 또 경우에 따라서는 절차 설계에 따라 두 가지 방법을 복합적으로
도 사용할 수 있다.

  3) 절대평가와 상대평가 : 그동안의 평가론자들이 구체적으로 언명하
지는 않았지만 행위를 평가하건 기록을 평가하건 평가의 방법으로는
절대 평가와 상대 평가의 방법이 존재한다. 쉘렌버그의 가치 인식 방법
론은 척도 내지 체크리스트를 제시하고 해당 내용이 기록에 포함되어
있으면 가치 있는 것으로 평가했다는 점에서 절대 평가의 방법이라고
할 수 있다. 기록화 전략론은 분석 대상이 행위, 기능, 사실 그 어느 것
이건 간에 구조, 역동 요소 등을 전체적으로 분석하여 가치서열을 매기
는 것이므로 상대 평가의 방법에 해당한다. 그러나 이는 논리적으로는
기록을 독해하여 평가하는 경우에도 적용 가능하다. 쉘렌버그는 이를
제시하지 않았지만 기록 자체를 독해하되 대상 기록 모두를 한꺼번에
하고 이를 전체의 차원에서 가치 순으로 나열한 후 일정한 순위 이상
의 것을 선별하는 방법이 논리적으로는 성립 할 수 있다. 대체로 상대
평가의 방식이 거시적, 균형적 측면에서의 강점을 지닌다면 절대평가
의 방식은 미시적 측면에서의 강점을 지닌다.[20]

  4) 행위 평가의 방법 : 행위 혹은 기능, 사실에 대한 평가 방법은 사
회과정론, 구조·역동요인분석방법, 업무과정분석·기능분석방법론 등
이 제시된 바 있다. 이러한 방법론들은 평가 대상의 특성, 범위와 크기,
현용·비현용에 따라 선택적으로 사용되어야 할 것이다. 각각의 방법

---

20) 이승억, 「기록 평가선별 결정 분석에 관한 연구」, 『기록학연구』 12, 2005. 참
   조.

론에서는 보다 구체적인 절차론을 제시해야 한다. 행위의 평가 결과에 따라 조응하는 기록을 선별하는 방법 역시 절차론적으로 구상되어야 한다.

5) 기타 평가시 고려사항 : 객관적 평가론에서 제시하는 척도 가운데 기록관리기관의 내적 조건 특히 예산과 비용범위는 기타 평가시 고려사항으로 유용하다. 해당 기록관리기관의 내적 조건은 평가 결과 수집 혹은 이관할 기록의 양을 산정하는 데에 실질적인 의미를 지닌다. 볼즈는 세 개의 모듈을 평가 척도로 제시하고 있지만 내적 조건 부분을 제외한 모듈은 타 이론에서 제시하는 방법론들과 조합 가능하다.

이상에서 정리한 바와 같이 그간 제출된 평가 이론들에서는 여러 가지 평가의 관점과 방법론을 제출하였고, 이들 이론은 상호 배타적으로 이해되어온 경향이 없지 않다. 이론 그 자체로서는 대립, 논쟁하는 것이 당연하나 구체적인 평가 방법론의 개발이라는 측면에서는 상황과 대상의 특성에 따라 얼마든지 여러 형태로 조합할 수 있는 상호보완적 성격의 것들이라고 판단된다. 특히 이 글에서 다루고 있는 불균형 잔존 행정기록의 경우에는 어느 이론 하나를 취하여 방법과 절차를 세우는 것보다 이론에서 제시된 유용한 방법과 절차들을 적절하게 조합하는 일이 긴요하다. 왜냐하면 기존의 이론들은 대체로 기록의 잔존이 균형적인 경우를 상정하거나 아니면 수집 기록을 기획하는 차원에서 수립되었기 때문이다. 잔존 자체가 불균형적인 기록의 경우에는 특히 단계별로 여러 방법들을 조합하는 일이 필요하다고 생각된다.

3. 불균형 잔존 행정기록의 평가방법론

불균형 잔존 행정기록은 조선총독부 공문서처럼 일반적으로 잔존 형태가 양·질적으로 불균형할 뿐만 아니라 폐기하지 않은 것을 전제로 관리되는 경우가 많다. 이러한 불균형 잔존 행정기록은 일반적인 평가 이론과 방법론을 그대로 적용하여 평가실무를 수행가기 곤란하다는 특성을 지닌다. 특히 동시대 기록이 아니어서 언어의 해득조차 대단히 난해하기 때문에 기록 자체를 철저히 분석하여 평가 실무를 수행한다는 것은 거의 불가능에 가깝다. 이러한 특성을 전제로 하여 앞에서 정리한 평가 방법들을 어떻게 재조합하는 것이 효과적일까를 생각해보도록 하겠다.

먼저 관점의 문제에 대해 다시 간략하게 검토하면 다음과 같다. 사물을 일정한 관점에서 분석하고 재해석하는 일은 인문·사회과학 본연의 작업 목적 가운데 하나지만 기록 평가론의 측면에서 이는 다양한 관점의 총합이 곧 전부를 의미할 수도 있다는 점에서 무의미하다. 또한 조선총독부 공문서처럼 역사 연구자들의 이용 접근이 주종을 이루는 경우에는 자칫 역사 연구자들의 특정 관점에 영향을 받아 평가의 관점이 무질서하게 세워지는 경우가 있다.

예를 들면 수리조합관련 공문서군이나 부(府) 예산관계 공문서를 평가할 때는 경제사적 관점에서 해당 기록의 가치를 높이 평가하고, 행정구획통폐합관련 공문서를 평가할 때는 사회사적 관점에서 해당기록의 가치를 높이 평가하여, 결국은 무질서한 관점의 적용에 의해 모든 잔존 기록들이 높은 가치를 지닌 것으로 결론짓고 말 가능성이 농후하다는 것이다. 앞서 언급한 대로 기록을 평가하는 작업은 인문 · 사회과학적 분석이나 해석의 작업과는 달리 당시의 가치인식, 당시 존재한 조직의 목적에 맞는 관점에 서서 체계적으로 기록을 평가하는 일이 긴요하다. 이렇게 하여 진행된 평가 작업의 결과와 재정리된 기록을 이용하여 과거의 사실을 다양한 관점에서 재해석하는 일은 인문 · 사회과학자들의 몫으로 남겨두어야 할 것이다.

기록을 평가할 것인가 행위를 평가할 것인가 하는 문제 역시 중요하다. 불균형 잔존 행정기록은 그 잔존의 불균형성으로 인해 기록 전체를 철저히 분석한다 해도 기록이 생성된 원래의 행위를 그대로 복원하는 것은 불가능하다. 기록의 재현성이라 함은 개별 행위를 개별기록이 재현함을 의미하기도 하지만 그 상위의 개념인 기능, 또는 그 조직의 행위 총체를 재현함을 의미하기도 한다. 불균형 잔존 행정기록은 후자의 재현성의 측면에서는 현저한 한계를 지닌다. 따라서 그 재현성의 한계를 극복하기 위한 방법을 도출하는 것이 핵심적인 과제이다. 이에 대한 답은 기록 대신 행위, 기능, 사실을 분석 평가하는 데서 찾아야 한다. 기관에서 생성된 기록, 특히 행정기록은 그 기록의 원천이 되는 행위들이 일정한 법규 · 규정 · 절차에 따라 철저히 통제되는 경향이 강하고, 문서관리 규정류에 의해 그 행위들이 일정한 법칙에 따라 기록화되는 경우가 대부분이다. 따라서 행위에 대한 분석, 기록 생성 원리에 대한 분석을 통해 잔존했어야 할 기록 총체에 대한 복원이 논리적으로는 가능하다. 이를 위해서는 당시의 법규 · 규정 · 절차에 대한 분석, 그 하위에 존재하는 구체적 기능에 대한 분석, 그리고 그에 따라 집행되었을 각종 사실에 대한 분석이 선행되어야 하고, 나아가서는 이들의 기록화 원리에 대한 분석이 함께 이뤄져야 한다.

다음으로 상대 평가의 방법과 원리를 잘 적용할 필요가 있다. 불균형 잔존 행정기록은 그 잔존 상황에 따라 희소성 등이 규정된다는 특징을 지닌다. 따라서 앞서 언급한 행위, 기능, 사실에 대한 분석 결과 얻어진 일종의 조직 기능 맵(map)에 잔존 기록을 배치해보는 작업이 중요한 의미를 지닌다.[21] 조직 기능 맵은 다음에 서술할 방법 등에 의해 일종의 가치 서열이 매겨져 있어야 하고 여기에 잔존 기록들이 배치된다고 한다면 그 기록들의 상대적인 가치를 판정하는 것은 가능하다. 상대 가치가 높음에도 불구하고 잔존 기록의 양이 적을 경우 희소성의 원칙에 의해 해당 기록은 더욱 높은 가치를 지닐 것이고, 그 반대의 경우는 높은 가치가 인정되지 않는 그런 원리가 적용될 것이다. 이렇게 행위에 대한 평가 결과를 기준으로 하여 잔존 기록의 상대적 가치를 분석하는 일이 평가 작업의 앞 단계에서 적극적으로 수행될 필요가 있다.

행위에 대한 평가를 좀더 상세하게 살펴보면 다음과 같다. 앞서 구조, 역동 요인, 기능, 사실의 평가라는 용어를 사용한 바 있는데 이를 현실화하기 위해서는 우선 조직 및 최하위 조직별 기능의 파악에서부터 출발해야 한다. 이렇게 파악된 기능들은 대체로 조직 유지 기능과 본원 기능(의사결정기능, 집행기능)으로 대별 가능하다. 일반적으로 유지 기능은 핵심적인 것만이 높은 가치를 지니고, 의사결정기능은 그 전체가 상대적으로 높은 가치를 지닌다. 집행기능의 경우에는 집행사업의 규모, 타 사업에 대한 영향 등의 측면에서 가치 평가가 이뤄질 필요가 있는 부분이다. 다른 한편 이러한 조직과 기능의 중요도를 파악하기 위해 이른바 전체에 대한 구조적 분석이 요구되기도 한다. 위임전결규

---

21) Booms, Hans, "Society and the formation of a documentary heritage", *Archivaria* 24:2, 1987. (오항녕 편역, 『기록학의 평가론』, 진리탐구 2005) 참조.

정 등을 이용하는 것이 편리한데 대체로 최고 의사결정자의 결정을 요하는 사항 등이 당시의 행위의 핵심부에 위치한다. 이와 같이 기능의 경중관계를 체계적으로 분석함으로써 행위의 구조적 파악이 가능하다.

이와는 달리 역동 요인을 추출하는 것 역시 행위를 평가하는 데에 빼놓을 수 없는 요소이다. 일반적으로 역동 요인은 두 가지 방식으로 파악한다. 하나는 중요 정책이나 제도가 변화하였을 때 이러한 변화를 야기한 요인, 그 요인과 관련된 기능, 사실 등을 파악하는 방법이고, 다른 하나는 해당 조직이 목표를 달성하기 위한 핵심 기능을 파악하는 방법이다. 예를 들자면 1910년대 조선총독부가 토지제도의 변화를 기하게 되는데 이러한 변화를 추동한 기능이 토지구획조사 기능과 행정 구획 정리 기능이라면 이들이 역동 요인으로서 높은 가치를 지니는 것으로 평가 가능하다는 것이다. 이렇게 하여 기능과 사실에 대한 평가가 이뤄지고 이렇게 해서 얻어진 입체화된 조직 기능 맵에 잔존 기록을 배치해 봄으로써 기본적인 거시 평가는 완료된다고 할 수 있다.

배치 후에는 다음의 세 가지 경우에 따라 기록 그 자체를 평가하는 것이 필요하다. 하나는 가치가 낮은 기능과 관련된 기록이 다수 존재하는 경우인데, 이 때에는 앞서 언급한 기록의 상대 평가 방법에 따라 그 경중을 조사하고 조사 결과에 따라 가치 등급을 매겨야 한다. 같은 유형의 기록이 다수 존재할 경우 샘플 조사 등의 방식도 이용될 수 있을 것이다. 두 번째는 가치가 높은 기능과 관련된 기록이 소수 존재하는 경우인데, 이 때에는 기록의 재현성의 불완전함을 지적하고 잔존하는 기록을 중심으로 해석적 작업의 필요성을 제기해 두는 것이 긴요하다. 또한 적극적인 기록 수집, 혹은 오럴 기록에 의한 보완 등을 권고해 두는 일도 필요하다. 세 번째는 기능은 존재하나 기록이 전혀 잔존하지 않은 경우인데, 이 때에도 마찬가지로 적극적인 기록 수집, 혹은 오럴 기록에 의한 보완 등을 권고해 두어야 하고 기록 이외의 각종 자료의 적극적인 이용을 유도해야 한다.

이렇게 함으로써 불균형 잔존 행정기록의 부조적(浮彫的) 이용을 막고 나아가서는 불균형 잔존 현상을 보완할 방법을 적극적으로 모색할 수 있게 되는 것이다. 특히 동시대에 가까운 과거의 경우에는 오럴 기록을 통한 보완까지도 기록관리의 핵심 영역이어야 할 것이다.

4. 조선총독부 공문서의 평가를 위하여

조선총독부 공문서는 대표적인 불균형 잔존 행정기록에 속한다. 구체적인 분석 및 평가 방법론에 대해서는 다른 글을 통해 다루기로 하고, 위의 기본 절차를 이용하여 평가작업을 할 때 반드시 고려해야 할 이슈들을 중심으로 논의를 전개하도록 하겠다.

우선 행위 평가의 방법과 관련된 문제이다. 조선총독부의 경우 관보(官報) 전체와 도보(道報) 등 법규·규정류의 자료가 비교적 충실하게 남아있다. 이는 행위 평가와 관련해서 대단히 중요한 사실이다. 그동안 역사 연구 분야에서는 해당 연구주제에 관련된 법규 등을 관보를 통해 파악하는 국부적 연구만이 진행되어 왔다. 그러나 앞서 언급한 대로 조직 기록, 특히 행정 기록의 경우에는 이러한 법규·규정·절차의 규정성이 강하기 때문에, 관보 등을 이용하여 총독부의 법규·규정·절차를 종합적으로 정리해 내는 일은 대단히 중요하다.22) 이것이 곧 조직과

---

22) 이경용, 「조선총독부의 기록관리제도」, 『기록학연구』 10, 2004; 이경용, 「한

기능, 그리고 의사결정구조 등을 파악해내는 결정적인 단초가 되기 때문이다. 다만 관보류의 방대함으로 인해 종합적이고 체계적인 연구가 현실적으로 쉽지 않다는 문제가 남는다. 우선 처무규정류를 중심으로 집중적인 정리 작업을 수행함으로써 총독부의 조직, 기능에 대한 상세한 파악만이라도 서둘러 할 필요가 있다고 생각된다.

이렇게 하여 포괄적으로 파악된 총독부의 조직과 세부 기능을 구조적으로 재구성하는 일 역시 빼놓을 수 없는 작업이다. 이는 기본적으로는 다분히 역사 해석적인 작업일 수밖에 없는데, 예를 들자면 유지 기능에 속하는 관방의 경우 일반적으로 가치가 높지 않은 것으로 평가될 수 있으나, 총독부가 총독 독재체제이기 때문에 그 가운데 비서기능이나 외사기능 등은 예외적으로 평가될 필요가 있다. 이와 같은 예는 과(課) 단위 하위에 있는 세부 기능의 수준으로 가면 더욱 다양하게 발생할 소지가 많다. 유지기능, 본원기능 등과 같은 단순한 개념만을 가지고 기능의 가치 평가를 수행하는 것보다는 포괄적으로 말해 역사 해석적 작업을 충실히 수행하여 기능의 가치 평가를 하는 일이 긴요하다.

처무규정류로 파악되지 않는 일부 기능을 보완하기 위한 연구도 필요하다. 총독부는 조선에 행정지배를 관철시키기 위해 행정 안정화를 기하는 데 많은 재화를 투여하였다. 그 결과 각종 행정 편람류가 발간되었고 이들 중 상당부분이 도서의 형태로 잔존하고 있다. 지방행정편람, 경찰법규실무총람, 각종 예규집과 같은 부류들이 그것인데, 이들을 통해 보다 상세한 기능의 파악이 가능할 뿐만 아니라 행정기능의 수행 프로세스를 부분적이나마 복원해내는 것이 가능하다. 이들 자료를 종

국의 근현대 기록관리제도사 연구(1894 ~ 1968)」, 중앙대 사학과 박사학위논문, 2002. 참조.

합 분석함으로써 앞서 언급한 조직 기능 맵을 보다 완전하게 그려나갈 수 있을 것이다.

총독부 세부기능의 구조적 재구성 작업을 위해 또 하나 염두에 두어야 할 것은 의사결정 구조이다. 이는 처무규정 등과 같은 공식 규정에 의해서는 온전히 파악될 수 없다는 문제가 있다. 대체로 방계자료를 광범위하게 사용한 대기능별 샘플 연구를 통해 의사결정 구조를 밝혀가야 할 것이다. 예를 들어 지방행정과 관련해서는 관변 잡지인 지방행정, 세화회(世話會)[23] 멤버의 증언자료 등을 통해 의사결정구조의 일단을 밝힐 수 있다. 또한 농촌진흥운동처럼 내무, 식산, 학무국이 협조체계를 이루면서 진행됨과 동시에, 지방단위에 협의회, 진흥회 등의 준(準) 관조직을 구성하여 집행체계를 이루었던 경우는 기능 간의 연계구조까지 파악해야만 제대로 된 가치평가가 가능하다. 이러한 의미에서 주요 사안별 샘플연구 역시 의사결정 및 집행 구조를 밝히는 주요수단이 될 것이라고 생각한다.

다음으로 구조화된 조직 기능 맵이 완성되었다고 한다면 여기에 잔존 기록을 매치시키는 일이 구체적으로 진행되어야 한다. 이는 일반적인 미정리 상태로는 그야말로 방대한 작업일 것이나 이번에 출간된 조선총독부 공문서 종합목록집[24]에 의해 과(課) 단위 분류 작업이 선행되었기 때문에 비교적 수월하게 진행될 수 있을 것이다. 일단 구조화된 조직 기능 맵에 과 단위 조직을 매치시키고 이어 기록철명을 해당 기능에 매치시키는 방법으로 작업을 진행해야 할 것이다. 부분적으로는 기능 이외에 주요 사실에 대한 접근 역시 보완적으로 진행될

---

23) 조선총독부 관료 출신자들이 만든 조직으로, 현재의 '중앙일한협회'의 전신이다.

24) 『조선총독부 공문서 종합목록집』, 『조선총독부 공문서 다계층 상세목록집』, 한국국가기록연구원, 2005.

필요가 있다.

이렇게 하여 행위에 대한 평가와 기록의 매치 작업이 끝나면 앞서 언급한 대로 가치는 적으나 다량 잔존한 기록에서부터 기록 그 자체에 대한 상대 평가가 이뤄져야 한다. 이 때 기록관리기관의 내적 환경에 따라 평가 전략을 수립하여 일을 진행하는 것도 중요한 포인트이다. 예를 들어 인력의 전문성, 투여 가능시간, 재원 등이 부족할 경우에는 색인목록을 이용한 간이 평가 등도 가능할 것이다. 또한 일상적인 업무기능에 의해 생성된 동일 유형의 기록이 다량 존재할 경우에는 앞서 언급한 대로 대표적 케이스만을 추출하여 높은 가치로 평가하는 등의 작업도 필요하다. 이러한 작업을 통해 기록의 가치 등급을 매김으로써 이용자가 기록의 내용을 균형 있게 해석할 수 있도록 도와줄 수 있을 것이다.

주요 기능임에도 불구하고 기록이 희소하거나 존재하지 않을 경우에는 행위와 사실을 재현할 수 있는 다른 수단을 제공하는 일 역시 확대된 평가 작업의 일환이다. 총독부 간행 서적이 다수 존재하기 때문에 이를 해당 기능과 연계시키는 방법으로 기록의 재현성의 한계를 극복해야 한다. 물론 그 연장선상에서 적극적인 기록 및 오럴 수집 작업이 이뤄져야 할 것이다.

앞서 언급한 방법·절차와 위의 이슈들을 고려하여 조선총독부 공문서와 같은 불균형 잔존 행정기록을 평가한다면 기록 평가의 효율성, 정확성을 기할 수 있을 뿐만 아니라 수집 전략의 기본을 함께 수립할 수 있으리라 기대된다.

5. 맺음말

필자는, 기능분석, 역사 해석적 작업, 기록의 상대평가 방법·기준, 조선총독부 관보 및 기타 자료의 분석법 및 절차, 평가 아웃풋 이미지 등의 부면까지는 아직 세부적인 연구를 진행하지 못하였다. 사실 이러한 남은 작업은 그 난해성과 규모의 방대함으로 인해 개인의 연구과제로 돌리기에는 무리한 측면이 있다. 조선총독부 공문서의 본격적인 평가를 위한 공동연구나 방대한 규모의 프로젝트의 추진을 기대해본다. 앞으로 진행되어야 할 구체적인 평가 작업의 큰 밑그림을 그리는 데에 약간이라도 도움이 되었으면 하는 의미에서 이 글을 구성하였다. 조금 더 의미를 부여한다면, 서구의 평가이론에 대한 재해석에 나름대로 기여를 했다고 할 수 있을 것 같다.

기록학에 대한 이론적 천착이 의외로 현실적인 방법론으로 전화하지 않는 경향이 있다. 이 글의 전개 방식에 다소 자의적이고 무리한 측면이 있을 수 있으나 필자는 이러한 시도가 지속적으로 이뤄져야 한다고 생각한다. 이론과 실천의 교차를 통해서만이 양자가 함께 발전할 수 있기 때문이다.

조선총독부의 공문서 보존기간 책정기준과 가치평가

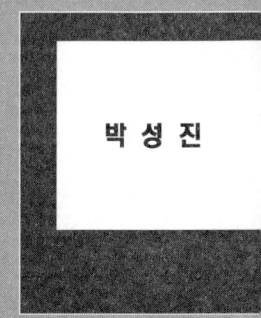

박 성 진

1. 머리말

공공기관의 업무과정에서 생산된 공문서는 일정한 과정을 거쳐 보존 가치가 있다고 판단되면, 일정기간 보존된다. 어떤 문서를, 어떤 기준에 근거하여, 어느 정도의 기간동안 보존할 것인가. 여기에는 공문서 보존에 대한 해당 사회의 가치개념이 반영되어 있으며, 그 가치개념의 변화에 따라 보존기간 책정기준도 달라진다.

이 글은 보존문서 기간책정 기준, 거기에 수반된 현재의 가치개념 형성과정의 前史를 이해하기 위한 시도로서, 조선총독부는 공문서의 보존기간 특히 영구보존을 어떤 기준하에 어떤 종류의 공문서들을 대상으로 했으며, 문서보존에 대한 그들의 가치개념이 어떻게 반영되고 있는가를 살펴보는데 있다. 기록물 보존기간 책정에 관해서는 이미 정병춘, 김익한, 이원규, 이상민, 이경용 등의 선행연구가 제출되어 있다.1) 선행연구자들은 공문서의 보존기간 책정을 둘러싼 외국의 이론적 논의와 사례, 최근의 이론동향을 검토하면서 우리사회에서 생산되고 있는

---

1) 정병춘, 「기록물평가에 대한 일고찰」, 『기록보존』 7, 정부기록보존소, 1994; 김익한, 「기록물관리체제론 및 평가분류론의 새로운 흐름」, 『기록보존』 11, 정부기록보존소, 1998; 이원규, 「공공기록물 보존기간 책정론」, 『기록보존』 11, 정부기록보존소, 1998; 이상민, 「영구보존문서의 선별과 가치평가」, 『기록보존』 14, 정부기록보존소, 2001; 이경용, 『韓國의 近現代 記錄管理制度史 硏究 -1894~1969-』, 중앙대학교 대학원 사학과 박사학위논문, 2002.

기록물의 보존기간 책정에 대한 방향의 일단을 제시하고 있다. 이 글은 선행연구자들과 문제의식을 함께 하면서, 구체적인 사례연구로서 일제시기 조선총독부의 공문서 보존기간 책정의 기준과 특징을 살피는데 초점을 맞추었다.

제2장에서는 조선총독부 문서보존시스템의 특징을 살펴보기 위한 전제작업의 일환으로서 明治·大正期 일본의 문서관리에서 보존대상 문서의 종별구분 기준의 개략적인 내용을 소개하였다. 이러한 기준들이 조선총독부의 문서보존규정에 활용되고 있기 때문이다. 구체적으로 조선총독부의 문서보존시스템과 직접 관련되는 類別部目制, 種別保存制, 公文種類區分表의 개략적인 내용, 그에 기반한 보존문서에 대한 실제 종별구분의 유형을 살펴 볼 것이다.

제3장에서는 조선총독부 공문서 보존기간의 구체적 유형을 고찰하였다. 이를 통하여 조선총독부의 문서보존시스템 속에 보존기관 책정과 그에 수반된 문서보존의 가치평가는 어떤 방향에서 이루어지고 있는가를 분석하고자 한다.

2. 일본 明治·大正期의 種別保存制 성립

가. 種別保存制 도입시기

1886년 6월 29일 일본 내무성에서는 <내무성문서보존규칙>을 제정하였다. 이 규정에 따라 보존대상 공문서의 보존기간을 정하고 동일기능을 기준으로 구분·관리하는 種別保存制와 類別部目制가 동시에 도입되면서, 보존대상 공문서의 편철·보존·폐기업무 등의 업무가 일반사무로 자리잡게 되었다.

1886년 이후에 일본의 문서관리체제에 도입된 종별보존제는 개별 공문서에 고유한 보존기간을 부여하고, 보존기간이 경과한 후에 폐기하는 제도이다.[2] 이 종별보존제와 불가분의 관계에 있는 류별부목제는 조직과 업무의 내용에 따라서 각각의 공문서를 구분하여 簿冊으로 편철하는 분류방법이다. 류별부목제의 항목은 部 - 類 - 目으로 구성되는데, 部의 課나 掛 등의 행정조직명을 횡축, 업무내용의 세목을 종축으로 하고 있다.[3] 이러한 류별부목제는 기능별 문서편철 제도로 위치되고 있는데, 部에는 조직, 目에는 그 조직이 분장하는 사무, 세절에는 사무분장 처리과정에서 생산된 개별 문서가 각각 대응한다.[4]

1888년 7월 14일 개정된 <내무성문서보존세칙>에서 특기할 점은 공문의 종류를 구분하는 기준이 제시되어 있다는 점이다. 이 세칙에는 보존기간으로 문서를 구분하는 기준이 제시되어 있는 <공문종류구분표준>, <공문류별부목> 등 각종 양식을 구비하고 있다. 거기에는 보존기간에 따른 공문서의 개요가 제시되어 있다. <공문종류구분표준>에는 보존기간 구분이 <내무성문서보존규칙> 보다 상세하게 설정되어 있는데, 各課에서 작성한 공문서가 어느 정도의 보존기간에 해당하는가를

---

2) 문서의 보존기간을 정한 규정의 명칭은 각 기관에 따라서 약간의 차이가 보인다. 예를들면, 문서보존년한구분표, 문서보존년한구분기준표, 완결문서의 표준보존년한, 완결문서의 보존종별, 보존년한의 종별표준, 문서보존기간기준표, 문서보존기한기준, 문서보존기간기준 등인데, 그 뜻은 동일하다. 安藤正人·靑山英幸 編著, 『記錄史料の管理と文書館』, 北海道大學圖書館刊行會, 1996, 216쪽; 304쪽. 이하 제2장의 내용은 安藤正人·靑山英幸의 앞의 연구서에서 필요한 부분을 발췌·인용 하였음을 밝힌다.

3) 이를 지칭하는 용어로는 각 기관에 따라서 公文類別部目, 文書類別部目, 保存文書類目, 文書類別 등으로 호칭되고 있다. 그러나 그 내용은 동일하다.

4) 安藤正人·靑山英幸 編著, 앞의 책, 204·216쪽.

보여주고 있다. 특히 이 표준은 보존기간과 공문의 류별부목을 대응관계로 제시해 주고 있다. 공문종류구분표는 種別保存制와 類別部目制를 연동시키는 역할을 했던 것이다.5) 문서보존에 관한 기본원칙으로서 오늘날까지 지속되고 있는 편철제도로 평가받고 있는 大正·明治期 내무성의 類別部目制와 種別保存制 등이 핵심을 이루는 공문서보존시스템은 당시의 일본 각 府縣에 채용되고 있다.6)

아래에서는 일본의 대표적인 지방관의 사례를 통하여 일본의 문서관리 시스템 속에 種別保存制와 類別部目制가 어느 시기에 도입·정착되었는가를 먼저 살펴보기로 하자.

[표 1] 明治·大正期 種別保存제과 類別部目制 도입 일람

東京府	京都府	埼玉縣	郡馬縣
1876년「東京府廳例規·分類規程·處務順序」 1877년 「編綴例」 보존년한을 부가함 1886년「簿書編纂及保存期限例」無期·7·3 1888년 同改正 영구·7·3 1890년 同改正 無期·7·3 類別部目의 도입	1869년 簿書表題를 정함 1871년「簿書表題凡例」 1881년「京都府課掛職制章程 竝規程」 1886년「京都府處務細則」 보존년한을 부가함 1890년「京都府處務細則」개정 永遠·年期·폐기 1893년「경도부처무세칙」개정 영구·3·1	1874년「庶務課章程」 1875년 簿冊名目을 정함 保存年限을 부가함 類別部目의 도입 1895년「문서보존규칙」 영구·10·5·1 1897년 同개정 영구·10·1 1899년「문서보존규칙」 영구·10·1	1874년「簿書編纂規則」 1876년「簿書編纂及圖書保存例」 1883년「簿書取扱規則」 保存年限을 부가함 1892년「문서보존규칙」 영구·3·1·6개월 類別部目의 도입 1892년「문서보존규칙」 永年·5·1 1894년 同改正 永年·5·1 1903년「문서보존규정」

5) 安藤正人·青山英幸 編著, 앞의 책, 189쪽; 217쪽.

6) 安藤正人·青山英幸 編著, 앞의 책, 189쪽; 194쪽; 217쪽; 227쪽; 234쪽.

1894년「文書編纂及 保存 例」영구·20·5·1· 처리완료폐기 1907년「문서편찬보존 규정」 1917년「廳中處務細 則」 영구·20·5·1	1895년「文書簿整理 規則」 영구·3·1 1896년「문서정리규 정」 영구·3·1 1899년 同개정 영구·10·3·1 類別部目의 도입 1903년「문서편찬보존 규정」 永年·10·5·1 1905년 同개정 永年·10·5·1 1907년 同개정 永年·10·5·1		永年·5·1 1906년 同개정 永年·5·1 1918년「문서편찬보존규 정」 永年·5·1

* 資料 : 安藤正人·青山英幸 編著, 『記錄史料의 管理와 文書館』(北海道大學圖書 刊行會, 1996), 206-207쪽 재구성.

위의 표로 확인할 수 있는 바와 같이, 일본의 각 지방관에서는 메이 지 10년대(1877-1887) 중반까지 각각의 문서관리규칙을 제정하고 있다. 메이지 20년대(1887-1897) 전반에는 문서의 保存種別制가 거의 도입되 었으며, 메이지 20년대(1887-1897) 중반부터 메이지 30년대(1897-1907) 전반까지의 대체로 類別部目制가 채택되고 있다.[7] 이러한 규칙들은 갑 오개혁 정부, 통감부 및 조선총독부의 문서보존시스템을 이해하기 위한 전제가 되기 때문에 주목할 필요가 있으며, 실제로 이 시기의 문서보존 제도에 부분적으로 채용되고 있다. 예를들면, 1895년 7월 1일에 반포된 경무청의 <文書整理細則>이나 1905년 3월 6일 반포된 <度支部處務規 程> 등에는 류별제도와 보존종별을 적용하는 내용들이 포함되어 있다.[8]

---

7) 安藤正人·青山英幸 編著, 『記錄史料の管理と文書館』, 北海道大學圖書刊行會, 1 996, 205쪽.

나. 種別區分의 유형과 특징

일본의 문서관리제도에서 1886년경부터 도입되기 시작한 류별부목제와 종별보존제는 1897년경에 이르면, 일본 문서관리의 일반적인 제도로 정착되었다. 그렇다면, 이러한 규정들이 일본의 문서보존방식에 실제로 어떻게 적용되고 있을까. 아래에서는 일본인 연구자들의 선행연구를 통하여 大正・明治期의 일본 내무성과 몇몇 지방관의 사례 중에서 보존대상 공문서의 보존기간에 대한 구분유형, 특히 어떤 문서들이 영구보존문서로 분류되고 있는가를 살펴보기로 하자. 먼저 明治期 일본 내무성의 문서보존규칙에 제시되어 있는 보존종별 구분유형을 보면, 다음과 같다.

[표 2] 明治期 내무성의 문서보존세칙(1)

규칙		1886년 6월 29일 [內務省文書保存規則并細則]
보 존 년 한	영구 보존	모든 省務에 관하여 장래의 徵考例証에 구비해야할 문서는 영구보존해야 하며 2종으로 함. 제1종: 내각의 令達, 閣議提出 省令, 고시, 훈령, 지령, 諸往復 등 新規創案에 속한 것. 제2종: 고시, 훈령, 지령, 諸往復 등 成規定例에 근거하여 처분된 것.
	1년 보존	1. 原簿 또는 台帳에 등록을 완료한 諸申請. 2. 관리신분에 관한 諸願届并請書出勤簿.
	6개월 보존	1. 조사를 완료한 諸報告并製表材料. 2. 결산을 완료한 비용을 目論見 3. 期約 혹은 면허년한을 경과하거나 또는 사망 기타 사고로 期約年限의 效가 소멸된 것. 4. 일시의 처분을 완료한 왕복서.

---

8) 警務廳訓令第6號, <文書整理細則>, 1895年 7月 1日;訓令第1號, <度支部處務規程>, 1905年 3月 16日.

[표 3] 明治期 내무성의 문서보존규칙(2)

1888년 7월 14일 [內務省文書保存規則]	
제1종 영구보존	법률규칙의 제정개정 비상 또는 특수한 처분 其他事의 창설에 관한 문서 　詔書, 勅令, 閣令, 閣議提出, 省令類 　告示, 訓令, 指令, 照會(成規定例 또는 証據로 國史의 材料로 삼아야할 것 　採錄된 建白請願類 　府縣令類(成規 등에 관한 것, 단 일시의 論達取締 등에 관한 것은 5년보존) 　明細帳台帳件名簿類
제2종 20년보존	법률규칙집행사의 疑義에 대하여 이미 他府縣 등에 指令回答한 例를 照하여 指令回答한 문서 또는 영구보존을 요하지 않고 수십년간 참조에 供用될만 하다고 인정되는 稟議 및 届의 類 　諸建白書 중 採用된 문서류
제3종 5년보존	경비기타금전출납에 관하여 결산보고를 완료한 후에 불필요한 것 또는 처분 이 끝난 上申報告類 혹은 3년간 참조에 供用될 것으로 인정되는 문서 　처분완료 上申 및 보고류 　巡廻出張 官吏尋常復命書類
제4종 1년보존	原簿台帳 등에 등록완료한 諸申牒 관리신분에 관한 願届請書 출근부 送付簿 혹은 조사를 완료한 諸報告 및 製表材料 규약 또는 면허의 效 板權보호의 効가 소멸한 것 또는 일시의 처분을 완료한 上申 往復書類 　출근부송부부류 　간행서적 배부의 回議類 　一時限의 왕복서 및 届의 類

*資料 : 內閣記錄局編輯, 『法規分類大全』第一編, 官職門, 內閣記錄局, 1889, 192-1
99쪽.[9)]
*資料 : 內閣記錄局編輯, 『法規分類大全』第2編, 文書門, 內閣記錄局, 1893, 286-321
쪽.

위의 <표2>와 <표3>는 1886년에 제정되고 1888년에 개정된 메이지기
내무성의 문서보존규칙에 규정된 보존기간의 구분유형을 제시한 것이
다. 표에서 보듯이, 1886년의 영구보존문서는 "장래의 徵考例證에 필요
한 것"을 조건으로 하고 있으며, 이에 해당하는 문서를 제1종과 제2종

---

9) 이 절에서 인용하는 표는 앞의 安藤正人·靑山英幸의 연구서에서 재인용한 것이
다.

으로 구분하고 있다. 제1종은 "내각의 令達, 省令, 고시, 훈령, 지령 및 諸 왕복문서" 등으로 "新規創案에 속하는 문서군'이다. 제2종을 "제1종의 고시 이하 諸 왕복 등의 문서"로서 고시, 훈령, 지령 등 "成規定例에 근거하여 처분된 문서군"으로 규정하였다. 1888년의 영구보존문서는 1886년의 제1종을 중심으로 하여 "事의 창설"에 관한 "成規例規" 그리고 "國史의 재료가 될만한 문서"가 영구보존문서로 추가되고 있다.[10]

내무성의 문서보존규칙에서 영구보존으로 구분된 공문서는 대개 법률·규칙의 제정이나 개정에 관한 것으로서 장래에 예규로 삼을만한 가치가 있다고 판단되는 공문서들이 주종을 이루고 있다. 이 밖에 1886년의 문서보존규칙과 1888년에 개정된 문서보존규칙을 비교하면, 보존문서 종별구분의 확대·변화를 확인할 수 있다. 1886년의 규칙에는 보존기간이 3종으로 구분되었으나, 1888년의 규칙에는 4종으로 보다 세분되고 있다. 또한 國史의 재료가 될만한 가치가 있다고 판단되는 문서가 영구보존에 새롭게 추가되고 있는 점도 새로운 변화 중의 하나로 지적할 수 있다.

여기서 종별보존제와 류별부목제의 실제 적용형태를 살펴보자. <표 3>에서 보듯이, 제1종의 "법률규칙의 제정·개정, 특수한 처분 기타 事의 창설에 관한 문서", 또는 제2종(20년 보존) "법률규칙 집행상 他府縣에 지령·회답한 例에 비추어 지령회답한 문서", 제3종(5년 보존) "경비 기타 금전출납에 관한 결산보고" 등 각 종별기준에 해당하는 공문서의 범주를 규정하고 있는데, 그 내용은 내무성의 특정 부서 각각의 기능을 반영하고 있다. 이 규정에는 또한 각 보존기간에 속하는 문서의 종류가 제시되어 있는데, 이러한 개별문서들은 앞에서 살펴 본 류별부목의 구

---

10) 安藤正人·靑山英幸 編著, 앞의 책, 217-220쪽.

성상, 바로 細節에 해당한다. 이렇게 본다면, 일률적으로 단정할 수는 없지만, 大正·明治期의 류별부목제를 구성하는 항목인 部-目-細節이 보존기간 책정에 대응하면서 일정한 보존종별을 구성하고 있음을 알 수 있다. 이어서 明治期 쿄토부의 문서보존규칙에 포함된 보존종별 구분을 살펴보면, 다음과 같다.

[표 4] 明治期 東京府의 문서보존규정(1)

규칙	1886년 3월 18일 東京府 [簿書編纂及保存期限例]	
보 존 년 한	제1종 無期	法律命令錄: 勅令法律閣令省令類를 編纂함 稟申類: 各省에 稟議한 것 및 申牒한 것을 編纂함 本廳命令錄: 본청내의 規則程式에 관한 것을 편찬한 指令錄: 郡區長戸長出張所 및 본청소속 직원으로부터 직무상 관련된 伺書로 指令한 것을 편찬함. 기타 令을 奉하여 과장으로부터 上記 輩에게 通達한 類로서 규정에 따른 것을 本項 속에 附纂함 庶政要錄: 제2종簿書 중 타일의 參照考據해야 할 것을 채택하여 편찬함
	제2종 7년보존	添申錄: 각관청으로 添書上送達한 문서류 편찬함 往復錄: 각성의 局課 및 院廳府縣의 왕복서를 편찬함 願伺届錄: 관내인민으로부터의 願伺届를 편찬함 開申錄: 郡區長戸長出張所長 기타 본청소속의 직원으로부터 직무상의 諸届書를 편찬함 定例文書回議簿
	제3종 3년보존	一覽件名簿 復申要件錄 回議件名簿 출장순회검인부 출근부 宿所簿 영수부 송부부 雜件簿: 각과비치소모일체의 물건 구매 혹은 제작 등의 항에 관련된 문서를 편찬함

*資料 : 東京都公文書館編, 『明治期東京府文書編纂保存關係規程集』, 東京都, 1985.

[표 5] 明治期 東京府의 문서보존규정(2)

1894년 1월 18일 東京府 [文書編纂及保存例]	
제1종 永年保存	詔書 및 各省의 훈령 本廳의 令達訓示 諸規則의 制定更定 비상 또는 특수한 처분 其他事의 창설에 관한 문서 定例 또는 証據가 되는 것 및 編史의 재료가 될만한 문서
제2종 20년보존	법률규칙집행상의 疑義에 대한 先例에 照한 指令回答한 문서 또는 例規証據가 되기에 충분한 것 處分數年이 되었거나 혹은 사무조사상 십수년간 참조에 供用될 것으로 인정되는 문서
제3종 5년보존	경비기타금전출납에 관한 결산보고을 완료한 후 不要한 것 또는 처분이 끝난 上申報告類 및 各省廳으로의 添書 閣省의 局課院廳府縣島廳郡市區의 往復 등 3년간 참조에 供用될 것으로 인정되는 문서
제4종 1년보존	原簿台帳등에 등록이 완료된 諸申牒 관리신분에 관한 願屆請書出勤簿送付簿 또는 조사를 완료한 諸報告 및 製表의 재료 규약 혹은 면허의 効가 소멸된 것 또는 일시 처분이 완료된 上申往復書類

*資料 : 東京都公文書館編, 『明治期東京府文書編纂保存關係規程集』, 東京都, 1985.

위의 <표4>와 <표5>는 明治期 토쿄부의 문서보존규정을 표로 정리한 것이다. 大正・明治期 일본 지방관의 문서보존규정은 역시 중앙기관인 내무성의 문서보존규칙의 원칙을 차용하고 있다. 토쿄부의 경우, 1894년에 개정된 내용을 1886년 제정 당시의 규정과 비교하면, 내무성의 문서보존규칙의 변화와 같이 보존종별의 확대구분이 이루어지고 있다. 그렇다면 일반적으로 문서보존규정의 변화과정에서 시기의 진전에 따라서, 그리고 업무확대에 따라서, 보존종별의 구분이 보다 세분되는 방향으로 전개되어 나갔다는 점을 쉽게 이해할 수 있다. 토쿄부의 문서규정에서 영구보존문서로 구분된 종류는 내무성의 예와 마찬가지로 법률규칙의 제정이나 개정내용을 담고 있으며, 장래에 예규로 삼을만한 문서들과 국사편찬의 재료가 될만한 문서들 역시 영구문서에 포함되고 있다. 마지막으로 쿄토부의 문서보존규정에 나타나 있는 보존종별 구분유형을 살펴보다.

[표 6] 明治期 京都府의 문서보존규정

규칙		1893년 12월 1일 京都府處務細則 [第7章 圖書保存]
보 존 년 한	영구보존	제55조 모든 공문서류 중 지사관방 및 내무부주관에 속한 것은 내무부 제1과, 경찰부는 경무과, 收稅部는 서무과, 監獄署는 감옥서제1과에서 영구보존해야 함 단 各主管의 課所掛에서 그 期限間 그것을 보존하고 만기에 이른 것은 폐기해야 함
	3년보존	제1 완결 후 3년간 보존해야할 文書槪目 1. 諸台帳登錄을 완료한 申牒類 2. 諸報告其他통계 등 取調의 재료 3. 郡區役所其他本府所屬의 各部署學校病院 등의 上申報告類 4. 成規定例가 될 各廳 其他 往復에 속한 서류 5. 町村長 및 人民諸屆書類
	1년보존	제2 완결후 1년간 보존해야 할 文書槪目 1. 決算証明을 완료 인가를 받은 書目 2. 관리의 신분에 관한 諸願伺屆 및 請書類

*資料 : 歷史資料課, 「京都府文書事務基本史料集成2-4」 『資料館紀要』 (京都府立 總合資料館) 第21-23號, 1993年3月, 94年3月, 95年 3月.

쿄토부 뿐만 아니라 明治·大正期 일본의 여러 지방관에서는 각각의 문서보존규정을 두고 있는데, 보존기간을 책정하는 방식은 앞의 내무 성과 토쿄부의 문서보존규정과 거의 유사하다. 위의 <표6> 쿄토부의 문서보존규정에는 내무부 제1과, 경무과, 서무과, 감옥서 제1과에서 영 구문서를 보존하도록 규정하고 있는데, 결국 지사관방 및 내무부, 경찰 부, 收稅部, 감옥서 등의 업무수행 과정에서 생산된 공문서가 대부분 영구보존문서로 책정되고 있음을 알 수 있다. 또한 3년보존과 1년보존 으로 책정된 공문서들은 앞에서 살펴 본 내무성과 토쿄부 그 밖의 지방관에서도 대개 비슷하지만, 보존년한의 설정에는 각 부서의 기능과 그 기능을 수행하는 과정에서 생산된 문서의 종류를 적절하게 대비되면서 활용되고 있다.

3. 조선총독부 보존문서의 種別 구분

가. 보존시스템의 몇 가지 변화

먼저 일본의 類別部目制와 種別保存制가 수용된 점을 지적할 수 있다. 갑오개혁을 전후한 시기, 대한제국정부와 통감부 양립시기의 문서 보존 시스템과 관련하여 특기할 점은 소위 일본식 문서관리체제의 도입이다. 물론 일본식으로 관제를 대대적으로 재편한데 비교하면, 문서관리에 대한 규정을 마련하는 일은 그에 미치지 못한다. 대표적으로 1906년 12월 10일자로 마련된 <統監府文書取扱規程>이나 1908년에 11월 30일에 반포된 <宮內府文書措辦規程>에는 문서의 授受나 취급에 관한 일반적인 내용이 포함되어 있을 뿐이다.[11]

그러나 1895년 7월 1일에 반포된 경무청의 문서정리세칙, 그리고 1905년의 3월 16에 반포된 度支部處務規程에서 볼 수 있듯이, 갑오개혁 정부의 문서보존방식에는 이미 일본에서 정착되어 있던 類別部目制와 種別保存制가 반영되어 있다. 예를들면, 경무청의 문서취급세칙 속에는 당시 경무청의 사무분장, 그리고 업무과정에서 생산된 문서를 類別區分의 원칙에 따라 배열된 부책목록이 제시되고 있다.[12] 또한 탁지부의

---

11) 統監府總務部文書課長 澤田牛麿, <統監府文書取扱規程>, 1906年 12月 6日;<宮內府文書措辦規程>, 官報 1908年 11月 30日.

처무규정 속에는 "문서의 類別 및 保存期限"을 별도로 정하도록 하였으며, "문서를 類別에 의하여 簿書原書에 등록하고 書函을 구별하여 收藏"해야 한다는 항목이 제시되어 있다.13)

둘째, 원본보존원칙이 정착되기 시작한 점은 이 시기의 중요한 변화라고 할 수 있다. 안도(安藤正人)와 아오야마(靑山英幸) 등의 연구에 의하면, 일본 明治期의 전반기까지 廳中例規나 처무세칙에 의하여 문서관리를 규정하고 있던 지방관에서는 원본과는 별도의 副本·謄本을 작성하여 各課에서 이용하거나 보존용으로 활용하게 하는 규정이 있었다. 공문서 생산시, 모두 副本을 작성하여 원본은 서고내에 收藏하고 副本으로 사무에 이용하도록 하였다. 그러나 1885년 12월, 내각제 창설 이후, 1886년에 제정된 <내무성문서보존규칙>과 1888년의 <내무성문서보존세칙>부터 원본만 보존하고 등사편찬제도는 소멸되었다. 여기에는 이전까지 문서가 갖는 두 가지 가치 중, <행정적·경영적 가치> 쪽에 가치평가의 중심이 실리면서, <역사적·문화적 가치>에 대한 인식이 점차 희박해지게 되는 경향이 자리잡게 되었다는 사실을 위 연구자들은 강조하고 있다.14)

한국에서 원본보존원칙이 등장하는 시기는 대체로 대한제국기로부터 시작하여 일제시기에 정착이 되는데, 이러한 변화에는 일본 쪽의 영향과 함께 조선말·대한제국기까지 행해졌던 전통적 문서보존제도를 동시에 고려해야 한다. 전통적 측면과의 관련성을 파악하기 위한 분석의 고리로서, 원본보존원칙이 정착되는 시기가 대한제국기의 각 部 또

12) 警務廳訓令第6號 <文書整理細則>, 1895年 7月 1日(『韓末近代法令資料集』1, 大韓民國國會圖書館, 1970, 498-501쪽.

13) 訓令第1號 <度支部處務規程>, 1905年 3月 16日.

14) 安藤正人·靑山英幸 編著, 앞의 책, 204쪽, 172쪽, 194쪽.

는 일제시기의 道, 府, 郡 등에서 활발하게 간행된 例規集이 등장하는 시기와 맞물리고 있다는 점에 주목할 필요가 있다.15) 구체적으로 업무 추진을 위한 일종의 참고서 또는 안내서 역할을 했던 예규집과 전통시대의 편찬방식인 實錄, 儀軌, 謄錄 등과의 관련성을 찾아보자는 것이다. 심도있는 연구가 요구되는 부분이지만, 여기에서 문서보존시스템과 관련된 단절과 계승의 양측면을 거칠게나마 읽어낼 수는 있다. 단절의 측면으로서 부본을 작성하지 않는 원본보존원칙과 행정적가치 우선에 따른 역사문화적가치의 퇴조 현상을 들 수 있다. 반면에 조선총독부의 예규집과 전통시대의 실록, 의궤, 등록 등이 공통적으로 행정업무의 참고자료로서 일정하게 역할하였다는 점에서 예규집의 간행은 전통적인 방식의 일정 부분을 계승한 측면도 동시에 갖는다는 점을 지적할 수 있겠다.

셋째, 보존대상 문서의 보존기간 책정에서 문서관리 담당자의 주관이 크게 작용하게 되었다는 점이다. 예를 들면, 1911년에 공포된 <總務部文書課長委任規程>과 <朝鮮總督府文書取扱細則>에는 조선총독부의 문서관리 규정에 관한 전반적인 내용이 담겨 있다. 여기에는 조선총독부총무부 문서과장의 권한이 규정되어 있다. 문서과장위임규정에 제시되어 있는 문서과장의 전결사항을 보면 ① 문서의 수수, 발송상의 오류, 기타 문서의 誤脫, 訂正 등에 관한 照會 및 回答 등에 관한 일 ② 규정에 의한 문서 취급방식을 各部局 및 소속관서에 지시하는 일 ③ 개인의 기록 열람 혹은 등사청원에 대한 許否를 결정하는 일 등이다. 뿐만 아니라 조선총독부의 완결문서 편찬방법 역시 문서과장이 정하도

---

15) 예를 들면, 藏書閣 소장 『宮內部例規集』, 그리고 1920년대 초에 각 道에서 간행한 例規集이 현재 서울대 구간도서관에 소장되어 있다.

록 규정되어 있다.16) 여기에 더하여 다음 장에서 언급하는 바와 같이, "중요한 문서" 또는 "얼마간 중요한 문서" 등의 형태로 제시되는 보존기간의 책정기준 자체가 결국 문서담당자의 주관적 판단이 보존대상문서의 보존기간의 책정에 결정적으로 개입할 수 있는 조건이 되고 있다.

나. 보존문서의 처리절차

일반적으로 조선총독부의 문서는 문서과장이 정한 구분에 따라 완결일자를 기준으로 전년도 1월 1일부터 12월말까지의 것을 類別로 편철하되, 단 회계에 관한 문서나 특별한 사유로 인하여 일년 단위로 구분하기 어려운 문서는 예외로 하였다. 그리고 편철할 때의 두께는 2寸 정도로 하고, 도표 등을 별책으로 만들 경우에는 본책 및 별책의 목록에 그 사실을 기록하도록 하였다. 또한 완결후, 비밀을 요하는 문서는 같은 방법에 의하여 별도로 편철하고, 표지에 秘기호를 붙여 보존하도록 규정하였다.17)

조선총독부는 본 일본의 大正·明治期에 성립된 類別·種別制를 문서관리의 기본원칙으로 차용하고 있다. 기본적으로 조선총독부와 지방부서의 각종 문서관리규칙에 類別·種別制는 완결문서의 보존에 관한 원리로 활용되고 있다. 조선총독부의 문서보존과 관련되는 件名目錄, 公文錄目次, 公文錄目錄의 양식을 보면, 특히 그 점을 확연히 확인할 수 있다. 일정한 방식에 따라 편철된 문서는 조선총독부의 공문목록이나 소속관서의 문서대장에 등기·기입되고 일정 장소에 보존되는데, 조선총독부문서의 보존편철에 관한 목록에는 件名目錄과 公文錄目次,

---

16) 朝鮮總督府內訓第20號, <總務部文書課長委任規程>, 1911年 7月 8日;朝鮮總督府內訓第21號, <朝鮮總督府處務規程>, 1911年 7月 8日.

17) 朝鮮總督府內訓 第21號, <朝鮮總督府處務規程>, 1911年 7月 8日.

公文錄目錄이 있다. 이를 그림으로 제시하면 다음과 같다.[18]

<그림1> 件名目錄 樣式 　　<그림2> 公文錄目次 樣式 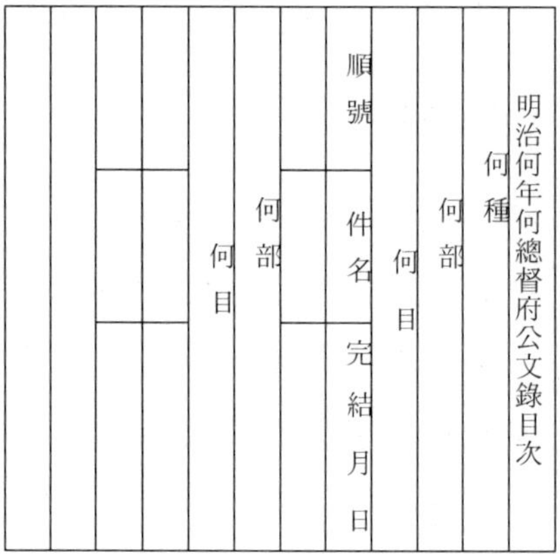 　　<그림3> 公文錄目錄 樣式

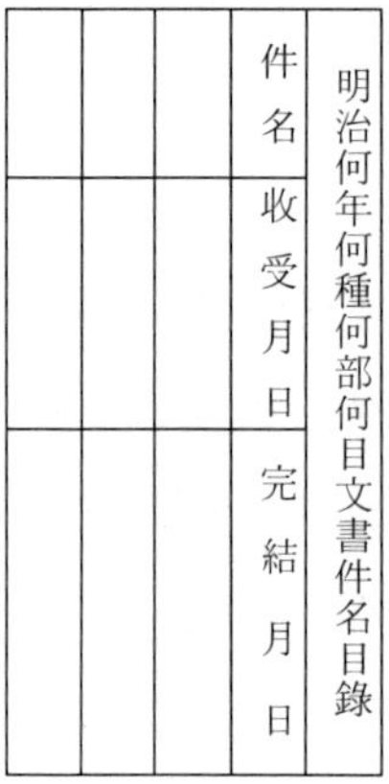

<그림1> 件名目錄 樣式: 明治何年何種何部何目文書件名目錄 / 件名 / 收受月日 / 完結月日

<그림2> 公文錄目次 樣式: 明治何年何總督府公文錄目次 / 何種 / 何部 / 何目 / 順號 件名 完結月日

<그림3> 公文錄目錄 樣式: 總督府公文錄目錄 / 年別 種別 部目 / 冊號 / 函 架 文庫

위에서 보는 바와 같이, 건명목록은 年度, 種, 部, 目, 件名, 收受月日, 完決月日을 기입하게 하였다. 공문록 목차의 양식은 종별, 부목 구분으로 시작되고 있으며, 공문록 목록 양식 역시 年別, 種別, 部目, 冊號, 文庫, 函, 架를 기입하는 양식을 구성하고 있다. 이러한 목록류의 기입사항을 통해, 類別로 분류된 조선총독부의 문서는 먼저 年度別 및 保存種別로 구분된 다음, 다시 部目의 순으로 점차 세분되었으며, 정리가 된 다음에는 일정한 이름이 정해진 文庫의 函, 架에 보관되었음을 확인할 수 있다.[19]

지방관서의 보존문서 처리절차 역시 조선총독부의 원칙을 그대로 따르는 형식으로 이루어지고 있는데, 류별·종별제는 역시 지방부서의

---

18) 朝鮮總督府內訓 第22號, <朝鮮總督府文書取扱細則>, 1911年 7月 8日.

19) 김상호, 「조선총독부의 문서관리」, 『기록보존론』, 아세아문화사, 2000, 182쪽.

보존문서 관리원칙이기도 하였다. 완결문서는 먼저 류별로 분류된 다음 보존기간이 동일한 문서끼리 편철되었다. 보존문서의 분류는 기본적으로 府나 郡의 사무상황의 변동에 따라 분류항목을 가감할 수 있도록 하였다.20) 面 단위의 완결문서 역시 종류에 따라서 편집·보존하였으며,21) 府나 郡의 경우와 같이 類別 또는 保存種別은 府尹이나 郡守의 허가를 얻어서 항목을 더하거나 제외시킬 수 있었다.22)

다. 보존종별 구분유형과 특징

조선총독부는 보존문서 종별구분을 甲種(영구), 乙種(30년), 丙種(10년), 丁種(3년), 戊種(1년)의 5종으로 구분하도록 규정하고 있다. 일정 문서의 보존기간이 경과되었을 때, 문서과장이 주무부장관과 합의하여 폐기를 결정하도록 하였다. 폐기문서는 건명목록을 정리하여 표지에 폐기 인장을 날인하고 회계국에 이관하여 폐기토록 하였으며, 회계국에서 문서를 폐기할 때는 폐기의 취지 및 年月日을 문서과에 통지하도록 하였다. 폐기로 결정된 문서는 총독부공문목록 및 건명목록에 폐기 年月日을 기입하도록 하였다.23) 그러나 문서보존과 관련하여 일제시기의 제반규정 중, 현재까지 조선총독부 공문서의 구체적인 보존기간 책정기준을 알 수 있는 규정을 찾기가 매우 어렵다. 따라서 이 절에서는

---

20) 官通牒 第61號 <府郡處務規程準則に關する件>, 『朝鮮總督府官報』 號外, 1913年, 3月 6日.

21) 官通牒 第328號, <面處務心得>, 『朝鮮總督府官報』 第362號, 1911年, 11月 10日.

22) 官通牒 第60號 <面處務規程準則に關する件>, 『朝鮮總督府官報』 號外, 1913年, 3月 6日; 朝鮮總督府忠淸北道訓令第8號 <面職員及處務規程>, 『朝鮮總督府官報』 第194號,1913年,3月27日; 朝鮮總督府咸鏡南道訓令 第5號 <面處務規程>, 『朝鮮總督府官報』 第204號, 1913年 4月 9日.

23)朝鮮總督府內訓 第21號, <朝鮮總督府處務規程>, 1911年 7月 8日.

조선총독부 소속관서인 지방관서의 공문서 보존기간 책정 규정내용을 기초로 하여, 조선총독부는 어떤 문서를 영구문서로 책정하였으며, 영구보존대상에는 어떤 공문서들이 포함되어 있는가를 중심으로 서술하고자 한다. 다만 조선총독부의 공문서 보존기간 책정과 관련하여 1911년에 반포된 <조선총독부처무규정>을 참조할 수 있는데, 그 규정에 포함된 보존기간 책정기준을 표로 제시하면 다음과 같다.

[표 7] 1911년 조선총독부의 보존종별 구분

甲 種	영구보존할 필요가 있다고 인정되는 문서
乙 種	30년간 보존할 필요가 있다고 인정되는 문서
丙 種	10년간 보존할 필요가 있다고 인정되는 문서
丁 種	3년간 보존할 필요가 있다고 인정되는 문서
戊 種	1년간 보존할 필요가 있다고 인정되는 문서

*資料 : 朝鮮總督府內訓 第21號, <朝鮮總督府處務規程>, 1911年 7月 8日.

<표7>은 1911년 7월 8일에 반포된 <조선총독부처무규정>에 포함된 조선총독부 생산 공 문서의 보존종별 책정기준에 관한 내용이다. 위에서 보듯이 보존종별은 5종으로 구분되어 있으나, 구분기준이 대단히 포괄적이다. 그 이유는 무엇일까. 일본 내무성의 문서보존규칙은 문서관리제도상 일본 지방관 문서보존규정의 원형이 되고 있다. 조선총독부 역시 일본 내에서 행해지고 있던 문서관리 방식을 수용하고 있었다. 더 나아가서 조선총독부는 소속관서로 편제된 지방관서의 문서관리까지 통제하고 있었다. 그러므로 문서보존규정에 관한 조선총독부 독자의 규정이 마련되지 않았다는 점이 곧 문서보존규정의 부재를 의미하지는 않는다. 조선총독부의 보존대상 공문서 보존기간 책정기준을 대신 할만한 사례들을 그들은 이미 충분히 가지고

있었기 때문이다.

한편, 일본내각의 조선총독부에 대한 문서관리시스템의 통제와 똑같은 방식으로, 조선총독부는 소속관서인 지방관서에 대하여 동일한 맥락에서 문서관리시스템을 제어하고 있었다. 일제시기 조선총독부의 소속관서인 각 道에서는 문서편찬, 보존 및 구분에 관한 규정을 형식적이기는 하지만 별도로 마련해 놓고 있었다.24) 동시에 島, 府, 郡, 面에서도 각각 문서편찬규정, 처무규정준칙, 처무규정 등을 통하여 공문서의 생산부터 보존까지의 과정에 필요한 관리규정을 확보하고 있었다. 공문서의 보존기간 책정 역시 그러한 규정 속에 제시되고 있다.25) 아래에서 1910년대 보존대상 공문서의 보존종별 책정에 관한 기준을 제시하고 있는 한 두가지 사례를 살펴보기로 하자.

---

24) 朝鮮總督府忠淸北道訓令 乙第30號 <忠淸北道處務規程>, 1921年 12月 21日.

25) 朝鮮總督府忠淸北道訓令 第8號 <面職員及處務規程>(朝鮮總督府忠淸北道長官 鈴木隆), 1913年 3月 26日; 朝鮮總督府咸鏡南道訓令 第5號, <面處務規程>(朝鮮總督府咸鏡南道長官 申應熙) 1913年 3月 25日; 朝鮮總督府江原道訓令 第18號 <面處務規程>(朝鮮總督府江原道長官 李圭完), 1913年 4月 15日; 朝鮮總督府平安南道訓令 第44號, <面處務規程>(朝鮮總督府咸鏡南道長官 松永武吉) 1914年 11月 17日; 朝鮮總督府忠淸南道訓令 第34號, 1920年 9月 30日; 朝鮮總督府咸鏡南道訓令 第20號, 1921年 3月 20日; 朝鮮總督府平安北道訓令 甲第29號 <忠淸北道處務規程>, 1922年 10月 18日; 朝鮮總督府全羅南道訓令 第23號 <全羅南道郡島處務規程準則>, 1922年 7月 5日; 朝鮮總督府忠淸北道訓令乙 第3號 <忠淸北道文書編纂保存規程>, 1922年 2月 4日; 朝鮮總督府忠淸南道訓令 第18號 <文書編纂保存規程>, 1923년 5月 10日 등 참조.

[표 8] <1913년 부군처무규정준칙의 보존종별 구분>26)

甲種(永久)	一 府郡에서 발한 훈령, 통첩 등 중 예규로 삼을만한 서류 二 허용의 指令과 관련된 각종 稟請, 청원 등으로 영속적인 성질을 갖는 사건에 관한 서류 三 역사의 徵考로 해야할 서류 四 諸種의 대장원부류 五 전 각호 외에 영구참조의 필요가 있다고 인정되는 서류
乙種(10年)	一 허용의 지령과 관련된 각종 품청, 청원에 관한 서류로서 갑종에 속하지 않는 것 및 거부의 지령과 관련된 각종의 품청, 청원 등에 관한 서류 二 상급관청 기타 관공서와의 照覆서류로 후일의 참고가 될만한 서류
丙種(3年)	갑종과 을종에 해당되지 않는 문서

[표 9] 1913년 江原道府郡廳의 보존종별 구분

甲種 영구보존	1. 府郡에서 發한 각종 訓令, 通牒 等에서 예규로 삼을만한 서류 2. 許容의 指令을 받은 각종 稟請, 請願 등으로 영속적 성격을 갖는 사건에 관한 서류 3. 역사의 徵考가 될만한 서류 4. 諸種의 臺帳原簿類
乙種 10년보존	1. 許容의 指令을 받은 각종 稟請, 請願에 관한 서류로서 甲種에 속하지 않는 것 및 거부의 指令을 받은 각종의 稟請, 請願 등에 관한 서류 2. 상급관청 기타 관공서와의 照覆書類로서 후일 참고로 삼을만한 서류 3. 前2호 외에 중요하다고 인정되는 서류
丙種 3년보존	갑종 및 을종에 속하지 않는 서류

* 朝鮮總督府江原道訓令第35號, <府郡廳處務規程準則>, 『朝鮮總督府官報』 號外, 1913年 3月 6日.

<표8>은 1913년 관통첩으로 반포된 <부군처무규정준칙>이며, <표9>는 同年 강원도훈령으로 반포된 <부군청처무규정준칙>이다. 여기에는

---

26) 官通牒 第62號 <府郡處務規程準則に關する件>, 1913年 3月 6日, <別紙 府郡處務規程準則>.

보존종별 구분과 각 보존종별에 해당하는 공문서의 종류가 제시되어 있다. 우선 1910년대의 보존종별은 대개 3종류로 구분되어 있다. 일제시기의 특정 지방관서의 경우, 7종까지 보존종별을 구분하고 있던 사례에 비추어 보면, 문서보존규정이 마련되기 시작하던 1910년대에는 역시 보존종별이 비교적 단순하게 이루어져 있었다는 사실을 알 수 있다.

위의 규정들에는 각각의 보존기간에 해당하는 종별구분의 기준도 제시되고 있는데, 영구의 기준은 ①"예규로 삼을 만한 서류", ②"영속적 성격을 갖는 사건에 관한 서류", ③"역사에 徵考가 될만한 서류" 등이다. 동시에 4가지의 영구보존 기준에 해당 공문서를 각각 대응시키고 있다. ①에는 府郡에서 반포한 각종 훈령이나 통첩, ②에는 받아들여진 稟請이나 請願이 각각의 기준과 연동되고 있다. 그러나 ③에는 해당 공문서의 종류가 구체적 제시되지 않고 있는데, 이는 다른 지방관서에도 동일하게 나타나는 현상이다. 이어서 1920년대의 문서보존규정 사례를 살펴보자.

[표 10] 1921年 咸鏡南道面廳의 보존종별 구분

제1종 영구보존	1. 面規程 기타 장래에 例規徵證으로 삼을만한 서류 2. 역사의 徵考가 될만한 서류 3. 회계세무 기타 중요한 장부 및 도표 4. 중요한 申請 보고 및 왕복서류 5. 직원의 이력, 진퇴 및 상벌 등에 관한 서류 6. 前 각호 외에 영구참조가 필요한 서류
제2종 10년보존	1. 영구보존을 요하지 않는 신청보고 및 왕복서류 2. 결산완료한 회계세무의 文書 및 帳簿 3. 수수발송에 관한 諸帳簿 4. 영구보존을 요하지 않는 帳簿, 통계 및 도표
제3종 3년보존	제1종 제2종에 속하지 않는 서류

* 朝鮮總督府咸鏡南道訓令第12號, <面處務規程(改定)>, 『朝鮮總督府官報』第2583號, 1921年 3月 25日.

[표 11] 1922年 全羅南道郡島廳의 보존종별 구분

甲種 영구보존	1. 장래에 例規徵證으로 삼을만한 서류 2. 稟議稟申 및 학교직원의 진퇴상벌에 관한 중요한 서류 3. 관리 吏員의 진퇴상벌에 관한 중요한 서류 4. 연혁, 역사의 참고로 삼을만한 서류 5. 회계서무에 관한 것 기타 영구보존이 필요하다고 인정되는 서류
乙種 10년보존	1. 왕복문서 중 얼마간 중요한 서류 2. 諸帳簿類 3. 官報, 道報, 公報(서무과 보관분은 甲種으로 함) 4. 회계에 관한 얼마간 중요한 서류
丙種 3년보존	1. 簡易한 왕복서류 2. 甲種, 乙種 및 丁種에 속하지 않는 서류
丁種 1년보존	一時에 한하는 왕복문서 및 雜書類

* 朝鮮總督府全羅南道訓令第23號, <全羅南道郡島處務規程準則>, 『朝鮮總督府官報』第3008號, 1922年 8月 21日.

<표10>과 <표11>은 1920년대의 문서보존규정 중에서 함경남도와 전

라남도의 사례를 표로 정리한 것이다. <표11>의 보존종별은 4종류로 증가하고 있으며, 영구보존의 책정기준 역시 확대되고 있다. 영구보존의 책정기준에는 "예규로 삼을 만한 서류", "진퇴상벌에 관한 중요한 서류", "역사의 참고로 삼을만한 서류", "기타 영구보존이 필요하다고 인정되는 서류" 등이 제시되고 있다. 이 밖에 영구보존 이하의 보존종별 책정기준은 "얼마간 중요한 서류", "一時에 한하는 서류" 등의 형태로 제시되고 있다. 뿐만 아니라 1910년대와 마찬가지로 각 보존종별에 해당하는 문서의 종류를 대응시키는 방식은 그대로 이어지고 있다. 여기서 영구보존에 해당하는 문서를 업무기능의 측면에서 정리해 보면, 1920년대부터 대체로 예규로 삼을만한 문서, 인사에 관한 문서, 재무에 관한 문서 등으로 정형화되고 있음을 알 수 있는데, 이는 기능별 단위업무를 기준으로 보존종별을 책정하는 경향이 강화되는데서 기인한다. 기능별 단위업무는 제2장에서 살펴본, 일본의 류별부목제와 종별보존제의 대응관계가 보다 분명해지는 과정과 일치한다. 이러한 사례를 아래의 1930년대 함경북도 문서보존 규정을 통해서 살펴보면, 다음과 같다.

[표 12] 1930년 함경북도 보존종별 구분

類別區分	種別區分	類別區分	種別區分	類別區分	種別區分
道路下水及輕便軌道例規	갑	도로사용관계서류	갑/을/병	鐵道及軌道關係書類	갑/을/병
河川港灣公有水面例規	갑	道路及下水關係書類	갑/을/병/정	토지수용관계서류	갑/을
上水例規	갑	교통관계서류	을/병	국고보조관계서류	갑/을
都市計劃及土地收用例規	갑	도로용지관계서류	갑/을/병	토목비보조관계서류	갑/을
雜則	갑	하천관계서류	갑/을/병	土木課直營工事關係書類	갑/을
課內例規	갑	항만관계서류	갑/을/병	道路監視員及傭人勤務關係書類	병/정
土木課秘書類	갑/을/병	土石砂利氷採取關係書類	을/병	물품취급관계서류	을
統計書類	갑/을	水車關係書類	을/병	도시계획관계서류	갑/을/병
道路改修關係書類	갑/을/병	公有水面關係書類	갑/을/병	회의관계서류	을/병
道路臨時修繕關係書類	갑/을/병	上水關係書類	갑/을/병	토목잡서류	병/정
復命書類	갑	재해복구공사관계서류	갑/을/병	依托工事關係書類	갑/을/병
자원조사관계서류	갑				

*資料 : 朝鮮總督府咸鏡北道訓令第3號, <咸鏡北道文書編纂竝保存規程(改定)>, 『朝鮮總督府官報』第931號, 1930年 2月 12日.

<표12>는 類別 즉 기능별 업무의 구분에 따른 보존문서의 편철구성이 어떻게 이루어지고 있는가를 살펴보기 위한 사례로 제시한 것이다. <咸鏡北道文書編纂竝保存規程>은 본래 함경북도 지사관방에서 생산한 보존문서의 類別을 41항목, 산업과 122항목으로 구분하였다. 그러나 개정건에서는 지사관방 보존문서의 類別에서 27개 항목을 추가하여 68항

목으로, 산업과에서는 17개 항목을 추가하여 139개로 類別의 항목수를 추가하고 있다.27) 위의 표는, 그 중에서 <토목과 종별 및 보존종별 추가항목>만을 정리한 것이다. 위에서 보듯이, 류별 구분과 종별 구분이 대응하는 형태로 구성되고 있는데, 류별 구분의 한 항목인 '道路下水及輕便軌道例規'는 보존종별 갑종에 속하고 있다. 이처럼 보존문서철마다 해당 보존종별이 대응하는 형태를 이루고 있다는 점을 눈여겨 볼 필요가 있다.

조선총독부 및 소속관서의 보존문서 종별구분 방식을 이해하기 위해서는 조선총독부 및 소속관서 각 기관의 관제, 그리고 관제에 기초한 각 기관의 사무분장 또는 처무규정 내용이 반드시 전제되어야 한다. 사무분장의 내용이 결국 류별부목제의 기초가 되며, 류별부목의 구분을 단위로 하여 보존종별이 책정되기 때문이다. 아래의 사례도 이러한 형태를 잘 보여주고 있다.

---

27) 朝鮮總督府咸鏡北道訓令第21號, <咸鏡北道文書編纂竝保存規程 改正>, 『朝鮮總督府官報』第804號, 1929年 9月 4日.

[표13] <1929년 함경북도의 보존종별 구분>28)

知事官房			産業課		
번 호	보존 년한	편 찬 서 목	번 호	보존 년한	편 찬 서 목
官第42號	甲	官廳刊行圖書目錄登載 原稿綴	産第123號	甲	副業例規
官第44號	甲	保存文書臺帳	産第124號	甲	副業獎勵書類
官第50號	乙	官報	産第125號	乙	副業獎勵書類
官第55號	乙	未完結文書整理簿	産第126號	丙	副業獎勵書類
官第65號	丙	親展文書交付簿	産第133號	乙	農事改良低利資金關 係書類
官第66號	丙	文書交付簿	産第134號	丙	農事改良低利資金關 係書類
이 하 생 략			이 하 생 략		

위의 <표13>에서 보듯이, 함경북도의 보존문서 종별구분에서 知事官房과 産業課라는 행정조직명이 보존문서의 문서철번호에 반영되고 있다. 이는 생산기관에서 보존까지 담당했던 관례에서 비롯되었다. 기본적으로 사무분장에 따른 課 또는 係의 담당업무가 류별부목으로 반영되며, 그에 대응하는 형태로 보존종별이 제시되고 있다.

한편 같은 기관이더라도 시기에 따라서 류별부목과 보존종별의 형태에 일정한 변화가 수반되는데, 이는 식민통치정책의 변화된 내용이 사무분장에 반영되기 때문이다. 이러한 변화를 잘 보여주고 있는 실례가 수원군에서 생산한 기록이다. 현재 정부기록보존소에는 수원군에서 작성한 "文書編纂區分" 2건과 1938년에 작성된 <水原郡文書編纂及保存種別別表> 1건이 남아있다.29) 이를 통하여 동일기관 보존문서의 류별부

---

28) 註18의 <咸鏡北道文書編纂並保存規程 改正>에 의거하여 일부의 내용을 재구성함.

목과 보존종별이 시기별 변화에 따라서 증가하는 형태의 사례를 만날 수 있다.

일제말기에 작성된 위의 문건에는 수원군 모든 부서의 보존문서철을 포함하고 있지 않다. <水原郡文書編纂區分1>에는 내무계와 서무계, <水原郡文書編纂區分2>에는 내무과와 재무과, <水原郡文書編纂及保存種別別表>에는 내무과와 권업과만이 포함되어 있다. 이 중에서 세 문건에 공통적으로 들어있는 내무과(계)를 중심으로 보존대상 문서의 류별부목과 종별구분 방식을 살펴보면 다음과 같다.[30]

---

29) <水原郡文書編纂區分>, 『郡訓令原議』(華城郡), 1934-1949. 이 문서에는 생산년도가 불명확한 <水原郡文書編纂區分>과 1938년의 朝鮮總督府京畿道水原郡訓令 第1號로 되어 있는 <水原郡文書編纂及保存種別別表>가 실려있다. <水原郡文書編纂區分>으로 되어 있는 문건은 두 종류가 있는데, 그 하나는 庶務係와 內務係 2부서의 문서편철 구분을 제시하고 있으며, 다른 하나는 內務課와 財務課 두 개 부서를 대상으로 하고 있다. 편의상 앞의 문건을 <水原郡文書編纂區分1>로, 뒤의 문건을 <水原郡文書編纂區分2>로 부르기로 한다.

30) 『郡訓令原議』(華城郡), 1934-1949.

[표 14] 1930年代 수원군 내무과의 보존종별 구분

<水原郡文書編纂區分1>		<水原郡文書編纂區分2>		<水原郡文書編纂及保存種別別表>	
보존종별	甲乙丙 3종으로 구분	보존종별	甲乙丙 3종으로 구분	편찬종별 (번호)	일련번호, 甲乙丙 구분에 상관없이 내무과문서철 전체를 일련번호화 함
번호	갑을병 각각 1부터 시작	번호	갑을병 각각 1부터 시작	보존종별	갑을병 3종으로 구분
편찬서목	甲種: 機密例規 등 46항목 乙種: 機密雜件書類 등 50 항목 丙種: 機密雜件書類 등 25 항목	편찬서목	甲種: 機密例規 등 51항목 乙種: 機密雜件書類 등 60 항목 丙種: 機密雜件서류 등 39 항목	서책명	1번 訓令原議~103번 內務雜件書類
전체항목수	121개	전체항목수	150 개	전체항목수	103개(갑을병 각각을 구분하여 합산하면 153개)

<표14>에서 확인할 수 있는 바와같이, 동일한 수원군 내무과의 보존종별 구분체계이지만, 시기에 따라 류별 구분의 구성형식에 다소의 차이가 있다. 첫째, 문서철의 번호부여 방식이 시기에 따라 약간 다르다. 예를 들면, <수원군문서편찬구분>에서의 번호는 甲, 乙, 丙 3종으로 구분된 뒤, 각각 1번부터 일련번호가 부여된다. 그러나 1938년의 <水原郡文書編纂及保存種別別表>에서는 갑, 을, 병 구분을 무시하고 내무과에서 생산되고 편철된 모든 문서철이 1번부터 마지막 번호까지의 일련번호가 부여되고 있다.

둘째, <수원군문서편찬구분>에서는 동일한 題名의 문서철이 보존종별에 따라 중복적으로 나타난다. 예를 들면, 기밀잡건서류는 갑종과 을종 병종 각각의 한 항목으로 자리한다. 그러나 <水原郡文書編纂及保存

種別別表>는 일련번호를 우선했기 때문에 題名이 같은 문서는 한 항목으로 처리되고 있다. 예를 들면, '郡人事에 관한 書類'라는 제명의 문서철은 한 건으로 기재되어 있다. 따라서 <水原郡文書編纂及保存種別別表>의 전체항목수는 103개이지만 <수원군문서편찬구분>과 같은 방식으로 계산하면 153개 항목이 된다.

셋째, 전체항목수에서 보듯이 <수원군문서편찬구분1> → <수원군문서편찬구분2> → <水原郡文書編纂及保存種別別表>의 순으로 류별구분과 보존종별의 항목수가 점차 늘어나고 있다. 이는 사무분장내용의 변화에 따른 것으로, 예를들면 <水原郡文書編纂及保存種別別表>에는 '국가총동원에 관한 서류, '물자출납에 관한 서류' 등이 추가되고 있다. 이는 중일전쟁 이후, 총동원체제로 식민지조선을 재편하면서 새롭게 추가된 항목들이라고 할 수 있다.

4. 맺음말 - 가치평가의 방향

지금까지 조선총독부의 공문서 보존시스템 중에서 영구보존문서 책정기준이 가지고 있던 특징의 일부를 살펴보았다. 본론에서 검토한 내용을 중심으로 조선총독부의 공문서 보존제도에 반영되어 있는 가치개념의 특징과 현재적 의미를 정리해 보면 다음과 같다.

첫째, 한국의 공문서 보존제도의 전개과정에서 볼 때, 이 시기에 여러 가지 변화가 이루어지고 있다. 갑오개혁 정부, 대한제국 정부와 통감부, 조선총독부의 공문서보존제도는 일본 제도의 영향 하에 전개되었다. 그 대표적인 제도가 類別部目制와 保存種別制였다. 해당 부서의 기능별 업무수행 단위가 類別의 기초를 이루며, 이 類別에 대응하여 보존기간의 구분형태인 보존종별이 책정되었다. 이러한 원칙 하에 분류와 보존기간이 연동되는 제도가 정착되었다. 보존종별제는 문서폐기의 제도화·공식화를 전제하는 제도였다는 점 역시 이 시기의 변화 중의 하나였다. 영구문서와 폐기되어야 할 유기한 보존문서가 명확히 구분되면서 당대인들의 가치개념이 보존기간의 책정에 투영되었다.

여기서 공문서 보존제도와 관련한 당시의 변화를 단순히 일본의 영향만으로 해석할 수 없다는 점도 고려해야 한다. 전통시대 공문서 보존방식과의 관계를 간과할 수 없다는 것이다. 즉 조선총독부가 적극적으로 활용한 예규집과 전통시대의 실록, 의궤, 등록 등의 관계는 역사·문화적 가치 중시라는 입장에서는 단절을, 행정적 가치중시의 관점에서는 계승의 측면을 동시에 내포하고 있다는 점을 주목할 필요가 있다.

둘째, 영구보존문서에는 해당사회의 공문서 보존에 대한 가치개념이 반영되어 있는데, 조선총독부 생산문서의 영구보존 책정기준에는 현용가치·행정적 가치가 우선되었다. 조선총독부의 영구보존 책정기준은 '영구보존을 필요로 하는 서류', '중요한 문서', '영속적인 성질을 갖는 사건에 관한 서류' 등으로 대단히 포괄적이다. 이러한 기준에 해당하는 조선총독부의 영구보존문서는 대체로 예규로 삼을만한 문서, 재산에 관한 문서, 인사에 관한 문서, 역사의 증거가 될만한 문서 등으로 정형화 되어갔다. 여기서 '역사의 재료가 될만한 문서'를 영구보존으로 구분하기는 하였으나, 이에 해당하는 구체적인 공문서 類別은 제시되지 않고 있다.

셋째, 조선총독부의 공문서 보존제도는 해방 이후, 우리 사회의 공문서보존제도에 많은 영향을 끼쳤다. 그 중에서도 특정업무 진행의 전과정을 파악할 수 있는 공문서, 즉 정책성 문서가 영구보존으로 책정될 가능성이 제도적으로 차단되어 있었다는 점을 지적할 수 있다 . 이러한 현상은 보존종별제의 정착과 함께 자의적 처분이 가능한 문서의 폐기 규정, 더구나 식민통치와 관련하여 많은 문서들이 비밀문서로 구분되었던 상황 등과 맞물리면서 더욱 강화되었다.

기록관리 시스템상의 여러 가지 시대적 한계는 해방 이후, 우리사회의 공문서 관리체계에 그대로 지속되었다. 2000년에 공포된 「공공기관의기록물관리에관한법률」에서는 단위업무 자체를 보존기간 책정의 단위로 설정하여 그 한계를 보완하고자 하였다. 이 점 역시 기록물관리법이 가진 큰 장점 중에 하나이다. 최근에는 『국가기록관리혁신로드맵』의 '업무와 기록분류체계의 통합' 원칙에 따라 단위과제를 범주화하여 기록속성을 부여하는데까지 진전되었다.

일제시기 총독부 기록과 도시계획 기록의 평가 혹은 재평가
- 이론적 쟁점과 평가의 실제 -

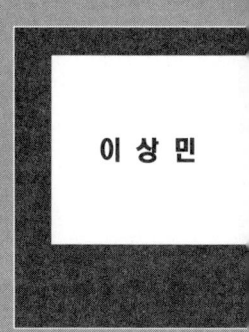

이 상 민

1. 서론

지난 20여 년간 서구 기록학계에서는 기록의 평가에 관한 논의가 활발하게 진행되었다. 평가에 관한 논의는 기록의 본질, 가치 평가의 속성과 본질, 영속적 보존 가치에 관한 정의, 평가의 목적, 평가의 기준 등에 관한 주제를 포함한다.1) 리차드 콕스가 말한 것처럼 이러한 여러 평가의 이론은 "완전히 개발된 이론 자체가 아니라 평가론을 위한 자료"로 인식될 수 있다.2) 이러한 논의에서 영구보존할 기록의 가치가 무엇인가라는 기록학적 질문 뿐 아니라, 왜 기록의 가치를 평가해야 하고, 누가 어떻게 기록의 가치를 평가해야 하는가에 대한 실천적인 질문이 제기되었다. 그리고 그런 실천적인 질문에 대한 답이 명쾌하게 제시된 것만은 아니었다. 그럼에도 불구하고 20세기 보존기록관리의 역사

---

1) 오항녕이 편집 번역한 『기록학의 평가론』은 이러한 평가 논의를 전반적으로 상세하게 소개하고 있다. 본고에서 논의하는 여러 가지 평가의 쟁점을 제대로 이해하기 위해서는 먼저 이 책을 비롯한 기존의 평가론 관련 논고를 숙독할 필요가 있다. 오항녕 편역, 『기록학의 평가론』, 진리탐구, 2005; 이승억, 「기록 평가선별 결정 분석에 관한 연구」『기록학연구』제12호, 2005; ICA/International Records Management Trust, *Building Records Appraisal Systems*, 남희숙 역, 『기록물평가시스템』, 진리탐구, 2002; 이상민, 「영구보존기록의 선별과 가치평가」『기록보존』정부기록보존소, 제14호, 2002; 김익한, 「불균형 잔존 행정기록의 평가방법 시론 - 조선총독부 공문서의 평가절차론 수립을 위하여」『기록학연구』제13호, 2006.

2) Richard Cox, "The documentation strategy and archival appraisal principles: a different perspective," *Archivaria* 38, 1994, 『기록학의 평가론』, 331쪽.

를 살펴보면 어쨌든 기록은 아키비스트에 의해 꾸준히 평가되어 왔다. 영국에서는 젠킨슨이 주장한 대로 기록생산자가 선별하여 남겨 놓은 기록을 그리그보고서의 지침에 따라 25년 후에 아키비스트가 영구보존 해야 할 기록을 선별하도록 했다. 미국에서는 쉘렌버그의 가치론에 의해 아키비스트가 영구 보존기록을 선별했다. 아키비스트의 보존기록 평가 선별 권한은 법령으로 주어졌다. 공리주의적 평가론을 따라 기록의 이용성이라는 기준으로 보존기록을 선별한 것도 역시 같은 아키비스트들이었다. 독일에서는 역사학 연구경험을 가진 아키비스트의 "직관"과 "경험"에 의해 기록을 선별하던가 쌍테-로어의 방식으로 기관의 기능을 분석하고 그 위상에 따라 기록의 가치를 결정하기도 했다. 한스 붐스가 주장한대로 기록의 평가 기준으로써 당대의 중요한 가치 부여와 "공공의 여론"에 대해 파악하는 일도 역시 아키비스트의 몫이었다.

그러나 역사상의 모든 시대에 아키비스트가 활동하고, 기록의 가치를 평가를 한 것은 아니다. 그래서 어느 나라나 아키비스트의 기록학적인 평가를 거치지 않은 공공 역사기록을 소장하고 있기 마련이다. 국가기록원이 소장하고 있는 일제 식민지시기에 생산된 '총독부 기록'은 그러한 평가를 거치지 않은 기록이다. 조선총독부 도시계획관련 기록은 우리나라에 남아 있는 일제시기 통치기록 중의 일부이다. 즉, 당대 사회의 전체상을 표상하는 전체 기록이 존재하지 않은 가운데 생산 출처는 있되 그 생산 맥락과 보존과 관리의 연속성(chain of custody)이 상실된 기록들이다. 필자가 참여한 총독부 도시계획기록 평가 프로젝트는 당초에 총독부 기록의 임의 표본 평가를 통해 "조선총독부 공문서의 사료적 가치를 평가할 수 있는 평가모형을 개발하고, 조선총독부 공문서에 관한 객관적 평가지표를 추출"하고 "조선총독부 도시계획 공문서군의 평가와 선별을 통해 당시 기록관리체제에서 반드시 생산되었고 또 영구보존으로 분류되었을 공문서의 유형과 종류를 추론 및 검증"하고자 했다.[3] 즉, 도시계획기록 평가를 통해 조선총독부 기록의 평가 방식 및 평가 기준을 도출하는 것이었다. 이것은 실제로 기록학적 평가와 정리를 거치지 않고 보존기록관에서 보존되고 있는 역사기록의 재평가 작업을 통하여 역으로 조선 총독부 기록의 평가/재평가 방식 및 평가/재평가 기준을 찾아보고 기록을 이용할 수 있게 정리하려고 한 작업이었다고 할 수 있다.

필자는 본고에서 도시계획 기록을 포함한 일제식민지 역사기록을 '평가' 혹은 '재평가'하는 이론적인 제문제를 검토하고, 이러한 종류의 기록에 대한 평가 작업의 이론적인 틀을 구축하기 위해 무작위 표본으로 선택된 총독부 도시계획 기록에 대해 여러 가지 평가론을 적용시켜 보았다. 총독부 도시계획 기록의 평가 혹은 재평가 작업은 제대로 된 평가과정을 거치지 않고 영구기록으로 지정되어 보존되고 있는 과거의 기록을 기존의 여러 평가 이론을 적용하여 재평가해보는 작업이었다. 이러한 작업은 그 기록을 미시적으로 분석하여 기록의 내용과 성격을 잘 이해할 수 있게 지침을 만들어 제공하며, 총독부 도시계획 기록 같

---

3) 한국국가기록연구원, 2004년도 한국학술진흥재단 기초학문 인문사회분야지원사업 연구과제 "일제시기 도시계획관련 공문서에 관한 기록학적 평가" 제1차년도 연구계획서 및 중간보고서. 이 프로젝트를 통해 기록 평가에 관한 서구의 여러 가지 논의들이 정리되었고, 기록 생산기관의 조직 및 기능 분석 등 총독부 기록에 대한 평가 이론의 적용이 시도되었다. 대표적인 연구 결과물은 이승일, 「총독부 공문서의 기록학적 평가」 『기록학연구』 제12호, 2005, 179-235쪽; 이송순, 「조선총독부 도시계획의 정책 변화와 조직 구성」 2005년 4월 "일제시기 도시계획관련 공문서에 관한 기록학적 평가"1차 발표회; 이송순, 「일제하 조선총독부 시가지계획 관련 공문서의 유형 분류와 평가」 2006년 7월 "일제시기 도시계획관련 공문서에 관한 기록학적 평가" 중간 발표회. 여기서 조선총독부 기록이라 함은 총독부 기록과 일제 지방행정기록을 총칭한다.

은 역사적인 잔존 기록을 평가하기 위한 방법론을 모색할 수 있게 했다. 이 평가/재평가 작업이 이러한 작업에 투입되는 자원을 정당화시킬 수 있을 만큼 과연 의미 있고 성공적인 결과를 가져왔는지도 검토해야 할 부분이다.

2. 일제시대 총독부 기록과 도시계획기록 평가/재평가의 이론적 쟁점

일제식민지 역사기록을 '평가'하는 문제를 검토하고, 이러한 종류의 기록에 대한 평가 작업의 이론적인 틀을 구축하기 위해 실제 평가 작업을 수행할 때 작용될 수 있는 평가의 이론적 쟁점 중에서 필자가 중요하다고 생각하는 주제는 다음과 같다.

- 기록의 본원적 가치와 총독부 기록의 문제
- 총독부 기록 평가와 정보가치 평가론의 적용
- 소장 기록 재평가 이론에 의한 총독부 기록의 평가
- 총독부 기록에 대한 현대 평가이론의 적용성: 특히, '기능기반 분석 평가'와 '도큐멘테이션 전략'의 적용 문제
- 일제 식민지 기록의 내재적(실물적) 가치 문제
- 중앙행정기록, 지방행정기록, 민간기록의 상대적 가치 및 사회적 표상으로서의 대표성
- 도시계획 기록의 보존기록으로서의 가치 평가

먼저 총독부 도시계획기록에 대한 현대 평가론 적용과 분석을 이해하기 쉽도록 총독부 도시계획기록의 일반적인 특성을 열거해 본다.4)

- 조선 총독부와 일제 지방행정기관에서 생산 접수된 기록으로서 총독부 전체 기록의 일부이며, 생산 당시에 영구 보존기록으로 지정되기는 했지만, 역사적으로 잔존하게 된 기록이다.
- 관련 부처의 기능과의 연관성을 잘 알 수 없을 정도로 조선총독부 조직과 기능에 대한 분석이 부족하다.
- 일제시기에 조선총독부 내무국 토목과에서 생산되거나 접수된 "공문서"이다. 생산조직, 즉 출처가 명확하다.
- 다른 일제시기 기록과 마찬가지로 생산조직에서 생산된 전체 기록이 남아 있는 것이 아니다. 다만 일부 기록이지만 비교적 많은 분량이 남아 있는 기록이다(국가기록원 전체 소장량 3만여권 중 10분의 1정도).
- 대부분 생산 시점에 당시 보존기간 선별 기준에 의해 갑종, 즉 영구보존문서로 책정되었다. 단 갑종 문서의 기준은 당시 보존기간표에 의해서도 엄밀하게 제공되지 않으며 기록의 가치평가에 의한 영구 보존 결정이 아니다.
- 도시계획, 시구개정에 관한 공문서는 일본에서도 영구 보존기록이며 대부분 일본 국립공문서관에 보존되어 있다.

---

4) 일제 총독부 기록과 도시계획기록의 특징을 정리하고 분류한 이승일과 이송순의 선행 연구를 보라. 기록 생산 맥락정보로서 조선총독부의 조직, 직제, 공문서 생산 통계를 세밀하게 제시하고 있다. 이승일, 「조선총독부 공문서의 기록학적평가: 조선총독부 도시계획 관련 공문서군을 중심으로」 『기록학연구』 제12호, 2005; 이송순, 「일제하 조선총독부 시가지계획 관련 공문서의 유형 분류와 평가」 2006년 7월 "일제시기 도시계획관련 공문서에 관한 기록학적 평가" 중간 발표회

- 법적 근거가 되는 '시구개정 훈령' '조선시가지계획령' 등은 관보에 있거나 일본 '내각 총리부'의 '공문서류'에 분류 소장되어 있다.5)

- 경성 평양 부산 등 주요 도시에 시구개정 등 시가지계획령에 의한 집행 관련 기록으로서 정책기록이 아니다. 정책 과정을 알 수 있는 국장회의 토목회의 등의 기록은 남아 있지 않다.

- 이 분야에 관한 정책기록은 소장 기록 중에 남아 있지 않으며, 후에 도시계획에 관해 편집 출간된 일제의 간행물을 통해 그 전모를 알 수 있다.6)

- 기록의 다수가 도면으로 구성되어 있으며, 많은 도면이 색채로 그려져 있어 흑백 마이크로필름만으로 이용하기 곤란하다.

- 도시계획 집행에 관한 기록은 예산의 수립 집행에 관한 기록과 도시계획의 기술적인 문제에 관한 기록으로서, 기록을 제대로 이해하려면 예산 분야와 도시계획 분야에 관한 전문성이 요구된다.

- 고어체 일본어로 작성되어 있어 내용을 파악하기 위해서는 식민지시대 역사적 배경을 이해할 수 있는 학문적인 훈련과 어학 훈련이 필요하다. 목록을 작성하고 주요 내용을 기술해야만, 즉 보존기록 정리과정을 수행해야만, 이 외국어로 된 기록을 쉽게

---

5) 일본 국립공문서관의 출처주의 소장기록물 분류체제에 의한 것이다.

6) 이송순은 위의 글에서 "시가지계획위원회 문서는 시가지계획위원회가 정책 결정 기능을 가지고 있지는 않았으나 정책을 검토·자문하는 역할을 했으며, 그 검토 사안이 조선총독에 의해 대부분 그대로 정책으로 결정되었다는 점에서 위원회에 제출되어 편철된 문서들(회의록, 제출의안, 답신서 등)은 시가지계획의 가장 중요한 정책 내용을 담고 있다."라고 하고 있으나 이것이 총독부 시가지계획 정책 결정권자들에 의해 생산된 정책 기록이라고 하기는 어렵다. 정책 기록이 부존하는 가운데 정책을 알려주는 중요 기록자료라고 할 수 있다.

이용하게 할 수 있다.

- 이 도시계획기록이 전체 식민지 통치기록의 대표성을 갖는 것은 아니다. 즉 토목과의 기록이 식민지 통치의 중요 핵심 정책과 집행 내용을 보여 주는 것은 아니다.
- 조선총독부 통치 조직에서 내무국이나 토목과의 조직내 위상이 반드시 높다고 볼 수 없으며 조직 위계에 따라서 기록의 가치를 평가한다면 식민지 통치 기록으로서의 중요성이 매우 높다고는 할 수 없다.
- 일정 시기 이전의 역사 기록, 혹은 다른 일제 통치기록과 마찬가지로 기록물 자체로서 그 가치를 가지고 있다. 즉, 실물 가치 혹은 내재적 가치를 가지고 있다.

3. 기록의 본원적 가치와 총독부 기록의 문제

기록의 본원적 가치와 그것의 평가에 관해서는 젠킨슨의 기록의 성질에 관한 고전적 정의를 둘러싸고 루치애나 듀란티와 프랑크 볼스, 마크 그린이 논쟁을 통해 환기시킨 바 있다.7) 듀란티는 기록이 가치가 있다고 하는 것은 기록이 '영속적 기억'과 '공적 신뢰'를 제공하기 때문

---

7) Boles, Frank and Mark Green, "Et tu Schellenberg? thoughts on the dagger of american appraisal theory", *American Archivist* 59 (Summer 1996); Duranti, Luciana, "The concept of appraisal and archival theory", *American Archivist* 57 (Spring 1994). 두 편 다 『기록학의 평가론』(2005)에 번역되어 있다. 볼스와 그린의 논문 제목은 "너도 쉘렌버그파냐? 미국 평가론을 찌르는 비수에 대한 고찰"이라는 것이 나을 것 같다. 여기서 "미국 평가 이론을 찌르는 비수"란 미국의 평가 이론과 평가 실무를 이론적으로 부정한 루치애나 듀란티의 비판적 논지를 가리킨다.

이라고 했다. 두 가지 개념 모두 기록이 과거의 사실을 보존하는 신뢰성 있는 존재라는 것을 의미한다. 현대적으로 표현하면 기록의 진본성(authenticity)과 불변성(integrity)으로 인해 그 기록이 보존될 가치가 있게 되고 그 기록을 영속적으로 보존하게 된다. 가치가 부여될 수 있는 보존기록의 성질은 이미 젠킨슨이 제시했다. 첫째가 기록의 불편부당성이다. 기록은 당대의 업무과정 중에 생산되었고 그 업무 수행의 증거가 된다. 이 기록은 어떤 의도를 가지고 후손들에게 어떠한 정보를 말해주기 위해 편향적으로 생산된 기록이 아니라는 것이다. 둘째가 기록의 신뢰성이다. 기록은 생산과 관리의 연속성 속에서 보존되고 그로 인해 공적인 증거로서 신뢰성을 갖는다. 셋째, 기록의 자연성이다. 기록은 실용적인 목적으로 조직에서 자연적으로 생산 축적된 것이라는 생각이다. 넷째가 기록의 상호연관성이다. 젠킨슨은 기록의 중요성이 보존되는 자신 및 타 조직의 기록과 관련되어 있으며 그 관계에 달려있다고 생각했다.8)

듀란티가 젠킨슨이 정의한 보존기록의 성질을 원론적으로 받아들인 반면, 미국의 평가 이론가들은 '영속적 기억'과 '공적 신뢰'를 현대적으로 해석하고 젠킨슨이 정의한 보존기록의 성질을 반드시 현대 기록의 속성이라고 인정하지는 않았다. 현대 미국에서의 평가 실무를 반영하고 있고 또 역으로 평가 실무에 영향을 주는 이러한 이론적 인식은 영구 보존되어야 할 기록이 무엇인가를 질문해야 하고 그 기준을 수립해야 하는 아키비스트에게 중요한 기준을 제공한다. 젠킨슨의 기준에 의하면 보존기록의 속성이 결핍된 기록이 미국 평가론자의 기준에 의하

---

8) Duranti, Luciana, "The concept of appraisal and archival theory", 『기록학의 평가론』, 285~288쪽.

면 영구 보존기록이 될 수 있기 때문이다. 현대에는 '영속적 기억'이 중요 기록의 텍스트의 출판 보급과 정보공개 자유언론 등의 보편적 활용체계로 보장된다. 볼스와 그린은 기록의 불편부당성은 기록이 업무 과정에서 생산되었고 업무상의 이유로 보관되었다는 것을 지적하는 것이며 기록은 왜곡될 수 있고 후대를 의식한 의식적인 기록 생산이 있을 수 있으므로 미국은 기록의 불편부당성의 개념을 받아들이지 않았다고 주장한다. "편견 없는 기록이란 없다"는 것이다. 기록의 진본성도 "기록의 연속된 관할권이 통제되는 과정의 공적 신뢰성을 보장"하는 것을 의미하지, 기록 자체가 독자적으로 기록이 말하는 증거의 사실성을 증명한다는 것을 의미하지 않는다. 그런 의미에서의 기록의 진본성이란 기록의 본질적인 요건은 아니다. 기록은 또한 자연적으로 축적되는 것만은 아니다. 미국에서 기록의 상호관련성은 풍부한 기록 중에서 가지치기를 하여 과도한 기록을 제거함으로써 더욱 명료하게 되는 것이었다. 따라서 "불편부당성, 진본성, 자연성, 상호연관성(정합성)"은 보존기록의 본질적인 속성이 아니다. 그리고 이 기록의 속성에 따라 영구 보존기록을 선별 평가할 수 없다는 결론이 자연스럽게 나오게 된다.9)

젠킨슨-듀란티와 볼스-그린의 기록의 속성 개념을 총독부 기록[일제 지방행정기록 포함] 분석에 적용하면 몇 가지 유용한 결론을 얻을 수 있다. 우선 도시계획 기록을 비롯한 총독부 기록이 우리에게 '영속적 기억'과 '공적 신뢰'를 제공하는가라는 질문을 제기해 본다. 듀란티의 의미이던 볼스-그린의 의미이던 남아있는 총독부 기록은 일본의 식민지 지배라는 과거의 사실을 보존하는 어느 정도 '신뢰성' 있는 존재라

---

9) Boles, Frank and Mark Green, "Et tu Schellenberg? thoughts on the dagger of american appraisal theory", 『기록학의 평가론』, 313~322쪽.

고 볼 수 있지만 '불편부당성'을 가진 기록은 아니다. 그러나 그 총독부 기록이 자신의 진본성과 불변성으로 인해 보존될 가치가 있게 되고 영속적으로 보존하게 된 것은 아니다. 총독부 기록이 식민통치의 업무 과정에서 생산되었고 업무상의 이유로 보관되었다는 것이 이 기록이 과거의 식민 통치의 진실을 객관적으로 또는 전체적으로 말해주는 것을 보장하지는 않는다. 총독부 기록은 총독부 관리에 의해 역사적 진실이 왜곡될 수 있었고[불편부당성의 훼손] 후대를 의식하여 의식적으로 기록을 생산하거나 폐기했을 수도 있고 모든 기록이 자연적으로 축적되지도 않았다. 허위 기록의 의도적인 생산은 흔치 않았을 지라도 의식적인 기록의 폐기는 도처에서 자행된 것으로 보인다. 많은 기록이 의도적으로 폐기되었으며, 단편적으로 남아 있는 기록은 그 상호관련성을 찾기 어렵다. 조선 총독부의 중요한 조직의 중요한 정책 기록이 대부분 폐기/유실되었다는 사실은 특히 기록의 '상호연관성'에 의한 가치 부여와 당대 사회적 표상의 도큐멘테이션으로서의 가치 부여를 불가능하게 한다. 이것은 또한 어느 특정 분야의 도큐멘테이션을 하기 위해 총독부의 관련된 조직과 기능을 찾아 관련성이 있는 기록을 찾으려는 노력이 단지 희망사항에 지나지 않을 수도 있음을 시사해준다.

총독부 기록은 기록이 생산된 이후 누가 어디서 어떻게 기록을 관리했는지 '관리권의 연속성'(chain of custody)이 없다.[10] 그런 의미에서 이 총독부 기록은 '공적인 신뢰'를 그다지 보장하지 않는다. 예를 들어, 총독부 기록 중에 상당수를 차지하고 열람 빈도수가 높은 지적원도/임야

---

10) 대부분의 총독부 기록은 중앙 및 지방행정기관에 보존되어 오다가 1980년대부터 구 정부기록보존소로 이관되기 시작했다. 그러나 이것이 총독부 기록의 '관리권의 연속성'을 보장하는 것은 아니다. 실제로 총독부 기록이 정부기록보존소로 이관되기 전에 어떻게 관리되었는지를 알 수 있는 관리기록은 없다.

원도가 어떻게 내용의 위변조 없이 그 불변성을 유지했는지 그 누구도 확인할 수 없고 보장할 수도 없다. 지적도가 법원에서 법적인 증거력을 상실하기 전에는 일제시대에 소유했던 토지를 찾기 위한 기초 자료로서 무수히 열람 활용되었었다는 사실은 그 기록의 불변성을 더욱 의심케 한다. 심지어 변조된 것으로 의심되는 기록이 있을 수 도 있는데 이러한 기록을 왜곡된 활용-토지재산 환수 및 토지 사기-의 가능성에 방치했다는 것을 의미한다.

물론 총독부 기록은 기본적으로 식민통치의 업무 과정에서 생산되었고 업무상의 이유로 보관되었었기 때문에 식민 통치의 실상을 말해주는 중요한 역사적 증거 기록으로서의 속성을 가지고 있다고 볼 수 있다. 편찬된 식민통치 사료집이나 조선일보 동아일보와 일부 잡지류의 영인본이나 마이크로필름 외에도 원체 식민지시대에 관한 원사료가 희귀한 실정이었다. 그렇기 때문에 이 기록이 영속적 가치를 가졌는가에 대한 어떠한 구체적인 가치 평가도 없었으면서도 국가기록원에서 영구 보존기록으로 보존하고 있었던 것이다. 의식하고 있지는 않았지만 우리는 볼스와 그린이 분석한 기록의 속성에 대한 개념, 즉 "불편부당성, 진본성, 자연성, 상호연관성(정합성)은 보존기록의 본질적인 속성이 아니다"라는 전제하에 보존기록을 수집 보존하고 있었지만 총독부기록의 보존기록 속성으로서의 진본성에 대해서는 의문을 품고 있지 않았다. 그럼에도 불구하고 총독부의 기록을 마치 일제시대의 통치와 침탈의 실상을 증거해 줄 수 있는 신뢰성 있는 기록으로 인식한다면 이것은 보존기록의 속성에 대한 젠킨슨류의 교조적인 이해에서 비롯된 것이다. 원론적으로 본다면 현재 남아 있는 총독부 기록이 모두 고비용을 들여 종이기록 원본을 역사적으로 보존되어야 할 가치가 있는 기록은 아닐 수도 있다. 총 분량이 많지 않으므로 기록관에 보존된 역사 기록이지만 현대 아키비스트의 재평가를 거치면 그대로 폐기하거나 원본을 파기해도 무방한 기록이 일부 존재할 수도 있을 것이다. 그러나 이것은 기록의 속성을 중심으로 소장 기록의 가치를 분석했을 때의 가정이다. 총독부 기록은 오래전에 생산된 기록으로서의 기록의 희귀성, 고기록이 가질 수 있는 실물적(내재적) 가치, 식민지시대라는 특수한 역사적 경험의 면모를 전해주는 (왜곡되었을지도 모르는) 정보적 가치 등 다른 가치평가 접근 방식에 의해 원본까지 잘 보존해야할 영구 보존기록으로 평가될 수도 있을 것이다.

4. 총독부 기록의 평가/재평가와 정보가치 평가론의 적용

듀란티는 "평가의 가장 중요한 목적은 영원히 보존될 기록을 찾아내는 일"이라고 했다. 수많은 기록 중에 그 일부만을 영구 보존기록으로 결정하는 이유는 그 일부만이 영속적으로 보존할 만한 가치가 있고, 모든 기록을 보존할 자원과 필요성이 없기 때문이다. 기록이 영구 보존될 만한 가치를 가지는지 여부는 주로 그것이 역사적 사료[역사적인 증거기록]로서의 가치를 가지고 있는지 여부에 따라 결정된다. 쉘렌버그가 지적한 것처럼 기록은 그 기록이 생산될 당시와는 다른 목적으로, 즉 역사 사료의 기능으로 인해 지속적인 가치를 가진다. 이것은 '지속적인 가치'에 대한 평가이다. 지속적인 가치는 쉘렌버그가 중시했던 '조직과 활동의 증거'로서의 지속적인 보존가치도 있겠지만 궁극적으로는 미래에 역사 사료로서 활용될 지속적인 가치이다. 역사적 연구의 필요에 의한 열람 활용에 대한 현재의 요청의 빈도와 미래의 요청 예측이 중요한 결정 요소가 되는 것이다.[11]

평가가 기록의 생애주기 중에서 초기에 행해질 때는 기록의 정보적 가치를 평가하는 것이 어려울 수 있다. 정보적 가치가 기록 자체의 내용으로부터 나오고, 그 미래 활용의 빈도를 예측하기 어렵기 때문이다. 기록 시리즈의 생애주기에서 보면 초기에는 그런 기록이 많지 않을 수 있고 정보적 가치가 잘 드러나지 않을 것이다. 그러나 총독부 기록 같이 오랜 기간 동안 평가되지 않고 정리되지 않은 기록으로 존재하고 있고, 사료로 주로 활용되고 있는 기록은 그 정보적 가치를 평가하는 것이 상대적으로 더 쉽다.[12]

총독부 기록 중에 정보가치가 높은 기록은 정책, 방법론, 절차의 개발에 관련된 기록일 것이다. 그러나 현존하는 총독부 기록은 이미 확정된 식민 정책의 일상적인 적용과 시행을 다루는 기록이 대부분을 차지하며 당대 총독부 부서내에서도 계속적인 활용 가치가 많지 않았을 기록일 가능성이 높다. 그러나 이 기록들은 대부분 '조선총독부 처무규정'이라는 당대의 기록관리 법규에 따라 생산 당시에 영구 기록(갑종)으로 결정된 기록들이다. 물론 이러한 결정은 아키비스트의 평가 과정

---

11) 쉘렌버그는 기록을 우선적으로 이용하는 미래 이용자층에 대해 명백하게 언급했다. 정보가치의 중요성을 평가하는데 있어서 고려해야할 미래의 이용 가치를 언급한 절에서 그는 역사가, 사회과학자, 족보학자, 지방역사 연구자(향토사가), 고서취급자를 언급했다. Schellenberg, "The appraisal of modern public records", *National Archives Bulletin* 8, Washington: National Archives & Records Service, 1956, Daniels, maygene and Timothy Walsh ed., *A Modern Archives Reader: Basic Readings on Archival Theory and Practice*, 1984, p.66; 이상민, 「영구보존문서의 선별과 가치평가」, 105쪽.

12) 같은 글, 108쪽

을 거친 것이 아니고 문서의 생산자들이 "영구보존할 필요가 있다고 인정"될 때 문서 생산자들이 내린 결정이다.13) 당시의 매우 추상적이고 자의적인 영구 보존기록 선별 기준에 따라 기록 생산자에 의해 영구 기록으로 남게 된 것이다. 총독부 업무 담당자들이 인식하고 있지는 않았지만 이것은 젠킨슨의 선별 평가 원칙을 따른 것이다.

식민지시대 당대의 영구기록 선별 기준은 오늘날 정보가치를 측정하는 일반적인 기준과는 사뭇 다르고 실무 지침이 있었던 것으로 보이지도 않는다. 당시영구기록의 선별 기준은 "장래 예규 징증"이 되거나 "역사의 징고"가 될 기록등 추상적이고 상식적인 기준이었다. 총독부 문서관리 부서는 거기에다가 "유별편찬" 규정에 따른 기록의 종류별 유형 분류를 보존기간에 연동시켰다.14) 총독부 기록의 종류별 유형 분류는 출처 조직과 업무 주제를 결합한 형태이고 오늘날 보존기간의 주요 단위가 되는 기록시리즈[혹은 기록 클래스(class)]를 가리키지는 않는다.15) 이 유형 분류는 출처주의를 포기하고 업무기능을 기반으로 기록 시리즈를 분류한 호주의 연방기록시리즈(CRS) 개념과도 다르다. 오늘날 한 조직의 평가정책이나 지침에서 볼 수 있는 '2차적 정보가치'의 존재 여부와 중요성 판별, '정보의 유일성', '정보와 기록물의 형태', '실제적인 또는 잠재적인 사용자의 수에 따른 정보의 중요성', 내재적(실물적) 가치, 나아가 당대 사회적 표상으로서의 기록의 도큐멘테이션과 대표성 등이 고려되지 않았음은 물론이다.

13) 이경용, 「조선총독부의 기록관리제도」 『기록학연구』 제10호, 2004, 249~250쪽.

14) 같은 글, 251~268쪽.

15) 영국 호주 등에서는 업무 기능 분류틀(Business Functions Scheme) 안에서 기록 시리즈(records series, records class) 별로 보유 기간(retention period)을 지정하고 영구 보존기록을 선별한다. 미국에서는 기록군을 구성하는 하나의 출처 안에서 기록 시리즈별로 보유 기간을 지정하고 영구 보존기록을 선별한다.

국가기록원이 소장하고 있는 총독부 기록을 현재의 시점에서 가치론적 접근방식으로 평가할 때 '생산자에 대한 기록의 가치'는 별로 고려되지 않는다. 다음으로 총독부 기록이 포함하고 있는 내용이 "생산기관의 기원, 조직, 정책, 기능, 절차와 활동의 증거를 제공"하여 식민통치기구의 실상을 알려주는 가에 따라 그 가치를 평가할 수 있다. 중앙과 지방에서 총독부 행정기관이 집행한 각종 식민지 침탈 정책이나 '내선일체' 혹은 '전시동원' 정책의 구체적인 내용과 의도를 알려주는 정보가 포함된 경우 역사적 사료 가치가 높게 평가될 것이다. 그리고 일제시대 중요한 사건이나 사회적, 정치적, 인구통계적, 경제적 경향 또는 개인에 대해 정보를 포함하고 있다면 연구자를 위한 가치가 있다고 평가될 수 있다.16)

총독부 기록과 같은 과거의 기록은 이와 같이 역사적 연구 가치를 기준으로 한 평가 방식으로 재평가를 하는 것이 바람직하다. 이러한 기록의 정보가치 평가 방식이 상대적으로 의미 있는 결과를 산출할 수 있다. 남아있는 생존 기록 자체만으로 전체 총독부 기록이 표상할 수 있는 사회상을 도큐멘테이션 하는 것이 불가능하다. 개별 기록군이나 기록 시리즈의 정보가치 평가 방식의 취약점은 그것이 대량 생산되는 현대의 정보 생산 유통추세에 맞지 않는다는 것이었다. 총독부 기록은 비교적 적은 분량만이 남아있다. 이 점 역시 이러한 정보가치 평가 방식이 총독부 기록의 평가에 유용하다는 것을 뒷받침한다. 정보가치의 평가에서 중요한 또 다른 이슈는 미래에 유용하게 이용할 정보가 무엇일 것인가 하는 미래의 활용에 대한 예측 문제이다. 이점은 소장 기록의 재평가 문제를 논의하는 다음 절에서 검토한다.

---

16) 이상민, 「영구보존문서의 선별과 가치평가」, 108쪽.

5. 소장 기록의 재평가 이론에 의한 총독부 기록의 평가 /재평가

영구 보존기록으로 이미 평가되어 보존되고 있는 기록의 "재평가"는 여러 가지 이론적 쟁점을 제기하며, 그 "재평가" 작업 자체에 여러 가지 함의가 있다. 보존기록 관리에서 평가의 목적은 영구 보존기록의 선별이다. 그리고 일반적으로 기록관리 업무에서 평가는 예산이나 보존시설의 역량 등 매우 현실적인 고려사항이 작용한다. 보통 재평가는 소장 기록 중에 가치 평가가 제대로 이루어지지 않은 채 기록이 이관되었거나, 보존시설의 부족으로 일정한 분량의 기록을 폐기 처리해야만할 때 수행된다. 일찍이 미국 국가기록관리처의 레오나드 래포트는 보존가치가 없는 기록을 공공기록관에 보존해서는 안 된다고 주장했다. 공공기록관에 보존가치가 없는 기록을 보존하는 것은 예산을 낭비하는 직무 유기이며 필립 바우어가 말한 것처럼 공공의 이익에 반하는 것이다. 래포트는 보존가치가 없는 기록이 기록관에 보존되는 이유로서 첫째, 원래 평가가 잘못되었거나, 둘째, 평가 없이 이관되었기 때문이라고 했다.17)

기록의 재평가에 관한 래포트의 주장은 총독부 기록의 재평가에서 고려할 중요한 시사점들이 있다. 우선 재평가에도 평가자의 주관성이 작용한다는 점이다. 래포트는 기록의 평가가 잘못될 수 있는 가장 큰 이유가 정보가치의 "중요성"에 대해 아키비스트 혹은 평가자가 주관적인 판단을 내리기 때문이라고 생각했다. 즉 얼마나 중요해야 중요한 것

---

17) Rapport, Leonard, "No grandfather clause: reappraising accessioned records", *American Archivist* 44, 1981, 『기록학의 평가론』, 63~64쪽.

으로 결정할 것인지에 대해 평가자의 주관적인 판단이 가장 크게 작용한다는 것이다. 테리 쿡도 기록의 사회적 맥락과 문화적 지배에 관한 관련성을 인정하여 아키비스트가 자신의 사회적 가치관 및 문화적 가치를 평가 과정에 이입시킨다고 주장했다.[18] 평가에는 물론 사회적 동의나 관습적 동의가 끼어들 수는 있다. 붐스가 말하는 "공공의 여론"이나 학계의 주요 관심사가 중요성의 평가에 반영될 수는 있다. 쉘렌버그가 말한 증거적 가치는 조직의 기능과 활동에 대한 증거적 가치를 말하는데 이러한 증거적 가치는 사실 어떤 조직의 어떤 기록에서도 어느 정도는 찾아볼 수 있는 것이다. 역사가는 모든 기록에서 그러한 증거적 가치를 찾아 볼 수 있다. 그러한 역사가의 시각에서 평가를 수행한다면 결과적으로 폐기할 기록은 그다지 많지 않게 된다.

총독부 기록에 대한 가치 재평가작업도 이러한 정보가치 평가 방식의 한계를 벗어날 수 없다. 즉 평가자의 주관적 판단이 크게 작용할 수 있고, 그러한 이유로 인해 평가의 기준이 정밀하게 협의 조정되고 집단적으로 수행되는 평가가 아니라면 기록에 대한 평가 결과가 들쭉날쭉하기 마련이다. 단지 이 기록들이 잘 정리되고 목록이 제공되면 이 기록에 대한 역사가의 이용이 증대될 것이라는 예측이 있을 뿐이다. 그러한 예측도 현재의 일제 식민지 시대에 관한 역사 연구 추세에 대한 정확한 이해가 있어야 일단 가능한 것이다. 그러나 래포트는 기록의 미래 이용에 관한 "타당한 예상"에 대해 대단히 회의적이다.[19]

---

18) Cook, Terry, "Mind over matter: toward a new theory of archival appraisal", Barbara Craig ed., *The Archival Imagination: Essays in Honour of Hugh A. Taylor*, Association of Canadian Archivists: Ottawa, 1992.

19) Rapport, Leonard, "No grandfather clause: reappraising accessioned records", 『기록학의 평가론』, 75쪽.

그리하여 역사적 기록의 정보 가치의 평가는 더욱 더 협소하고 소극적인 평가가 되게 된다. 이러한 소극적인 평가를 방지하기 위해서는 해당 기록에 정통한 전문 역사가 그룹의 집단적인 검토와 분석이 필요하다. 그동안 국가기록원은 소장 총독부기록에 대한 미래 이용에 관한 예측을 기반으로 소장 총독부 기록에 대한 잠재적인 이용을 활성화시키기 위해 '경무' '외사' '법무' 등 출처/주제별로 해제 작업을 진행했다. 해제 작업을 실제로 수행한 역사 연구자들을 조직화하여 집단적인 검토와 분석을 통해 총독부 기록의 미래의 이용에 관한 "타당한 예상"을 최소한이나마 도출해 낼 수 있을 것이다. 그러한 전문가 집단의 예상은 역으로 소장 기록의 재평가에 결정적인 영향을 줄 수 있다.

반면에 마크 그린 같은 미국의 공리주의자들은 "이용이라는 요소가 평가/재평가의 전제"라고 믿었다. 즉 그들은 "이용도가 낮고 규모가 큰 시리즈는 보존하지 않는다"라는 관점을 기본 전제로 갖고 있다.[20] 총독부 기록은 그동안 제대로 정리가 안돼서 그런 것인지 역사적 사료로서의 이용이 극히 저조했다. 그래서 기존의 통계를 기준으로 "기록의 활용"이라는 요소를 평가에 적용하는 것은 큰 의미가 없다. 총독부 기록이 80년대부터 이관되었다면 이미 20년 이상 경과되었는데 필자가 알기로 총독부 기록의 해제집이 발견되고 세부목록이 제공되기 시작한 것은 2000년이 지나고 나서 부터이다.[21] 생산된 지 60년이 지난 3만여

---

20) Green, Mark, "The surest proof: an utilitarian approach to appraisal", *Archivaria*, no. 45, 1998, 『기록학의 평가론』, 93~156쪽.

21) 국가기록원이 소장하고 있는 총독부 기록은 문서류 약 3만2천권 정도이고 지적원도/임야원도 등 도면이 약 94만매이다. 모두 마이크로필름으로 촬영되어 있다. 해제작업은 2000년부터 시작되어 현재 출처/주제별로 6권이 간행되었다. 전체 소장 총독부 기록 중에서 세부목록이 제공되는 기록이 얼마나 되는지는 알 수 없으나 일부 기록의 문건 목록이 온라인으로 제공되고 있다. 그러나 계층별 기술이 되어있지 않은 국가기록원의 검색 체제로 인해 소장 기록철 목록을 검토한

권의 역사기록이 오랜 기간 동안 기술 정리 되지 않은 채 사실상 방치되어 왔었던 것이다.

예전에는 역사 연구자들이 정부기록보존소의 기록을 열람하는 자체가 매우 어려운 일이었다. 당연히 이러한 총독부 기록의 정리되지 않은 상태와 기록에 대한 접근제한은 역사기록의 활용을 심각하게 저해했다. 기록관리기관이 필요한 인적 물적 자원을 확보하지 못하고 있을 때 이것은 다소 일반적인 현상이다. 1992년 앤 고든이 작성한 미국의 기록 유산 활용에 관한 보고서는 기록의 활용에 대한 최대의 장벽이 연구자가 기록관을 방문할 수 없었다는 것과 기록이 기술 정리되지 않아서 열람할 수 없었다는 사실이라고 지적했다.22) 총독부 기록의 해제집이 나오기 시작한 2000년 이후 발간된 해제집이 다룬 출처/주제의 기록에 대한 학술 열람이 추가로 얼마나 더 있었는지 아무런 통계도 없다. 총독부 기록을 제대로 재평가하기 위해서 공리주의적 접근방식에 따른 향후 역사적 활용에 대한 타당한 예상이라는 작업을 하기에 앞서 사실상 기록을 이용될 수 있게 기본적인 정리 기술 작업이 먼저 필요한 상황이다. 한편 재평가를 통해 기술 작업의 여부나 우선순위를 정하는 것이 합리적일 수도 있다. 이 경우 역시 역사적 정보 가치에 대한 평가를 총독부 기록 중에서 "기록 시리즈별로 평가하여"(총독부 기록은 기록

후에 기록철 별로 문건을 찾아볼 수 있게 되어 있지 않아서 이용에 매우 불편하다. 조선총독부의 조직 기능 분석 미비로 인해 출처, 즉 생산기관으로도 검색되지 않는다. 생산기관명에 내무국 토목과를 입력한다면 아무런 검색결과도 얻을 수 없다. 총독부 기록에는 한 문건에도 수많은 첨부문서가 있는데 국가기록원 DB에서 검색된 문건 '세부목록'에도 첨부 문서의 목록은 제공되지 않고 있다. 도시계획 기록 평가 프로젝트에서는 샘플로 선별한 기록철의 기록철별 문건목록을 작성하고 문건별 첨부 문서의 목록을 작성했다.

22) Green, Mark, "The surest proof: an utilitarian approach to appraisal", 『기록학의 평가론』, 132~133쪽.

시리즈별 분류가 되어 있지 않다) 기록 활용을 위한 기술 작업을 순차적으로 수행하는 것이 타당할 것이다.

재평가 작업은 실제로 소장기록의 분량을 감축시킨다. 총독부기록의 경우, 보존시설의 부족으로 일정한 분량의 기록을 폐기 처리해야만 할 때 총독부 기록을 평가하여 그 폐기를 고려하지는 않을 것이다. 다음 절에 논의할 기록의 내재적(실물적) 가치 때문이다. 재평가에 의한 폐기의 사례로서 래포트는 미국 국가기록관리처가 소장하고 있던 전시 '임금조정위원회'의 기록을 예를 든다. 이관 시점에 평가할 당시 서가 길이 700피트였던 기록이 재검토를 거쳐 175피트로 줄어들었고 그 후 20년 후에는 다시 24피트까지 감소했다. 래포트는 그것마저도 분량을 반으로 줄일 수 있다고 생각했다.[23] 이 사례가 암시하는 것은 단지 '폐기여부를 검토하기 위한 재평가'라는 이슈보다는 시간의 흐름과 상황의 변화에 따른 평가 기준의 변화와 보존가치에 대한 사람들의 인식 변화와 관련된 이슈가 평가에 작용한다는 점이다. 향후 50년, 100년 후에도 총독부 기록이 오늘날과 같은 역사기록으로서의 비중을 차지할 것인가에 대한 문제의식이 있을 수 있다. 호주 국가기록관은 1940~70년대까지 약 30년간 적절한 보존 가치의 평가 없이 연방기록을 수집했고 오늘날 소장 기록물의 가치를 재평가하는 작업을 대규모로 수행하고 있다. 1998년부터 소장기록물 가치 재평가 작업 시작하여 서가길이 500Km의 기록물을 2005년 현재 350Km로 줄여 무려 150Km(30%)를 감축했다. 이 중에는 한시보존기록물이 다수 포함되어 있다. 2005년도의 연례보고서에 따르면 호주 국가기록관은 2002~3년간 22.8 km, 2003~4년

---

23) Rapport, Leonard, "No grandfather clause: reappraising accessioned records", 『기록학의 평가론』, 72~73쪽.

간 8.1km, 2004~5년간 8.2 km 서가길이에 해당하는 기록을 재평가 하기위해 검토했다. 이것은 전체 기록 소장량의 10%를 재평가한 것이다.24) 총독부 기록 같이 분량이 많지도 않은 "고기록"의 경우 일부러 기록의 분량을 줄이기 위해 재평가하지는 않을 것이다. 그래도 약 3만권에 달하는 총독부 기록의 보존비용은 94만매에 달하는 도면의 보존비용을 제외하고도 지난 60년간 180억 원이 소요된 것으로 추정된다.25) 그러므로 보존되고 있는 총독부 기록이 단지 역사 기록으로서 그만한 장기적 보존을 요하는 정보적 가치를 가지고 있는지 평가할 필요는 있다.

소장 기록의 재평가 작업에서는 '비용-이익 분석파'에 동조하는 데이비드 베어먼이 제기한 위기관리(risk management) 방식을 적용할 수도 있다. 위기관리 분석은 그 기록이 없다면 얼마만큼의 문화적, 권리적, 재정적 손실이 발생할 것인가에 대한 분석을 기초로 기록의 보존 여부와 보유기간을 결정하는 것을 말한다. 그러나 여기에도 현실적인 측정의 문제는 있다. 기록이 없음으로 발생하는 조직의 재정적 손실을 추정하는 일이 상대적으로 가능할 수도 있는 반면에 문화적 권리적 손실에 대한 측정을 하기는 매우 어렵기 때문이다. 총독부 기록 같은 역사적 기록에 대해 '위기관리' 평가 접근 방식을 취하는 것은 적절하지 않게 보인다.

---

24) National Archives of Australia, *Annual Report 2004-05*, 2005, p.23.

25) 국가기록원의 연간 예산과 소장 기록의 분량을 계산하여 현재 화폐가치로 기록 1권당 보존비용이 연간 약 1만원이 든다고 추정했다. 94만매의 일제시대 도면의 보존비용은 이보다 훨씬 더 많을 수도 있다. 보다 정확한 비용 통계를 위해서는 기록의 평가 정리 기술 이용에 드는 인건 비용과 보존비용(보존서고 건축비, 보존처리 비용, 보존환경 유지 비용, 보존 전문인력 인건비를 포함한 기록보존 비용)에 보존기록의 분량을 대비하여 계산되어야 할 것이다.

6. 기능 기반 평가와 다큐멘테이션 전략의 적용

현대의 기록 평가에 나타난 중요한 변화는 기능에 기반한 평가 방식이 도입된 것이다. 가치에 근거한 평가의 대안으로서 기능적 평가 혹은 또한 거시적 평가 방식이 제안되었다. "기능적 평가란 조직의 기능이 기록화되었는지 판단하고, 어떤 사무실이나 개인이 그들의 기능을 수행하면서 기록을 생산하였는지를 확인하고, 그 기능을 가장 완전하고 간결하게 문서화한 기록을 선별함으로써 기록의 영속적 가치를 감정하는 과정"이다. 기능적 접근방식은 기록 자체보다는 기관의 기능과 구조에 일차적으로 초점을 맞춤으로써 아키비스트의 편견을 최소화하도록 기획되었다. 기능적 접근방식은 기록물이 담고 있는 정보가 아니라, 기록물 출처의 중요성, 기록물의 생산 목적에 일차적 강조를 두고 있다. 요약하자면 기능적 평가는 기록을 생산한 기관의 기능과 구조에 초점을 둔다.[26]

가치에 근거한 전통적인 평가 방식은 20세기 후반에 들어와서 영속적 가치를 가진 기록을 감정해내는 효과적인 방식이 아니라고 인식되기 시작했다. 마이클 쿡은 그가 대표 저술한 ICA/ITRMT의 공공기관을 위한 훈련교재 『기록물 평가시스템』에서 다음과 같은 이유를 들었다. 첫째, 아무리 객관적이거나 견문이 넓은 아키비스트라도 모든 기록의 잠재적인 이용자와 기록 이용을 예측하기는 불가능했다. 둘째, 20세기 후반 이후 기록이 생산되는 양이 너무 많아져서 아키비스트들이 잠재적 가치를 가지는 정보를 감정하기 위해 기록철이나 문건별로 모든

---

26) ICA/IRMT, *Building Records Appraisal Systems*, 남희숙 역, 『기록물 평가시스템』, 54쪽.

기록을 조사할 수는 없는 현실이 되었다. 셋째, 가치에 근거한 접근 방식은 기록의 주제를 중시하여 기록 출처(기록생산의 조직적, 기능적 맥락)의 중요성을 경시하는 경향이 있었다. 넷째, 어떤 기록이 장기간 또는 영구적 토대 속에서 보존되어야 하는지를 결정하는데 있어서 아키비스트의 관심과 편견이 너무나 많이 작용함으로써, 아키비스트의 관심과는 다른 관심을 가진 사람들에 의한 연구에 손상을 줄 수 있다는 우려가 있었다는 것이다.[27]

첫 번째 이유인 '이용의 예측'에 대해서는 재평가에 관한 절에서 검토했다. 총독부 기록의 경우는 잘 정리된 목록과 기술이 작성되어 있으면 사료로서의 활용이 증대되리라고 쉽게 예상된다. 단, 이것은 향후에 식민지시대에 대한 역사 연구가 활발하게 추진되어야 한다는 것을 전제로 한다. 한국사의 연구 자체가 침체되거나 전문연구 인력이 감소한다면 이 기록의 활용이 증대될 수 없다. 이 경우 재평가는 내용의 분석과 첨부 문서의 목록 작성 등 평가 기술 작업에 치중하게 된다. 기록생산량의 증대로 인해 현실적인 조사 평가가 불가능하다는 두 번째 이유는 총독부 기록 같이 한정된 분량으로 잔존하고 있는 기록군에는 별로 해당되지 않는다. 아키비스트의 주관성에 대한 네 번째 이유도 이미 재평가에 관한 절에서 논의했으나 다시 한번 강조하면 다음과 같다. 아키비스트에게 끼치는 당대의 사회적 배경과 공공의 여론의 영향을 인정하면서 아키비스트의 전문적 식견과 풍부한 경험에 대한 신뢰와 존중, 평가자 한 개인의 판단이 아닌 집단적 평가 협의 방식의 채택으로 선별 평가 결정에 있어서의 아키비스트의 주관성을 최소화하는 것으로 좁혀갈 수 있다. 앞에서 말했듯이 기록 자체보다는 기관의 기능과 구조

---

27) 같은 책, 53쪽.

에 초점을 맞춘 기능적 접근방식으로 아키비스트의 편견을 최소화할 수 있다고 보는 견해가 있다. 이 절에서는 세 번째 이유, 즉, 기록생산의 조직적, 기능적 맥락의 중요성의 분석에 의한 평가 수행의 필요성을 총독부 기록에 적용하는 문제를 검토해 본다. 아울러 다큐멘테이션 전략이 총독부 기록의 평가에 어떻게 적용될 수 있고 어떠한 성과를 가져올 수 있는지 검토해 본다.

도큐멘테이션 전략에 의한 평가 접근 방식은 기능적(거시적) 분석과 마찬가지로 쉘렌버그식의 기록의 개별 가치 중심적 평가방식을 기피한다. 도큐멘테이션 전략은 "현재 지속되고 있는 이슈, 활동, 기능, 주제 등이 적절하게 기록으로 생산되는 것을 보장하기 위해 수립한 계획"을 말한다. 이에 따라 생산되어야 할 기능과 활동이 분석되고 생산할 기록을 결정한다. 기록 선별은 복합적이고 상호연관된 다변적인 기관에서의, 상호관련된 복합적인 기능을 가진 기록이 생산되고 영구 보존기록으로 지정되는 방식으로 선별된다. 도큐멘테이션 전략과 거시적 접근 방식 사이에는 미묘한 차이가 있다. 거시적 접근 방식은 사회의 이해에 가장 중요한 조직, 기능을 식별하려고 노력한다. 이 거시적 접근 방식에서는 출처가 가장 중요하다. 거시적 기능분석은 이미 결정된 권한과 기록생산 주체에 대한 구조 기능 분석을 통해 기록을 평가한다. 반면에 도큐멘테이션 전략 접근 방식은 현재나 미래의 가능한 동향 (예측되는 이용의 동향이나 주제)에 초점을 맞춘다. 그러나 거시적 접근 방식은 미래의 유용성을 "추측"하는 것을 거부한다.[28]

---

28) Walters, Tyler O., "Contemporary archival appraisal methods and preservation decision-making", *American Archivist* 59, 1996, p.333. 도큐멘테이션 전략은 리차드 콕스나 헬렌 사무엘스가 주창했다. Cox, Richard, "The documentation strategy and archival appraisal principles: A different perspective", *Archivaria* 38, 1994; Helen Samuels, Willa, "Who control the past", *American Archivist* 49, 1986.

김익한 교수는 총독부 불균형 잔존 행정기록의 평가 방법론으로서 "당대의 정책·제도 변화에 대한 컨텍스트를 파악하고, 이를 수행한 조직의 핵심기능을 종합하여 거시 평가의 틀을 만들고, 여기에 현존 문서를 배치하는 도큐멘테이션 과정, 이 과정에서 가치가 높은 기능과 관련된 기록이 소수라는 점, 즉 기록의 재현성이 불완전한 것을 보충하기 위한 다른 역사적 자료의 적극적 이용과 적극적인 기록수집 방안을 함께 강구할 필요가 있다"고 주장했다.29) 이것은 잔존 기록을 통한 "역(逆) 도큐멘테이션 전략"이라고 말할 수 있다. 다만 이러한 거시평가의 틀을 만들기 위해서는 "당대의 정책·제도 변화에 대한 컨텍스트를 파악하고, 이를 수행한 조직의 핵심기능을 종합"하는 선행 연구가 필요하다.

이런 맥락에서 총독부 도시계획 기록 평가 프로젝트를 통해 총독부의 도시계획("시가지계획") 제도에 관한 연구가 수행되었고, 도큐멘테이션 전략과 거시적 기능분석 방법론을 적용하여 총독부 기록 생산과 도시계획사업의 사회적 컨텍스트를 연구하고 총독부 조직 기능을 분석하여 그 조직 기능 위계에 따른 가치를 부여하려는 시도가 있었다.30) 특히, 이승일은 거시적 기능 분석과 도큐멘테이션 전략을 총독부 도시계획 기록의 평가에 적용하려고 시도했다.31) 이승일은 총독부 연구 보

두 편 다 『기록학의 평가론』에 번역되어 있다.

29) 김익한, 「불균형 잔존 행정기록의 평가방법 시론 - 조선총독부 공문서의 평가절차론 수립을 위하여」, 『기록학연구』 13호, 2006, 196쪽.

30) 이명규, 「일본 본국과 조선총독부의 도시계획 비교연구: 도시계획법령을 중심으로」, 한국국가기록연구원 심포지엄 겸 기초학문 육성과제 중간발표회, 2005; 이명규, 「한국과 일본에서의 시구개정의 비교분석에 관한 연구」, 한국국가기록연구원 기초학문 육성과제 2차년도 발표회, 2006; 이승일, 「총독부 공문서의 기록학적 평가」, 『기록학연구』 12호, 2005.

존기록의 "기록의 선별 배경으로서의 사회적 컨텍스트"와 "기록의 선별 요건으로서의 [총독부] 조직 및 기능의 가치 서열화"를 규명하려고 했다. 이승일은 도시계획 기록이 해당되는 토목 문서군의 문서량이 많다고 하여 "해당 기관의 기능 및 활동의 다양성"을 의미하며 그것을 이 기록군을 생산한 내무국 토목과의 기능 및 조직의 중요성을 판단하는 근거로 삼고 있다. 그러나 이러한 추론은 의문의 여지가 있다. 그러한 추론의 근거가 폐기를 면한 잔존한 기록을 대상으로 한 불완전한 통계라는 점과 '정책의 집행 기록'의 분량이 역사 연구에 그 보다 더욱 중요할 수 있는 '정책 결정 기록'보다 훨씬 많다는 상식에 비추어서 이 기록군에 대해 "조직 및 기능의 가치 서열화"를 하는데 그 기본 전제가 잘못되어 있다고 보인다. 역주에서 무리가 있을 수 있다고 말하면서도 그러한 전제를 조직 기능의 가치서열화 작업의 논조에는 그대로 적용하고 있는 것은 잘못이다.32)

한편 이승일은 역사 연구의 최근 동향을 조사하여 독립운동과 민족운동, 식민정책과 지배기구에 관한 연구가 많은 상황을 파악했다. 그런데 "식민지 조선의 도시화가 [역사 연구의] 대표적 주제로 부각된 것은 아니라고" 하면서 "이와 같은 연구 경향을 ["한국 역사학계의 특수성에 따른 결과로 볼 수 있기 때문에"] 곧 바로 기록의 가치와 연결시킬 필요는 없다"라고 단정한다. 식민지시대 역사 연구의 대표적 주제가 아닌 식민지 도시화 관련 기록을 평가하고 정리하는 작업이 "균형 잡힌 역사학 구성을 위한 기초자료의 정리와 보존의 측면에서 기록학의 임무가 중시될 필요가 있다는 것을 보여주는 것"이라고 주장한다.33) 필자는

---

31) 이승일, 같은 글, 특히 197~232쪽.

32) 같은 글, 201쪽.

일제 식민지시대 전공자는 아니지만 우리나라의 근대사 연구 동향이 "한국 역사학계의 특수성"에 의해 결정되고 있다고 보지는 않는다. 이러한 역사 연구 동향은 오히려 식민지를 경험한 국가의 역사에 보편적으로 나타나는 현상이다. 기록학의 임무가 그러한 보편적인 역사 연구 동향을 부정하는 것도 아니고, 그러한 동향의 영향에서 벗어나는 것도 아니다. 사회사 연구가 증대되면서 식민지 일상생활과 식민지 도시 형성에 관한 연구가 나오고 있는 것은 사실이지만, 이 또한 식민지 역사의 한 부분을 연구하는 것이며, 일제 식민지배하의 한국인의 삶과 삶의 조건에 관한 역사 연구이다. 오히려 식민지시대 도시화·공업화 문제는 식민주의 역사 연구의 중요한 부분이다. 일제의 식민정책과 지배기구에 관한 연구의 일환이다. 한편 식민지 도시화의 연구는 식민지 근대화론을 검토할 수 있는 연구이기도 하다. 일본의 연구자들이 조선과 대만의 식민지 도시화 연구에 관심을 갖는 이유는 그들이 "식민지 근대화론"을 믿고 강화하려 하기 때문이다.

기록이 가진 행정적 중요성에 대한 당대 기록생산자의 평가에 따라 당대의 중요한 역사적 사회 현상을 가늠할 수 없다는 것은 역사연구의 상식이다. 기록에 대한 훈련을 받은 역사가라면 식민지 기록에 대해 젠킨슨이 말한 기록 생산의 선의성과 "불편부당성"을 믿지 않는다. 역사 기록의 중요성에 대한 인식은 역사적 연구의 관심에서 나오고, 그러한 관심의 배경에 후대 사회의 정치적 사회적 요소가 작용하는 것은 당연하다. 다만 당대에 왜 도시계획 기록이 영구 보존기록이 되었는가라는 질문에 대한 답으로 당대에 식민지 행정관료들이 시가지계획 사업의 기록을 중요하게 인식했다고 당시의 행정적 가치의 평가를 지적

---

33) 같은 글, 204쪽.

하는 것은 옳다. 이러한 분석은 역사 연구에도 도움이 된다. 그러나 어떤 기록을 당대에 기록생산자가 중요하게 인식했다고 하는 것은 당대에 그것을 생산한 조직 기능의 중요성을 어느 정도 말해줄 수 있지만 전체 조직에서 보는 조직기능의 중요성을 말해주지는 않는다. 그리고 이러한 요소는 역사 보존기록 가치의 재평가의 기준으로 적용하기 보다는 기술에 들어 갈 기록의 배경 정보로 유용하다. 그런 의미에서 이승일이 제시한 "1930년대 식민지 조선에서의 도시계획과 사회적 컨텍스트"의 설명은 매우 유용하다.[34]

총독부 기관 및 기능의 위계에 따라 기록의 가치를 서열화하려는 이승일의 시도는 캐나다의 기능 평가 방식에 따른 것이다. 도시계획 평가 프로젝트에 참가한 연구자들에 의한 총독부 조직 구조에 관한 연구는 일정한 성과인 동시에 해당 기록의 평가를 하기 위한 기초 작업이 된다. 그러나 이러한 연구도 자원과 시간의 제약으로 어느 한 시점에서의 총독부 조직 구조에 대한 연구가 될 수밖에 없는 취약점이 있다. 이승일은 총독부 내무국 토목과의 기관 위상 및 기능의 위계를 중간 조직 "B"로 분류했다. 거기에는 "인원 및 예산 규모가 큰 조직"이라는 근거가 제공되었다. 이승일이 적용한 총독부 기구의 "조직위계 결정 요소"와 "기능 서열 결정 요소"는 상당히 흥미롭다. "조직위계 결정 요소"에는 각 결정 요소의 범주가 구체적일 뿐 아니라 그 범주에 해당되는 조직 부서를 예시했다. 아쉬운 것은 이러한 조직 위계 재구성의 근거가 될 수 있는 연구 근거가 제시되지 않고 있다는 점이다.[35] 그러나 이러한 결정 요소에 비단 당대 총독부 행정관료가 가졌던 중요도 인식 뿐

---

34) 같은 글, 208~213쪽.

35) 같은 글, 218쪽, 2233~224쪽. 별다른 주석이 없는 것으로 보아 이승일이 직접 고안한 것으로 보인다.

아니라 후대의 역사 연구에 필요한 중요도에 대한 인식을 반영시켜 세련된 "서열 결정 요소"를 작성할 수 있다면 총독부 기록 전체의 재평가 작업 뿐 아니라 정부 수립 이후 행정 조직의 조직 및 기능 서열 분석에도 적용할 수 있을 것으로 보인다. 이러한 연구는 도시계획 기록 평가 프로젝트의 필수적인 기초 작업이며 소중한 연구 성과이다. 한편 총독부 도시계획 기록의 평가 자체만을 통해서는 기록생산 주체의 조직과 기능을 전반적으로 분석하여 역으로 그 맥락과 배경을 보존가치 판단의 근거로 삼고, 식민지 사회의 전체 대표상을 재구축하는 "역(逆)도큐멘테이션" 전략을 적용하는 것은 무리라고 생각한다.

7. 식민지 기록으로서의 특성에 의한 평가

일제 식민지 통치기록은 모두 영구 보존기록으로 평가해야 할 것인가? 행정기관의 지하서고나 헌 책방에서 썩고 있다가 어느 날 우연히 발견되는 조선총독부에서 생산한 기록은 모두 영구 보존기록이 될 수 있는가? 필자의 판단은 "그렇다"이다. 대부분의 국가기록관은 어느 일정 시기 이전에 생산된 기록을 그 희소한 존재 가치와 그것이 가지고 있을 수 있는 내재적 가치로 인해 영구 보존기록으로 인정하고 있다. 대개 그 국가의 특정한 의미가 있는 역사적 시기를 기준점으로 하여 그 이전에 생산된 기록, 특히 공공기록은 영구 보존기록으로 지정하고 있으며, 특정한 시기를 법령으로 못 박고 있는 경우가 대부분이다. 셸렌버그에 따르면 독일은 1700년, 영국은 1750년, 프랑스는 1830년, 미국과 이탈리아는 1861년이 영구 보존기록으로 결정되는 시점이다. 기록

에 있어서 나이가 존중되는 방식의 표현이다.36)

우리가 더 절실하게 필요한 것은 총독부 식민지 기록 자체의 보존 가치의 평가 문제라기보다는 그 기록에 대한 맥락의 분석과 내용의 분석이다. 맥락과 출처를 잃은 상태이기 쉬운 일제시기 기록을 정확히 이해하고 이용할 수 있게 하기 위해서 기록에 대한 맥락의 분석과 기록 내용의 분석이 먼저 수행되어야 할 작업이다. 기록학에서 말하는 기록의 "맥락정보"와 "배경정보"의 재구축 작업이 수행되어야 하는 것이다. 식민통치 기록의 특성상 이러한 작업은 역사적 훈련과 시대적 배경에 관한 전문적 지식이 있어야만 가능하다는 것은 두말할 나위 없다. 그러나 그 전문 작업자들이 기록관리와 기술 및 평가에 관한 숙련된 지식과 실무적 경험이 부족하다면 역으로 역시 기록의 "맥락정보"와 "배경정보"의 재구축 작업이 또 다른 의미에서 부실해 질 수 밖에 없다. 역사 연구의 당파적 시각에 의해 기술 정보가 편향될 수도 있다.

한편 현존하는 식민지 기록이 우리가 일본의 조선 침략과 지배의 실상을 이해하는데 있어서 일본 본국의 기록과 비교하여 무슨 차이 혹은 차별성이 있는가를 밝혀야 할 필요성이 있다. 이것은 그 기록이 일제 식민통치의 실상을 밝히거나 이해하는데 얼마나 중요한 기록인가를 판단하는 것에 달려 있다. "폭도에 관한 편책"이 "경성시구개정에 관한 건" 보다 일제의 조선 침략의 실상과 일제 침략에 대한 조선인의 저항을 이해하는데 더 중요한 기록이라는 데에는 이견이 없을 것이다. 일본의 관련 기록과 이 도시계획기록을 직접적인 연관성은 파악되지 않았지만 이명규의 제도적 배경 연구는 식민지에서의 정책 수립 및 시행

---

36) Schellenberg, Theodore, "The appraisal of modern public records", *A Modern Archives Reader: Basic Readings on Archival Theory and Practice*, p.64.

과 공통점과 차이점이 "제도적 배경"과 맥락을 이해할 수 있는 단서를 제공했다.

그런데 우리는 일본에 일제 식민통치의 실상을 밝혀줄 어떤 다른 기록이 얼마나 더 많이 있는지 알지 못한다. 일본은 일본의 대아시아 관계, 특히 식민지 지배에 관한 기록을 '아시아역사자료센터'(JACAR)시스템을 통해 기록목록과 이미지를 온라인으로 제공하고 있다.[37] 이 역사자료 포탈에서 제공되는 기록의 내용을 훑어보면 일본 식민지 지배의 "긍정적인" 부분-"식민지 근대화"나 "일본의 선의"-을 증거해 주는 기록이 주류를 이루는 것처럼 보인다. 이것은 역사기록의 헤게모니를 통해 일본 중심의 역사관을 전파하려고 하는 또 다른 일본판 "동북공정"이 아닌지 의심스럽다.

식민지기록의 사료로서의 중요성의 판단은 이것은 현재 수행되고 있는 역사적 식민지 시대 연구의 경향과 역사학의 "유행"에 따라, 시대에 따라 달라진다. 식민지시대에 관한 역사적 연구의 사조는 그동안 변해왔고 앞으로도 변하기 마련이다. 식민지 수탈론이나 친일 행위 및 친일파 재산 관련 연구가 작금에 집중적으로 연구되는 추세이지만 수십년 후에 어떠한 주제가 더 연구의 집중적인 대상이 될 지 알 수 없다. 다만 확실한 것은 현재의 관심과 사료적 중요성의 판단에 따라 미정리된 역사 보존기록의 정리 우선순위도 결정된다는 사실이다. 향후 식민지 시대의 사회사와 도시변천사를 연구하는데 있어 일제 도시계획기록은 중요한 사료가 될 수 있다. 그러나 도시계획기록의 평가와 정리작업이

---

37) '아시아역사자료센터'는 2001년 설립되었다. 일본 국립공문서관, 외교사료관 등 일본의 보존기록관이 소장하고 있는 역사 자료의 목록과 기록 이미지를 인터넷을 통해 이용할 수 있게 해준다. 이 웹사이트는 일어, 영어, 중국어, 한국어로 제공된다. http://www.jacar.go.jp/index.html

단지 사회사와 도시변천사를 연구하는데 일조하기 위한 것은 아니다. 그것은 단지 이 평가/재평가 프로젝트 작업의 부수적인 결과일 뿐이다. 앞서 언급한 기록의 미래 이용의 예측에 관한 주제는 아키비스트가 기록관리의 원칙에 따라 정리되지 않은 기록을 정리할 때 어떠한 기록부터 정리해야 할 것인가라는 매우 중요한 이론적, 실무적 원칙의 문제를 제기한다.

총독부 도시계획 기록의 평가에서는 중앙행정 기록과 지방행정 기록, 그리고 관련 민간기록 간의 연관성의 파악과 그에 따라 상대적인 가치를 평가하여 가치를 부여하려는 시도가 포함되었다. 또한 국가기록원 소장 도시계획 기록이 당대 식민지 사회의 도시화 "근대화" 부분을 도큐멘테이션하는 대표적인 사회적 표상으로서의 기록이 될 수 있을지를 판명하려고 했다. 그리고 이렇게 도시계획 기록에 적용하는 방식을 전체 총독부 기록에 적용할 수 있는지 검토하려고 시도했다. 도시계획 기록의 평가는 중앙의 식민통치와 지방차원의 식민 통치의 연관관계를 어느 정도 규명해 주었다. 정책 기록이 결핍된 가운데 시가지계획 집행 기록의 분석을 통해 중앙과 지방간의 업무 절차와 지시체계 등이 기록의 형식과 내용 속에서 나타나는 것을 파악했고 이것은 평가 내용의 일부로 기술되었다.

시가지계획의 실행을 둘러싸고 지방 행정기관을 일방적으로 지시 감독하는 총독부 중앙행정기관의 특성이 나타나고, 시가지계획위원회의 행정기록과 회의록을 통해 사회적 이슈와 식민지 지방 주민의 대응 등을 파악할 수 있다는 것이 밝혀졌다. 시가지계획위원회 기록을 통해 총독부 중앙행정기관의 일방적인 정책 결정과 지방에 대한 집행 지시와 사업 우선권 및 예산 배당, 지역사회의 내부 문제, 중앙에서 내려 온 시가지 계획에 대해 지역 주민이 낸 의견과 구체적으로 취한 행동의 내용이 파악될 수 있을 것으로 보인다. 이 기록의 연구를 통해 식민지 중앙행정과 지방행정의 관계와 그러한 식민행정체계의 특성과 효율성, 그리고 식민지 피지배층의 대응을 규명할 수 있을 것이다. 따라서 식민통치체계를 이해하는데 중요한 하나의 주제가 이 도시계획 기록의 평가 작업으로 그 규명의 단서를 제공해 주었다고 할 수 있다.

조선총독부라는 중앙의 식민통치기관의 정책이 비록 원래 생산되었을 고차원의 정책 기록이 없는 상황일지라도 집행과정에 관한 미시적인 도시계획 기록의 분석 작업을 통해 식민지의 부분적인 사회상과 해당 지역에서의 식민통치의 측면을 규명할 수 있게 해 줄 수 있다. 식민지 지방행정에 관한 기록이 다수 존재하는 경찰, 노동, 문화 부분에서도 미시적인 집행 기록 중에 중요한 총독부 중앙의 정책을 파악할 수 있게 하는 기록이 다수 있을 수 있음을 유추할 수 있다. 이를 통해 여러 가지 역사적인 사실을 새롭게 확인하거나 그에 따른 새로운 해석이 가능할 수 있다는 평가를 내릴 수 있다. 도시계획 기록 재평가 프로젝트를 위해서 시도된 기초적인 제도적 사회적 배경 분석과 조직 기능 분석 작업은 이 평가 프로젝트 결과물로서의 세부목록의 기술과 기록 내용의 소개라는 기본적인 정보 제공 이외에도 분명 긍정적인 의의가 있다.

8. 일제 식민지 기록의 내재적(실물적) 가치 문제

총독부 기록은 대부분 유일한 기록이다. 우리는 기록의 속성으로 증거성과 유일성을 든다. 총독부 기록의 유일성은 기록생산의 과정에서 비롯된 유일성과 우연히 남아 있게 된 기록이라는 희귀성을 모두 가리킨다. 여기서 "유일한" 기록은 모두 "중요한" 기록인가라는 문제가 제기된다. 일본 식민지 통치와 침탈을 더 잘 증거해 줄 수 있는 중요하지만(혹은 중요할 거라고 생각하지만) 없어진 총독부 기록이 더 많이 존재했었을 수 있다. 지금은 유일하다고 하지만 어디선가 다량으로 혹은 더 완전한 형태로 새로운 기록이 발견되어 현재의 총독부 기록보다 더 "중요한" 정보를 제공해 줄 수도 있다.

　기록이 실물적(내재적) 가치를 가지려면 다음과 같은 경우에 해당되어야 할 것이다. 즉, 1. 의미 있는 기록 생산의 경우에 해당되거나 또는 중요한 사례로서 연구 대상이 되는 물리적 형태를 가진 기록, 2. 미학적 또는 예술적 가치가 있는 기록, 3. 독특하거나 신기한 형태의 기록, 4. 오래되어서 독특한 성질을 나타내는 기록, 5. 전시 가치가 있는 기록, 6. 진본성, 생산연대, 저자, 기타 성질이 의문시되어 중요한 기록이고 물리적 검사를 통해 판별될 수 있는 기록, 7. 역사적으로 중요하거나 유명한 인물, 장소, 사물, 사건과 직접 관련됐기 때문에 대중의 관심을 끄는 기록, 8. 기관의 법률적 기초를 수립했거나 지속시키는 증거기록으로서 중요성을 갖는 기록, 9. 고위급 정책 결정의 증거기록으로서 중요성을 갖는 기록 등이다. 본원적 가치 혹은 실물적 가치에 관한 이러한 개념은 북미에서 평가 원론서 역할을 한 제랄드 햄의 책 『보존기록과 매뉴스크립트의 선별과 평가』에 잘 정리되어 있다.[38]

　위에 열거된 실물적 가치 평가 요소 중에 총독부 기록은 일본의 식

---

38) Ham, Gerald, *Selecting and Appraising Archives and Manuscripts*, Society of American Archivist: Chicago, 1993, p.60.

민지 통치에 대한 증거 기록으로서, 전시 가치가 있거나 역사적 주제를 다루는 방송 프로그램에서 실물 기록을 시각적으로 제공하여 프로그램의 효과를 높이는 가치가 있다. 총독부 기록 중에는 서명이나 필사 등 "미학적" 가치 요소를 담고 있는 기록도 있다. 이것은 "의미 있는 기록 생산의 경우에 해당"되기도 한다. 특히 행형기록 등은 역사적으로 중요한 인물 장소 사건 등에 관해서 인상 깊은 시각적인 이미지를 제공하므로 실물 기록으로 보존 활용하는 것이 필요하다. 실제로 많은 총독부 기록이 역사적 주제를 다룬 방송에 이용되고 있다. 총독부 기록 중에서도 도시계획 기록은 그 이용을 위해서 원본을 보존해야 하는 실물적 가치가 있는 기록이다.

도시계획 기록에는 많은 채색 도면이 있다. 흑백으로 된 마이크로필름으로는 도면을 이용하기 어려울 정도로 도면에는 채색 부분이 많이 있다. 총독부 기록 도면은 또 특이한 지질로 된 도면 크기의 기록상자에 담겨져 눕혀서 보존되고 있다. 이 기록상자는 수십 년이 지났어도 내부의 도면기록을 잘 보호하고 있다. 이것은 보존과학 측면에서 연구될 수 있는 대상이다. 도면기록을 보존하고 있던 대전의 보존서고에 누수가 발생하여 스프링클러가 터진 것처럼 물이 보존서고 천장에서부터 뿌려졌을 때, 이 기록상자들은 훌륭하게 내부의 도면기록을 보호했다. 이런 기록상자와 더불어 총독부 도면들은 실물로 보존할 충분한 가치를 갖는다.

9. "영구 보존기록" 으로서의 도시계획기록: 당대와 현대의 평가 비교

도시계획 기록('시가지계획'기록)은 이미 일제시대에 영구 보존기록으로 결정된 기록이다. 물론 당시의 문서보존기간책정 법령에 의한 결정이지 오늘날 현대적인 평가이론에 의해 평가된 기록은 아니다. 일제 도시계획 기록은 조선총독부의 문서관리제도에 의해 영구기록(갑종)으로 책정되어 보존된 기록이 대부분이다. 조선총독부는 보존문서를 종별로 구분하여(보존종별제) 그 중 갑종을 영구로 하였다. 1911년 반포된 조선총독부 처무규정에 나타난 갑종 문서의 책정기준은 대단히 포괄적인 "영구보존할 필요가 있다고 인정되는 문서"였다.[39]   1913년의 '부군처무규정준칙(府郡處務規程準則)에 따르면 영구 문서의 기준은 "1. 부군에서 발한 훈령 통첩 중 예규로 삼을 만한 서류, 2. 허용의 지령과 관련된 각종 품청, 청원 등으로 영속적인 성질을 갖는 사건에 관한 서류, 3. 역사의 징고(徵考)로 해야 할 서류, 4. 제종의 대장원부류, 5. 전 각호 외에 영구 참조의 필요가 있다고 인정되는 서류"였다.[40] 영구 문서의 책정 기준 중에는 "역사의 징고가 될 만한 서류"라는 기준이 있다. 1930년의 함경북도의 문서편찬 보존종별 구분을 보면 도시계획과 토지 수용에 관한 예규 문서 종류는 갑종이고, 도로개수, 도로용지, 도시계획 관련 서류는 갑/을/병종으로 결정할 수 있게 하여 업무 담당자가 주관적으로 판단할 수 있게 했다.[41]

---

39) 박성진, 「조선총독부의 공문서 보존기간 책정기준과 가치평가」, 정부기록보존소『기록보존』 제 15호, 2002년, 17쪽.

40) 같은 글, 18쪽.

그러나 이 도시계획 기록을 왜 영구기록으로 책정해야 하는지는 기록에 나와 있지 않다. 도시계획 기록 뿐 아니라 갑종으로 책정된 총독부 기록이 왜 그렇게 결정되었는지는 기록상으로 알 수 없다. 당시에는 오늘날과 같은 조직의 업무기능 분석, 업무분류 설명이나 평가서를 작성하는 과정이 없었다. 단지 예규나 규정에 제시된 기준을 적용하여 결정할 뿐이었다. 오늘날 쉽게 찾아 볼 수 있는 단순한 업무 설명이나 업무의 중요도 및 생산되는 기록의 중요성과 보존 사유에 대한 설명이 없으므로 가치 평가 과정을 거쳤다고 보기는 어렵다.

조선총독부의 도시계획 기록의 "갑종" 책정은 일본에서의 도시계획 기록의 "갑종" 책정에 따른 것이라고 추정할 수도 있다. 일본 국립공문서관이 소장하고 있는 도시계획에 관한 기록을 검색하면 '내각총리부' - '태정관·내각관계' - '제1류 공문잡편' 분류에 "소화 5년-도시계획" 항목으로 5권의 기록이 검색되고 한 권에 십 여건의 문건이 검색된다. "시구개정(市區改正)"으로 검색하면 444건의 기록이 검색된다. 아래에 '도시계획'으로 검색된 건에 대한 웹상 기술 사례를 제시한다. 기록건에 관한 기술은 건명, 계층, 청구 번호, 건명 번호, 작성 부국(생산기관), 연월일(생산 시기), 내용상세, 마이크로필름 사항(릴 번호와 기록 이미지 시작점)으로 구성되어 있다. 이 건별 기술에는 첨부문서의 목록이 없다. 이 첨부문서 목록작성 작업은 인력과 시간을 요하는 작업이라 기술을 작성할 때 업무 우선순위에서 배제된 것으로 보인다. 한편 소장 기록이 원래 영구 보존기록이었는지를 보여주는 항목도 없다. 아마도 기록 시리즈 기술 계층에서 영구기록이라는 평가 사항이 이미 제시되었기 때문으로 보인다.

---

41) 같은 글, 21쪽.

件名	京都都市計畫區域変更決定ノ件
階層	🗄 公文書> 🗄 ＊內閣・總理府> 🗄 太政官・內閣關係> 🗄 第一類 公文雜纂> 🗄 公文雜纂・昭和５年> 🗄 公文雜纂・昭和五年・第二十六卷・都市計畫一
請求番号	本館-2A -014-00・纂01907100
件名番号	001
作成部局	內閣
年月日	昭和5年01月14日
内容詳細	京都都市計畫區域変更理由書　曩に京都都市計畫區域決定に際し宇治郡山科町及醍醐村は發展の情勢甚だ微弱なりし爲之を都市計畫區域に編入するの必要なきものと認められたりしか其の後山科方面の發展頗る顯著にして山科町に於ては大正１０年末より昭和３年末の７ヶ年間に約６３パーセントの人口増加を示し居る狀況なるを以て之か發展の趨勢、地勢及行政區劃等を参酌し山科町、醍醐村を加へ本案の通り変更せむとするものなり
マイクロフィルム	リール番号：049900、開始コマ：0019

　이로써 일본에서도 도시계획 기록이 모두 영구 보존기록으로 보존되고 있다는 것을 알 수 있다.

　전세계적으로 이와 같은 도시계획 기록을 영구 보존기록으로 결정하는지 알아보기 위해 외국의 경우를 제한적으로 조사해보았다. 현대 지방정부의 기록보존(보유)기간표(records retention schedules) 혹은 기록처분권(records disposal authority)을 조사하거나 보존기록관이 소장하고 있는 소장 기록의 목록조사를 통해 도시계획 기록의 영구 보존기록 여부를 알 수 있다.

　런던시 보존기록관(Corporation of London Records Office)은 1067년부터 2004년 까지 생산된 948 종류의 기록시리즈를 소장하고 있다. 런던시 보존기록관의 소장기록물은 모두 인터넷으로 검색이 가능하다. 검색화면에서 "city planning" 혹은 "town planning"으로 검색하면 1910년대에 생산된 도시계획 기록이 100여종 검색된다. 웹에서 제시되는 기록물 종별 기술 내용은 다음과 같은 유형으로 제시된다. 기술 내역은 참고번호, 이전의 참고번호, 제목, 생산시기, 이관 출처와 시기, 범위와 내용으로 구성된다. 검색된 전체 기록철에 관해 '범위와 내용' 정보가 제공된다. 특히, 도면의 색상과 축척율에 관한 정보가 제공되고 있다.

"Reference: COL/PL/01/165/A/001

Former Reference: 165.A.1

Town Planning: City of London

Creation dates: n.d. [c. 1928]

Immediate Source of Acquisition

Rec'd from City Engineer, Jan 1975

Scope and Content

(403) General plan of the City of London, 1914, with area of City lying below the level of +18.00 O.D. shaded pink. Scale 1/2760"[42]

영국기록관리자협회가 제정한 '지방정부 [기록] 보존기간 책정 가이드라인'에는 도시계획 기록 관련 내용이 있다. 이 가이드라인 제3부의 "계획과 이용(Planning and Use)"와 "인프라 구조와 수송(Infrastructure and Transport"항목의 내용이 도시계획과 도로개정 등에 유사한 기능이다. 이 가이드라인은 도시계획의 계획 수립, 자문 획득 및 의견 조회, 조정, 개발 절차 관리 등의 업무기능에서 생산된 기록을 영구보존할 것

---

42) Corporation of London Records Office, [http://www.cityoflondon.gov.uk/Corporation/leisure_heritage/libraries_archives_museums_galleries/lma/lma.htm].

을 권고하고 있다.43) 서호주 지방정부의 일반기록처리권을 보면 도시계획은 영속적으로 진행되는 기능으로 분류되며 도시계획 시구개정 업무에서 생산되는 기록종류를 상당히 세분화하여 보존기간을 정하고 있다. 도시개발과 구획 지정에 관한 계획 및 증거 기록은 영구기록으로서 마지막 업무 조치 후 2~5년 이내에 보존기록관으로 이관하도록 되어있고, 집행에 관한 한시기록은 마지막 조치 후 6년~30년 후에 폐기하도록 규정하고 있다.44)

일본, 영국, 호주에서 도시계획 기록이 대체적으로 영구기록으로 평가 분류되고 있다는 것을 살펴보았다. 그렇다면 현대의 영구 보존기록의 평가기준이나 범주에 비추어 총독부 도시계획 기록의 영구 보존기록 결정 여부의 적절성은 어떠한지 검토해 본다. 최근 개정된 미국의 영구 보존기록 평가 정책의 범주에 따르면 영구 보존기록은 시민 권리를 증거하는 기록, 정부 공무원의 업무행위를 증거하는 기록 및 국가 경험을 증거하는 기록의 범주가 있다. 이 범주에 준하면 도시계획 기록은 두 번째 범주인 "정부기관의 기본적인 조직 구조, 조직의 변천, 기관의 핵심 사명과 관련된 정책과 업무과정, 기관의 핵심적인 정책결정과 행동을 증거하는 기록" 중에 "기관의 행동을 증거하는 기록"이다. 도시계획 기록의 일부는 일제 식민지 "정부가 개인, 지역사회 혹은 인위적이거나 자연적인 환경에 영향을 끼친 행위를 증거하는 기록" 그리고 "국가의 역사, 국민, 그리고 환경을 이해하는데 필수적인 기록"의 범주에 속하는 기록으로서 영구 보존기록으로 보존될 수 있다.

---

43) The Records Management Society of Great Britain, *Retention Guidelines for Local Governments*, 2003.

44) State Records Office of Western Australia, *General Disposal Authority for Local Government Records: RD 99004*, 1999.

미국 국가보존기록관리처의 평가 기준을 따른다면 총독부 기록은 "[식민지의]주요한 사회·경제·환경 이슈에 관련한 [식민지]정부의 심의, 결정, 행위의 증거를 제공하는 기록, [식민지] 정부의 사업과 행위가 [식민지의] 개인, 지역사회, 자연적이거나 인위적인 환경에 영향을 끼친 중요한 효과에 대한 증거를 제공하는 기록"이 될 수 있을 것이다.45) 이러한 보존가치 평가 기준에 따라 도시계획기록은 현대의 기록 평가 기준에 의해서도 영구 보존기록으로 평가되고 있다는 것을 알 수 있다. 단 주의할 점은, 도시계획의 집행 기록의 경우 그 규모와 사건의 중요성에 따라 영구 보존기록 여부가 세분되어서 평가될 수 있다는 점이다. 이것은 어떠한 하나의 업무 기능이 보다 세분화되어야 영구보존 여부를 결정할 수 있다는 기능 평가에 있어서의 주의할 점을 시사해 주는 것이라 할 수 있다.

한편 도시계획 기록은 역사적 도면과 사진을 많이 포함하고 있다. 사진기록은 그 구체적인 과거의 실물 이미지를 통해 그 시대의 사회상을 직접적으로 전달한다. 반면에 도면은 역사가에게 무엇을 말해주는가? 과거의 도면으로 과거의 사회상, 더 엄밀하게 말하면 과거 사회상의 지리적 배경을 재구성할 수 있을 것인가? 분명히 도면은 도시 행정가와 설계사에게 분명하게 구조의 변화와 새로운 구상을 보여주는 확실한 의미를 전달한다. 도면 기록은 역사가에게나 도시계획 연구자들에게 시간을 초월하여 그러한 재구성을 어느 정도 허용할 것으로 보인다. 그러기 위해서는 도면에 대한 정보의 기술이 필요하고, 도면을 이해할 수 있는 능력을 배양해야 할 것으로 보인다.

---

45) 미국 국가보존기록관리처, "국가보존기록관리처 전략 지침: 평가정책" 2003.10. 당시 조선총독부가 조선이라는 식민지를 통치한 실질적인 정부이므로 총독부 기록 중에 이러한 평가 기준에 해당되면 영구 보존기록으로 평가될 수 있다.

도면은 어느 정도까지 역사가에게 사회의 지리적 조건과 물리적 조건의 변천의 결과로서의 인간사회의 변천상을 전달해 줄 수 있을 것이다. 아직은 기록학적으로 도면의 정리와 평가, 활용에 관한 논의가 심도 있게 축적되어 있는 것처럼 보이지는 않는다. 일제 도시계획기록 도면으로 역사가는 조선 민중의 삶의 조건으로서의 지리적, 사회적 배경의 변천을 추적할 수 있을 가능성이 있다. 그러한 방식으로 전통사회의 해체와 식민사회의 재구성을 주장하거나, 칼 폴라니 같이 "거대한 변혁"(Great Transformation)의 이론을 증명할 수 있을 것인가 혹은 아날학파의 "랑게 듀레"를 통계가 아닌 도면 기록으로 증거할 수 있을 것인가? 이것은 한번 시도할 가치가 있는 시도라고 보여 진다.

10. 결론: 총독부 기록과 도시계획 기록의 평가 방법론

이 글에서 필자는 총독부 도시계획 기록을 포함한 일제 식민지시기 역사기록을 어떻게 평가하는 것이 바람직할 것인가 하는 문제의식을 가지고, 이러한 기록에 대해서 여러 가지 평가론을 적용시켜 검토해 보았다. 그럼으로써 상대적으로 유용하고 실제적인 평가 방법론을 도출해 보려고 시도했다. 도시계획기록을 포함한 총독부 기록은 기록학적인 평가 과정을 거치지 않은 당대의 보존기간표에 의해 영구기록으로 결정되어 현재까지 보존되고 있는 기록으로서, 기록을 생산한 조직의 위상과 기능이 명확하게 규명되어 있지 않으며, 기록 생산의 맥락이 대체적으로 불분명하고, 전체 기록이 남아있지 않으며, 그 일부가 우연히 살아남아 보존되기에 이른 것들이다.

총독부 기록과 도시계획기록에 적용시켜본 현대 평가론의 쟁점은 기록의 본원적 가치에 대한 논쟁, 쉘렌버그의 역사기록에 대한 정보가치 평가론, 미래의 이용가치와 경제성의 논리에 기반한 소장 기록 재평가 이론의 유용성, 기능 기반 평가와 도큐멘테이션 전략, 특정한 역사적 시기의 식민지 기록으로서의 특성에 의한 평가, 일제 식민지 기록의 내재적 가치, 당대와 현대의 기록처분권에서 도시계획기록의 "영구보존기록"으로의 평가결정 등이었다.

본원적 가치 논쟁에 비추어보면 총독부와 도시계획기록은 오늘날의 대부분의 공공기록과 마찬가지로 진본성과 객관성을 보장받는 기록은 아니다. 생산자의 기록 생산 의도와 진본성을 비판적으로 검토해야 역사적 사료로서 사용될 수 있는 기록이다. 소장기록 재평가론은 경제성 및 효율성의 관점에서 평가를 거치지 않은 기록을 계속해서 더 보존할 필요가 있는가를 판별하는 데는 유용하지만 식민지 기록 같은 유일성과 희귀성이 있는 기록에는 적용하는 것이 부적절하다. 붐스의 사회 표상화 평가 이론, 즉 기록의 평가 및 선별 준거를 기록의 내적 특성이 아닌 기록이 생산된 사회적 과정과 그 사회를 대표하는 정도에서 찾아야 한다는 접근방식이나 도큐멘테이션 전략, 즉, 당대의 대표적 지표를 선별하고, 개별기관의 범위를 넘어서는 전 사회적 차원의 기록을 평가 선별하고 수집하는 접근 방식이 과거 역사기록인 총독부 기록이나 도시계획기록의 평가에 있어서 실질적으로 유용한 평가틀이 되지는 못했다.

총독부기록은 식민지 통치를 증거하는 얼마 되지 않는 소수의 기록으로서 특정 연대 이전의 기록을 역사기록으로 보존하는 평가 관행으로 볼 때에도 당연히 보존되어야 하는 기록이다. 역사기록으로 결정되는 기년도가 법제화되어 있지는 않지만 관행적으로 보존된 것이 그런

인식을 반영한다고도 볼 수 있다. 총독부 도시계획기록은 색채로 된 도면과 과거의 도시와 가로의 사진 등 실물로 보존해야 할 가치가 있는 것으로 판명되었고 디지털화를 한다고 하더라도 원본을 보존해야 할 필요가 있는 기록으로 평가된다.

기록을 평가할 때에는 거시적 평가와 미시적 평가를 수행할 수 있다. 거시적 평가는 대상 기록의 전체 시리즈와 그 맥락과 배경을 조사 분석하고, 그 기록이 당대 사회의 대표적인 도큐멘테이션인가 분석하는 것이다. 필자가 작업 후기에 참여했던 총독부 도시계획 기록 평가 프로젝트는 당초 거시적 평가 접근방식을 더 고려한 것으로 보인다. 한편 미시적 기록 분석은 보존기록으로 남은 사료의 성질과 이용에 관한 기록학적인 이해를 심화시킬 수 있다. 또한 작업의 결과로 검토된 총독부 도시계획 기록의 주요 상세 내용과 맥락이 정리되어 이용자에게 연구 편의를 제공할 수 있다. 특히, 기록을 소장하고 있는 보존기록관에서의 인적 자원의 부족으로 인해 일제 식민지 기록의 상세한 내용 검토와 세부 목록 작성이 곤란한 현실에서 이러한 평가 작업은 단순한 가치 평가 작업에 그치는 것이 아니라 미정리된 기록을 정리하여 손쉽게 이용할 수 있게 하는 기본적인 보존기록 정리작업(archival processing)을 수행하는 것이 된다. 이것은 총독부 기록 같이 기록학적 평가가 수행되지도 않고 기록관리 원칙에 의한 기술(description)이 작성되지도 않은 역사 기록의 관리와 이용에 필요한 필수적인 가공 작업이다. 실질적으로 총독부 도시계획기록의 평가 프로젝트는 개별 기록철건의 평가 작업에 앞서 사전 작업으로 평가론의 종합 연구, 총독부 조직과 기능에 대한 연구, 그리고 총독부 시가지계획에 대한 연구가 수행되었는데, 이들 연구는 총독부 도시계획 기록 생산의 배경과 맥락, 조직 위계와 업무 중요성에 따른 평가 가치의 부여에 관한 근거를 제공하여 철건 평가/분석 업무에 기여한 연구 성과로 평가될 수 있다.

총독부 도시계획기록의 평가 작업은 이러한 작업은 명백히 그 한계를 노정하는 동시에 일정한 성과를 창출했다. 평가 작업은 평가보고서를 철건 항목별로 작성하는 방식으로 수행되었다. 이것은 미정리된 기록을 정리하는 작업의 성격을 강하게 띠었으며 기록철 안에 포함된 다수의 문건과 첨부 문건을 파악하여 주요 내용을 정리하는 작업이 위주가 되었다. 결과적으로 본 프로젝트에서 추진된 평가 작업은 총독부 도시계획 기록의 내용 분석과 사료적 정보 가치의 평가, 그리고 기술(description) 작업을 위주로 진행되었고 그 결과 자세한 철건 목록과 첨부문서의 목록이 작성된 기술서가 "평가서"의 형태로 산출되었다. 실제 평가자들이 일본어와 일본식 한자 초서로 된 기록의 내용을 이해할 수 있는 역사학적 훈련을 받은 전문가들이기는 했지만 기록학의 평가의 제이론을 심층적으로 적용할 수 있는 훈련을 받은 사람들이 아니었다는 점에서 현대 평가론의 요체가 적용된 평가틀을 구축하기가 어려웠을 것이라고 본다. 설혹 이론에서 도출된 일제시기 도시계획 기록의 평가 방법론이 주어졌다 하더라도 전문가가 아니라면 그것을 도시계획 기록의 평가에 제대로 적용할 수 없었을 것으로 생각된다.

초기에 시도된 총독부 도시계획 기록 평가 작업은 총독부 기록의 임의 표본 평가를 통해 "사료적 가치를 평가할 수 있는 평가모형을 개발하고," "객관적 평가지표를 추출"하고 "당시 기록관리체제에서 반드시 생산되었고 또 영구보존으로 분류되었을 공문서의 유형과 종류를 추론 및 검증"하고자 했다. 그러나 실제적으로는 총독부 기능이나 조직에 대한 시론적 연구와 기존 일제시대 도시계획 연구 성과에 기반하여 역사적 정보 가치의 평가에 치중했다. 정보가치의 평가에 있어서 객관적 평가 지표를 추출하는 일은 쉽지 않다. 다만 그동안에 전문기록관리기관에서 논의된 일반적인 영구 보존기록 선별기준이 적용되었을 뿐이다. 예를 들면, 총독부 기록이 영구 보존기록이 되는 기준은 그 기록이 식민지의 주요한 사회·경제·환경 이슈에 관련한 식민지 정부의 심의, 결정, 행위의 증거를 제공하거나, 총독부의 사업과 행위가 식민지의 개인, 지역사회, 자연적이거나 인위적인 환경에 영향을 끼친 중요한 효과에 대한 증거를 제공하는지 여부가 평가 기준이 되었다. 한편 "당시 기록관리체제에서 반드시 생산되었고 또 영구보존으로 분류되었을 공문서의 유형과 종류를 추론하고 검증하는" 과제는 시론적인 시도에 그치고 말았다. 존재하지 않는 기록 유형과 종류를 잔존 기록과 기능 연구에 의해 추론하는 작업은 한정된 연구 자원과 아직 저급한 연구 수준으로 인해 그 효율성과 효과성을 기대하기 어렵다.

생산 당시에 영구기록으로 결정되었기는 하지만 대량 폐기와 장기간의 방치된 상태를 거쳤다는 점에서, 총독부 기록의 사례에서 우리는 우연히 생존한 역사기록의 경우를 보고 있는데, 추가 수집을 위한 도큐멘테이션 전략이 과연 필요할 것인가? 우선 조선총독부의 조직 구조와 기능 평가 분석이 철저하게 수행되기가 쉽지 않다. 아직 그 연구 수준도 미미하다. 제한적인 것이기는 하지만 기왕에 시도된 조선총독부의 조직 구조와 기능 평가 분석에 의해 전체 일제식민 통치기구의 기록생산의 범위, 즉 도큐멘테이션에 관한 추정은 가능하지만 그것이 체계적인 일제 식민지 통치기록의 수집전략으로 연결될 수 있을지는 의문이다. 우리가 소장하고 있는 일제 식민통치기록에 관한 한 우선적으로 필요한 것은 기록 자체의 내용 분석과 이용 가능한 목록의 작성이다. 이

프로젝트에서 수행한 방식으로 모든 일제 통치기록의 세부목록을 작성하기는 현실적으로 어렵다. 작성 가능하고 이용성이 높은 기록을 선별하여 목록을 우선 작성하는 것이 차선책이다. 그 또한 재평가 작업을 요하는 일이다.

국가기록원이 소장한 일제 도시계획기록은 그 기준이 모호하기는 했지만 이미 조선총독부에서 기능을 기반으로 한 평가로 영구보존으로 결정된 기록들이다. 다만 그 기능이 세분화되지 않은 기능분류이었기 때문에 현재 보존되고 있는 도시계획기록이 영구 보존기록으로서의 성질을 가지고 있지 않다고 의심할 수도 있다. 현대의 기능기반 평가는 기록의 생산시기 이전부터 "기록연속성"(continuum) 관리 개념에 의해 수행된다. 그러나 이미 오래전에 생산되어서 보존기록이 된 기록에 대해 기능 기반 평가 분류를 역으로 시도할 필요성은 그다지 없는 것처럼 보인다. 우리의 경우는 총독부 기록이 일부 남아 있게 되어서 잘 알려지지 않았던 그 일부 조직의 기능과 활동을 역으로 알려주게 되었다고 할 수도 있다. 그러나 도시계획 기록 재평가 프로젝트를 위해서 시도된 기초적인 제도적 사회적 배경 분석과 조직 기능 분석 작업은 이러한 작업이 평가의 기초 작업으로서 반드시 필요하다는 것을 일깨워주었다.

총독부 도시계획 기록의 평가는 결과적으로 거시적·기능적 분석론 등 발전된 현대 평가론의 검토와 부분적인 적용에도 불구하고 쉘렌버그식의 역사적 기록의 정보 가치의 평가 방식으로 회귀했다. 역사적 기록이 갖는 정보 가치의 미시적 평가 방식이 위주가 된 것이다. 그러나 이를 통해 동시에 총독부와 일제 지방행정기관의 조직의 기능과 활동 내용을 어느 정도까지 재구성해주는 작업이 수행될 수 있었다. 맥락 정보를 상실한 보존기록의 맥락 정보 및 배경 정보를 최대한 제구축하여, 전체 총독부 기록의 평가를 효과적으로 수행하는 것이 이를 통해 가능할 것으로 보인다. 필자는 문제가 되는 소극적인 정보 가치 평가를 방지하기 위해서는 해당 기록에 정통한 전문 역사가 그룹의 집단적인 검토와 분석이 필요하다고 말했다. 총독부 기록 해제 작업을 실제로 수행한 역사 연구자와 역사적 훈련을 받은 아키비스트들을 하나의 팀으로 조직화하여 집단적인 검토와 분석을 통해 총독부 기록의 미래의 이용에 관한 "타당한 예상"을 최소한 도출해 내고 이것을 재평가의 기준으로 적용해야 한다는 것을 글의 말미에 다시 강조하고 싶다.

필자는 본론 부분에서 총독부 기록의 경우 기록 자체의 보존 가치의 평가보다는 그 기록에 대한 맥락의 분석과 내용의 분석이 먼저 필요하다고 강조했다. 맥락과 출처를 상실한 상태이기 쉬운 총독부 기록을 정확히 이해하고 이용할 수 있게 하는 전제 작업이기 때문이다. 기록의 내용 정보를 파악하고 기술로 작성하는 일은 이용자의 기록 이용을 촉진시킨다. 기록의 맥락 정보를 재구성하는 작업은 조직의 중요한 역사를 재구성하는 작업과 일맥상통한다. 사실 무작위 표본 평가의 성격을 띤 이 도시계획기록 평가 프로젝트는 총독부 지방행정기관의 조직의 기능과 활동 내용을 어느 정도까지 재구성해주는 작업이 될 수 있다. 이러한 작업을 통해 식민지 지방행정의 실체를 더욱 밝혀내고 이해할 수 있게 되기를 기대할 수 있다.

조선총독부 시가지계획 관련 공문서의 분류와 평가

이 송 순

1. 머리말

근대 관료제를 바탕으로 한 근대적 국가기구가 확립되면서 각 공공기관에서 생산하는 기록의 양은 방대해졌다. 사회가 점점 다양화되고 복잡해짐에 따라 기관이 증설되고 역할이 확대됨으로써 이제 공공기록을 어떻게 보존할 것인가가 중요한 문제로 떠올랐다. 이에 과거의 남겨진 기록을 해석하고 연구하는 역사학적 과제만이 아닌 현재 생산되고 앞으로도 계속 생산될 많은 기록을 어떻게 정리·보존할 것인가를 체계적으로 연구하는 기록학(archival science)이 태동하여 학문적 발전을 거듭하고 있다.

기록관리의 궁극적 목표는 현재 생산되는 수많은 기록을 어떤 기준 하에 분류·처분하여 당대의 사회구조와 거버넌스, 아젠더를 제대로 남겨놓을 것인가의 문제일 것이다. 이에 따라 기록의 선별·평가론에 대한 연구는 기록학에서 가장 핵심적 주제라 할 수 있다. 기록물에 대한 평가론은 서구 아키비스트들의 활발한 연구와 논의를 통해 상당한 성과를 거두었고,[1] 한국에서도 평가론의 적용과 전자기록이라는 새로운 기

---

1) 기록평가론에 대한 연구 동향 소개는 김익한, 「기록물 관리체제론 및 평가분류의 새로운 흐름」『기록보존』제 11호, 1998; 이상민, 「영구보존문서의 선별과 가치평가」, 『기록보존』제14호, 2001. 이와 함께 기록평가론(archival appraisal)에 대한 외국의 연구 성과가 번역 소개되었다. F. Gerald Ham 저, 강경무·김상민 역,『아카이브와 매뉴스크립트의 선별과 평가』, 진리탐구, 2002; 오항녕 편역, 『기록학의

록 환경에서의 평가문제까지 연구가 이루어지고 있다.[2]

기록학에서의 평가는 일반적으로 지속적 가치가 있는 중요기록물을 선별하는 행위이다. 이것은 기록물의 과잉생산이라는 환경 즉, 기록물 생산량의 증가와 그에 따른 정보의 증가에 대처하여 아키비스트가 수동적인 보관자로서의 역할을 넘어 미래를 위해 새로운 세계의 기록정보로부터 관리 가능한 역사기록을 구성하는 역할을 떠맡게 되면서 더욱 중요하게 되었다.[3]

서구의 이러한 경험은 일정한 가치 기준에 따라 기록물을 선별·보존해야 한다는 기록 평가에 대한 요구를 불러일으켰으나, 한국에서는 기록을 생산하여 원본 그대로 출처에 따라 보관해야 한다는 아카이브즈적 사고가 1980년대까지도 자리를 잡지 못했다. 일제시기 조선총독부는 기록관리를 전문적으로 수행할 아카이브즈를 설치하지 않았고 통치와 관련된 행정가치 중심의 문서 유통 및 보존관리에 급급했다. 또한 경찰 및 관방기록 등 비밀기록을 별도 관리하고, 비공개(폐기) 관행을 확대하였다. 이러한 관행과 무지는 해방 후 대한민국 정부 수립 이후에도 청산되지 못해 많은 공문서들이 제대로 보존되지 못했다. 이에 현존하는 총독부 공문서는 행정적 가치중심의 예규 및 법규성 문서와 인사

평가론』, 진리탐구, 2005.

2) 이승억, 「한국 공공분야 '기록보유' 체제 전망 -'기록물 분류기준표'의 제도적 의의와 특성」『기록학연구』4, 2001; 조영삼, 「'구기록물' 재편철 방안의 모색」『기록학연구』5, 2002; 김명훈, 「공공기록물의 평가체제에 대한 이론적 검토-선별방식 및 가치범주를 중심으로」『기록학연구』6, 2002; 이승억, 「전자환경에서의 기록관리 개념에 관한 재검토」『기록학연구』6, 2002; 설문원, 「행정기관의 기록관리 메타데이터 요소 분석」『한국비블리아』15-1, 2004; 김명훈, 「전자기록 환경에서의 평가에 관한 연구」『기록학연구』11, 2005; 이승억, 「기록평가 선별 결정 분석에 관한 연구」『기록학연구』12, 2005.

3) F. Gerald Ham 저, 강경무·김상민 역, 『아카이브와 매뉴스크립트의 선별과 평가』, 진리탐구, 2002, 14~15쪽.

관계 문서, 증빙성 문서 등이 영구보존 문서로 분류되었다가,[4] 일제 패망시 무단 폐기를 모면하여 보존되어 있는 것이다.

본고는 현재 국가기록원에 소장되어 있는 조선총독부 공문서 중 도시계획 관련 문서에 대한 기록학적 평가의 일환이다.[5] 이미 영구보존 문서로 결정되어 보존되고 있는 공문서에 대한 평가를 한다는 것은 '재평가'[6]의 의미를 가질 것이다. 그러나 본 연구는 처분(폐기, 재이관, 매각 등)을 전제로 하는 '재평가'가 아니라는 점에서 오히려 역사학의 해제작업과 유사한 성격을 띨 수도 있다. 각 행정단위의 기록관(Records Office)과는 달리 국가기록원(National Archaives)은 한 나라의 역사와 정체성의 상징이며 역사기록의 寶庫, 미래 역사연구의 사료가 모여 있는 중심센터이고, 역사가가 이러한 아카이브즈의 주 이용자라는 면에서[7] 아카이브즈의 기록을 평가하는 작업의 특성을 도출할 수 있을 것이다.

본고에서는 국가기록원 소장 총독부 공문서 중 조선시가지계획 관련 문서 60여철을 미시적(micro)으로 분석, 분류·기술하고 평가하여 이미 역사사료로 보존되고 있는 공문서의 활용방안을 모색하는데 일조하고

---

4) 이경용, 「조선총독부의 기록관리체제」, 『기록학연구』10, 2004, 269쪽.

5) 현재까지 이루어진 조선총독부 공문서 평가에 대한 연구는 다음과 같다. 이승일, 「조선총독부 공문서의 기록학적 평가 -조선총독부 도시계획 관련 공문서군을 중심으로」, 『기록학연구』12, 2005; 김경남, 「일제강점기 부산지역 시가지계획에 관한 공문서」, 『港都釜山』21, 2005; 김익한, 「불균형 잔존 행정기록의 평가방법 시론 - 조선총독부 공문서의 평가절차론 수립을 위하여」, 『기록학연구』13, 2006.

6) 재평가는 과거에 부적절하게 내려진 평가 결정을 정정하고 더 이상 타당성이 없다고 판단되는 평가 결정을 변경하는 컬렉션 관리도구이다. 재평가를 통해 거의 가치가 없다고 판단된 기록물을 처분할 수 있다 (F. Gerald Ham 저, 강경무·김상민 역, 앞의 책, 173쪽).

7) 이상민, 「역사를 위하여 : 아키비스트와 역사가의 역할」, 『기록학연구』6, 2002, 250쪽.

자 한다.

조선시가지계획은 1934년 「조선시가지계획령」 공포로 시작되었고, 그것은 한국 근대 도시계획의 본격적인 시작이자 원형이 되었다. 이에 조선시가지계획 자체에 대한 연구는 상당히 이루어졌다. 그러나 시가지계획 관련 공문서는 정책을 입안·결정·실행했던 주체들이 직접 생산한 자료임에도 그간 연구에는 많이 활용되지 못했다.8) 개별 문서의 내용을 파악하는 것은 연구나 개인적 필요에 의해 이루어질 수 있으나, 총독부 공문서가 갖는 기록(archive)으로서의 특징과 가치를 정리하여 적절하게 활용할 수 있게 하기 위해서는 기록평가(archival appraisal)가 필요하다. 이 연구는 이러한 문제의식에 대한 시론적 출발이라 할 수 있다.

2. 조선총독부의 「조선시가지계획령」 제정과 운용

1934년 식민지 조선의 본격적인 도시계획 법령인 「조선시가지계획령」(제령 제18호, 1934.6.20, 이하 시가지계획령)9)이 공포되었다. 시가지계획령 공포에 대해 총독부 당국은 "합방 이래 문화가 급격히 진보하고,

---

8) 현재 국가기록원에서는 총독부 공문서에 대한 목록제공과 해제작업을 통해 개별 문서의 내용을 홍보하여 보다 적극적인 활용을 돕고 있다.

9) 「조선시가지계획령」은 일본의 「도시계획법」을 母法으로 하면서도 법령 명칭을 '시가지계획령'이라 한 것에 대해서 총독부는 "「도시계획법」은 기성 도시의 개량을 목표로 하였지만, 「시가지계획령」은 기성시가의 확장과 신시가의 창작에 중점을 두었기 때문"(牛島省三(총독부 내무국장), 「朝鮮市街地計劃令の發布に就て」 『朝鮮』 1934년 7월호, 92쪽)이라고 했다. 그러나 손정목은 이상의 이유 외에 "일본 정치의 군부 장악과 관련해 본국과 식민지의 위계질서를 표현하기 위해 도시-시가지로 구분"한 점도 있다고 보았다 (孫禎睦, 앞의 책, 184-186쪽).

기성시가지의 통제되지 않는 팽창, 돌연한 신시가지의 출현 등이 있어 지금 도시시설에 관한 근본제도를 확립하여 그 지도표준을 정하지 않으면 안된다"[10] 라는 입장을 밝혔다.

시가지계획령은 총칙, 지역·지구지정 및 건축물 등 제한, 토지구획 정리의 전문 3장 50조로 구성되었으며, 이미 1919년 일본 본토에서 공포된 도시계획법과는 차이가 있었다. 일본의 도시계획을 위한 법령은 도시계획법, 도시계획위원회관제, 시가지건축물법의 3가지로 구성되었다.[11] 반면 시가지계획령은 일본의 「도시계획법」과 「시가지건축물법」을 하나로 묶었고, 관동대지진 후의 특별도시계획법(1923)의 내용도 포함되었다.[12] 시가지계획령 중 건축물법 관계 조항을 제외하고, 사업의 특징을 보여주는 주요 조항은 다음과 같다.

제1장 총칙

제1조 본령에 있어 시가지계획이라 함은 시가지의 창설 또는 개량을 위하여 필요한 교통, 위생, 보안, 경제 등에 관한 중요시설의 계획으로서 시가지계획 구역에 대해 시행하는 것을 말한다.
제2조 시가지계획 구역 및 시가지계획은 그 구역에 관계있는 부회, 읍회 또는 면협의회의 의견을 듣고 조선총독이 이를 결정한다.
제3조 시가지계획사업은 조선총독이 정하는 바에 의해 행정청이 이를 집행

---

10) 牛島省三, 「朝鮮市街地計劃令の發布に就て」『朝鮮』1934년 7월호, 92쪽.

11) 「도시계획법」은 도시계획의 내용과 도시계획 사업의 절차 등이 주된 내용으로 전체적인 측면에서 도시계획의 내용을 다루고 있다. 「시가지건축물법」은 그 주된 내용이 건축물에 대한 내용이지만 도시계획과 관련해서 지역과 지구에 대한 실질적인 규제는 시가지건축물법에서 규정하고 있다. 「도시계획위원회관제」는 도시계획을 실질적으로 심사하고 운영하기 위한 법령이다 (이명규, 「한국과 일본의 도시계획제도의 비교분석에 관한 연구」, 서울대 박사논문, 1994).

12) 越澤明(이명규 역), 「동아시아에서 近代都市計劃의 成立과 展開」『東洋 都市史 속의 서울』, 222쪽.

한다. 조선총독이 특별한 필요가 있다고 인정할 때에는 그 정하는 바에 따라 행정청이 아닌 자로 하여금 그 출원에 의해 시가지계획사업의 일부를 집행케 할 수 있다. 시가지계획사업 집행자는 사업 착수 전에 그 실시계획에 관하여 조선총독의 인가를 받아야 한다. 다만 사업집행자가 행정관청일 때에는 조선총독의 승인을 받아야 한다

제4조 시가지계획사업의 집행에 요하는 비용을 부담하는 국가 또는 공공단체는 조선총독이 정하는 바에 의해 시가지계획사업으로 인해 현저히 이익을 받는 자로 하여금 그 받는 이익의 한도 내에서 同條의 비용 전부 또는 일부를 부담케 할 수 있다.

....

제2장 지역 및 지구의 지정과 건축 등의 제한

제15조 조선총독은 시가지계획 구역 내에 주거지역, 상업지역 또는 공업지역을 지정할 수 있다.

....

제21조 조선총독은 시가지계획 구역 내에 風致地區를 지정하고 그 지구 내에 토지의 형질 변경, 공작물의 신축·개축·증축·대수선 혹은 제거, 물건의 부가증치, 竹·木·土·石의 종류의 채취 기타 풍치 유지에 영향을 미칠 우려가 있는 행위의 금지 또는 제한에 관해 필요한 규정을 설치할 수 있다.

제22조 조선총독은 시가지계획 구역 내에 美觀地區를 지정하고 그 지구 내에 건축물의 구조, 설비 또는 부지에 관해 미관상 필요한 규정을 둘 수 있다.

제23조 조선총독은 시가지계획 구역 내에 放火地區를 지정하고 그 지구 내에 방화 설비 또는 건축물의 방화 구조에 관해 화재예방 상 필요한 규정을 둘 수 있다

제24조 조선총독은 시가지계획 구역 내에 風紀地區를 지정하고 그 지구 내에 건축물 또는 영업에 관해 풍기 상 필요한 규정을 둘 수 있다

제3장 토지구획정리

제42조 본장에 있어 토지구획정리라고 칭하는 것은 토지의 垈地로서의 이용을 증진하는 목적으로 본장의 규정에 의해 토지의 교환, 분합, 지목변환 기타의 구획 형질의 변경 또는 도로, 광장, 하천, 공원 등의 설치, 변경 혹은 폐지를 행함을 말한다

제43조 시가지계획 구역 내의 토지에 관해서는 토지구획정리를 시행할 수 있다.

제44조 시가지계획으로서 결정된 토지구획정리에 관해서는 그 시행 구역 내의 토지 소유자는 조선총독이 지정하는 기한 내에 그 시행 인가를 신청해야 한다. 토지 소유자가 전항의 규정에 의해 토지구획정리 시행 인가를 신청하지 않거나 또는 신청하였을지라도 그 내용이 적당하지 않다고 인정할 때에는 조선총독은 행정청으로 하여금 토지구획정리를 시행케 할 수 있다.

········

제48조 제4조의 규정에 의해 행정청이 시행하는 토지구획정리에 요하는 비용을 부담하는 공공단체는 조선총독이 정하는 바에 의하여 정리 시행지구 내의 토지의 소유자 또는 관계인으로 하여금 그 비용의 전부 또는 일부를 부담케 할 수 있다.

이러한 시가지계획령의 특징을 정리하면 첫째, 법령 명칭에서도 언급한 바와 같이 기성시가의 개량보다 기성시가의 확장 및 신시가지의 창설에 주안점을 두었다(제1조).[13) 둘째, 시가지계획에 대한 결정 및 집행권을 총독에게 귀속시키고 법적 지위를 갖는 심의, 자문기관을 설치하지 않았다(제2조,제3조). 일본 「도시계획법」에서는 도시계획위원회(중앙, 지방) 설치를 법적으로 규정했으나, 조선에서는 일단 내훈으로 총독부 내에 시가지계획위원회를 설치했다.[14) 셋째, 토지구획정리사업

---

13) 일본 도시계획법과 조선시가지계획령의 목적은 다음과 같다.

	도시계획법	조선시가지계획령
법의 목적 및 이념 (제1조)	도시계획이라 칭함은 교통, 위생, 보안, 경제 등에 관해 영구히 공공의 안녕을 유지하고 또는 복리를 증진시키기 위한 중요한 시설의 계획	시가지계획이라 함은 시가지의 창설, 또는 개량을 위하여 필요한 교통, 위생, 보안, 경제 등에 관한 중요시설의 계획

14) 내훈에 의해 조직된 조선시가지계획위원회는 법적인 효력을 갖는 것이 아니었다. 이에 추후적으로 이미 활동하고 있는 시가지계획위원회의 법적 자격을 부여하기 위해 1940년 「조선시가지계획령」을 개정하였고, 이에 따라 1941년 칙령으로 「시가지계획위원회관제」를 공포했다.

에 대해 일본에서는 조합 시행을 원칙으로 했음에도 조선은 국가 시행(행정 주도)을 분명히 규정하여 시행과정에서 토지소유자들의 사적 이해를 최대한 차단하고자 했다(제44조).[15] 그럼에도 토지구획정리사업 비용은 철저히 수익자부담 원칙이었다(제4조,제48조). 이것은 「조선도시계획령」이 재원 확보 문제로 좌절되었을 때 제기되었던 문제였는데, 결국 강력한 행정권력을 바탕으로 시행되었다.[16]

시가지계획령은 아래 <표3>과 같이 1934년 나진을 시작으로 1945년 8월까지 43개 도시에 적용(그 중 길주, 고원은 準用)되었다. 그 내용은 대부분 계획구역, 가로망, 토지구획정리가 하나의 세트로 거의 동시에 결정되었다. 그 중 핵심적인 것은 토지구획정리였다. 토지구획정리는 '토지의 매수 없이 관계지역의 지주로부터 토지를 공출케 하여 도로용지 등을 취득하려는 값싼 도시개조수법' 또는 '값싼 공공시설 정비수법'이었다.[17]

시가지계획령은 1938년 「시행규칙」 개정과 1940년 「조선시가지계획령」 개정이 이루어졌다. 1938년 「시행규칙 개정」(府令 제193호,

---

15) 염복규, 「1930~40년대 京城市街地計劃의 전개와 성격」 서울대 국사학과 석사학위논문, 2000, 15쪽. 조합 시행을 인정하지 않았던 이유에 대해 총독부는 "1)지주에 의해 사전에 계획을 작성하는데 비용이 들며 경험도 없다. 內地에 있는 부재지주(회사 등)가 많고 동의도 하지 않으며 조선인은 경험도 없다 2) 도로,공원,시장 등 다른 계획사업과 상응해 행정청 시행으로 하는 것이 유리하다"고 했다 (越澤明(이명규 역), 앞의 논문, 223쪽).

16) 시가지계획령 하 모든 구획정리사업은 수익자부담금으로 공사비가 전액 충당되었는데, 나진부에서는 이와 별도로 토지증가세제도를 채택했다.

17) 孫禎睦, 『일제강점기 도시계획연구』, 일지사, 1990, 254쪽. 일본에서 토지구획정리사업이 도시계획의 주된 방법으로 자리잡은 것은 1923년 관동대진재 이후 帝都復興事業부터였다. 특히 나고야의 토지구획정리는 가장 대표적이었고, 총독부의 今井田 정무총감은 이를 주도했던 나고야市 토목과장 출신 岡崎早太郞을 초빙해서 시가지계획령의 초안을 작성했다.

1938.9.21)에서는 제1조 제1호의 '一團의 주택경영'을 '一團의 주택지경영, 一團의 공업용지조성'으로 개정했다. '일단의 공업용지조성'은 1937년 중일전쟁 도발 이후 군수공업의 비약적 신장을 기한다는 국책적 임무 수행에 부응하는 조치였고, '일단의 주택지경영'은 대규모 공업단지 조성에 필연적으로 수반하는 근로자의 주택지 마련을 위한 조치였다. 주택지와 공업용지가 모두 조성된 곳은 청진, 대구, 신의주, 인천, 진남포, 해주, 양시, 다사도, 경인, 보산, 삼척·묵호의 11개 지역이고, 주택지경영만 이루어진 곳이 경성,부산,평양,원산,흥남의 5개 지역, 공업용지만 조성된 곳은 나진, 순천 2개 지역이었다.

1940년에는 시가지계획령 개정이 있었다.[18] 제1조의 '교통, 위생, 보안, 경제 등에 관한 중요시설 계획'에 '防空'을 추가했다. 이제 시가지계획령은 "국토계획에 따라 공업입지를 기초하고 또 防空的 관점에 입각한 새로운 견지에서 도시계획을 수립"[19]하는 것으로 바뀐 것이다. 전쟁의 확대로 일본 본토뿐만 아니라 한반도, 만주지역까지도 공습이 확대될 우려가 커지면서 '綠地地域. 風致地區, 公園'을 정하여 防空 및 疏開에 대비하자는 것이었다. 이에 1943년 시가지계획위원회에서는 기존 계획도시에도 녹지나 공원지역을 설정하는 계획안을 추가하고, 새로 지정된 지역도 이에 준하도록 했다.

---

18) 관보 제4173호, 1940년 12월 18일자, 「조선시가지계획령개정」(제령 제41호, 1940. 12.18)

19) 민족문제연구소 편, 「昭和18年 제84회 제국의회설명답변 자료(鑛工.)」, 『일제하 전시체제기 정책사료총서』제21권, 255쪽.

3. 시가지계획 관련 공문서의 분류 및 평가

가. 총독부 공문서의 기록 평가와 의의

현존하는 총독부 공문서는 대부분 영구보존(甲種) 문서로 분류된 것이다. 조선총독부는 공문서 보존기간 책정과 관련하여 1911년 '처무규정'에서 보존기한을 5단계(甲種-영구·乙種-30년·丙種-10년·丁種-3년·戊種-시행완료)로 나누었다. 이것은 1922년 처무규정에서 갑종·을종·병종·정종의 4단계로 개정되어 이후 조선총독부 문서구분에 적용되었다. 보존기한의 구분은 "각 기간 동안 보존할 필요가 있다고 인정되는 문서"라는 추상적 기준 외에 공문서의 구체적인 보존기한 책정기준은 찾아볼 수가 없다. 이에 道단위 이하의 공문서 보존기한 책정의 근거가 된 규정을 토대로 어떤 문서들이 영구문서로 책정되었는지 살펴보자.

[표 1] 조선총독부 지방행정문서의 갑종(영구보존)문서 분류 규정

道	府郡		邑面	
1932년 전라남도 처무규정 (4단계 보존기한 구분)	1913년 府郡처무규정준칙 (3단계 보존기한 구분)	1913년 황해도 郡처무규정준칙 (3단계 보존기한 구분)	1923년 함경북도 읍면처무규정 (3단계 보존기한 구분)	1934년 강원도 읍면처무규정 (4단계 보존기한 구분)
1. 道令, 道達 훈령, 지령 예산 기타 장래 例規 徵證이 될 서류 2. 稟議, 稟申 및 통계보고 등 중요한 서류 3. 官吏吏員 및	1. 府郡에서 발한 훈령, 통첩 등 예규로 삼을 만한 서류 2. 허용의 지령 과 관련된 각종 稟請, 請願 등으로 영속적인 성	1. 예규 2. 허용의 지령을 받은 각종의 稟請, 청원 등으로 영속할 성질을 가진 사건에 관한 서류 3. 역사의 徵考	1. 읍면규정 기타 장래의 예규 징증이 될 서류 2. 역사의 徵考가 될 서류 3. 회계서무 기타 각종통계 및 도표 및 諸種의	1. 읍면규칙, 감독관청의 훈령지령, 기타 장래의 例規徵證이 될만한 서류 2. 諸 대장 원부 및 도서류 3. 중요한 신청,

학교 직원의 진퇴상벌에 관한 중요한 서류 4. 연혁 역사의 참고가 될 서류 5. 회계세무에 관한 것, 기타 영구보존 필요가 있다고 인정되는 서류	질을 갖는 사건에 관한 서류 3. 역사의 徵考로 해야 할 서류 4. 諸種의 대장 원부류 5. 前 各号외에 영구참조의 필요가 있다고 인정되는 서류	가 될 서류 4. 諸種의 대장 원부의 類 5. 세무증빙서류 6. 부과 및 징수에 과한 계표 7. 전 각호의 외 영구보존할 필요가 있다고 인정되는 서류	대장 원부류 4. 호적거주 및 인감에 관한 서류 5. 중요한 신청 제보고 및 왕복서류 6. 면협의회 자문에 관한 것 7. 직원의 이력 진퇴 및 상벌에 관한 서류 8. 前 各号외 영구보존이 필요하다고 인정되는 서류	보고 및 왕복서류 4. 역사의 徵考가 될 만한 서류 5. 직원의 이력, 진퇴 및 상벌에 관한 서류 6. 前 各号 외 영구보존 필요가 있다고 인정되는 서류

출전 : 이경용, 「조선총독부의 기록관리제도」『기록학연구』 10, 2004. 249~257쪽.

<표1>은 道·府郡·邑面 단위의 처무규정에 나타난 영구보존문서 책정 기준이다. 각 행정단위별로 집행하는 업무와 사안이 차이가 있어 영구보존문서 책정 기준도 조금씩 차이가 있다. 그러나 대체로 예규 등의 법규성 문서는 거의 영구로 분류되었다. 지방행정의 성격 상 수세 부과와 징수에 관련하여 증빙할 문서(원부 및 대장류)도 영구로 분류되었다. 식민통치기구의 가장 말단행정기관인 면 단위에서는 대민통치의 매개 역할을 했던 면협의회의 회의록이나 자문 관련 문서도 중요하게 취급되었다.[20] 지방행정기구와 총독부 본부의 보존기한 구분에는 일정 정도 차이가 있겠지만 대체로 공통적으로 포함된 '역사에 徵考가 될 만한 서류'라는 항목 외에 기본적으로 행정적 가치가 중요시 되었다.

---

20) 이경용, 「조선총독부의 기록관리제도」『기록학연구』10, 2004. 257쪽.

이미 영구보존문서로 분류되어 보존된 문서이지만, 총독부 공문서에 대한 기록 (재)평가를 해야 할 이유는 첫째, 당대 문서 보존기한 분류기준이 정확히 명시되지 않았기 때문에 현존 문서가 어떠한 맥락에서 보존되고 있는지 정리할 필요가 있다. 이는 현재 생산되고 있는 공문서에 대한 평가에 대한 역사적 사례를 제시할 수 있다. 둘째, 문서의 可讀性이 떨어져 일반인이나 연구자의 경우도 문서 활용에 있어 상당한 제약이 있기 때문이다. 셋째, 당대 문서 분류규정에도 '역사에 徵考가 될 만한' 문서라는 항목이 있듯이, 기록은 역사 복원과 이해에 필수불가결한 요소이다. 현재 보존되어 있는 기록의 가치를 정확히 드러내어 보존기록의 활용가치를 높여야 할 것이다.

그렇다면 도시계획 관련 총독부 공문서는 어떠한 내용을 가진 문서이며, 그 기록 가치는 어떻게 평가할 수 있을까. 총독부 공문서는 쉘렌버그적 기록 가치 정의에 따르면 비현용단계의 2차 가치(계속적 가치)를 갖는 기록으로 증거 가치와 정보 가치를 포함하는 기록이라 할 수 있다.21) 이러한 쉘렌버그의 가치론에 대해 기록은 기록 자체가 아니라 사회의 투영으로서 실재하는 것이라는 붐스(H.Booms)의 논의,22) 햄 (G.Ham)을 필두로 한 1980년대 미국 아키비스트들의 전 사회적 차원에서 협동적인 기록 수집을 추구하는 '도큐멘테이션' 전략,23) 쿡(Terry

---

21) Schllenberg, T. R., "The appraisal of modern public records", *National Archive s Bulletin* 8(Washington:NARS, 1956) (오항녕 편역, 「현대 공공기록의 평가」 『기록학의 평가론』, 진리탐구, 2005).

22) Booms, Hans, "Society and formation of a documentary heritage: issues in th e appraisal of archival sources", *Archivaria*24(Summer 1987) (오항녕 편역, 「사회와 기록유산의 형성」 『기록학의 평가론』, 진리탐구, 2005).

23) Abraham, Terry, "Collection policy or documentation strategy: theory and pra ctice", *American Archivist* 54(Winter 1991).

Cook)의 거시적 기능평가론[24] 등 기록 선별·평가에서 기록의 개별 가치보다 사회의 표상을 우선으로 해야 한다는 논의가 제기되어 많은 지지를 얻고 있다.

이런 논의를 적극 수용하여 총독부 공문서 평가에서도 당대의 사회적 컨텍스트를 분석하고, 총독부 조직 및 기능에 대한 분석을 통해 기록의 가치를 평가하려는 연구가 이루어졌다.[25] 이 연구에서 제시된 기록 가치 평가의 기준에 의해 도시계획 관련 총독부 문서에서 가장 핵심적인 기록으로 분류될 수 있는 것은 다음과 같다.

[표 2] 조선총독부 공문서의 조직 및 기능 분석에 따른 기록평가 기준

기록평가 기준			도시계획 문서 적용
조직 위계	상위	• 조선총독부 정책결정 및 조율기구 (국장회의) • 정책 섭외 및 자문조직 (총독직속 각종 위원회 등)	• 시가지계획위원회 문서
	중간	• 조선총독부 정책입안 및 집행 조직 (총독부 各局) • 조선총독부와 조선인들의 상호작용을 반영하는 지방조직 (부회, 읍회, 면협의회)	• 총독부 내무국 토목과의 시가지계획 사업 집행문서 • 도시계획 관련 지방자치단체 답신서
기능 위계	상위	• 해당업무의 정책 결정 및 심의·자문 기능 여부 • 칙령·법률에 의한 업무 • 제령에 의한 업무 • 해당사안의 결재권자 (총독,정무총감 결재사안)	• 시가지계획위원회 문서 • 「시가지계획령」에 의한 사업 문서

---

24) Terry, Cook, "Macro-appraisal and functional analysis: documenting governance rather than government", *Journal of the Society of Archivists*, Vol.25, No.1(2004).

25) 이승일, 「조선총독부 공문서의 기록학적 평가 -조선총독부 도시계획 관련 공문서군을 중심으로」, 『기록학연구』12, 2005.

		• 총독부 당국과 조선인들의 상호작용 반영 여부 (지방자치단체 생산문서) • 해당기관의 핵심적 기능 여부 • 해당업무가 여러 조직과의 관련 여부	
	중간	• 훈령·부령에 의한 업무 • 총독부 소속기관(지방행정기관 및 소속 기관) 업무	• 道 토목과의 시가지계획 사업 관련 문서
중요기록유형		• 정책결정문서, 회의록(의사록), 정책결정 근거서류, 도면	

출전 : 이승일, 「조선총독부 공문서의 기록학적 평가 - 조선총독부 도시계획 관련 공문서군을 중심으로」, 『기록학연구』12, 2005. 218·223∼224쪽.

조선총독부의 조선 도시계획 프로세스는 시구개정 - 「도시계획령」 제정 구상 - 「시가지계획령」 제정과 시가지계획 실시로 볼 수 있는데, 이 중 법적 근거(制令)를 가지고 체계적으로 가장 광범위하게 실시한 정책은 시가지계획이었다. 따라서 도시계획 범주에 해당하는 다양한 문서군 중 시가지계획 관련 문서군이 일제시기 도시계획 관련 공문서 중 가장 핵심적 사안을 반영하는 문서라 할 수 있다. 시가지계획령 하에 내무국 토목과에서 생산한 사업 계획·집행 문서는 구체적 사업 집행 과정과 그 방식을 보여주고 있다.

또한 시가지계획위원회 문서는 시가지계획위원회가 정책 결정 기능을 가지고 있지는 않았으나 정책을 검토·자문하는 역할을 했으며, 그 검토 사안이 조선총독에 의해 대부분 그대로 정책으로 결정되었다는 점에서 위원회에 제출되어 편철된 문서들(회의록, 제출의안, 답신서 등)은 시가지계획의 가장 중요한 정책 내용을 담고 있다.

그러나 현존 문서는 당시 문서분류규정에 따라 체계적이고 균질적으로 관리·보존되지 못했으므로 문서 자체로 일제시기 시가지계획의 전모와 그 특징을 재현하는 데는 한계가 있다. 따라서 이미 밝혀진 시가지계획의 역사적 맥락과 그것을 담당했던 조직의 기능을 토대로 남겨진 기록의 평가가 필요한 것이다.

나. 시가지계획 관련 공문서의 분류 및 평가

본 연구의 분석 대상 공문서(국가기록원 소장)는 1934년 「조선시가지계획령」 공포 이후 실시된 시가지계획 관련 문서군(Series)의 문서 63철(Files)이다.[26] 시가지계획 관련 문서군은 크게 각 계획 대상지역별 사업실행문서와 시가지계획위원회 문서로 나누어 볼 수 있다.

1) 시가지계획 사업실행 문서

먼저 각 지역별 사업실행문서는 시가지계획의 사업 내용인 구역, 가로망, 토지구획정리 관련 문서철로, 시가지계획 적용 도시 총 41개(준용지역 길주·고원 제외) 중 23개 지역에 대한 사업 문서가 남아있다. 이에 대한 현존 문서는 56철로 그 실태는 <표3>과 같다. 23개 지역의 시가지계획 관련 문서 역시 사업에 대한 모든 문서가 남아있는 것은 아니다. 대체적인 지역 조사에 대한 문서만 남아있는 곳과 시가지계획 3종 세트라 할 수 있는 '계획구역, 가로망, 토지구획정리'에 관한 계획과 시행과정에 대한 문서가 모두 남아있는 곳 등 관련 공문서의 내용도 편차가 크다.

시가지계획 관련 문서 중 가장 많은 부분을 차지하고 있는 것은 토지구획정리사업 관련 문서이다. 나진, 대구, 부산, 함흥, 부여, 진주지역만 가로망에 대한 별도의 문서가 존재할 뿐, 시가지계획의 구역 설정이

---

26) 시가지계획사업의 근간이 되는 토지수용과 예산관련 문서는 매우 중요하지만, 문서의 특성 상 시가지계획 자체의 특성이나 정책 내용을 담고 있지 않고, 개인 권리에 대한 증빙서류로서의 가치가 더 높아 본 연구의 분석대상에서는 제외했다.

나 가로망에 대한 별도의 문서는 많지 않다. 대부분의 문서는 토지구획정리 관련 문서로서, 이것이 시가지계획에서 가장 핵심적인 사업이었음을 알 수 있다. 1938년 시행규칙 개정에 의해 추가된 '일단의 주택지 경영'과 '일단의 공업용지 조성' 사업에 관한 문서는 사업이 실시된 18개 지역 중 대구, 인천, 평양지역의 것만 남아 있다.

한편 1940년 「조선시가지계획령」 개정으로 '防空'을 위한 '녹지지역·풍치지구·공원' 지정에 관한 문서는 하나도 남아있지 않다. 전시체제하에 전쟁수행을 위해 식민지 조선에서 시행한 각종 정책에 대한 공문서는 상당 부분 폐기되어 보존되어 있지 못한 실정이다. 도시계획 문서의 경우도 시가지계획이 전쟁 수행을 위한 '국토 개발'과 '防空'·'疏開' 목적으로 전환된 과정이나 그에 따른 정책 입안·실행 문서는 보존되어 있지 않다. 이것은 뒤에 살펴볼 시가지계획위원회 문서의 경우에도 1940년 이후 유일하게 개최된 제6회 시가지계획위원회 문서가 존재하지 않는다는 사실에서도 알 수 있다.

[표 3] 시가지계획령 적용 도시 및 사업내용과 현존 조선시가지계획 관련 문서 실태

		문서양식			사업관련		사업내용 / 관련 문서여부					
		기록철(Files)명	생산년도	생산기관	계획적용일시	위원회검토	구역	가로	구획정리	주택 *	공업 **	녹지풍치공원#
나진		나진 시가도로공사	1934-41	내무국 토목과	1934.11.20		■	■	■		■	
								◎				
경		경성신시가지계획 및 토지구획	1936-37	내무국	1936.	1회	■	■	■	■		■

	문서양식			사업관련		사업내용 / 관련 문서여부					
성	정리 결정관계철		토목과	3.26	2회,4회	◎	◎	◎			
청진	청진시가지계획사업 제2토지구 획정리 실시계획 인가의 건	1938-40	내무국 토목과	1936.3.26	1회	■	■	■	■	■	
								◎			
	청진시가지계획사업 제2토지구 획정리 환지예정지 지정에 관한 건(함경북도)	1938	내무국 토목과					◎			
	청진시가지계획사업 제3토지구 획정리공사 준공기한 연기의 건(함경북도)	1939-42	내무국 토목과					◎			
성진				1936.4.20	1회,6회	■	■	■			■
대구	국고보조 대구 시가도로 및 하수공사 준공인가의 건	1937-41	내무국 토목과	1937.3.23	3회	■	■	■	■	■	
							◎				
	대구시가지계획사업 제1토지구 획정리 실시계획 인가의 건	1940-43	내무국 토목과					◎			
	대구시가지계획사업 제1토지구 획정리 실시계획 인가의 건	1944-45	광공국 토목과					◎			
	대구시가지계획사업 제3토지구 획정리 실시계획 인가의 건	1943	사정국 토목과					◎			
	대구시가지계획 일단주택지 경영사업실시계획 인가의 건	1942-43	사정국 토목과						◎		
	대구시가지계획 일단공업용지 조성에 따른 일단주택지 경영사업 준공기한 연장의 건	1941-43	내무국 토목과						◎	◎	
	시가지조사서	1942-43	대구부 토목과			◎	◎	◎			
	대구부 시가지공사	1942	대구부 토목과				◎				
	시가지 조사서(대구)	1935	대구부 내무과			◎	◎	◎			
	시가지 조사서	1940	대구부			◎	◎	◎			

	문서양식		토목과	사업관련		사업내용 / 관련 문서여부					
목포	목포 도시계획결정	1936-40	내무국 토목과	1937.3.23	3회	■◎	■◎	■◎			
부산	부산 도시계획결정	1936-40	내무국 토목과	1937.3.23	3회, 6회	■◎	■◎	■◎	■		■
	국고보조 부산 시가도로 재해복구공사	1937-41	내무국 토목과			◎					
신의주	신의주시가지계획사업 토지구획정리 실시계획 인가의 건	1938-40	내무국 토목과	1937.3.23	3회, 4회	■	■◎	■	■		
	신의주시가지계획 토지구획정리 실시계획 변경인가 신청에 관한 건	1941	내무국 토목과				◎				
인천	인천시가지계획 일단공업용지조성에 따른 일단주택지 경영사업 실시계획인가건	1940-43	내무국 토목과	1937.4.12	3회, 5회, 6회	■	■	■	■◎	■◎	■
	인천시가지계획 일단공업용지조성에 따른 일단주택지 매각가격 승인의 건	1940-42	내무국 토목과						◎		
	인천부 대화 토지구획정리지구 실시 시행도로 및 부대공사 설계도								◎		
평양	평양시가지계획사업 제1토지구획정리 실시계획 인가의 건(평안남도)	1938-43	내무국 토목과	1937.4.30	3회, 6회	■	■	■	■◎		■
	평양시가지계획사업 제2토지구획정리 실시계획 인가의 건(평안남도)	1939-43	내무국 토목과						◎		
	평양시가지계획 일단주택지 경영사업 실시계획인가의 건	1940-44	내무국 토목과							◎	
함흥	함흥시가지계획사업 제1토지구획정리 실시계획 인가의 건	1939-43	내무국 토목과	1937.4.30	3회	■	■◎	■			

	문서양식			사업관련	사업내용 / 관련 문서여부					
	함흥시가지계획사업 제2구 토지구획정리 (함경남도)	1939-41	내무국 토목과					◎		
	함흥시가지계획사업 제3구 토지구획정리(함경남도)	1939	내무국 토목과					◎		
	함흥시가지계획사업 제3구 토지구획정리 (환지예정지 지정조서)	1939	내무국 토목과					◎		
	함흥시가지계획사업 제4구 토지구획정리 (함경남도)	1939-41	내무국 토목과					◎		
	함흥시가지계획 토지구획정리 환지예정지 지정의 건(제4구)	1942	사정국 토목과					◎		
	함흥시가지계획 가로 사업에 따른 동건축부지 조성사업(함경남도)	1937-41	내무국 토목과				◎			
	함흥시가지계획(건축부지조성 가로 토지구획정리)사업 실시계획 변경 건(함경남도)	1943-44	사정국 토목과				◎	◎		
	함흥시가지계획사업 재해부흥 토지구획정리(함경남도)	1940-44	내무국 토목과					◎		
원산	원산시가지계획사업 제1토지구획정리 실시계획 인가의 건	1940-44	내무국 토목과	1938.5.7	■	■	■	■		
								◎		
전주				1938.5.9	■	■	■			
군산	군산도시계획결정	1938	내무국 토목과	1938.5.9	■	■	■			
					◎	◎	◎			
춘천	강릉춘천도시계획결정	1940	내무국 토목과	1938.5.9	■	■	■			
					◎	◎	◎			
	춘천시가지계획사업 제1토지구획정리공사(강원도)	1939-42	내무국 토목과					◎		
대전	대전 도시계획결정	1937-38	내무국 토목과	1938.5.12	■	■	■			
					◎	◎	◎			
	대전시가지계획사업 제1토지구	1941-43	내무국					◎		

	문서양식			사업관련		사업내용 / 관련 문서여부				
	획정리 정리공사		토목과							
개성	강릉춘천도시계획결정	1940	내무국 토목과	1938.11.11		■	■	■		
						◎	◎	◎		
진남포				1939.6.17		■	■	■	■	■
청주				1939.10.31	4회	■	■	■		
부여	도시계획결정 지적고시관계 (충남 부여군)	1939	충남	1939.10.31	4회	■	■	■		
						◎				
	부여시가지계획 제1구 토지구획정리공사(충청남도)	1940 -43	내무국 토목과					◎		
	국고보조 부여 시가도로공사 준공인가(충남)	1940-44	내무국 토목과				◎			
	부여시가지계획 지장물건조서 (충남부여군부여면)	1942	충남 부여군					◎		
	개인별 토지대장 (부여시가지토지구획정리 제2공지구)	1942	충남 부여군					◎		
	부여시가지계획 설계서	1939	충남 부여군				◎			
	부여시가지계획도면 부소산도시공원도면	1942	충남 부여군					◎		
광주				1939.10.31	4회	■	■	■		
해주	해주시가지계획사업 제1토지구획정리 실시계획 인가의 건	1941-42	내무국 토목과	1939.10.31	4회	■	■	■	■	■
								◎		
	해주시가지계획사업 제2토지구획정리 실시계획 인가의 건	1942-43	사정국 토목과					◎		
흥남				1939.10.31	4회	■	■	■	■	
양				1939.	4회	■			■	■

	문서양식			사업관련		사업내용 / 관련 문서여부					
시				11.6							
다사도	다사도시가지계획 토지구획정리 실시계획인가의 건	1942-44	사정국 토목과	1939. 11.7	4회, 6회	■	■	■	■	■	■
								◎			
경인				1940. 1.19	5회, 6회	■	■	■	■	■	■
강릉	강릉춘천도시계획결정	1940	내무국 토목과	1940. 12.10		■	■	■			
						◎	◎	◎			
	강릉시가지계획사업 재해부흥 토지구획정리공사(강원도)	1942-43	사정국 토목과					◎			
진주	진주시가지계획사업 봉산토지구획정리공사에 관한 건(경상남도)	1942-43	사정국 토목과	1941. 1.27		■	■	■			
								◎			
	시가지 가로 및 세도확정 승인 신청(진주부)							◎			
안동				1941. 1.28		■	■	■			
홍원				1941. 1.28		■	■	■			
여수				1941. 1.29		■	■	■			
제천	제천시가지계획사업 재해부흥 토지구획정리 실시계획 인가의 건	1941-43	내무국 토목과	1941. 2.19		■	■	■			
								◎			
보산	보산시가지계획 제1토지구획정리 실시계획 인가의 건(평안남도)	1943-44	사정국 토목과	1941. 4.5	6회	■			■	■	■
									◎		
순천				1941. 4.12		■	■	■		■	
마산				1941. 4.19		■	■	■			

	문서양식			사업관련		사업내용 / 관련 문서여부					
삼척묵호	강릉춘천도시계획결정	1940	내무국 토목과	1941. 4.26		■	■	■	■	■	
						◎	◎	◎			
단천				1941. 4.26		■	■	■			
만포				1942. 7.8		■	■	■			
수원				1944. 8.10	6회	■	■	■			■
삼천포				1944. 8.10	6회	■	■	■			■

주: ■는 해당지역에 실시된 사업, ◎는 사업관련 문서
 *주택· **공업용지는 1938년 시행규칙 개정으로 실시된 '一團의 주택지경영, 一團의 공업용지조성' 사업.
 #녹지·풍치·공원은 1940년 시가지계획령 개정으로 防空 및 疏開를 위해 '綠地地域·風致地區·公園' 지정(다사도는 녹지지역·공원 지정, 보산·삼천포는 녹지지역만 지정).

시가지계획 사업실행문서에서 주목할 것은 도시계획결정 문서이다. 이러한 문서철은 다음과 같이 총 6개이고, 문서의 대상 지역은 9개 지역이다. 도시계획결정 문서철은 해당 지역 시가지계획(구역, 가로, 토지구획정리)의 결정 내용을 알 수 있는 결정이유서, 계획 변경에 대한 사유와 변경이유서, 계획에 대한 관련 지역 면협의회의 답신서 등이 편철되어 있다. 이들 문서철은 일목요연하게 해당 지역의 사업 전모와 프로세스를 알 수 있기 때문에 사업 자체의 내용을 파악하는 직접적 정보를 제공하고, 사업의 역사적 평가를 내리는데도 효율적인 기록이라

할 수 있다.

[표 4] 도시계획결정 문서철

지역	문서철명	관리기호	계획적용일	위원회검토여부
경성	경성신시가지계획 및 토지구획 정리 결정관계철	CJA0022534	1936.03.26	1회,2회,4회
목포	목포도시계획결정	CJA0022543	1937.03.23	3회
부산	부산도시계획결정27)	CJA0022542	1937.03.23	3회,6회
군산	군산도시계획결정	CJA0022554	1938.05.09	검토안함
춘천	강릉춘천도시계획결정	CJA0022590	1938.05.09	검토안함
대전	대전도시계획결정	CJA0022553	1938.05.09	검토안함
개성	강릉춘천도시계획결정	CJA0022590	1938.11.11	검토안함
강릉	강릉춘천도시계획결정	CJA0022590	1940.12.10	검토안함
삼척·묵호	강릉춘천도시계획결정	CJA0022590	1941.04.26	검토안함

그렇다면 도시계획결정 문서철은 어떠한 기록이 있는지 구체적으로 살펴보자. 일례로 「대전도시계획결정」 문서철의 건(Item))과 첨부문서의 내용을 살펴보자. 이 문서철에는 총 5건(Item)의 기록이 편철되어있고, 각 건별로 여러 개의 첨부문서가 있다. 문서철의 건별 구체적 내용은 다음 표와 같다.

< 「대전도시계획결정」 문서철 분석 - 건명 목록, 건별 내용 분석서 >

기록철명	원철명	대전 도시계획결정
	정리철명	대전 도시계획결정(1938)
생산년도	1937-1938년	
생산기관	내무국 토목과	

---

27) 이 문서철에 대한 분석과 해제는 김경남, 「일제강점기 부산지역 시가지계획에 관한 공문서」 『港都釜山』21, 2005 참고.

보존기간	갑종(영구)			
소장기호	CJA0022553			
Item				
일련번호	건 명	결재(발송)일	기안(발신)부서	첨부문서
1	대전시가지계획 구역, 동 가로 및 동 토지구획정리지구를 좌와 같이 결정하여 그 관계 도면은 충청남도청, 대전부청 및 外南, 慎德, 柳川 등 각 면사무소에 비치하여 공람에 제공함	1938-05-12	총독	
2	대전시가지계획 구역, 동 가로 및 동 토지구획정리지구 결정에 관한 건	1938-05-03	내무국 토목과	4건
3	시가지계획 결정에 관한 건	1937-12-03	내무국 토목과	10건
4	대전시가지계획 구역, 동 가로 등 결정에 관한 건	1937-11-10	내무국 토목과	4건
5	대전시가지계획 구역, 동 가로 및 동 토지구획정리지구 결정에 관한 건	1937-10-04	내무국 토목과	3건

기록건명	대전시가지계획 구역, 동 가로 및 동 토지구획정리지구 결정에 관한 건		
문서번호	土 제164호		
기안부서(발신자)	내무국 토목과	기안일자	1938-03-11
중간결재	지방과장, 경무국장, 경무과장		
최종결재(수신자)		결재일자 (접수일자)	1938-05-03
		시행일자 (발송일자)	1938-05-12
첨부문서	1. 결정안 - 대전시가지계획 구역 - 대전시가지계획 가로 - 대전시가지계획 토지구획정리지구 2. 통첩안(내무국장→충청남도지사) 3. 통첩안(내무국장→深澤부대참모장) 4. 통첩안(내무국장→대전부윤)		

문서내용	대전시가지계획의 구역, 가로망, 토지구획정리지구 등의 공식적인 내역을 알 수 있음. 대전시가지계획 결정에 따라 총독부 내무국에서 충청남도, 제20사단, 대전부 등에 내린 통첩의 내용을 알 수 있음.

기록건명	시가지계획 결정에 관한 건		
문서번호	土 제23호		
기안부서(발신자)	내무국 토목과	기안일자	1937-12-03
중간결재	지방과장, 경무국장, 경무과장		
최종결재(수신자)	총독, 정무총감	결재일자 (접수일자)	
		시행일자 (발송일자)	
첨부문서	1. 시가지계획 결정에 관한 건 (시가지계획위원회 위원장) 2. 시가지계획 결정에 관한 건 (鐵工 제77호의 2, 철도국장→시가지계획위원회 위원장, 1938-02-22) 3. 시가지계획 결정에 관한 건 (경무국장→시가지계획위원회위원장, 1938-02-20) 4. 시가지계획 결정에 관한 건 (농림국장→시가지계획위원회위원장, 1938-02-17) 5. 시가지계획 결정에 관한 건 (체신국장→시가지계획위원회위원장, 1938-02-25) 6. 시가지계획 결정에 관한 건 (조선군참모장→시가지계획위원회위원장, 1938-02-21) 7. 시가지계획 결정에 관한 건 회답 (진해요항부참모장→시가지계획위원회 위원장, 1938-03-04) 8. 시가지계획 결정 자문에 관한 회답 (조선상공회의소회두→시가지계획위원회 위원장, 1938-02-03) 9. 시가지계획 결정에 관한 건 (深澤부대참모장→시가지계획위원회위원장, 1938-02-19) 10. 시가지계획 결정에 관한 건 (충청남도지사→시가지계획위원회위원장, 1938-02-19)
문서내용	개성, 대전, 전주, 군산, 진남포, 춘천, 원산 등 7개 지역의 시가지계획 결정과 그에 대한 시가지계획위원회 위원들의 견해를 알 수 있음.

기록건명	대전시가지계획 구역, 동 가로 등 결정에 관한 건		
문서번호	충남 土 제2507호		
기안부서(발신자)	충청남도지사	기안일자	1937-11-02
중간결재	토목과장		
최종결재(수신자)	내무국장	결재일자 (접수일자)	1937-11-10
		시행일자 (발송일자)	
첨부문서	1. 답신서(대덕군 외남면장→총독, 1937-10-21) - 외남면협의회 회의록 2. 대전시가지계획 구역, 동 가로, 동 토지구획정리지구 결정에 관한 건(대덕군 회덕면장→총독, 1937-10-27) - 답신서 - 회덕면협의회 회의록 3. 대전시가지계획 구역, 동 가로 등 결정에 관한 건(대덕군 유천면장→총독, 1937-10-27) - 답신서 - 유천면협의회 회의록 4. 전보문		
문서내용	대전시가지계획안에 대한 대전 인근 대덕군 외남면, 회덕면, 유천면협의회의 견해를 알 수 있음.		

'대전시가지계획 구역, 동 가로 및 동 토지구획정리지구 결정에 관한 건'은 사업 결정안이 포함되어 시가지계획의 3종 세트인 구역·가로·토지구획정리의 결정 내용을 알 수 있다. 또한 결정안을 해당 지역 관련 단체장(충청남도지사, 대전부윤, 조선군 참모장)에게 통첩했던 것을 알 수 있다. '시가지계획 결정에 관한 건'은 대전뿐만 아니라 계획적용일 (1938년 5월 9일)이 같은 다른 지역(개성, 대전, 전주, 군산, 진남포, 춘천, 원산의 7개 지역)에 대한 정보도 알 수 있다. 이 지역들은 시가지계획위원회를 개최하여 검토하지 않고, 위원들에게 개별적으로 결정안을 보내어 검토·회답하게 했음도 알 수 있다. '대전시가지계획 구역, 동 가

로 등 결정에 관한 건'은 총독부의 계획 결정안에 대한 대전시가지계획 구역에 편입된 인근 지역 면협의회(대덕군 외남면, 회덕면, 유천면협의회)의 회의록과 답신서가 첨부되어 있다. 답신서는 총독부의 일방적 정책결정에 대해 해당지역 주민의 이해관계와 의견을 알 수 있기 때문에 식민통치의 거버넌스를 재현할 수 있는 중요기록이라 할 수 있다.

이러한 문서 구성으로 볼 때 「대전도시계획결정」 문서철은 대전 시가지계획사업에 대한 총독부의 정책 결정과 그 과정에서 이루어진 검토·자문과정, 이해 당사자들의 의견까지 이 사업과 관련된 중요한 정보를 살펴볼 수 있는 중요한 문서라 할 수 있다.

「대전도시계획결정」 뿐만 아니라 현존하는 다른 지역 도시계획결정 문서 역시 이러한 패턴을 취하고 있기 때문에 시가지계획 문서 중에서 정책의 성격이나 내용을 파악할 수 있는 '역사적' 가치를 가지고 있으며, 문서 생산주체의 조직적 위계나 기능적 위계에서도 중요한 위치에서 풍부한 정보를 제공하는 매우 중요한 문서라 할 수 있다. 또한 다음에 살펴볼 시가지계획위원회 문서에서 검토되지 않은 지역(6개 지역)의 사업 전모를 살펴볼 수 있다는 점에서도 중요한 문서이다.

2) 시가지계획위원회 문서

다음은 시가지계획위원회 관련 문서로, 1회~5회 시가지계획위원회 관련 문서철 8개가 보존되어 있다.<표5> 조선시가지계획위원회는 시가지계획령에 기구 설치가 명시되지 않았고, 총독부 내훈에 의거하여 1936년에 조직되었다.[28] 그러다가 1939년 제4회 위원회에서 「조선총독부시

---

28) 조선시가지계획위원회에 대해서는 본책의 졸고, 「조선총독부 도시계획 관련 조직 및 기구 분석」 참고.

가지계획위원회 규정」(총7조)이 발표되었다.[29] 이에 따르면 위원회는 자문, 조사 심의 권한을 갖는 기구였다. 이것은 총독부 산하 다른 각종 위원회의 역할과 같은 것이었다. 그러나 이 규정은 법적인 효력을 갖는 것이 아니었으므로 1941년 다시 칙령으로 「시가지계획위원회관제」를 공포했다.[30] 법령으로 위원회가 공인되었지만, 실제 그들의 역할은 더욱 축소되고 형해화되는 형태로 법령이 만들어졌다.

그러나 시가지계획위원회는 사업에 관련된 총독부 내의 최고의 정책 브레인들이 모여 사업의 계획을 검토하고 결정에 대한 자문을 수행하는 기관이었다. 따라서 시가지계획위원회의 회의관련 서류와 회의록은 시가지계획사업의 전모를 파악하는데 필수적인 자료라 할 수 있다. 시가지계획위원회는 총 6회가 개최되었는데 회의 문서가 남아있는 것은 5회까지이다. 또한 시가지계획위원회가 정기적으로 열리지 않아 41개 시가지계획 적용도시의 모든 사업 내용을 검토하지 못했다. 시가지계획위원회에서 검토된 도시는 21개 도시였다. 이에 관련 공문서가 남아있는 지역(23개)과 시가지계획위원회에서 검토한 지역(21개)이 겹치는 곳은 11개 지역(경성,청진,부산,목포,대구,평양,신의주,함흥,인천,부여,다사도)이다.

---

29) 국가기록원 소장 공문서 「제4회시가지계획위원회 서류(2책의1)(경성,청주)(1939)」 (CJA0015671)

30) 관보 제4199호, 1941년 1월 23일자, 「조선총독부시가지계획위원회 관제」(칙령 제49호, 1941.1.14)

[표 5] 시가지계획위원회 관련 문서 실태

	기록철명	생산년도	위원씨명	의안	회의록	정책결정(이유서)	답신서	검토지역	개최년월일
1회	경성신시가지계획 및 토지구획정리 결정관계철	1936-1938	◎	◎	◎	◎	◎	경성, 청진, 성진	1936-01-06
2회	제2회 시가지계획위원회 관계서철(1936)	1936	◎	◎	◎	◎		경성	1936-11-05
3회	제3회 시가지계획위원회 관계서철(1937)	1937	◎	◎	◎	◎	◎	부산, 목포, 대구, 평양, 신의주, 함흥, 인천	1937-01-19 ~20
4회	제4회 시가지계획위원회 서류 (경성,부여,청주) CJA0015671	1939	◎	◎		◎	◎	경성, 부여, 청주	1939-07-03
	제4회 시가지계획위원회 관계철(소화14년7월3일)(각도)(1939) CJA0015672	1939	◎	◎		◎		경성, 청주, 부여, 광주, 해주, 흥남, 신의주, 양시,다사도	
	제4회 시가지계획위원회 관계철(소화14년7월3일)(각도)(1939) CJA0015674	1939	◎	◎	◎	◎	◎	경성, 청주, 부여, 광주, 해주, 흥남, 신의주, 양시,다사도	
	제4회 시가지계획위원회 서류 (각도) CJA0015673	1939		◎		◎		부여, 광주, 해주, 흥남, 신의주, 양시, 다사도	
5회	제5회 시가지계획위원회 관계철(경인,인천)(1939)	1939	◎	◎	◎	◎		경인, 인천	1939-10-21
6회									1943-06-12

시가지계획위원회 회의 관련문서는 시가지계획위원회라는 조직 자체의 성격과 운영 방식, 즉 위원회 개최일자, 위원 명단 및 참가인원, 의안 등에 대한 정보를 제공한다. 의사 속기록은 회의에 참석한 위원들의 언설과 입장을 생생하게 전달하고 있어 정책의 맥락정보를 얻는 데 유용하다. 또한 사업의 내용과 프로세스를 알 수 있는 중요한 정책결정문서나 의견서·답신서 등이 편철되어 있다.

「제3회 시가지계획위원회 관계서철」을 통해 위원회 문서의 내용과 가치를 살펴보자. 이 문서철에는 8개의 건이 편철되어 있다. 그 중 '제3회 위원회 회의록' 문서에는 위원(참석자), 회의 일정, 자리배치도, 제출 의안, 의사 속기록이 있어 회의 자체의 진행과정을 상세히 알 수 있다. 또한 회의에서 검토한 의안(해당지역 시가지계획 결정이유서), 해당 관련지역 지방자치단체(부회, 면협의회)의 답신서·회의록이 첨부되어 위원회에서 검토한 지역의 시가지계획 수립 과정과 그에 대한 이해당사자(조선인)의 이해관계와 인식을 파악하는 데도 많은 정보를 제공하고 있다.

<「제3회 시가지계획위원회 관계서철」문서철 분석 – 건명 목록, 건별 내용 분석서>

기록철명	원철명	소화12년 1월 19, 20일 제3회 시가지계획위원회 관계서철			
	정리철명	제3회 시가지계획위원회 관계서철(1937)			
생산년도	1936-1937년				
생산기관	내무국 토목과 행정계				
보존기간	갑종(영구)				
소장기호	CJA0014430				
Item					
일련 번호	건명		결재(발송)일	기안(발신)부서	첨부 문서

1	제3회 시가지계획위원회 회의록	1937-01-19		42건
2	시가지계획도에 관한 건	1937-03-04	체신국장	3건
3	제3회 시가지계획위원회 회의록 정서에 관한 건			1건
4	제3회 시가지계획위원회 개최에 관한 건	1937-01-13	내무국 토목과	2건
5	제3회 시가지계획위원회 자문안 송부의 건	1937-01-08	내무국 토목과	
6	제3회 시가지계획위원회에 있어서 의안 조제에 관한 건		내무국 토목과	2건
7	收受전보	1937-01-18	평안남도지사	
8	제3회 시가지계획위원회 임시위원 出付의 건	1937-01-18	내무국장	1건

기록건명	제3회 시가지계획위원회		
문서번호			
기안부서(발신자)		기안일자	
중간결재			
최종결재 (수신자)		결재일자(접수일자)	
		시행일자(발송일자)	1937-01-19
첨부문서	1. 회의 참석자 명단 2. 제출의안 3. 의사 속기록 4. 제3회 시가지계획위원회 일정 - 위원 간사 씨명 - 자리배치도 5. 의안 제1호 부산시가지계획 구역을 좌와 같이 결정함(부산시가지계획구역결정이유서) 6. 의안 제2호 부산시가지계획 가로를 별지와 같이 결정함(부산시가지계획가로결정이유서) 7. 의안 제3호 부산시가지계획 토지구획정리를 좌와 같이 결정함(시가지계획토지구획정리결정이유서) 8. 의안 제4호 목포시가지계획 구역을 좌와 같이 결정함(목포시가지계획구역결정		

	이유서)
	9. 의안 제5호 목포시가지계획 가로를 별지와 같이 결정함(목포시가지계획가로, 목포시가지계획가로결정이유서)
	10. 의안 제6호 목포시가지계획 토지구획정리를 좌와 같이 결정함(시가지계획토지구획정리결정이유서)
	11. 의안 제7호 대구시가지계획구역을 좌와 같이 결정함(대구시가지계획구역결정이유서)
	12. 의안 제8호 대구시가지계획 가로를 별지와 같이 결정함(대구시가지계획가로, 대구시가지계획가로결정이유서)
	13. 의안 제9호 대구시가지계획 토지구획정리를 좌와 같이 결정함(시가지계획토지구획정리결정이유서)
	14. 의안 제10호 평양시가지계획구역을 좌와 같이 결정함(평양시가지계획구역결정이유서)
	15. 의안 제11호 평양시가지계획 가로를 별지와 같이 결정함(평양시가지계획가로, 평양시가지계획가로결정이유서)
	16. 의안 제12호 평양시가지계획 토지구획정리를 좌와 같이 결정함(시가지계획토지구획정리결정이유서)
	17. 의안 제13호 신의주시가지계획구역을 좌와 같이 결정함(신의주시가지계획구역결정이유서)
	18. 의안 제14호 신의주시가지계획 가로를 별지와 같이 결정함(신의주시가지계획가로, 신의주시가지계획가로결정이유서)
	19. 의안 제15호 신의주시가지계획 토지구획정리를 좌와 같이 결정함(시가지계획토지구획정리결정이유서)
	20. 의안 제16호 함흥시가지계획구역을 좌와 같이 결정함(함흥시가지계획구역결정이유서)
	21. 의안 제17호 함흥시가지계획 가로를 별지와 같이 결정함(함흥시가지계획가로, 함흥시가지계획가로결정이유서)
	22. 의안 제18호 함흥시가지계획 토지구획정리를 좌와 같이 결정함(시가지계획토지구획정리결정이유서)
	23. 의안 제19호 인천시가지계획구역을 좌와 같이 결정함(인천시가지계획구역결정이유서)
	24. 의안 제20호 인천시가지계획 가로를 별지와 같이 결정함(인천시가지계획가로, 인천시가지계획가로결정이유서)
	25. 의안 제21호 인천시가지계획 토지구획정리를 좌와 같이 결정함(시가지계획토지구획정리결정이유서)
	26. 부산부회의 답신서(부산시가지계획 구역, 동 가로망 및 토지구획정리 시행지구 결정에 관한 건, 土 제1,804호, 경상남도지사→총독, 1936-11-23)
	27. 부산시가지계획에 관한 건(釜土 제587호, 부산부윤→내무국장, 1936-11-26)

28. 목포부회 및 면협의회의 답신서(목포시가지계획 구역, 동 가로망 등의 결정에
    관한 건, 전라남도지사→내무국장, 1936-12-03)
    - 답신서(목포부회의장→총독, 1936-11-17)
    - 무안군 이로면협의회 의장→총독, 1936-11-18)
29. 대구부회 및 면협의회의 답신서(대구시가지계획 구역 소 가로망 등의 결정에
    관한 건, 경상북도지사→내무국장, 1936-11-18)
    - 대구시가지계획 구역 등 결정의 자문에 대한 답신서(대구부회의장→총독,
      1936-11-14)
    - 답신서(달성군 성북면협의회의장→총독, 1936-11-16)
    - 답신서(달성군 수성면협의회의장→총독, 1936-11-13)
    - 대구시가지계획 구역, 동 가로망 및 동토지구획정리 시행지구 결정의 건
      답신(達西面 제706호, 달성군 달서면장→총독, 1936-11-16)
30. 평양부회 및 면협의회의 답신서(평양시가지계획 구역, 동 가로망 등 결정에
    관한 건 회답, 평안남도지사→총독, 1936-11-16)
    - 평양시가지계획 구역, 동 가로망 및 토지구획정리 시행지구에 관한 답신서
      (議 제33호, 평양부회의장→총독, 1936-11-12)
    - 답신서(대동군 대동강면협의회의장→총독, 1936-11-06)
    - 답신서(대동군 임원면협의회의장→총독, 1936-11-04)
    - 답신서(대동군 고평면협의회의장→총독, 1936-11-05)
    - 답신서(대동군 서천면협의회의장→총독, 1936-11-06)
    - 답신서(대동군 용산면협의회의장→총독, 1936-11-07)
31. 신의주부회의 답신서(신의주시가지계획 구역, 동 가로망 및 토지구획정리 시
    행지구 결정에 관한 건, 平北土 제1,061호, 평안북도지사→총독, 1936-11-11)
    - 답신서(신의주부회의장→총독, 1936-11-09)
32. 함흥부회 및 면협의회의 답신서(함흥시가지계획 구역, 동 가로망 등의 결정에
    관한 건, 咸南土 제843호, 함경남도지사→내무국장, 1936-11-20)
    - 답신서(함흥부회의장→총독, 1936-11-17)
    - 답신서(의장 면장 李國鉉 외 11명→총독, 1936-11-18)
    - 답신서(함경남도 함주군 운남면협의회 의장 외 2명→ , 1936-11-16)
    - 함흥시가지계획 구역, 동 가로망 및 동토지구획정리 시행지구 결정에 관한
      건(鐵工 제1,243호, 철도국장→내무국장, 1936-10-30)
33. 인천부회의 답신서(인천시가지계획 구역, 동 가로망 및 동토지구획정리 시행
    지구 결정에 관한 건, 土 제2,640호, 경기도지사→총독, 1936-11-10)
    - 답신서(인천부회의장→총독, 1936-11-02)
34. 구획정리구역에 관한 건(인천부윤→내무국장, 1936-11-30)
35. 부산시가지계획 구역, 동 가로망 및 동 토지구획정리 시행지구의 결정에 관한
    건(土 제505호, 1936-11-02)
36. 목포시가지계획 구역, 동 가로망 및 동 토지구획정리 시행지구의 결정에 관한

	건(土 제506호, 1936-11-02)
	37. 대구시가지계획 구역, 동 가로망 및 동 토지구획정리 시행지구의 결정에 관한
	건(土 제507호, 1936-11-02)
	38. 평양시가지계획 구역, 동 가로망 및 동 토지구획정리 시행지구의 결정에 관한
	건(土 제503호, 1936-10-27)
	39. 신의주시가지계획 구역, 동 가로망 및 동 토지구획정리 시행지구의 결정에 관
	한 건(土 제504호, 1936-10-27)
	40. 함흥시가지계획 구역, 동 가로망 및 동 토지구획정리 시행지구의 결정에 관한
	건(土 제530호, 1936-11-09)
	41. 인천시가지계획 구역, 동 가로망 및 동 토지구획정리 시행지구의 결정에 관한
	건(土 제502호, 1936-10-27)
	42. 11월 26일 照會에 대한 회답(朝鮮平安철도주식회 취체역 사장→내무국장,
	1936-12-01)
	- 진남포시가지계획에 관한 건(내무국장→평안철도주식회사, 1936-11-26)
문서내용	- 제3회 시가지계획위원회에서 논의된 부산, 목포, 대구, 평양, 신의주, 함흥, 인천 등 각 도시 시가지계획 구역, 가로망, 토지구획정리사업의 내용 및 그 결정 절차를 알 수 있음. - 19번 첨부문서의 인천시가지계획 구역결정이유서는 25번 첨부문서의 중간에 잘못 철입되어 있음.

이러한 시가지계획위원회 문서는 앞에서 살펴본 도시계획결정 문서와 함께 조선시가지계획사업의 주요 내용과 정책 입안·시행과정을 종합적으로 파악할 수 있는 중요한 문서이다. 다행히 총 6회 중 5회까지의 문서가 남아있어 시가지계획에 대한 중요한 정보를 제공하고 있다. 이 문서들을 통해 시가지계획위원회에서 검토된 지역의 사업은 상당한 한계를 가지고 있으나 해당 지역의 이해관계나 시가지계획위원회 소속 위원들의 입장이 전달·검토되는 형식을 취하고 있음을 알 수 있다. 공문서가 당대의 事實을 여과 없이 전달하기에는 한계가 있지만, 당대의 사회적 컨텍스트를 확보할 수 있는 자료들과 함께 검토한다면 보다 정확한 역사적 史實에 접근할 수 있을 것이다.

이상에서 살펴본 시가지계획 문서 중 도시계획결정 문서와 시가지계획위원회 문서는 가치가 높은 기록으로서 시가지계획을 도큐멘테이션 하는데 매우 중요한 문서이다. 이를 통해 시가지계획 실시 지역 41개 중 27개 지역에 대한 시가지계획의 전모를 살펴볼 수 있다. 이 외 토지 구획정리사업 관련문서나 기타 사업 관련 문서, 가치가 낮은 기능의 문서들도 각각의 기능과 위계에 맞게 배치하여 검토하면 공문서의 기록의 재현성을 높이는데 도움이 될 것이다.

4. 맺음말

현존 총독부 공문서는 이미 '역사적' 가치를 인정받아 영구보존문서로 보존되고 있다. 당대 어떤 맥락 하에 영구보존 결정되었는가에 대한 명확한 근거는 제시되고 있지 않지만 일단 당대의 '행정적' 가치와 "역사적 徵考가 될 만한" 역사적 가치가 인정된 문서라 할 수 있다. 그러나 현존 문서의 실태는 부분적이고 불균등한 형태이기에 기록(archives) 으로서의 가치평가와 활용에 어려운 점이 많다.

앞에서 살펴본 시가지계획 관련 공문서 역시 이를 통해 일제시기 진행된 시가지계획의 모든 상을 도큐멘테이션 하는 데는 상당한 한계를 갖는다. 이에 이러한 불균형 잔존 행정기록에 대해서는 당대의 정책·제도 변화에 대한 컨텍스트를 파악하고, 이를 수행한 조직의 핵심기능을 종합하여 거시 평가의 틀을 만들고, 여기에 현존 문서를 배치하는 도큐멘테이션 과정, 이 과정에서 가치가 높은 기능과 관련된 기록이 소수라는 점, 즉 기록의 재현성이 불완전한 것을 보충하기 위한 다른 역사적 자료의 적극적 이용과 적극적인 기록수집 방안을 함께 강구할 필요가

있다.31)

　본고는 일제시기 도시계획 관련 공문서 중에서도 시가지계획 관련 문서라는 하나의 문서군(series) 정도의 문서에 대해 기록 평가를 시도했다. 따라서 이를 통해 총독부 공문서 전반에 대한 평가 방법을 도출하기는 한계가 있으나, 시가지계획이라는 총독부 식민정책의 집행과정에서 생산된 문서의 맥락을 이해하여 기록의 가치를 평가함으로써 문서 활용에 중요한 지표가 될 수 있는 사례를 제시했다고 할 수 있다.

　좀 더 체계적인 샘플링 작업을 거쳐 '조선총독부 공문서 종합목록'에서 분류한 문서군32)을 단위로 총독부 공문서 전반에 대해 거시적 기능 평가와 개별 기록에 대한 역사적 평가를 병행하여 기록가치의 평가가 이루어진다면 향후 기록 활용에 크게 기여할 수 있으리라 생각한다. 한편 총독부 공문서와 같이 이미 당대사가 아닌 과거사로서 정리되는 시기의 기록 중 영구보존기록으로 결정되어 보존되고 있는 역사기록에 대한 평가는 처분을 위한 평가로서의 기능은 갖지 못한다. 이에 역사기록에 대한 평가는 향후 기록의 접근과 활용도를 높이기 위한 DB화나 정보콘텐츠화와 연계하는 방안 역시 고려할 필요가 있다.

　나아가 National Archive에 소장된 기록은 역사기록으로서 국가의 정체성을 드러내는 것이라 할 때, 그 기록에 대한 정확한 이해와 활용을 위한 작업은 단순히 역사연구의 심화에 기여한다는 면을 넘어 현재의 통치전략과 미래를 위한 비전 형성에 토대가 될 수 있을 것이다.

---

31) 김익한, 「불균형 잔존 행정기록의 평가방법 시론 - 조선총독부 공문서의 평가절차론 수립을 위하여」, 『기록학연구』13, 2006. 196쪽.

32) 한국국가기록연구원 엮음, 『조선총독부 공문서 종합목록집』, 한울아카데미, 2005.

제2부

일제시기 도시계획 기록의 콘텍스트

일제 강점기 도시행정의 이중성에 대한 연구

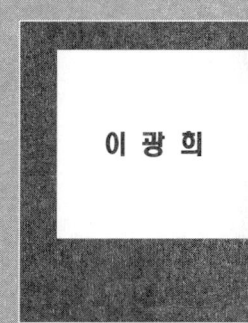

이 광 희

1. 서론

2005년 들어 일부 지식인들의 식민지 근대화에 대한 긍정적 발언과 독도 문제, 그리고 이에 따른 파장으로 일제의 강점기에 대한 관심이 부쩍 늘어나고 있다. 1980년대 중반부터 점점 부각되고 있던 식민지 근대화론이 화두로 떠오르고 있지만, 일제의 식민통치를 미화했다는 이유로 국민들로부터 격렬한 감정적 반발을 불러일으키고 있다. 치욕스러운 식민지기의 암울한 역사로부터 받은 감정적 상처를 무시할 수는 없으나, 실증적 연구를 강조하는 식민지 근대화론에 대해 감정적으로만 대응하는 것은 옳지 않다고 본다.

이번 사건들을 계기로 그 동안 간헐적으로 이루어져왔던 일제 강점기에 대한 연구들이 다양하게 시도될 것으로 기대된다. 일제 강점기에 대한 연구는 민족해방운동사 및 내재적 발전론, 식민지 근대화론 등으로 이어지면서, 식민지기의 정치, 경제, 사회 등을 분석 대상으로 삼고 있으며, 조선후기 사회와 일제 강점기, 해방 이후의 발전과정을 연속적으로 파악하려는 노력으로까지 이어지고 있다. 그러나 식민지 근대화론을 둘러싼 논의가 사회경제적인 측면에만 초점이 맞추어져 있어, 행정이나 사법 등 한국의 역사에 많은 흔적을 남기고 있는 분야에 대한 연구는 부족한 편이다. 또 식민지 근대화론에 대한 비판과 반비판이 사회경제적 측면에서는 많이 이루어지고 있으나 정치 행정적 측면에서는 별로 나타나지 않고 있다.

이 글은 위와 같은 문제의식을 바탕으로 일제 강점기 도시행정의 특징을 살펴보고자 한다. 즉 식민지 근대화론에 대한 비판적 검토를 도시행정 차원에서 시도하는 것이다. 일제에 의해 이루어진 도시행정체제가 한국 국민을 근대화시키려는 것보다는 제국주의 통치의 효율적 수단이었음은 논의의 여지가 없다. 다만 식민지 근대화론에 동조하는 세력들이 일본의 식민지 통치가 한국의 근대화에 기여하였다고 지속적으로 주장하고 있는 만큼, 이를 비판적으로 검토하기 위해서는 실제 일본이 수립한 도시행정체제가 과연 얼마나 근대적이었는지, 또 그러한 체제가 한국 사람들에게는 어떤 영향을 주었는지를 연구할 필요가 있는 것이다.

이러한 연구목적을 달성하기 위해 일제 강점기 하의 도시행정에 대한 기존연구들과 식민지 근대화론에 대한 다양한 논의들을 검토하며, 수탈론과 근대화론으로 대비되는 논의구도를 극복할 수 있는 분석방법을 찾아본다. 사회현상을 인간행위의 의도된 결과와 의도되지 않은 결과로 대별하는 방식을 도입하여 일제 강점기 하에 이루어진 도시행정의 근대성과 식민지성에 대한 종합적 논의를 진행시키고자 한다. 이러한 분석을 통해 일제 강점기 하에 이루어진 도시행정은 비록 근대적 요소를 지녔지만 그것은 어디까지나 일본인을 위한 근대화에 불과하였고 대다수 한국인에게는 근대화의 혜택이 제공되지 않았다는 점, 즉 식민지적 요소를 지니고 있음을 대비시키고자 한다. 이러한 일제 강점기 도시행정의 이중성은 일제가 의도한 행위의 결과였다고 볼 수 있다. 이는 일제의 통치가 한국의 근대화에 기여하였다는 식민지근대화론의 주장이 현실을 제대로 보여주지 못하고 있음을 시사하게 될 것이다.

2. 이론적 논의

가. 선행연구 검토

1) 식민지 근대화론

일제 강점기에 대한 연구는 지금까지 일제가 한국을 침략하고 수탈하기 위해 내세웠던 식민주의 사관에 대항하는 연구가 주류를 이루었다. 그리하여 민족해방운동사적 입장에 서서 일제의 침략상과 수탈적 요소들을 묘사·분석하고, 일제와 맞서 싸웠던 독립운동에 대한 고찰들이 전통적으로 우세하였다. 나아가 일본 강점의 이유로 제시되곤 했던 조선후기의 정체성 이론을 비판하기 위해 자본주의 맹아론, 내재적 발전론, 식민지 수탈론이 등장하면서 조선후기 사회와 일제 강점기를 연속적으로 파악하려는 시도들도 점차 증가하였다.

그러나 1980년대 들어 일제 강점기를 '수탈론' 시각에서 '성장론' 시각으로 변화하는 조짐들이 곳곳에서 나타났다. 일본의 경제사학자들은 동아시아 경제발전을 이룩한 국가들(한국, 대만, 홍콩, 싱가포르)의 공통점으로써 식민지 통치에 주목하였다. 그들은 동아시아 4개국(NICs)이 자본주의를 급속히 달성한 이유로써 식민지화에 의한 전근대적 사회구조의 해체를 들고 있다.[1] 또 미국의 한국학자들도 한국 자본주의가 식민지적 기원을 가지며 일본의 식민지 통치가 한국의 산업발전에 기여했음을 주장하고 있다.[2] 이러한 국외적 흐름에 조응하여 안병직과 소

---

1) 안병직 외, 『근대조선의 경제구조』, 비봉출판사, 1989.

위 '낙성대사단'은 일본 경제사학자들의 방법론을 수용하여 식민지 근대화론을 본격적으로 거론하기 시작했다.[3]

식민지 근대화론은 한국의 경제발전을 장기적 관점과 세계사적 시야에서 분석하고자 하는 특징을 가진다.[4] 식민지 근대화론이 제기하는 근대화의 핵심적 내용은 자본주의의 도입과 발전이며, 일제의 통치 하에서 왜곡된 것이지만 자본주의가 도입되고 발전되었다는 것이다. 일제 강점 초기 근대적 관료체제의 구축과 토지조사사업의 실시를 통해 '위로부터의 산업화'를 위한 제도적 기반이 마련되었다. 또한 교육제도나 재정·금융제도 및 교통·통신시설과 같은 각종 사회간접자본도 적극적으로 육성되었다. 이러한 조치들이 경제적 수탈을 목적으로 한 것임은 틀림없지만, 그 과정에서 일제가 식민지에 자본주의를 이식시켰다. 또 근대적 제도의 정비가 일단락된 이후 식민지 자본주의가 본격적으로 발전하기 시작하여, 식민지 경제는 1930년을 전후한 공황기를 제외하고는 1911년부터 1938년까지 연 평균 3.7%의 성장을 보였다. 이처럼 '객관적 사실'에 기초한 식민지 근대화론은 상대적으로 실증적 연구가 부족하였던 내재적 발전론이나 수탈론과 대비되고 있다.

---

2) Eckert, C. J, *Offspring of Empire: The Koch'ang Kims and the Colonial Origins of K orean Capitalism, 1876~1945.* Seattle: University of Washington Press, 1991; Mc Namara, D. L., *The Colonial Origins of Korean Enterprise, 1910~1945.* New York: Columbia University Press, 1990.

3) 안병직 외, 『근대조선의 경제구조』, 비봉출판사, 1989; 안병직·김낙년, 「한국경제 성장의 장기추세: 1910~현재」, 한국경제학회·경제사학회 『광복 50주년기념 학술 대회 - 한국경제발전의 회고와 전망』, 1995; 이영훈, 「한국사에 있어서 근대로의 이행과 특질」 『경제사학』 21, 1996.

4) 전상인, 「식민지근대화론에 대한 이해와 오해」 『동아시아 비평』 창간호, 1998.

나. 식민지 근대화론 비판 및 함의

식민지 근대화론이 등장한 이후 이에 대한 비판이 다양하게 전개되고 있는데, 이를 크게 두 가지 방향으로 요약할 수 있다.

첫째, 식민지기에 이루어진 산업화 또는 경제성장에 대한 주장의 근거를 실증적으로 반박하는 연구들이다. 신용하는 일제 강점기 하에 이루어진 경제성장이 자본주의 성장이 아니라고 주장한다. 일제에 의해 강압적으로 추진된 토지조사사업이 자본주의적 생산관계를 형성하는 데 기여했다는 주장이 있으나, 그에 의하면 당시 전 국토의 약 50.4%가 자본의 지출이 전혀 없는 강점 권력에 의거하여 무상으로 약탈당했다는 것이다.[5] 또 허수열은 식민지 근대화론자들이 통계수치라는 '현상' 만 봤을 뿐 그 뒤에 숨겨진 민족간 차별이라는 '본질'을 보지 못하고 있다고 주장한다. 그는 1911년 조선의 1인당 국내총생산은 777달러, 1937년에는 1,482달러를 기록하다 전쟁 때문에 1944년에는 1,330달러로 줄었다가 해방되던 1945년에는 616달러로 병합 이전 단계로 대폭 줄었다는 것인데 왜 이런 현상이 일어났는가를 제기한다. 그 이유로써 일제시대 조선의 성장은 조선인의 발전이 아니라 일본인의 발전이었기 때문이라는 점이다.[6]

둘째, 근대화의 개념에 대한 근본적 탐구에서 비롯된 비판이다. 이런 입장에 따르면 근대화의 개념은 식민지 근대화론에서 주장하듯이 자본주의화 또는 산업화만을 의미하지 않는다. 즉 근대화는 산업화 및 자본주의적 관계 형성 등 경제적 측면으로만 볼 수 없고, 국민국가의 형성,

---

5) 신용하, 「'식민지근대화론' 재정립 시도에 대한 비판」, 『창작과 비평』 98, 1997.

6) 허수열, 『개발없는 개발 -일제하 조선경제 개발의 현상과 본질』, 은행나무, 2005.

시민계급의 성장, 자유와 평등의 개념에 기초한 민주적 정치질서 확립, 이성에 근거한 합리적 과학적 인식 체계의 발달 등이 포함되어야 한다.[7] 예컨대 국민국가의 형성을 근대화의 기점으로 볼 경우 한국의 근대화는 해방 이후부터 시작되었다고 보아야 할 것이다. 이러한 주장에 따르면, 무력에 의한 억압적 통치체제로 일관한 일제 강점기 동안에 이루어진 경제성장을 근거로 근대화를 주장하는 것은 식민지 근대화론이 아니라 식민지 공업화 또는 식민지 산업화에 불과하다고 해야 할 것이다. 일제의 식민지 통치가 '기술로서의 근대'와 '해방으로서의 근대'의 괴리[8]를 확대시키는 계기가 되었다는 주장도 비슷한 맥락이라 할 수 있다.[9]

그런데 역사적 진보로서의 근대화를 부정하는 관점도 많이 제기되고 있다. 김동노는 조선시대의 정체성을 극복하고 식민지기에 사회경제적인 근대화를 이루었다는 식민지근대화론이나 일제의 침략으로 인해 조

---

7) 정태헌, 「한국의 식민지적 근대화 모순과 그 실체」, 역사문제연구소 편. 『한국의 '근대'와 '근대성' 비판』, 역사비평사, 1996; 신종순, 「근대화와 행정방식의 비교」. 『안보연구』1. 동국대학교 안보연구소, 1972.

8) 월러스타인에 따르면, 중세 혹은 과거 역사와 대비되는 시기로서 근대 혹은 근대성은 통상 자본주의적 자유시장경제의 확립, 발전된 과학기술, 합리적 사고방식과 원칙, 새로운 사회세력인'시민'혹은'계급'의 형성 등을 내용으로 한다. 그는 후발자본주의국가에서 경제적 측면에서의 근대화와 사회정치적 측면에서의 근대가 함께 가지 못하고 있는데, 이를 '기술로서의 근대'와'해방으로서의 근대'가 심각하게 괴리된 상태로 묘사하고 있다 (Wallerstein, I.,"The End of What Modernity" *Theory and Society* 24, 1995).

9) 권태억에 따르면, 보호국 시기 이후 일제의 의해 한국에 이식된 제도들은 한국 사회가 아직 극복하지 못하고 있었던 전근대성을 일부 제거했다는 점에서, 또 자유로운 경제활동을 보장하는 것이었다는 점에서 근대성이 인정될 수 있으나, 조선 후기 이래 밑에서부터 분출되고 있었던 사회변혁의 노력을 압살하고 한국 주민들이 역사의 주체로서 성장하는 것을 가로막으면서, 전통시대의 왕보다 훨씬 더 전제적인 총독, 신분제의 해소 대신 더욱 모멸적인 민족차별적인 구조를 가지고 왔다 (권태억, 「근대화·동화·식민지유산」, 『한국사연구』108, 2000).

선 사회의 내재적 근대화 가능성이 압살되었다고 하는 식민지 수탈론은 서로 다른 근대화의 가능성을 주장하지만 근대가 곧 선이며 역사의 진보를 뜻하는 인식에서 일치하고 있다고 주장한다.[10] 그리하여 역사인식의 목적론을 극복하고 동시에 식민지기를 인식하는 근대화론과 수탈론의 이항대립적 구도를 극복하기 위해서 '근대' 혹은 '근대성'에 대한 지나친 가치부여를 해체할 것을 제기하고 있다.

식민지 근대화론의 주장과 이에 대한 비판을 고찰하면서 다음과 같은 함의를 찾아낼 수 있다. 무엇보다도 실증연구의 중요성이다. 식민지 근대화론은 일제 강점기 하의 경제성장을 실증적으로 보여주고 있으며, 이에 대한 실증적 비판도 증가하고 있다. 비록 경제적 측면에 국한되고 있지만, 근대화에 대한 실증적 연구는 매우 바람직하다고 생각된다. 나아가 행정, 사법, 교육 등의 영역에 대한 실증적 연구로 확산되어야 한다. 일제 강점기의 근대성에 대한 실증적 연구가 정치·사회적 영역으로 확대될 경우 필연적으로 '근대성'의 기준이 확대될 것이다. 즉 기존 연구들이 근대화의 특징으로 산업화 또는 자본주의화에만 초점을 맞추었다면 이제는 국민국가의 형성, 개인의 자유와 평등 등 정치사회적 요소에도 관심을 두어야 한다.

그런데 이러한 근대성의 정치사회적 측면은 식민지 통치의 본질이 잘 드러나는 영역이기도 하다. 결국 일제 강점기 하에서 근대성과 식민지성은 깊이 연관되어 있으며, 이러한 연관성은 제국주의의 식민지 통치가 이식시킨 근대화의 일반적인 특징이라고 할 수 있을 것이다. 따라서 식민지적 근대성에 포함된 식민지성과 근대성의 상호작용을 경험적

---

10) 김동노, 「식민지시기 일상생활의 근대성과 식민지성」, 연세대학교 국학연구원 편, 『일제의 식민지배와 일상생활』, 혜안, 2004.

으로 분석할 필요성은 상당히 설득력을 가진다.

2) 일제 강점기 도시행정에 대한 연구

일제 강점기 하에 이루어진 도시행정에 대한 연구는 많지 않은 편이다. 이를 개괄해보면 우선 일제시대에 산업화에 따른 도시화 현상 등을 전반적으로 또는 개별적으로 다룬 연구들이 있다.[11] 이들 연구들은 대체로 도시화의 인구사회학적 특징, 일제의 도시행정구역 설치 배경 등을 주로 다루고 있다.

다음으로 도시행정의 제도적 차원에 대한 연구는 많지 않지만 이들 연구는 방대한 자료와 정보를 제공하고 있다. 김운태의 연구는 조선총독부가 식민지 한국을 통치한 구조를 전반적으로 살펴보면서 그 한 부분으로 지방행정을 다루고 있다.[12] 손정목의 연구는 한말 지방행정제도부터 일제 강점기의 지방행정 및 자치제도에 대한 분석을 광범위하게 다루고 있다.[13]

한편 일제에 의해 추진된 도시계획에 대한 연구들은 다소 있는 편이다.[14]대부분 일제 강점기 하의 도시계획의 특징을 분석하기 위해 시기

---

11) 권태환, 「일제시대의 도시화」, 『한국의 사화와 문화』 11, 정신문화연구원, 1990; 김영정, 「일제시대의 도시성장 - 군산시 사례」 『한국사회학』 30, 1996; 손정목, 『일제강점기 도시화과정 연구』, 일지사, 1996; 송규진, 「일제 강점 초기 '식민도시' 대전의 형성과정에 관한 연구: 일본인의 활동을 중심으로」 『아세아연구』 45(2), 2002.

12) 김운태, 『(개정판) 일본제국주의의 한국통치』, 박영사, 1998.

13) 손정목, 『한국지방제도·자치사연구(상) - 갑오경장~일제강점기』, 일지사, 1992.

14) 김영근, 「도시계획과 도시공간의 변화」, 연세대학교 국학연구원 편, 『일제의 식민지배와 일상생활』, 혜안, 2004 ; 문정희·이병렬, 「도시계획 활동과 이념: 조선시대 및 일제시대의 도시계획을 중심으로」, 『국토계획』 25(2), 1990; 백기영·이완영, 「청주를 통해본 일제시대 한국 도시계획사 시기구분론」, 『국토계획』 35(5), 2000 ; 이태진, 「1896~1904년 서울 도시개조사업의 주체와 지향성」, 『한국사론』 37, 19

를 나누고, 각 시기별 도시계획의 유형과 특징을 도출해내는데 초점을 맞추고 있다. 이 외에 조세제도, 관료제, 갈등행위 등을 다루는 연구들이 있다.[15]

이러한 연구들의 기본적 논조는 일제의 식민지배 도구로서의 도시행정을 주장하거나 이를 전제하고 있다. 이는 식민지 수탈론에서 제기하는 것처럼 일제 강점기 하의 도시행정이 가지는 근대성을 거의 부정하는 논리이다. 이런 방법으로는 일제 강점기 하에 이루어진 도시행정의 근대성과 식민지성의 상호작용을 포착하기는 쉽지 않을 것으로 생각된다.

다. 분석 방법

일제 강점기에 이루어진 사회적 현상에 대한 유용한 설명방식은 인간행위의 의도적인 결과와 의도하지 않은 결과로 구별해 보는 것이다.[16] 이는 식민지근대화론자들이 주장하는 실증적 방법의 한계를 극복하는 방법이기도 하고, 일제 강점기 하에서 이루어진 성장을 부정하던 식민지 수탈론의 실증적 약점을 보완하는 방법이기도 하다. 이러한 방법의 단초는 허수열의 연구에서 부분적으로 나타나고 있다. 그는 경제성장이라는 실증적 자료에 따르면 일제가 식민지 한국에서 추진한

---

97 ; 손정목, 『일제강점기 도시계획 연구』, 일지사, 1990.

15) 김태웅, 「1894~1910년 지방세제의 시행과 일제의 조세수탈」, 『한국사론』 26, 1991; 박은경, 「일제시대 조선총독부 조선인 관료에 관한 연구: 충원양식을 중심으로」, 『한국정치학회보』 28(2), 1994 ; 김제정, 「1930년대 초반 경성지역 전기사업 부영화운동」, 『한국사론』 43, 2000.

16) Cohen, G. A., *Karl Marx's Theory of History.* Princeton: Princeton University Press, 1987; Elster, J., "Marxism, functionalism, and game theory", *Theory and Society,* 11, 1982.

산업화 정책이 부정될 수 없지만, 그것이 한국인에 근대적인 혜택을 주기 보다는 일본(나아가 일본인)을 위한 산업화였을 뿐이라고 주장한다. 즉 식민지 한국의 산업화를 추진한 일제의 의도된 결과는 일본인을 위한 산업화라는 것을 의미한다.

이와 달리 식민지근대화론자들은 일제 강점기 하에 이루어진 성장을 의도하지 않은 결과로 해석하는 경향이 있다. 즉 일제는 식민지 한국인들에게 근대화의 시혜를 베풀기 위한 의도를 가지고 있지는 않았지만 일제가 추진한 정책이 산업화 및 근대화를 가져왔다는 것이다. 이처럼 식민지근대화론자들은 의도하지 않은 결과로서의 근대화를 제기하고 있다. 나아가 이러한 주장은 일제의 의도하지 않은 결과가 해방 후 한국의 근대적 발전에 기여하지 않았느냐 라는 주장으로 이어지고 있다.

이처럼 식민지근대화론을 둘러싸고 도입된 의도된 결과와 의도하지 않은 결과의 대조적인 설명방식이 비판과 반비판의 입장으로 차용되어 팽팽한 양상을 보이고 있다. 이 글에서는 이러한 논쟁구도를 이용하여 일제강점기 하의 도시행정을 분석하는 틀을 마련하고자 한다. 즉 <그림 1>이 보여주는 것처럼 수탈론과 근대화론으로 대비되는 경직된 논의 구도를 일제 강점기 하에서의 의도된 결과와 의도되지 않은 결과를 대비시키는 구도로 바꾸는 것이다. 예컨대 일제는 식민지 한국에 소위 근대적인 도시행정제도를 도입하였다고 하는데 그들이 의도한 결과가 무엇이었는가, 만약 의도하지 않은 결과가 있다면(또는 그렇게 간주되는 것이 있다면) 그것이 식민지 한국 사회에 긍정적인 방향으로 영향을 주었는가라는 물음을 던질 수 있다.

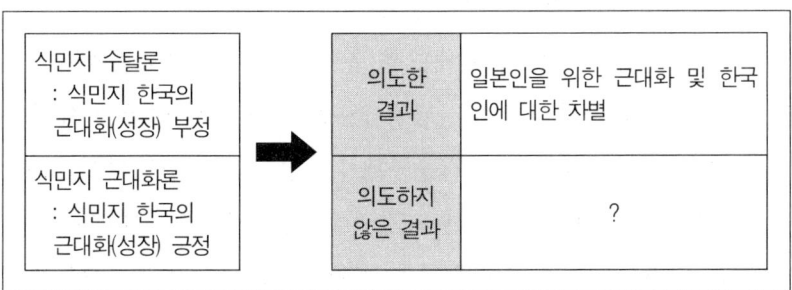

[그림 4] 식민지 도시행정의 분석 방법

　이러한 분석 틀은 일제 강점기 하의 도시행정이 가지는 이중성을 탐색적으로 검토하는데 도움을 줄 수 있다. 우선 일제 강점기 하에서 이루어진 근대화(또는 산업화)가 실증적으로 부정될 수 없지만 일본(또는 일본인)을 위한 근대화였다는 점을 분명히 할 수 있다. 이는 근대화 자체를 부정하는 식민지 수탈론의 한계를 극복하는 방안이기도 하다. 다음으로 일제가 의도하지 않은 결과로서 한국인들을 위한 근대화가 과연 있었는가에 대한 물음을 본격적으로 제기할 수 있다. 나아가 한국인들을 위한 근대화가 없었다는 점이 실증된다면 이는 식민지근대화론을 등에 업고 일본제국주의 지배를 미화하려는 논의의 근본적 핵심을 무너뜨릴 수 있을 것이다.

　이 글에서는 위의 분석 틀을 이용하여 일제 강점기 하의 도시행정이 근대적 요소를 갖추고 있지만 그것은 어디까지나 일본인을 위한 것이었다는 점을 논증하는 데 초점을 맞출 것이다. 분석의 주요내용은 일본인을 위한 근대화가 일제의 식민지 통치가 가지는 의도적 결과였으며, 또한 의도하지 않은 결과로서 한국 또는 한국인에 도움이 된 근대화는 일제 강점기에 일어난 것이 아니라는 점이 될 것이다. 이는 또한 일제의 식민지 통치가 해방 후 근대적 발전에 기원적 요인이 될 수 있을지는 모르나 결코 인과적 요인이 될 수 없음을 뜻한다.

한편 이 연구는 도시행정의 제도적 측면을 주로 다루고자 한다. 일제 강점기에 도입된 근대적인 도시행정제도들은 식민지 한국을 통치하기 위한 것으로 민족차별적인 성격을 지닌다. 한국인의 입장에서 보면 이는 "기술로서의 근대"에 불과하고 결코 "해방으로서의 근대"로 나아가지 못함을 뜻한다. 즉 식민지 한국을 효율적으로 통치하기 위한 제도였지만 한국인들에게 자유와 평등, 민주주의 정신을 확산시켰다고 보기는 힘들 것이다. 또한 사회경제적 측면에서의 산업화는 근대화 현상의 일부라고 할 수 있지만 이것이 근대적인 정치·행정 제도와 정합적으로 맞물려 들어가지는 못하였을 것이다. 이처럼 제도적 접근을 강조하는 연구방법은 소위 일제 강점기의 근대화라는 현상에 대한 문제점을 다양하게 짚어보면서 그 본질적 내용이 무엇인가를 구명하는데 많은 도움을 줄 것으로 생각된다.

3. 일제 강점기 도시행정

이 글에서는 일제 강점기의 도시행정을 도시행정구역과 그에 따른 도시계획, 도시지역에 실시된 지방자치제도를 중심적으로 살펴보고자 한다. 이 두 가지 사례를 중심적으로 살펴보는 이유는 다음과 같다.

분석방법에서 제시된 것처럼 일제 강점기의 정책이 근대성과 식민지성이라는 이중적 특징을 지녔음을 보여주기 위해서는 우선 일제가 추진한 정책이 근대적인 성격을 띠거나 근대화 현상을 반영하는 것이어야 한다. 그런데 교역증가 및 산업화에 따른 도시화는 일종의 사회경제적 근대화 현상이라 할 수 있다. 즉 전근대적 봉건사회에서 근대적 자본주의 사회로 전환하는 과정은 도시화를 필연적으로 수반하게 된다. 물론 왕궁 소재지나 중세도시처럼 자본주의 사회 이전에도 도시는 존재하였지만 이들은 정치와 상업 중심지로서의 도시에 불과하였다. 이와 달리 산업화와 동반된 근대적 도시에는 상품경제의 발달에 따른 공장 등 생산시설과 교통·통신과 같은 유통시설, 고용기회 확대로 인한 인구증대에 따라 시민들의 후생, 위락, 문화 시설 등이 집적함으로써, 도시는 자본주의 사회의 복합적이고 다양한 면모를 보여주게 된다. 이러한 도시를 대상으로 하는 행정구역을 설치하는 것은 전근대적 사회로부터 근대적 자본주의 사회로의 전환을 반영하는 것이며, 정부가 도시행정을 통해 이러한 변화를 유도하거나 그 변화에 적극 대응한다는 것을 말한다. 또한 도시계획은 실증적인 조사와 과학적인 방법을 동원한다는 점에서 '기술로서의 근대' 측면을 단적으로 보여줄 수 있고, 지방자치제도는 참여를 통한 민주주의 확대라는 점에서 '해방으로서의 근대'를 나타낼 수 있다.

가. 도시 행정구역과 도시계획

도시지역의 행정기관을 따로 두기 시작한 것은 일제가 한국을 사실상 통치하였던 통감부 하에서였다. 1906년 통감부는 칙령 제48·49호를 통해 조선의 지방행정구역을 1수부 13도 11부 333군으로 개편하였다. 이 때 새로이 부로 된 지역은 인천, 옥구(군산), 무안(목포), 창원(마산), 동래(부산) 등 주로 개항지 또는 개시장 소재지였다. 병합 이후 총독부는 1914년 부·군의 폐합과 면의 폐합을 단행하였다. 종전까지는 부에 속했던 농촌면을 분리하여 인접 군에 편입시키고 나머지 시가지지역만으로 새로운 부를 창설하여 12부가 되었다. 그리하여 부는 지방행정상 순전히 도시지역만을 관할하는 기초단위가 되었다.[17)

또한 총독부는 면제를 실시하면서 지정면(指定面)을 신설하였는데, 일본인이 다수 거주하여 부에 버금갈 정도로 도시화가 된 지역에 한하여 지정하였다. 지정면의 면장으로 일본인을 임명할 수 있으며, 면장의 자문기관으로 도장관이 임명하는 상담역을 두게 하였으며, 지정면에 한하여 재정차관(기채)을 할 수 있도록 하였다.[18) 1920년에 20개이던 지정면이 1925년에 17개 추가되었다. 1931년 지방제도 개편에 의해 지정면이 읍(邑)으로 바뀌게 된다. 지정면(읍)의 성격을 보면 청주, 공주, 전주, 광주 등 도청소재지, 진해, 나남, 회령 등 군사도시, 영등포, 수원, 대전, 조치원 등 교통중심지, 포항, 통영 등 유수한 어항, 성진 등 종전의 개항장으로 도시형태가 갖추어진 곳이었다.[19) <표 1>은 1931년 당시 도시지역이라 할 수 있는 부와 읍 현황을 보여주고 있다.

---

17) 손정목, 『한국지방제도·자치사연구(상) - 갑오경장~일제강점기』, 일지사, 1992, 80·124쪽.

18) 김운태, 『(개정판) 일본제국주의의 한국통치』, 박영사, 1998, 186쪽.

19) 손정목, 『한국지방제도·자치사연구(상) - 갑오경장~일제강점기』, 일지사, 1992. 166~167쪽.

[표 1] 부, 읍, 면의 행정구역(1931년)

부	경성, 인천, 개성, 군산, 목포, 대구, 부산, 마산, 평양, 진남포, 신의주, 원산, 함흥, 청진
읍	경기: 수원, 영등포 충북: 청주, 충주 충남: 공주, 대전, 강경, 조치원, 천안 전북: 전주, 익산, 정주 전남: 광주, 여수, 제주 경북: 김천, 포항, 경주, 안동, 상주 경남: 진주, 진해, 통영, 밀양, 동래 황해: 해주, 겸이포, 사리원 평북: 의주, 정주, 선천, 강계 평남: 안주 강원: 춘천, 강릉, 철원 함북: 북청 함남: 나남, 성진, 회령, 웅기

* 출처 : 손정목, 『한국지방제도·자치사연구(상) - 갑오경장~일제강점기』, 일지사, 1992, 248· 254쪽.

한편 일제는 도시지역에 대한 행정구역을 정리하면서 도시계획을 실시하였다. 일제 강점기 하의 도시계획은 크게 세 단계로 나뉘는데, 일제 강점 초기인 제1기는 조선총독부가 시구개정(市區改正)이라는 제도를 통해 도시계획을 실시하였다. 주로 도로 개착 위주의 시가정리, 상하수도 사업 등에 중점을 두었다. 1912년 10월 총독부는 시구개정에 관한 훈령을 발포한 뒤 경성을 대상으로 한 시구개수예정노선(市區改修豫定路線)과 시가지건축취체규칙(市街地建築取締規則)을 잇달아 발포하였고, 각 지방도시별로 시구개정을 통해 시가지 정비가 이루어졌다[20]

---

20) 김영근, 「도시계획과 도시공간의 변화」, 연세대학교 국학연구원 편, 『일제의 식민지배와 일상생활』, 혜안, 2004, 49~53쪽.

제2기인 일제 중기에는 조선총독부 도시계획분야 전문가 및 친일 개화파 등이 참여하여 도시계획 활동을 벌였다. 경성도시계획연구회가 창립되어 경성의 도시계획을 구체적 방안을 마련하는 노력을 벌였고, 원산과 대구, 청주 등 각 지방도시별로 구역제, 용도지역제, 도로, 위생, 공원, 상하수도 등 자체적인 도시계획을 수립하고자 하였다.[21] 그러나 이러한 도시계획은 연구·조사활동에만 그쳤을 뿐 일본정부 및 총독부의 냉담한 반응과 재원조달의 어려움 등으로 좌절되고 만다.

제3기는 1934년 조선시가지계획령(朝鮮市街地計劃令)이 발포된 시점부터 시작한다.[22] 조선시가지계획령은 지역 및 지구 지정방식, 건축물 제한, 구획정리에 관한 규정 등 총 50개 조문을 두고 있다. 또 시가지계획령이 적용되거나 준용된 시가지는 총 43개였다.[23] 시가지계획령에 의거해 실시된 도시계획 내용을 보면 도시인구 및 도시계획구역, 교통량 조사 및 토지구획 정리 등을 중요시하고 있다. 이후 중일전쟁이 발발하고 한반도가 대륙침략의 병참기지로 되면서 도시계획은 군국주의적 국토계획의 일부로 변질되고 말았다.

---

21) 문정희·이병렬, 「도시계획 활동과 이념: 조선시대 및 일제시대의 도시계획을 중심으로」, 『국토계획』 25(2), 1990; 백기영·이완영, 「청주를 통해본 일제시대 한국 도시계획사 시기구분론」, 『국토계획』 35(5), 2000.

22) 손정목에 따르면, 1920년대 말까지 민·관 협력으로 왕성하게 추진되던 도시계획법 추진에 대해 냉담했던 조선총독부가 만주사변을 계기로 함경북도 나진을 계획적인 항구도시로 조성할 필요성이 생기자 조선시가지계획령을 서둘러 발포한 것으로 해석된다 (손정목, 『일제강점기 도시계획 연구』, 일지사, 1990, 177쪽).

23) 시가지계획령이 적용된 도시는 일본에 남아 있는 『일본인의 해외활동에 관한 역사적 조사』에서 38개로 소개되어 있으나, 손정목은 조선총독부 관보에 대한 실증적 연구를 통해 43개임을 보여주고 있다 (손정목, 『일제강점기 도시계획 연구』, 일지사, 1990, 195~200쪽).

나. 지방자치제도 : 부협의회 및 부회·읍회

3·1운동의 영향으로 실시된 총독부의 소위 '문화정치'는 지방제도에도 변화를 가져왔다. 1920년에 이루어진 지방제도 개혁의 내용을 보면, 종래 지방에 있어서 부윤이 임명하던 부협의회 의원을 주민에 의한 선출제로 바꾸는 것이 있다. 그러나 부윤의 자문기관에 불과하였던 부협의회가 임명제에서 직선제로 바뀐다고 해서 그 성격이 크게 달라질 것은 없었다.

부협의회는 부윤과 협의회원으로 구성되고 부윤이 당연직 의장이 되며 협의회원의 수는 부의 크기에 따라 12~30인의 범위내로 하였다. 협의회원은 주민의 직접선거로 선출하되 선거권·피선거권의 자격은 25세 이상의 가장, 해당지역 1년 이상 거주, 5원 이상의 납세자 등으로 제한하였다. 부협의회원은 명예직이었으며 임기는 3년이었다. 부윤은 부행정에 관한 사항 중 "부 조례의 설정 또는 개폐", "세입·출 예산", "부채(府債)", "주민에게 새로운 부담을 지우게 하거나 기존의 권리를 포기케 하는 사항", "기본 재산 등 부 재산의 설치 또는 처분에 관한 사항" 등을 부협의회와 자문하도록 되어 있었다.[24]

1930년에 종래의 지정면을 읍으로 바꾸는 제도개편을 하면서 자문기관에 불과했던 부·면협의회와 도평의회 대신에 의결기관인 부회, 읍회, 도회를 설치하였다. 부회는 부에 관한 중요한 안건 의결, 부의 공익에 관한 의견서를 부윤 및 기타 관계 관청에 제출, 부의장 선거, 회의규칙 설정, 관청의 자문에 답신, 부의 사무에 관한 서류 및 계산서를 검열 등의 권한을 지니게 되었다. 그러나 부회의 의장은 부협의회와 마찬가지

---

24) 김운태, 『(개정판) 일본제국주의의 한국통치』, 박영사, 1998, 313쪽.

로 부윤이 담당하였으며, 의원의 임기는 4년으로 부협의회원 임기보다 1년 늘었지만 선거권과 피선거권의 자격 요건은 변함이 없었다. 한편 읍회는 의결기관으로 부회와 거의 같은 권한을 보유하였다.[25]

4. 일제 강점기 도시행정의 이중성에 대한 검토

가. 차별적인 공간의 분화

일제는 통감부 시기부터 개항장을 중심으로 부제(府制)를 실시하였고 점차 산업화의 진전과 함께 부제 지역을 확대하고 있다. 또 부 지역을 중심으로 도로, 철도 등을 부설하고 시가지를 정비하는 등 당시의 사회경제적인 변화를 주도하였다. 그리고 일제는 부제 등 지방행정제도를 정비하면서 이사청(理事廳),[26] 재무감독국 등을 일반지방행정기관으로 통합하였고, 사법과 경찰업무를 분리하였다. 도시를 관리하는 행정기관에 맞게 토목, 건축 등의 사무분장을 두었으며, 부윤 및 부의 관료들은 철저한 관등제에 입각한 계서제를 따르도록 하였다. 이처럼 도시지역만을 대상으로 한 행정구역을 설치하고 전문화된 관료시스템을 갖추는 등 일제 강점기 도시행정은 근대적 요소를 가지고 있었던 것은 분명하다.

---

25) 위의 책, 323~324쪽.

26) 이사청은 통감부가 주한일본영사관을 개편한 조직으로써, 거류지 관리 및 일본인 거류보호라는 영사관 본래의 임무와 종래 한국 외무부와 개항장 감리에게 속했던 각국 공동조계 및 재류외국인에 대한 지방사무를 새로이 담당하는 한편으로 보호통치의 지방 침투와 한국 지방행정의 지도 및 감독의 업무를 수행하였다 (손정목, 『한국지방제도·자치사연구(상) - 갑오경장~일제강점기』, 일지사, 1992, 67~68쪽).

또 일제는 조선을 강점하면서 주요 도시들을 대상으로 도시계획 또는 그에 버금가는 시가지 개선 등을 실시하였는데 이를 도시행정의 근대적 요소로 볼 수 있을 것이다. 일제는 도시계획 활동을 전개하면서 인구, 교통량, 토지 등에 대한 실증적인 조사를 통하여 방대한 분량의 통계를 산출하는 등 이른바 과학적인 방법을 동원하였다. 기초조사뿐만 아니라 직선격자형의 가로구조를 도입하는 등 도시계획 기법도 근대적이라 할 수 있는 방식으로 이루어졌다.27) 또 도시계획을 통해 도로, 철도, 전기 등 산업화를 위한 기반시설을 확충하였을 뿐만 아니라 상하수도 시설, 공원 등 도시 주민의 후생을 증진시키는 시설도 만들었다.

그러나 근대적인 부제 정책의 이면에는 한국인에 대한 차별적 요소가 있었음이 지적되어야 한다. 조선총독부는 부제를 실시하면서 인구가 밀집된 도시지역만을 부로 한다는 취지보다는 다수의 일본인이 거주하는 지역을 최우선시 한 의도가 나타났다. 이러한 예는 인구가 많고 조선시대 행정 중심지였던 개성, 전주, 진주, 함흥, 해주 등 전통적 도시들은 제외되고 인구가 5천도 되지 않았지만 일본인 거류민단이 있거나 일본인이 다수 거주하였던 청진, 신의주 등이 부로 지정된 것이다.28) <표 2>는 부제를 실시한 다음 년도인 1915년에 부의 인구 현황과 일본인 인구비율을 보여주고 있다. 서울, 평양, 대구, 진남포 등을 제외한 대부분 부 지역에서 일본인 인구비율이 30%대를 넘어 절반에 이르고 있다.

---

27) 김영근, 「도시계획과 도시공간의 변화」, 연세대학교 국학연구원 편, 『일제의 식민지배와 일상생활』, 혜안, 2004, 57~60쪽.

28) 손정목, 『한국지방제도·자치사연구(상) - 갑오경장~일제강점기』, 일지사, 1992, 130쪽; 권태환, 「일제시대의 도시화」. 『한국의 사회와 문화』 11, 정신문화연구원, 1990, 254쪽; 김영정, 「일제시대의 도시성장 - 군산시 사례」 『한국사회학』 30, 1996, 613쪽.

[표 2] 일제 강점 초기 부별 인구현황 및 일본인 비율(1915년 기준)

부	전체 인구(명)	일본인 인구(명)	일본인 비율(%)
서울	241,085	62,914	26.1
부산	60,804	29,890	49.2
평양	45,793	8,670	18.9
대구	32,740	7,948	24.3
인천	31,264	11,898	38.1
진남포	22,331	5,536	24.8
원산	22,413	7,082	31.6
마산	15,545	4,677	30.1
목포	12,782	5,360	41.9
군산	10,965	5,291	43.3
신의주	6,110	2,810	46.0
청진	6,484	3,013	46.5
계	508,316	155,089	30.5

* 출처 : 권태환, 「일제시대의 도시화」. 『한국의 사회와 문화』 11, 정신문화연구원, 1990, 290~292쪽에서 재작성

1930년대에 접어들면서 부제에서 배제되었던 전통적 도시들이 부로 승격되고 있다. 이는 한국민들의 반일감정을 무마시키려는 의도도 있지만 철도와 도로의 부설 등으로 식민지지배의 새로운 거점도시로서의 가능할 것이라는 판단도 작용한 것으로 보인다. 그러나 경부선과 호남선이 교차하는 대전, 만주와의 교역 거점으로서의 나진 등에 일본인이 다수 거주하게 되면서 부로 승격되는 과정은 여전히 부제 운영이 일본인 거주 중심으로 되고 있었음을 보여주며 식민지 지배를 효율적으로 하려는 일제의 의도는 변함이 없었다고 해야 할 것이다.

부제의 실시는 주민들에게 복지적 시설을 제공하는데 결정적 역할을 한다고 볼 수 있다. 총독부토목회의관제에 따르면 총독의 감독 하에서 하천·도로·항만·철도·궤도·전기사업 및 상하수도 등에 관한 사

업실시 및 투자 우선순위 등에 있어서 모두 부를 우선시하고 있다.[29] 또 지정면제의 경우에도 총독부가 재정지원을 할 수 있으며 시구개정이라는 이름의 가로확장 및 시가지 정비를 촉진케 하였고, 상·하수도 설비 및 전등 보급 등을 중점 지원하였다. 이처럼 부제 실시를 통한 편익은 일본인이 다수 거주한 지역을 중심으로 제공된 반면 대다수 한국인이 거주하는 낙후한 지역에 대해서는 제공되지 않았다. 더욱이 새로 발족한 부는 일본인 거류민단의 재산 일부와 더불어 막대한 부채도 승계하여 한국인에게도 그 부채상환 책임을 전가하였다. 결국 부제의 실제 운영은 한국인과 일본인에 대한 공통세금에 근거하였지만 부제의 혜택은 일본인에게 더욱 많이 돌아가도록 하였다고 볼 수 있다. 이러한 부제 정책은 식민지 한국인을 차별적으로 대우하는 식민지성의 단면을 보여준다고 하겠다.

그러나 일본인 거주 지역을 중심으로 한 도시행정구역의 설치가 민족 차별적이라는 것에 대해 다음과 같은 비판이 가능하다. 부제의 혜택이 농촌지역에 거주하는 대다수 한국인에게 돌아가지는 않았지만, 도시지역에 거주하는 한국인에게는 혜택을 준 점도 지적되어야 한다는 점이다. <표 2>에서 나타나는 것처럼 부제가 실시된 도시 인구 중 70%는 한국인이라는 사실이 이를 뒷받침한다. 즉 다수의 한국인이 도시지역에 거주하였기 때문에 부제의 혜택이 일본인에게만 주어졌다는 것은 논리적으로 맞지 않는다는 것이다.

이러한 비판은 일견 타당하다고 볼 수 있다. 그러나 도시지역에 거주하였던 다수의 한국인이 과연 근대적인 도시행정의 혜택을 입었을까.

---

29) 손정목, 『한국지방제도·자치사연구(상) - 갑오경장~일제강점기』, 일지사, 1992, 131~132쪽.

이런 의문점의 실마리를 풀기 위해서는 일제 강점기 동안 도시 내적인 공간이 어떻게 이루어졌는지를 살펴볼 필요가 있다. 일제는 강점기 동안 한국의 주요 도시에서 시구개정 등과 같은 도시계획을 실시하였지만, 그 결과 나타난 것은 민족차별적인 공간 분화였다.

서울의 경우 일제 강점 전부터 청계천을 경계로 해서 일본인의 남촌과 조선인의 북촌으로 분리되었다. 이러한 민족별 공간분화는 시구개정사업에 의해 더욱 강화되어 도시공간의 이중적 성격은 점점 뚜렷한 양상을 띠었다. 일제는 자신들의 근거지인 남촌지역을 중심으로 근대적인 도시계획을 수립하였으며, 남촌 지역이 서울의 중심지로 되면서 이 지역의 토지가격은 올라갔고 도시개발에 따른 혜택도 이 지역에 집중되었다. 당시 서울에서 전등이 가장 먼저 가설된 곳은 일본인 거주 중심지였던 진고개(지금이 충무로 부근)였으며, 이 지역을 중심으로 가로등도 설치되었다. 또 상·하수도와 가스, 공중전화 시설의 보급도 북촌에 비해 남촌에 집중되었으며, 넓고 포장된 도로, 공설시장, 부영주택, 도서관, 공원 등 주민들의 편의시설도 일본인 지역에 집중되었다.[30] 일제 강점 중기까지 경성지역의 전등사용 현황을 보여주고 있는 <표 3>은 이러한 차이를 잘 보여주고 있다. 이 표에 따르면 일본인들이 거주하는 대부분 가구에 전기가 공급된 반면, 한국인들이 거주하는 가구의 경우 1930년대에 겨우 50%대에 머물고 있다. 또 전기를 공급하지 못하는 구역에 다수의 한국인들이 거주하였던 점을 고려하면, 일본인 거주지역과 한국인 거주지역의 편차는 더욱 컸던 것으로 보인다.

---

30) 김영근, 「도시계획과 도시공간의 변화」, 연세대학교 국학연구원 편, 『일제의 식민지배와 일상생활』, 혜안, 2004, 63~64쪽; 김제정, 「1930년대 초반 경성지역 전기사업 부영화 운동」 『한국사론』 43, 2000, 138~142쪽.

[표 3] 1915~1934년 경성지역 전등사용 현황

연도	사용호수		공급구역 내의 총 호수		총 호수에 대한 사용호수 비율(%)	
	일본인	한국인	일본인	한국인	일본인	한국인
1915	6,972	1,344	17,344	54,167	40.2	2.4
1916	9,072	4,575	17,344	56,289	52.3	8.0
1926	20,391	30,124	20,436	74,269	99.8	40.6
1927	21,222	29,622	21,319	75,605	99.5	39.2
1928	21,867	32,570	21,973	78,976	99.5	41.2
1930	18,838	46,235	23,222	86,154	81.1	53.6
1931	22,482	50,721	24,195	98,927	92.9	51.2
1933	23,565	49,605	25,218	99,358	93.4	49.9
1934	22,156	54,607	25,682	100,313	86.2	53.8

* 출처 : 조선총독부체신국, 『전기사업요람』, 김제정(2000: 139)에서 재작성.

이와 같이 차별적인 도시 내적 공간의 분화는 서울뿐만 아니라 대전, 군산, 목포, 부산 등 등 일제 강점기 동안 급성장한 도시에서 전형적으로 나타나고 있다. 이들 도시의 역사에 대한 다양한 소개에 따르면, 이들 도시에서 일본인이 일찍부터 정착하였던 지역은 도시계획을 통해 체계적으로 개발되었다고 한다. 관청, 정거장, 학교 등 공공시설과 정미소, 상가, 은행 등 경제력이 집중되는 시설들이 일본인 거주 지역에 밀집되었으며, 상·하수도, 도로포장, 교통통신, 전기, 가스, 보건·위생 관련 시설 등도 집중 배치되었다. 이에 비해 대부분의 한국인들은 도시의 변두리 지역이나 산동네에 거주하였다. 그리하여 일본인 거주 지역의 거리는 짜임새 있고 깨끗하며 편리한 반면 한국인 거주지역은 "흙구데기" 등으로 불릴 정도로 낙후되었다고 한다.[31]

이처럼 서울을 비롯하여, 부산, 대구, 대전, 목포, 군산 등 주요 도시에서 차별적인 공간분화가 나타났는데, 여기에는 일본인들의 번영을 우선적으로 한 도시계획의 영향이 컸다고 볼 수 있다. 가로망 및 기반시설 배치 등 도시계획의 주요 내용이 총독부 관리 및 일본 민간인들의 손에 의해 확정되었다. 이를 통해 일본인들은 도시의 주요 기반시설을 그들의 거주지역에 집중적으로 배치하여 한편으로는 근대적 문명을 향유하고 또 한편으로는 지가 상승 등의 이득을 취하였다. 뿐만 아니라 새롭게 요지가 될 곳을 미리 알게 됨으로써 이를 전혀 모르고 있던 한국인 지주로부터 땅을 헐값으로 구입할 수 있었으며, 그리하여 일본인들에 의해 수립된 도시계획이 공식적으로 확정되면 일본인들은 미리 취득해 둔 부동산을 비싸게 팔 수도 있고 이를 담보로 융자를 받아 점포를 짓는 등 다양한 축재를 할 수 있었다. 결국 일제가 추진한 도시계획은 이중적인 도시공간의 분화를 가져왔으며, 이러한 이중성은 일본인에게는 근대적인 문명생활의 기반을 제공해주는 동시에 한국인의 재산을 약탈할 수 있는 기회를 보장하였다.

결론적으로 보면, 도시지역인 부를 둘러싼 일본의 행정제도는 사회경제적 발전에 조응하는 근대적 요소를 지니고 있는 것은 분명하지만, 일본인 밀집지역의 도시지역과 대다수의 한국인이 거주하는 농촌지역이라는 외적 공간의 차별적 분화, 발전되고 계획된 일본인 시가지와 낙후하고 침체된 한국인 거주지라는 도시 내적 공간의 차별적 분화라는 현상을 드러냄으로써, 일제 강점기의 도시행정제도는 일본인을 위한

---

31) 김영정, 「일제시대의 도시성장 - 군산시 사례」, 『한국사회학』 30, 1996 ; 송규진, 「일제 강점 초기 '식민도시' 대전의 형성과정에 관한 연구: 일본인의 활동을 중심으로」, 『아세아연구』 45(2), 2002; 주강현, 「바다에 살어리랏다」, 『서울신문』, 2005/02/21; 2005/04/25.

근대적 제도였지 한국인에 대해서 식민지 통치의 효율성만을 강조한 수단에 불과하였다는 점이 지적되어야 한다.

나. 차별적인 대표성

부협의회는 자문기관이었지만 행정에 대한 시민참여의 형태라 볼 수 있으며, 부회 및 읍회는 주민직선에 의한 의결기관이었다는 점에서 부협의회보다 발전된 정치참여제도라 할 수 있다. 비록 제한적이지만 선거를 통한 정치참여의 제도화가 이루어졌다. 또 경성지역 전기사업 부영화 운동, 도청이전 반대 또는 유치운동 등 부회를 매개로 하여 지역주민들의 이해관계가 표출되기도 하였다.[32] 비록 일제 강점기의 일부 시기에만 국한되고 선거권에 대한 제약도 많았지만, 선거라는 참여적 공간이 형성되었고 부회 활동을 통해 주민들의 이해가 집약·표출되기도 하는 등 도시행정에서 이루어진 참여제도들은 근대적인 요소를 일부 가지고 있다고 하겠다.

그러나 이러한 참여제도 역시 일본인을 위한 것이었다. 일본인들이 유권자의 다수를 차지하였던 부협의회원 선출에는 주민들의 직선제를 허용하였지만 유권자의 다수가 한국인인 도평의회원이나 면협의회원의 선출에는 직선제 대신에 총독부에 의한 임명제를 유지하였다.[33] 더욱이 선거권 및 피선거권의 자격에 대한 제약은 선거에서의 민족차별 경향을 더욱 강화하였다. 직선제가 적용된 부협의회원 선거의 경우 거의 대부분 지역에서 일본인에 비해 한국인이 다수였으나 선거권의 제약으로 인해 유권자의 수는 일본인이 압도적으로 많은 편이었다. 예컨

---

32) 김제정, 「1930년대 초반 경성지역 전기사업 부영화 운동」『한국사론』 43, 2000.

33) 일본인이 많았던 일부 면의 경우 면협의회원 선출은 임명이 아니라 주민 선거를 통해 이루어졌다.

대 1920년 12개 부 유권자 중 조선인 비율은 1.17%, 24개 지정면의 유권자 중 조선인 비율은 0.79%에 불과하였으며, 12개 부 당선자 190명 중 조선인과 일본인의 비율은 3:7정도 되었다.[34]

 이러한 차별적 대표성은 소위 지방자치제라 불리는 부회·읍회 선거에서도 명확히 나타나고 있다. <표 4>는 1931년 실시된 부회 선거에서의 유권자 현황을 보여주고 있다. 이에 따르면 14개 부 지역 주민 중 한국인과 일본인의 비율이 전체적으로 약 76:24에 이르고 있지만 유권자의 비율은 약 37:63으로 거의 정반대인 모습을 나타내고 있다. 도시별로 살펴보면 전통적으로 한국인이 압도적으로 많았던 개성에서만 일본인 유권자 비율이 13%정도에 머물고 있을 뿐 대다수의 도시에서는 50~70%대에 이르고 있다.

---

34) 손정목, 『한국지방제도·자치사연구(상) - 갑오경장~일제강점기』, 일지사, 1992, 204~206쪽.

[표 4] 1931년 부회 선거 유권자 현황

구분	유권자				주민			
	수(명)		비율(%)		수(명)		비율*(%)	
	한국인	일본인	한국인	일본인	한국인	일본인	한국인	일본인
경 성	7,890	14,843	34.7	65.3	251,228	97,758	72.0	28.0
인 천	807	1,903	29.8	70.2	49,960	11,238	81.6	18.4
개 성	1,562	236	86.9	13.1	47,007	1,390	97.1	2.9
군 산	314	1,110	22.1	77.9	16,541	8,781	65.3	34.7
목 포	902	1,341	40.2	59.8	23,488	8,003	74.6	25.4
대 구	1,678	2,919	36.5	63.5	70,820	29,633	70.5	29.5
부 산	1,691	5,614	23.1	76.9	85,585	44,273	65.9	34.1
마 산	710	798	47.1	52.9	20,149	5,559	78.4	21.6
평 양	2,765	2,833	49.4	50.6	116,650	18,157	86.5	13.5
진남포	593	831	41.6	58.4	30,415	5,894	83.8	16.2
신의주	848	1,258	40.3	59.7	29,003	7,907	78.6	21.4
원 산	899	1,392	39.2	60.8	32,523	7,096	82.1	17.9
함 흥	786	954	45.2	54.8	32,503	9,334	77.7	22.3
청 진	921	1,193	43.6	56.4	24,003	8,355	74.2	25.8
계	22,366	37,225	37.5	62.5	829,875	263,378	75.9	24.1

* 출처 : 손정목, 『한국지방제도·자치사연구(상) - 갑오경장~일제강점기』, 일지사, 1992, 262쪽에서 재작성.

한편 <표 5>는 1931년과 1939년에 치러진 부회 선거의 당선자 현황을 보여주고 있다. 이에 따르면 1931년 부회 선거에서 한국인과 일본인의 당선자 비율이 37.5:62.5로써 당시 유권자의 비율과 거의 같다. 14개 부의 주민 중 약 25%에 불과한 일본인이 부회 의원의 과반을 넘어 2/3까지 차지하는 것은 과대대표가 아니라 민족차별적인 제도가 아닐 수 없다. 그리고 1935년 선거에서 한국인의 당선자 비율이 평균적으로 조금 높아지지만, 개성 등을 제외하고는 대부분 일본인의 비율이 여전히 매우 높다.[35]

---

35) 1939년 선거에서는 한국인의 당선자 비율이 일본인 당선자 비율과 거의 똑같아지는 것으로 나타난다. 그러나 경성, 평양, 군산 등 주요 도시에서는 일본인 당선

[표 5] 부회 선거 당선자 현황(1931년 및 1935년)

부	1931년 당선자					1935년 당선자				
	수(명)			비율(%)		수(명)			비율(%)	
	정원	한인	일인	한인	일인	정원	한인	일인	한인	일인
경성	48	18	30	37.5	62.5	48	15	33	31.3	68.8
인천	30	8	22	26.7	73.3	30	12	18	40.0	60.0
개성	27	20	7	74.1	25.9	30	22	8	73.3	26.7
군산	24	6	18	25.0	75.0	27	7	20	25.9	74.1
목포	27	8	19	29.6	70.4	30	11	19	36.7	63.3
대구	33	10	23	30.3	69.7	33	12	21	36.4	63.6
부산	33	8	25	24.2	75.8	36	9	27	25.0	75.0
마산	24	10	14	41.7	58.3	24	10	14	41.7	58.3
평양	33	14	19	42.4	57.6	36	17	19	47.2	52.8
진남포	27	11	16	40.7	59.3	27	14	13	51.9	48.1
신의주	27	11	16	40.7	59.3	27	11	16	40.7	59.3
원산	27	11	16	40.7	59.3	30	13	17	43.3	56.7
함흥	27	11	16	40.7	59.3	27	13	14	48.1	51.9
청진	24	8	16	33.3	66.7	27	11	16	40.7	59.3
계	411	154	257	37.5	62.5	480	240	240	41.0	59.0

* 출처 : 손정목, 『한국지방제도·자치사연구(상) - 갑오경장~일제강점기』, 일지사, 1992, 270쪽에서 재작성.

당시의 선거권이 일정한 재산을 가진 성인 남자에게만 주어졌다는 점에서 부회가 계급적 요소를 가지고 있었지만 부회 선거 및 의정활동에서 계급갈등보다는 민족갈등이 불거지는 경우가 더 많았다. 또 일부를 제외하고는 대다수의 한국인이 선거권도 가지지 못하는 저소득층에 속하였기 때문에 계급갈등은 민족차별과 중첩되어 나타나는 경우도 잦았다. 예컨대 1934년에 있었던 부산부회 한국인의원들의 전원 집단사

자의 비율이 여전히 높다. 그리고 한국인 당선자의 비율이 높아진 것은, 만주사변 이후 일제가 추진한 총동원 정책을 원만히 수행하기 위해 일부 한국인을 식민지 통치에 협력하도록 유도하기 위한 수단으로 활용되었다고 볼 수 있다.

퇴사건은 이를 잘 보여준다. 1931년에 부산부회 의원이 된 한국인의원 9명은 한국인들이 거주하는 지역에 도로 개설, 쓰레기 및 분뇨 처리 등의 행정서비스를 요구하였으나 번번이 무시되면서 집단적으로 사퇴하였다. 이후 총독부와 경남도의 회유 및 협박에 의해 사표 철회가 이루어졌다.[36] 이러한 예에서 알 수 있듯이 비록 부유층에 속했던 한국인 부회의원들이었지만, 일부 의원들은 한국인들의 복지향상을 위해 노력하였으며 그러한 노력은 한국인의원의 수적 열세와 총독부 및 지방관청의 강압적 정책으로 인해 철저히 무시되었고 배제되었다.

이처럼 도시지역에만 한정되었던 지방자치는 근대적인 참여제도로서의 성격을 일부 지니는 것처럼 보이지만, 실제 그 운영과정은 일본인들 - 그 중에서도 상위 계층 - 에 의해 장악되어 있었다. 그리하여 다수의 한국인들이 참여를 통해 시민적 훈련을 받을 기회는 전혀 없었다. 또 일부 한국인 자산가들이 선거에도 참여하고 부회에도 진출하였지만 일본인 의원들에 비해 항상 수적 열세에 처하고 있었으며, 행정 우위의 통치관행으로 인해 거의 소외당하였다고 해도 과언이 아니다. 이런 점에서 볼 때 일제 강점기 하에서의 지방자치제도는 한국인에게 결코 근대적인 것이 아니라 식민지 차별성을 한층 더 부각시켰을 뿐이었다.

5. 결론

이 글은 일제 강점기의 도시행정이 근대성과 식민지성을 동시에 가

---

36) 손정목, 『한국지방제도·자치사연구(상) - 갑오경장~일제강점기』, 일지사, 1992, 293~297쪽.

지고 있음을 주장하고 있다. 일제 강점기에 도입된 도시행정제도는 근대적인 측면이 없지는 않았지만 식민지 통치를 위해 이식된 근대성이었으며 근대화의 혜택은 대부분 일본인들에 주어졌다. 또한 이러한 이중성은 일제가 식민지 통치를 위해 의도한 결과였음이 분명하다.

이러한 논의는 그 동안 식민지근대화론을 둘러싼 논의구도의 단순성을 극복하는 대안을 제시한다. 우선 일제 강점기의 정치·행정 제도가 식민지 한국을 수탈·착취하기 위한 통치도구에 불과하다는 식민지 수탈론의 한계를 보완할 수 있다. 객관적 또는 기술적 측면에서 일제의 도시행정제도는 근대적 요소를 지니고 있음은 분명하다. 예컨대 사회 경제적으로 산업화와 함께 도시화가 진전되었고 총독부는 이에 조응하여 부제(府制)의 실시와 도시계획, 자치제도 등을 도입하였다. 근대적인 관료시스템이 지방에 까지 뿌리를 내렸고 도시계획 활동에 의해 시가지가 정비되었으며, 한계가 많았지만 부회라는 대의기구까지 설치하였다. 이처럼 일제 강점기 하의 도시행정제도에서 나타나는 근대적 요소를 부정하기는 어려우며 의도적으로 무시할 필요는 없을 것이다.

다음으로 식민지근대화론이 주장하는 것처럼 의도하지는 않았지만 일제 강점기의 정치·행정제도가 한국(또는 한국인)을 근대화시켰다는 주장은 적어도 일제 강점기에는 맞지 않는다는 점이다. 왜냐하면 일제 강점기의 도시행정제도는 일본인을 위한 근대적인 제도였지 대다수 한국인을 위한 것이 아님은 분명하기 때문이다. 예를 들어 근대적인 도시계획 기법을 동원하였지만 일본인 밀집지역을 대상으로 하였을 뿐이며 대다수 한국인이 거주한 지역은 대상에서 제외되었다. 대의제도라는 명분에도 불구하고 부회는 주로 일본인의 이익을 집약하고 표출하는 역할을 하였다. 이처럼 도시 공간이 민족 차별적으로 분화되고 대표성이 차별적으로 나타난 현상은, 일제 강점기 도시행정제도가 근대성과 식민지성을 동시에 가지고 있음을 전형적으로 보여준다고 하겠다. 그리고 일제의 근대적인 도시행정제도로부터 한국인을 소외시킨 것이 그들의 의도한 결과였다는 점에서, 한국의 근대적 발전에 일제 통치가 기여했다는 주장은 강한 반박을 받아야 할 것이다.

마지막으로 일제 강점기의 정치·행정제도가 가져온 의도하지 않은 결과에 대해서는 해방 이후 한국의 근대적 발전과 연관하여 보다 심도있는 이론적·경험적 연구가 필요하다는 점이다. 관료제나 도시계획 등에서 일제 강점기의 유산이 많이 남아 있고 아직도 한국 사회에 적지 않은 영향을 끼치고 있음은 부정할 수 없을 것 같다. 그러나 일제 강점기의 정치·행정제도들을 해방 이후의 근대화에 인과적 요인으로 설명하기는 힘들뿐더러, 최대한 기원적 요인으로 설명하려고 해도 이에 대한 이론적 탐색 및 실증적 연구로 뒷받침해야 할 것이다. 다만 이 글에서 주장한 분석방법을 전제 또는 차용한다면 기원적 요인에 대한 탐색이 식민지근대화론과 같은 함정에 빠지지 않도록 하는데 도움을 주지 않을까 생각된다.

이 글은 일제 강점기 도시행정제도의 이중성을 분석함으로써 식민지 근대화 논쟁이 가지는 단순한 구도를 벗어나고자 하였다. 행정구역, 도시계획, 대의제도 등 근대성과 식민지성을 동시에 잘 보여줄 수 있는 자료를 중심으로 논의를 전개하였지만, 보다 다양한 자료에 기초한 포괄적인 연구가 필요하다고 생각된다. 향후 보다 많은 실증자료를 토대로 한 심화된 연구가 이어지기를 기대한다. 또한 해방 이후의 근대적 발전과의 연관성을 거시적으로 탐색하는 연구도 활발하게 이루어져야 된다고 본다.

일본본국과 조선총독부
도시계획비교연구
- 도시계획법령을 중심으로 -

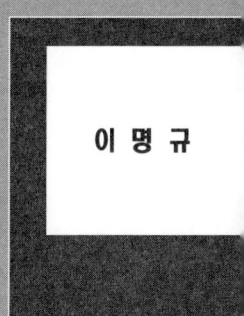

이 명 규

1. 들어가며

최근 지방화시대를 맞이하여 도시계획에 대한 논의가 활발하다. 과거 도시계획은 중앙정부주도의 비밀스럽게 추진되어 도시계획의 활동에 접근하는 것이 원천적으로 어려웠다. 그러나 지방화시대에 따라 주민의 다양한 욕구 증가하고 이에 걸맞은 서비스를 제공하기 위해서는 주민에게 더 가까이 다가가는 행정의 방식이 요구되고 있다. 또한 지방화시대를 맞아 지역의 경쟁력을 높이고 지역의 비전을 달성하기 위해서는 무엇보다 도시계획이라는 틀이 필요하다. 이러한 배경에서 도시계획은 이제 서서히 신문지상이나 언론매체에서 자주 등장하는 단골메뉴가 되었고 그 활동의 영역이 넓어져 가고 있다.

한편 일찍부터 도시로의 인구집중현상인 도시화 과정을 겪은 서구의 도시들에서는 도시의 여러 문제를 자체적으로 해결하고 또한 경쟁력있는 지역의 비전을 달성하는 수단으로서 도시계획이라는 제도가 발달하였다.[1] 또한 도시계획은 민주시민들이 자연스럽게 시정에 참여하고 간여하면서 정보를 공유하며 함께 도시의 문제를 해결하고 비전을 달성하는 틀로서 자리 잡은 지 오래되었다.

---

1) 서구에서의 근대도시계획에 대해서는 Choy, Francoise, 『The Modern City: Planning in the 19th Century』, George Brazier, New York, 1969.(이명규, 『근대도시』, 세진사, 1996.)를 참조.

그러나 우리나라의 경우 근대화와 도시화 과정이 일천하고 아직 "근대성"이 깊은 사회체계의 틀을 벗어나지 못하고 있는 점이 많이 있어 서구에서와 같은 모습의 도시계획으로까지 발전하기에는 여러 제약요소가 많이 있는 것이 사실이다.2) 도시계획이라는 "틀"의 주요성에 비해 그 내용과 역할은 매우 제한적이고 또한 일반인이 접근하기 어려운 점이 많은 것도 사실이다.

그러한 이유로는 여러 가지가 있을 수 있으나 무엇보다 일제강점기에 식민정책의 일환으로 도입된 제도에 그 원인이 있다고 하겠다. 일제강점기에 도입된 한국의 도시계획제도는 한 마디로 거의 모든 체계를 고착화시켜 놓고 현재까지도 많은 영향을 미치고 있다.3) 도시계획이란 용어에서부터 그리고 의사결정과정, 사업의 내용, 업무에 종사하고 있는 분야의 특성까지 거의 전 영역에 걸쳐 일제 강점기에 제정된 도시계획에 영향을 받고 있는 것이다. 그러나 그러함에도 불구하고 지금까지 도시계획 분야에서는 이에 대한 연구는 그렇게 많지 않았다.4) 원래 도시계획이 순수학문보다는 실천성이 크다는 학문의 속성이 있기는 하다. 그러하지만 도시계획이 학문적으로 더욱 발전하고 사회적으로 그 중요성이 커지는 있는 현실에서 이제는 그 탄생과정과 그에서 파생된 여러 상황을 보다 면밀히 조사하고 연구하여 더욱 발전시킬 필요성이 있다. 도시계획을 담당하고 있는 많은 공무원이나 현직의 기술자들도

---

2) 서구의 도시계획과 비교하여 우리나라의 도시계획은 첫째로 중앙정부 중심적인 점, 두 번째로 내용이 시설 중심이라는 점(허가중심), 세 번째로 소수의 전문가와 담당자 중심이라는 점, 네 번째로 비밀주의적이란 점이라고 하겠다.

3) 이 점에 대해서는 이명규, 「韓國 近代도시계획制度의 發達과 서울」, 서울시정개발연구원, 『東洋 都市史속의 서울』, 1994, 421~449쪽.

4) 이명규, 「도시계획직 확대를 위한 도시계획계의 체질개선을 위한 제언」, 대한국토·도시계획학회, 『추계학술발표대회』, 2002.

어떠한 제도가 있을 때 왜 이 제도를 이렇게 해석하고 사용하는지에 대한 근본적인 이해가 부족한 상황에서 주어진 지침대로 작업을 하는 경우가 많다고 하겠다.

이러한 상황인식 하에 본 연구는 한국 도시계획의 출발이 되었던 일제 강점기에 제정된 도시계획법인 조선시가지계획령을 중심으로 도시계획에 대한 제정 배경과 특징을 살펴보고자 한다. 도시계획법을 통해 도시계획을 살펴보는 것은 일본의 영향을 받은 나라들의 특징이기도 하지만, 거의 모든 도시계획이 관주도로 되어있기 때문이다. 그러므로 도시계획을 이해하기 위해서는 무엇보다 법령을 이해하는 것이 중요하다.5) 이러한 법령을 통해 도시계획의 속성을 근본적으로 이해를 한 후 보다 미래지향적인 새로운 도시계획의 탄생을 강구할 수 있다. 그것은 현재 도시계획계6)가 당면한 가장 근본적인 문제 중에 하나인 것이다.

본 연구는 먼저 일본에서의 도시계획제도의 탄생의 배경과 내용을 살펴보고 다음으로 이러한 제도가 일제강점기라는 특수한 시대적 상황에서 어떻게 한반도에 영향을 미쳐는 지에 대하여 살펴보고 마지막으로 두 법령을 상호비교하여 분석하고자 한다.

---

5) 일본에서 근대도시계획의 탄생과정에 대해서는 渡辺俊一, 『「都市計劃」の誕生』, 柏書房, 1993 을 참조.

6) 도시계획법 제정이전의 도시계획인 市區改正에 대해서는 孫禎睦,『日帝强占期 都市計劃研究』, 一志社, 1990.와 이명규, 「韓國 近代都市計劃制度의 發達과 서울」, 서울시정개발연구원, 『東洋 都市史속의 서울』, 1994 를 참조.

2. 일본에서의 도시계획법의 제정과 그 내용

가. 도시계획법의 제정 배경

1) 시대적 배경

기초조건의 정비를 어느 정도 마친 일본자본주의는 1880년대 중엽 이후 산업혁명을 거치면서 확립되었다. 일본의 산업혁명기간을 언제로 보아야 하느냐에 대해서는 몇 가지 견해가 있으나 대체로 1900년대 중엽을 지나 1920년대 들어 와서는 산업혁명이 확립되었다.[7] 1914년에 시작한 제1차 세계대전은 일본시장의 확대를 가져왔으며, 일본경제는 급격히 발전을 가져왔다. 1919년에의 사회계획자본이 1914년의 16배에 달했으며, 사업의 신설과 확장이 성시를 이루었다.[8] 또한 농촌의 과잉인구도 전국의 대도시로 흡수되어 대도시로의 인구집중화 현상이 일어났다. 특히 東京市의 경우, 다음의 표에서 보는바와 같이 1890년의 인구를 100으로 할 때 1915년에 東京市가 214인데 주변 28 町村이 253으로 1915년부터 동경시보다 주변 28 町村의 인구증가의 지수가 더 컸으며, 1923년 관동대지진이 있은 이후부터는 주변 28 町村의 인구증가가 동경시보다 더 높았다.

---

7) 金宗炫, 『近代日本經濟史』, 比峰出版社, 1991, 67쪽.

8) 上野勝弘, 「東京市區改正」, 日本建築學會編, 『近代日本建築學發達史』 1972. 992~993쪽.

[표 1] 東京市와 周邊町村의 人口變化

(單位:萬人, %)

年度	東京市		周邊82町村		合計
	人口	指數	人口	指數	
1890	91	100	32	100	123
1895	101	111	35	109	136
1900	112	123	38	119	150
1905	148	163	42	131	190
1910	172	189	58	181	230
1915	195	214	81	253	276
1920	217	238	118	369	335
1922	249	274	143	447	392
1923	153	168	-	-	-
1925	200	220	210	656	410
1930	207	227	290	906	497

註 : 周邊82町村은 1932年에 東京市에 合倂됨.
資料 : 石田賴房, 『日本近代都市計劃の百年』, 自治體硏究社, 1987. p. 110.

대도시로의 인구집중현상은 시가지내 地價의 폭등을 가져왔다. 예를 들어 東京市內 私有宅地 평균가격은 1907년에 2.73円/m2이었는데 1917년에는 22.90円/m2으로 폭등하였다. 시가 전철을 중심으로 한 교통기관의 발달, 공장의 기계화에 수반한 대규모화에 의해 교외로의 이전이 진행되었으며, 대부분 교외 인접 町村에 거주하여 행정구역을 넘어선 교외화 현상이 진행되었다. 이러한 교외화 현상은 일본의 경우 지금까지 경험하지 못한 현상이었다. 도시확장에 대비하여 도시계획을 수립했느냐에 따라 근대 도시계획과 近世 도시계획을 구분하는 특징이라고 한다면, 일본은 1910년대부터 근대 도시계획기에 들어 왔다고 할 수 있다.

2) 시구개정의 확대 적용과 새로운 도시계획법의 요구

도시확장에 따라 발생한 도시문제는 과거처럼 시구개정에 의한 방법으로는 해결하기 어려운 상황이었다. 왜냐하면 시구개정은 그 속성상 기존 시가지를 중심으로 한 단편적, 부분적 도시개발 방식이기 때문이다. 한편 동경을 중심으로 한 시구개정은 동경이외의 도시에 대해서도 시구개정을 적용하게 되었다. 1918년 6월에는 동경시구개정조례를 개정하여 시구개정 적용 지역을 동경이외에 京都와 大阪에도 준용되었다. 또한 동년 9월에는 위의 세 도시 이외에 현재 인구 30 만명 이상인 도시에 대해서도 시구개정을 준용하였다. 이로서 시구개정을 적용하게 된 도시는 당시 인구 30만명 이상인 神戶, 名古屋, 橫浜이 새로 추가되었다. 이렇듯 시구개정의 확대하여 적용하게 됐다고 하는 것은 바로 시구개정이 널리 보급되기 시작한 것을 의미하는 것을 뜻하는 것이다. 이러할 때 한편에서는 기존의 시구개정방식 이외의 새로운 방식에 의해 도시를 개발해야 한다는 주장이 폭넓게 확산되고 있었다.

가) 건축계에서의 움직임

건축계에서의 도시계획에 대해 관심을 본격적으로 갖기 시작한 것은 1910년 영국건축가협회(RIRA)에서 일본의 건축가협회에 보내온 한 장의 편지에서 부터 도시계획이란 용어도 널리 인식되기 시작했다. 당시 영국에서는 1909년에 주거 및 도시계획법(housing and town planning etc. act)을 제정하는 것을 계기로 1910년에 대규모적인 국제 세미나를 런던에서 개최하였다. 1909년 제정된 주거 및 도시계획법은 현재 개발이 진행 중이거나 예상되는 지구에 자치체가 미리 都市計劃圖를 정하여 교외 개발을 콘트롤하는 것에 있으며, 그런 의미에서 도시계획이라기 보

다는 地區計劃에 가까운 제도였다.9)   영국에서도 도시계획이란 개념
이 아직 확실히 정립되지는 않았지만 도시계획이 어느 정도 제도로써
확립되어 가는 시기에 있었다. 일본에서 도시계획이 어떻게 성립되어
왔는가는 영어의 "town plannign"이란 용어를 무엇으로 번역하여 사용
했는가 하는가와 연관하여 연구되었다. 그러한 연구를 시행한 渡邊俊
一에 따르면 일본에서 도시계획이란 용어가 1919년 정식으로 제정되어
사용되기 전에 "town planning"이란 용어를 도시계획이라고 사용하기
시작한 것은 1913년부터 라고 한다.

  영국에서 개최된 회의에 참석했던 일본 건축가협회의 한 회원인 土
屋純一이 당시의 학회지인 『建築雜誌』에 기고한 논문에 "town planning"
이란 용어를 영어 그대로 사용했으며 그 다음은 일본어의 외래어 표기
인 가다가나(タウンブランニング)로 표기했다. town planning에 대한 『建
築雜誌』에 처음 등장하는 것은 명치43년 12월인 1910년으로 번역어는 「
市街配置計劃」이었다. 여기서 「town=市街」, 「planning=配置計劃」으로 번
역하였다. 시가배치계획이란 건축설계와 같은 것으로써 단지 규모만 크
다는 것을 나타내는 것으로 이해될 수 있다. 당시의 市區改正이 도로의
굴곡을 바로하고 그 폭원을 넓히는 것으로 또는 도로공사를 주로 하는
것으로 인식하고 있던 시기에 town planning을 시가배치계획이란 용어로
해석하고 있었다. 건축계에서 town planning을 도시계획으로 처음 사용
한 것은 1913년이지만 1916년부터는 계속해서 도시계획이라고 번역하
여 사용하고 있음을 渡邊俊一의 論文에서는 밝히고 있다.

  무엇보다 건축계에서 도시계획을 일본에서도 적용해야 한다고 주장한

---

9) 渡邊俊一, 「用語としての"都市計劃"の成立科程に關する考察」,昭和55年度(1980年)
    第15回 日本都市計劃學術研究發表會, 19~24쪽.

것은 大阪의 건축가인 片岡安이었다. 片岡安은 대정5년인 1916년에 일본 최초로 도시계획 관련서인 「現代都市之硏究」를 쓴 저자로 도시계획연구의 선구자였다.[10] 1917년에는 관서건축협회를 설립하였으며 기관지 『關西建築協會雜誌』를 발행했고, 또한 大阪에도 시구개정을 적용하여야 한다는 운동을 벌였다. 1918년에는 관서건축협회와 건축학회가 연합하여 「都市建築法令調査會設置に關する建議」를 정부에 제출하기에 이른다. 한편 片岡安은 1918년 정부의 내무성에서 도시계획법을 제정하기 위해 설치한 도시계획조사위원회에서 도시계획법에 대한 개념에 대해 내무성의 관료인 池田宏과 벌인 토론(debate)은 너무도 유명하다. 片岡安과 池田宏의 토론에 대해서는 후술하기로 한다. 그러나 建築家로서 片岡安의 주된 관심은 大阪에도 시구개정의 도입과 또한 일본에도 근대적인 통일된 건축법을 제정하는 것에 있었다. 건축계에서 도시계획에 관심이 있는 몇몇 선구자들에 의해 활발한 움직임과 함께 건축학회 차원에서도 1918년 4월 '도시계획'을 주제로 하는 대규모 대회를 개최하였다.

나) 내무성 관료들의 움직임

1916년 後藤新平[11]은 寺内内閣의 내무대신 겸 철도원 총재에 취임하였다. 後藤新平은 원래 의사였으나 친구의 소개로 내무성의 위생관료로 근무한 이후 약관 35세에 위생국장에 취임했다. 그가 정치가로 변신하게 된 것은 청일전쟁 후 23만명이나 되는 귀환병사의 검역활동을 훌륭하게 처리한 것이 당시 육군차관인 兒玉源太郎의 눈에 띄었다. 제 4대 대만총독으로 부임한 兒玉源太郎은 대만 제 2인자인 민정장관에 後

---

10) 渡邊俊一, 「片岡安の'都市計劃運動'に關する史的考察」, 昭和59年度 (1984年) 第19回 日本都市計劃學術研究發表會, 229~234쪽.

11) 越澤 明, 『東京都市計劃物語』, 日本經濟評論社, 1991, 1~18쪽.

藤新平을 임명했다. 後藤新平은 그 당시 전염병 및 위생상태가 좋지 않았던 식민지 대만을 훌륭하게 변모시켰다. 또한 러일전쟁 후 後藤新平은 만철 초대총재로 임명되어 철도를 중심으로 시가지를 건설하고 기반시설을 정비하였던 만철에서 많은 경험을 쌓게 되었다. 이러한 다채로운 경험을 소유한 後藤新平이 1916년에 내각에 들어온 것이다. 後藤新平은 새로운 일에 호기심이 많은 인물이었다. 내무성내 도시계획에 관심있던 관료들과 앞서 살펴본 건축계에서 도시계획에 관련된 인사들이 함께 1917년에 결성한 도시연구회는 동년 3월내지 8월경에 後藤新平에게 일본에서도 도시계획을 시작해야 한다고 건의하게 된다. 그러나 처음에 後藤新平은 도시계획에 대해 냉담한 반응을 보였다고 한다. 그러나 계속되는 전문가들의 건의안에 대해 정부도 1918년에 도시계획에 대해 조사연구를 하겠다는 방침을 천명한다. 이러한 방침이 결정되자 後藤新平은 적극적으로 도시계획법 및 건축법을 만들기 위해 노력한다. 먼저, 도시계획조사회와 도시계획과를 만들기 위하여 추가예산을 국회에 제출하였다. 당시 정부는 의회에 다음년도의 예산안을 제출하여 심의가 거의 끝나는 중이었으나 後藤新平은 대장성대신 절충하여 도시계획 조사비의 임시예산안을 작성하여 국회에 보내도록 한다. 이렇게 하여 後藤新平의 적극적인 지원 하에 도시계획법을 제정하기 위한 준비가 이루어졌다.

3) 도시계획법의 제정

도시계획법은 1919년 4월 4일 법률 제 36호로 공포되었다. 또한 도시계획법과 자매법 시가지건축물법도 동년 법률 제 37호로 공포되었다. 도시계획법을 초안했던 사람은 당시 내무성 관료인 池田宏이었다. 池田宏

은 일본에서 도시계획의 아버지12)라 불리 울 만큼 일본 도시계획계에 토대를 이룩한 인물로 1919년 도시계획법이 제정될 때에는 그의 사상이 법령제정에 많이 반영되었다. 池田宏은 1910년대에 도시계획이 전문용어로써 일본에 도입되기 시작할 때 개념으로의 도시계획을 제대로 이해하고 있었던 소수의 사람에 해당된다.13) 池田宏은 京都大 法科 출신의 소장 내무관료로서 동경시구개정사업을 총괄했으며, 도시계획의 개념을 정식화하여 그것을 토대로 도시계획법을 기초했다. 또한 그는 초대 도시계획과장으로서 도시계획법을 운영하는 데에 기초를 공고히 했다. 1918년에 내무대신 관방에 도시계획과를 신설하였으며 동년 도시계획조사회를 조직하였다. 도시계획조사위원회는 모두 24명의 임원을 임명했다. 그 위원은 各省 차관, 내무성 각 국장, 東京府知事, 경시총감, 東京市長 등의 정부 고관 이외에 학식과 경험이 있는 關一, 片岡安, 佐野利器 등이 포함되었으며, 간사로서 도시계획과장인 池田宏도 참여했다.14)

도시계획조사위원회는 적어도 1918년에 12회 이상의 회합을 개최한 후에 도시계획법과 시가지건축물법의 초안을 작성하였다. 도시계획법은 도시계획과장인 池田宏이 초안을 작성했으며 시가지건축물법은 일본 건축계 도시계획기술을 만들었던 笠原敏郎과 동경제대교수인 佐野利器의 후계자였던 內田祥三이 같이 건축규칙의 초안을 작성했었다. 佐野利器는 당시 동경제대 교수로 後藤新平의 신임이 두터운 브레인이

---

12) 渡邊俊一,定行恭宏,「著作時代區分 からみた池田宏の生涯」,昭和54年度(1979年)第14回 日本都市計劃學術硏究發表會, 352쪽.

13) 渡邊俊一,「用語としての"都市計劃"の成立科程に關する考察」,昭和55年度(1980年)第15回 日本都市計劃學術硏究發表會, 22쪽.

14) 渡邊俊一,「法案條文からみた舊都市計劃法の成立科程-都市計劃調査會から都市計劃法案まで-」,昭和61年(1986年) 第21回 日本都市計劃學會學術硏究論文集, 109~114쪽.

었다. 도시계획법을 제정했던 그룹은 그 배후에는 後藤新平을 보스로
하여 동경제대교수 佐野利器와 그를 따르는 內田祥三, 토목계 도시계
획기술을 만들었던 山田博愛, 내무성내 池田宏 그리고 건축계에서 關
一, 片岡安 등이 중심이었다. 이들은 1917년에 도시연구회를 1917년에
결성하여 도시계획법의 제정운동과 제정후의 계몽 보급에 커다란 역할
을 했다. 이 연구회의 회장은 後藤新平로, 1929년에 사망할 때까지 계
속 회장을 역임했다. 그 이후는 역대 내무대신이 취임했다.

[표 2] 일본의 도시계획제도의 발전과 비교

	東京市區改正條例 (1888年制定)	도시계획법 (1919年制定)
1. 目的理念	東京區域의 理念,衛生,防火 및 通運 等 永久의 便利를 圖謀	都市의 交通,衛生,保安,經濟 等에 관한 永久히 公共의 安寧을 維持하거나 또는 福利를 增進(第1條)
2. 計劃對象 區域	東京市의 區域(그후京都,大阪,名古屋,横浜,神戸等으로 擴大)	大臣이 決定하는 도시계획 區域
3.計劃內容	都市施設(道路,河川,橋梁,鐵道,公園,魚鳥市場,靑物市場,獸畜市場 및 屠場,火葬場,公共墓地)上下水道가 後에 追加.	都市施設 (道路,河川,港灣,公園,鐵道,軌道,運河,飛行場,水道,下水道,土地區劃整理,運動場,一團地의 住宅經營,市場,屠場,墓地,火葬場 및 塵芥燒却場,防風, 防火, 防砂 또는 防湖의 施設,地域地區)
4. 計劃決定 主體 및 手續	東京市區改正委員會(國家機關)大臣認可.	도시계획위원회(國家機關)大臣認可
5. 計劃實施 手法	市區改正事業	도시계획사업 市街地建築物法에의한土地利用規制 도시계획제한
6. 財源	特別稅(地租稅,營業稅,雜種稅,家屋稅 및 淸酒稅)公債,國有河岸地의 拂下	特別稅(후에 도시계획세로 變更),受益者負擔金,地方交付稅,도시계획사업부담금,國庫補助金,地方債

資料 : 東京都,『東京の都市計劃百年』, 東京都情報連絡室, 1992. .76쪽.

나. 도시계획법의 내용

1) 도시계획법의 기본적 이념

도시계획법 및 시가지건축물법을 제정하기 위하여 1918년에 설립된 도시계획조사회는 12회 이상 모임이 있었다. 모임의 참석자들은 도시계획법을 제정하는 데는 모두 찬성하고 있었지만 무슨 내용을 담는 법을 만들어야 하는지에 대해서는 의견이 서로 달랐다. 이러한 문제는 도시계획이 무슨 성격을 담아야하는 문제와 직결된 문제로써 이를 테면 도시계획을 보는 관점의 차이에서 연유하는 점이라 하겠다.

도시계획을 보는 관점의 차이는 大阪의 건축가이며 건축계를 대표하는 片岡安과 내무성 관료이며 도시계획과장인 池田宏과의 도시계획에 대한 논쟁에서 잘 드러난다. 논쟁의 초점은 도시계획의 중심을 무엇으로 보느냐 하는 문제로 池田宏은 '토지의 『캐릭터(character)』..에 응하여 ..지역..을 정하고, 모든 시설로써 그의 목적에 따라서 진행해서 행하는 것이..도시계획의 근본 뜻'이라고 주장한데 대하여 片岡安은 '도시계획의 중심은 ..시구개정, 즉 교통계통'이라고 주장하였다.15) 이러한 두 사람의 논쟁을 현대적인 개념을 사용하여 말한다면 도시계획의 중심은 토지이용계획인가 아니면 교통계획인가 하는 것이 된다. 前者의 도시계획의 견해를 보인 사람은 池田宏 이외의 東大敎授인 渡邊鐵藏이 있었으며, 後者인 견해를 보인 사람은 片岡安 이외에 東京府知事인 井上友一, 片岡安의 견해에 대해 그렇게 적극적이지 않았던 大阪市助役이었던 關一이 있었다. 그러나 논쟁의 결과 池田宏의 주장이 관철되어

---

15) 渡邊俊一, 「片岡安の都市計劃論とその成立經緯:都市計劃調査會での'池田·片岡論爭'との關連において」, 昭和60年度(1985年) 第20回 日本都市計劃學會學術研究論文集, 31~36쪽.

도시계획법의 기본 성격도 그 연장선상에 있게 되었다.

그 당시 도시계획이라는 용어가 전문가들 사이에서 사용되기 시작했었지만 아직까지도 그에 대한 정확한 이해를 하고 있는 사람은 별로 없었다. 片岡安이 도시계획을 시구개정을 중심으로 본 이유는 그 가장 큰 이유가 당시 大阪이 처한 상황에 있었다. 그는 일본에서 도시계획과 관련한 도서를 처음 출판했고, 도시계획에 대해 선구자적인 연구를 하고 있었지만 당시 大阪市에는 시구개정을 적용하지 못한 상태에 있었다. 그는 무엇보다 大阪도 東京과 마찬가지로 시구개정을 적용하여야 한다고 주장하였다. 그러나 당시 정부의 입장은 東京 이외의 지역에 대해서는 시구개정을 적용하려는 의도는 없었다. 시구개정을 東京 이외의 지역에 적용하지 않은 가장 큰 이유는 재정문제 때문이었다. 정부가 시구개정을 東京을 중심으로 적용하고 있었는데 대해 大阪市는 1890년대에 들어와서 시가지는 교외지로 확장하기 시작했다. 이러한 교외지 확장에 대해 1897년 新市域을 포함하는 도시계획을 프랑스를 유학하고 돌아온 건축가인 山口半六에게 위촉하였다. 山口半六은 당시로서는 상세한 가로망을 포함한 新市域에 대해 설계를 세웠으나 예산 등의 부족으로 사업으로는 실현되지 못했다.16) 大阪市는 늘어나는 인구를 수용할 아무런 대책없이 교외지만 계속 확장하고 있어 도시문제는 심각한 상태에 있었다. 이러한 상황에서 大阪에서도 東京에서처럼 시구개정을 통해 도시를 개발하여야 한다는 것이 片岡安의 생각이었다. 바로 이러한 때 片岡安은 도시계획에 대해 日本에서도 선구자적인 연구를 하고 있었지만 大阪이라는 도시의 상황이 片岡安으로 하여금 도시계획을 교통중심의 시각으로 보게 되는 이유의 하나가 되었다.17)

---

16) 石田賴房, 『日本近代都市計劃の百年』, 自治體硏究社, 1987. 98~99쪽.

이에 대해 池田宏은 동경에서 내무관료로 근무하면서 시구개정을 담당하고 있었다.[18) 때문에 그는 누구 보다 시구개정에 대해서 잘 알고 있었다. 1910年 29세에 도로과장에 취임하여 1918년 도시계획과장이 되기 전까지 내무성에 근무하면서 1년 동안 구미 출장을 다녀왔다. 여기서 그는 東京 市區改正의 문제점이 무엇인가를 실무를 통해 담당하면서 그 실태를 알았으며, 한편으로 구미 출장의 경험을 통해 현재 일본이 시행하고 있는 도시개발 방식이 어떠한가에 대해서 알게 되는 좋은 기회가 되었다. 池田宏이 희망하는 일본의 도시계획이란 동경에서 현재 적용하고 있는 市區改正을 다른 도시에도 확대하여 적용하는 것이 아니라 市區改正을 넘어선 새로운 제도가 되어야 한다고 생각하였다.

池田宏이 생각하는 도시계획은 2층 구조의 체계로 구성되어 있었다.[19) 맨 위에는 「토지정책」이 확립되어 있어야 한다. 토지정책을 확립하려는 이유는 地價를 억제하려는 것이 아니라 계획 구역과 지역을 정하여 그에 따라 토지이용정책을 확립하는 것을 뜻한다. 두 번째는 이러한 토지정책 하에 「개발계획」이 위치한다. 그것은 2가지로 대별되는데 하나는 「교통·코미뉴티·諸 시설의 계획」이며, 다른 하나는 「건축물법이 지배하는 계획」으로 여기에서 제반 건축의 제한을 시작하며, 「구획정리」·「불량건축물 철거」 등이 포함된다. 여기서 「교통·코미뉴티·諸 시설의 계획」은 교통계획 및 시설계획 같은 공적 개발의 주체를 구속하는 것이고, 「건축물법이 지배하는 계획」은 사적 개발의 주체를 규제하는 것이다. 池田宏이 이러한 2층 구조의 계획체계의 구상을 명료화했

---

17) 주9) 參照.

18) 「池田宏氏略年譜」,都市問題,第28卷 第2號(1939年 2月號), 177~178쪽.

19) 大方潤一郎,「旧法制定·實施過程における土地利用計劃的發想の无折」, 昭和55年(1980年)第15回日本都市計劃學會學術研究論文集, 13~18쪽.

던 것은 1919년이 되어서였다고 한다. 池田宏이 구상했던 도시계획법은 그의 주도 아래 1919년에 초안이 만들어졌다.

2) 도시계획법의 내용

1919년 제정된 도시계획법은 본문 26조의 간략한 법률로써 기본적으로는 종래의 동경시구개정조례의 내용을 그대로 받아들인 경향이 강했다고 한다. 도시계획법제정 당시 도시계획과에 근무했으며, 입법작업에도 참여했던 飯沼一省은 당시를 회상하며 도시계획법은 「동경시구개정조례를 그대로 받아들인 경향이 컸다」고 술회하고 있다.[20] 1919년에 제정된 도시계획법은 실질적인 면에서는 동경시구개정조례를 많이 답습한 것이었다. 예로써 도시계획의 결정 등에 관한 수속과 결정의 기관, 도시계획사업의 집행 시스템 등은 시구개정조례의 내용을 따르고 있다. 그러나 시구개정조례의 내용이 개선되어 도시계획법에 있어 새로 제도화된 것도 적지 않다. 그러한 것의 주된 사항은 다음과 같다.[21] ① 도시계획구역의 제도를 신설한 점. ②도시계획과 도시계획사업을 구별하고, 더욱 더 도시계획 제한 제도를 신설한 점. ③ 주거, 상업, 공업 등에 토지의 용도를 구분하여, 그 위에 건축하려는 건축물의 종류 등을 제한하는 지역제도를 신설한 점. ④ 토지구획정리의 제도를 채용한 점. ⑤ 초과수용, 공작물수요의 제도를 신설한 점. ⑥ 수익자부담금제도를 신설한 점.

---

20) 大鹽洋一郎 編著, 『日本の都市計劃法』, ぎょうせい, 1981, 66쪽.

21) 위의 책, 64~65쪽.

3. 한국의 도시계획 및 도시계획법의 변천

가. 조선시가지계획령의 제정 배경

일본에서 1919년 도시계획법 및 시가지건축물법의 제정을 계기로 1920년대에 조선에서도 도시계획법을 제정하려는 운동이 있었지만 실현되지는 못했다. 한반도에서 도시계획법이 제정된 것은 1934년으로, 조선을 병참기지화하기 위한 수단의 하나로 함경북도 나진을 계획적으로 건설하기 위해 제정된 조선시가지계획령(이하 계획령)에 의해서였다. 계획령이 제정·반포된 것은 1934년 6월 20일 총독부령 제18호에서였고 이어서 동년 7월27일자로 총독부령 제 78호로 동령 시행령도 발포되었다. 계획령의 구조는 시행규칙, 시행세칙으로 구성되어 있으며, 계획령은 制令, 시행규칙은 府令, 그리고 시행세칙은 道令이었다.

계획령과 시행규칙은 3장과 부칙으로 되어있으며, 계획령은 전문 50조 그리고 시행규칙은 전문 150조이다. 시행세칙은 그 내용이 대부분 건축규제에 관한 것으로 1937년 5월 1일 제정된 전라남도 시행세칙의 경우 전문 31조와 부칙으로 되어있다.

계획령과 일본의 도시계획법의 차이점은 다음과 같다. 첫째, 계획령은 당시 일본에서 시행되고 있었던 도시계획법과 시가지건축물법의 내용을 한데 묶었다는 점이다. 일본의 도시계획법은 그 구성이 도시계획법, 시행규칙 그리고 도시계획위원회관제의 3개로 구성되어 있는데 계획령에는 도시계획위원회관제가 생략되었다. 그러나 도시계획위원회관제를 생략하는 대신에 총독부 내에 시가지계획위원회를 설치하여 조선총독에 자문하는 역할을 하였다. 시가지계획위원회에 대해서는 법령에 전혀 언급이 없었으며 조선총독의 내부적 자문기관에 불과하였다.

둘째, 일본의 도시계획은 그 결정사항을 내무대신이 하도록 되어있지만 실질적인 운영은 지방도시계획위원회에서 이루어졌던 점에 비해 조선에서는 철저히 총독 중심의 운영이었다. 또한 조선총독만이 시가지계획을 입안할 수 있었다. 법령에는 모든 지방의 시가지계획을 府會·邑會 또는 面協議會의 의견 청취라는 절차를 거친 후에 최종적으로 총독이 결정하도록 되어있다. 즉 계획령이 적용된 모든 도시의 계획이 총독부 당사자의 손에 의해서만 계획·입안되었고 당해 府會·邑會의 형식적인 의견 청취 절차만을 거친 후에 거의 총독부의 원안대로 결정되었다. 또한 지방행정청의 재량의 범위를 말살해 버렸으며, 민간의 권익을 거의 무시하는 강제성을 띠고 있었다.

셋째, 계획령은 기성 시가지의 개량보다는 오히려 그 확장과 새로운 시가지의 창설에 중점을 두고 있다는 점이다. 일본의 도시계획법이 기성의 도시를 목표로 하였기 때문에 그 적용범위를 市 또는 주무대신이 지정하는 町村이라고 제한하고 있으나 계획령에서는 기성 시가지의 개량은 물론 신시가지 창설도 대상으로 하고 있다. 계획령이 제정된 배경도 나진과 같이 거의 농촌과 같은 지역을 새로운 도시로 건설하기 위하여 제정한 것이었다. 그러므로 계획령은 기성의 구시가지는 그대로 남겨둔 채 새로운 시가지를 창설하는데 중점을 두었다.

넷째, 재원 문제에 있어서 일본의 도시계획법은 법령에서 소상히 규정하고 있어 재원확보의 방법이 비교적 용이하였으나, 계획령에서는 재원 확보에 대한 별도의 규정이 없었다. 다만 총독부는 1937년 2월에 정무총감의 통첩으로 稅目과 稅率을 일괄 지시하고 있다. 한편, 나진부의 경우에는 토지증가세라는 것도 있었다.

다섯째, 계획령에서는 토지구획정리에 민간조합의 시행을 인정하지 않았다. 당시 일본의 도시계획법에서는 토지구획정리의 시행을 원칙적으로 민간주도로 시행하도록 하였다. 도시계획법에서는 인가 후 1년 내에 그 시행에 착수할 자가 없는 경우에 있어서는 공공단체로 하여금 이를 시행케 한다고 규정하고 있다. 그러나 계획령에서는 토지구획정리의 사업구역 내에 토지소유자가 2인 이상인 경우에는 전원 중 한사람이라도 동의자가 없으면 인가 신청을 할 수 없다고 되어있다. 사실상 민간 조합에 의한 토지구획정리사업의 길을 봉쇄한 것이다.

1945년 해방이 되고 나서도 조선시가지계획령은 조선이라는 말만 빼고 시가지계획령으로 그대로 적용 시행되었고, 다만 운용상에서 미군정 하에서는 '군정장관'으로, 한국정부 수립 후에는 '내무부장관'으로 바뀌어서 1962년 도시계획법이 제정되기 전까지 계속 사용되어 왔다.

나. 조선시가지계획령의 총칙

1) 시가지계획의 목적

조선시가지계획령은 그 목적을 법령 제 1조에 「시가지계획이라 함은 시가지의 창설 또는 개량을 위하여 필요한 교통, 위생, 보안, 경제 등에 관한 주요시설의 계획으로서 시가지계획 구역에 대해 시행하여야 하는 것」을 뜻한다고 규정하고 있다. 계획령 제1조에서 규정한 내용에 의하면 시가지계획의 의의를 다음의 세 가지로 분석할 수 있다.

첫째, 시가지의 창설 또는 개량을 위하여 계획한다는 점이다. 일본의 도시계획법이 기성도시만을 목표로 한 것에 대하여 또한 법의 적용개소도 「시 또는 내무대신이 지정하는 町村」으로 한정한데 비해 시가지계획은 기성도시의 개량은 물론 신도시의 창설을 할 수 있으며, 적용개소에 대해서도 제한을 설정하지 않은 점이 일본의 도시계획법과 다른 점이다.

둘째, 교통, 위생, 보안, 경제 등에 관한 중요시설의 계획을 한다는 점이다. 시설문제로서의 여하한 사항을 시가지계획으로 계획하여야 할 것인가에 대해서는 시행규칙 제1조에서 규정하고 있다. ① 시행규칙 제1조의 1호에서는 시설의 종류를 열거하고 있다. 시설의 종류는 모두 25개로 도로, 광장, 철도, 궤도, 하천, 운하, 항만, 공원, 수도, 하수도, 운동장, 시장, 屠場, 묘지, 화장장,塵芥 및 오물처리장, 비행장, 토지구획정리, 一團의 주택지 경영, 一團의 공업용지 조성, 저수지 및 防風, 防火, 防水, 防砂, 防潮에 관한 시설이다. ② 시행규칙 제1조의 2호는 지역지구제(zoning)의 지정에 관한 내용으로 지역의 종류는 주거지역, 상업지역, 공업지역이 있으며 지구의 종류는 풍치지구, 풍기지구, 미관지구, 방화지구, 공업지역 내 특별지구가 있다. ③ 시행규칙 제1조의 3호는 1,2호에서 揭記한 것 외에 「교통, 위생, 보안, 방공, 경제 등에 관해 필요하다고 인정한 시설」에 대하여 지정하는 것을 나타낸다.

셋째, 시가지계획은 「시가지계획구역에 대하여 시행하여야 하는 것을 말하다」는 점이다. 시가지를 개량 또는 창설하려 할 때에는 먼저 구역을 결정하여 이에 대하여 시가지계획을 시행하는 것이다. 여기서 「구역에 대하여」란 「구역 내에 있어서」를 의미하는 것이 아니고 「구역을 위하여」란 뜻으로 즉, 「구역 내의 토지 또는 주민을 위하여」라는 의미로 해석될 수 있다. 따라서 가령 구역 외에 있어서 시행하는 것이라 할지라도 그 구역을 위하여 하는 것은 시가지계획인 것이다. 예를 든다면 부산 시가지를 위하여 양산군 내에 수도수원지를 설치하고 또는 경성의 주민을 위하여 고양군 내에 수원지, 묘지, 화장장 또는 오물처리장 등을 설치하는 계획과 같은 것이다.

2) 시가지계획의 입안과 결정

시가지계획의 결정은 계획령 제2조에 의하면 「그 구역에 관계있는 府會, 邑會, 또는 面協議會의 의견을 들어 조선총독이 이를 결정한다」고 규정하고 있다. 그러므로 시가지계획이 결정자는 조선총독 자신인 것이다. 일본의 도시계획법에 의하면 도시계획구역과 도시계획 및 도시계획사업의 결정은 주무대신이 결정하지만 먼저 관계 시정촌 및 도시계획위원회의 의견을 듣고 내각의 인가를 받도록 규정하고 있는데 반해 시가지계획에서는 조선총독이 단독으로 시가지계획을 결정하는 점이 일본의 도시계획과 다르다. 그렇다면 왜 시가지계획을 조선총독이 결정하도록 했을까?

이점에 대해 당시 시가지계획이 입안자의 한사람인 坂本嘉一은 시가지계획은 국가사무이므로 국가 조직의 중요부문인 시가지의 興廢에 대해서는 조선총독 자신이 이를 결정하여야 한다고 주장하였다.[22] 한편 시가지계획은 조선총독이 이를 결정하기 전에 關係있는 府會, 邑會, 또는 面協議會의 意見을 듣도록 규정하고 있으나 실제로는 부회 및 읍회의 의견 청취를 하지 않은 사례가 적지 않았다고 한다.[23] 한편 총독부 내에는 시가지계획위원회라는 기관을 설치하여 총독이 시가지계획을 결정할 때에는 자문에 응하도록 하고 규정하고 있다.[24] 총독이 시가지계획을 결정했을 때에는 그의 요령을 고시하도록 규정하고 있다(계획

---

22) 坂本嘉一, 『朝鮮土木行政法』, 帝國地方行政學會朝鮮支部, 1939, 96쪽.

23) 孫禎睦, 『日帝强占期 都市計劃硏究』, 一志社, 1990, 189쪽.

24) 市街地委員會官制는 1941년 1월 14일 日本의 勅令 제49호로 발포되었다. 그러나 그 이전부터 시가지계획위원회는 있었던 것으로 추측된다. 왜냐하면 당시 市街地計劃을 담당하고 있던 土木課長인 榛葉孝平이 日本 都市問題라는 잡지(1938년 11월호)에 寄稿한 「朝鮮に於ける都市計劃の特異性」라는 글에서 總督이 市街地計劃委員會의 諮問을 받아 市街地計劃을 決定한다는 표현이 있기 때문이다.

령 제2조 2항).

한편 시가지계획에 대한 立案權者는 누구인가에 대해 시가지계획령
에는 시가지계획을 누가 입안하느냐에 대한 규정하고 있는 조문은 없
다. 그러나 총독이 시가지계획을 입안 했던 것으로 알 수 있다. 왜냐하
면 당시 시가지계획을 담당했던 토목과장인 榛葉孝平이 일본의 『都市
問題』라는 잡지(1938년 11월호)에 기고한 「朝鮮に於ける都市計劃の特
異性」라는 글에서 "총독이 입안하여"라는 표현이 있기 때문이다. 또한
榛葉孝平은 같은 글에서 시가지계획의 특이성을 6가지 점을 들어 설명
하면서 시가지계획을 담당할 "지방기관의 설정을 하지 않았다"고 밝히
고 있다.25) 시가지계획은 지방기관에서 발안권을 갖고 있는 것이 아니
라 총독이 갖고 있었다. 그러므로 시가지계획은 총독이 입안하여 총독
이 결정하는 총독중심의 계획이었던 것이다.

3) 시가지계획사업의 집행

시가지계획은 계획의 지정만으로도 목적을 달성하는 것과 시가지계
획사업을 집행하여야만 목적을 달성하는 것의 두 종류가 있다. 전자는
지역지구제에 해당하고 후자는 시가지계획사업에 해당한다. 전자인 지
역지구제에 대해서는 뒷장에서 살펴보고 여기서는 후자인 시가지계획
사업만 다루기로 한다. 먼저 시가지계획사업에서 시가지계획사업을 누
가 집행하는 가하는 것은 중요한 문제가 된다. 시가지계획령 제3조에서
는 「총독이 정하는 바에 의하여 행정청이 이를 집행한다」고 규정하
고 있다. 원칙적으로는 행정청이 시가지계획사업을 집행하는 것이다.

---

25) 榛葉孝平, 「朝鮮に於ける都市計劃の特異性」, 『都市問題』,1938年11月(27卷5號), 76
2쪽.

그러나 시행령 제3조 2항에서는 「총독이 특별히 필요하다고 인정할 때에는 그 정하는 바에 의하여 행정청이 아닌 자로 하여금 그 출원에 의하여 시가지계획 사업의 일부를 집행하게 할 수 있다」고 규정하고 있어 행정청이 아니어도 시가지계획사업을 집행할 수 있다. 시행규칙 제2조에서는 행정관청이 시가지계획사업을 집행할 때에는 총독이 이를 지정하도록 규정하고 있다. 지정이 없을 때는 시가지계획구역을 통할하는 부윤 및 읍면장이 이를 집행한다(시행규칙 제3조). 또한 시행규칙 제3조의 단서에는 「계획구역이 2이상의 부, 읍, 면에 걸칠 때에는 총독은 계획구역내의 부 또는 읍, 면을 통할하는 읍면장의 1을 지정하여 이를 집행하게 할 수 있다」고 규정하고 있다. 이와 같이 시가지계획 사업이 행정청에 의하여 집행을 원칙으로 한다는 것은 시가지계획사업이 시가지계획과 마찬가지로 국정사무이기 때문이다. 이 경우에 있어 부윤, 읍면장은 공공단체의 대표로서의 부윤, 읍면장이 아니고 행정청으로서의 부윤, 읍면장인 것이다. 한편 총독은 행정청이 아닌 자로 하여금 그 출원에 의하여 시가지계획사업의 일부를 집행하게 할 수 있다는 것은 시가지계획의 내용이 다양하여 기술적으로 경제적으로 행정청의 시행만을 기다릴 수 없기 때문이다.

시가지계획으로서 결정한 것 이외에 속하는 사업을 시가지계획사업으로서 시행할 수 있느냐 아니냐하는 의문이 있을 수 있다. 이 점에 대해서 법령에서는 하등 규정된 바는 없다. 그러하지만 이 문제는 시가지계획령의 본지에 반하는 것으로 생각되며 현재로서는 계획령의 구속력을 강화하려는데 더 중점을 두고 있으므로 바람직하지 않다고 하겠다.[26]

---

26) 坂本嘉一, 『朝鮮土木行政法』, 帝國地方行政學會朝鮮支部, 1939, 98쪽.

시가지계획령시행규칙 제3조 3항에 의하면 시가지계획사업집행자는 사업착수 전에 실시계획에 대하여 조선총독의 인가를 받도록 규정하고 있다. 조선총독의 인가를 받았을 때에는 고시를 하도록 규정하고 있다. 이의 고시는 바로 토지소유권자에게는 소유권행사의 제한을 의미하는 것으로 그 내용은 계획령 제10조에서 「토지의 형질을 변경하거나 공작물의 신축, 개축, 증축, 대수선 혹은 제거를 하고 물건을 附加 增置하거나 또는 道知事가 지정하는 죽목토석류를 채취하고자 하는 자는 道知事의 허가」를 받도록 규정하고 있다.

다. 지역 및 지구의 지정과 건축물 등의 제한

1) 용도 지역제

시가지계획령 제 2장은 지역 및 지구의 지정과 건축물 등의 제한에 대한 내용으로 지역, 지구, 건축선 및 벽면, 특수건축물에 대해서 각각 살펴보기로 한다. 시행령 제 15조에 의하면 지역의 종류를 주거지역, 상업지역, 공업지역의 세 가지가 있으며, 시가지계획 구역 내에 지정할 수 있다고 규정하고 있다. 법령에서는 규정하고 있지는 않고 있지만 미지정지역이라는 것이 있다. 미지정지역이란 주거, 상업, 공업의 지역이 없는 즉 지역의 지정이 없는 곳을 말하는 것으로 이 지역은 주거, 상업의 양 지역에서 건축할 수 없는 건축물과 공업지역에서 건축할 수 있는 것을 요하지 않는 것을 건축할 수 있는 지역이다. 예를 든다면, 주거지역내에서는 상시 3마력 이상의 원동기를 사용하는 공장의 건축이 금지되어 있으며, 또는 상업지역내에서는 15마력이상의 원동기를 사용하는 공장의 건축이 금지되어 있다. 공업지역 내에서는 50마력 이상의 원동기를 사용하는 공장만을 건축할 수 있기 때문에 15마력이상 50마력

이하의 원동기를 사용하는 공장은 지역의 지정이 없는 지역에 건축할 수 있게 된다. 그러므로 지역의 종류는 시가지계획령에서 규정하고 있는 주거지역, 상업지역, 공업지역 외 법령에서 규정하고 있지는 않지만 현실의 필요에 의해 미지정지역이 있다.

각 지역별 용도의 규제방식은 누적식방식(cumulative method)이며, 최상의 지역이 주거지역이고 그 다음이 상업지역 마지막으로 공업지역의 순으로 공업지역이 허용용도의 범위가 가장 크다. 한편 주거지역과 상업지역은 용도규제에 대한 열거방식이 소극적 방식(negative method)인데 비해 공업지역에 대한 열거방식은 적극적 방식(positive method)을 채택하고 있다.

각 용도별 용도규제에 대한 내용을 살펴보면 다음과 같다. 주거지역에 대한 용도규제는 계획령 제16조에서 규정하고 있으며, 구체적인 용도는 시행규칙 제96조에서 규정하고 있다. 상업지역에 대한 용도규제는 계획령 제 17조에서 규정하고 있으며, 구체적인 용도는 시행규칙 제97조에서 규정하고 있다. 공업지역의 경우 계획령 제 18종에서 용도규제에 대한 규정을 하고 있으며, 시행규칙 제 98조에서 구체적인 용도를 열거하고 있다.

2) 용도지구제

계획령에서 규정하고 있는 지구의 종류는 모두 5가지로 風致地區, 風紀地區, 공업지역 내의 特別地區, 美觀地區와 防火地區가 있다. 이러한 지구는 계획령 제 25조에 의하면 지구의 지정, 변경 또는 폐지는 시가지계획이 시설로서 이를 하여야 한다고 규정하고 있다. 다음은 각 지구별 법령에서 규정하고 있는 규제 내용이다.

풍치지구는 시가지계획령 제 21조에서 규정하고 있으며 그 내용은 "시가지계획구역 내에 있어서 그 지구 내에 있어서 토지형질의 변경, 공작물의 신축, 개축, 증축, 대수선 혹은 제거, 물건의 부가 증축, 죽목 토석류의 채취, 기타 풍치유지에 영향을 미칠 우려가 있는 행위의 금지 또는 제한에 관하여 필요한 지정을 설치할 수 있다"고 규정하고 있다. 또한 시행규칙 제 99조, 제 106조, 제107조에서 각각 규정하고 있으며 도지가가 지정하는 건축물은 이를 건축할 수 없도록 규정하고 있다.

풍기지구는 풍기악화가 우려 있는 시가지의 일부에 대하여 풍기유지 상 필요있는 규정을 설정하여 그의 악화를 방지하는 지구이다. 시가지 계획령 제24조와 시행규칙 제 100조에서는 풍기지구 내에서는 건축물 또는 영업에 관하여 필요한 규정을 설치할 수 있다고 규정하고 있다.

미관지구는 도시미의 보전 및 조장을 목적으로 이를 설치하는 것으로 미관지구 내에서는 건축물의 구조, 설비, 또는 부지에 관한 미관상 필요한 규정을 설치할 수 있다고 규정하고 있다(계획령 제22조, 시행규칙 제 108조 내지 제111조).

방화지구는 방화를 목적으로 통상 상업지역내에 지정하는 지구로 미관지구내의 건축물은 그의 구조, 방화설비, 또는 부지에 관한 필요한 제한을 설치할 수 있다(계획령 제 23조, 시행규칙 제112조 내지 제119조).

공업지역 내 특별지구는 계획령 제18조에 의하면 조선총독은 필요하다고 인정할 때에는 고장, 창고 기타 이에 준하는 건축물로서 규모가 큰 것 또는 위생상 혹은 보안상 위험의 우려가 있는 용도에 공하는 것은 공업지역 내에 특별지구를 지정할 수 있다고 규정하고 있다.

라. 토지구획정리

1) 토지구획정리의 의의

토지구획정리는 그 종류가 2가지로 하나는 시가지계획인 토지구획정리와 시가지계획이 아닌 토지구획정리가 있다. 전자는 시가지계획령에 의해 법령의 보호를 받는 데 비해 후자는 법령의 보호를 받지 못하며 토지구획정리를 시행하는 점이 다르다. 계획령 제 42조에 의하면 토지구획정리의 목적이 토지의 대지로서의 이용을 증진하는데 있으며, 그 수단으로 토지의 교환, 지목변경, 기타 구획형질변경 또는 도로, 광장, 하천, 공원 등의 설치, 변경, 혹은 폐지를 하는 것을 말한다고 규정하고 있다. 토지구획정리는 시가지계획구역내의 토지에 대하여 시행하는 것을 말한다. 또한 토지구획정리는 계획령에서 별단의 규정이 있는 것을 제외하고는 조선토지개량령을 준용하도록 규정하고 있다.(계획령 제 43조)

2) 토지구획정리의 시행

시가지계획으로서 결정된 토지구획정리에 대하여서는 그 시행지구 내의 토지소유자는 조선총독이 지정하는 기간 내에 그 시행의 인가를 신청하여야 한다(계획령 제 44조). 토지소유자가 기간 내에 인가를 신청하지 않았을 때에는 또한 신청하여도 그 내용이 적당하지 않다고 인정할 때에는 조선총독은 행정청으로 하여금 토지구획정리를 시행하게 할 수 있다(계획령 제 44조 2항). 또한 계획령 제 45조에서는 "토지구획정리의 인가를 받은 토지소유자가 예정기간 내에 공사를 완료할 수 없다고 인정할 때 또는 그 행위가 사업계획, 규약 혹은 법령에 위반하거나 기타 공익을 해할 우려가 있다고 인정할 때에는 조선총독은 인가를 취소하거나 사업의 정지를 명할 수 있으며 조선총독은 행정청으로 하여금 토지구획정리를 시행하게 할 수 있다"고 규정하고 있다. 이밖에 조선총독이 행정청으로 하여금 토지구획정리를 시행하게 하는 경우는 私人이 시행하는 토지구획정리의 인가를 취소하는 경우와 천재지변 기타 특별히 시급을 요하는 토지소유자의 시행인가 신청을 기다릴 여유가 없다고 인정할 경우에도 행정청으로 하여금 토지구획정리를 시행하게 한다(계획령 제46조).

이렇듯 조선총독이 행정청으로 하여금 토지구획정리를 시행하게 할 수 있도록 규정하고 있는 것은 토지구획정리가 국정사무에 해당됨으로 국가가 시가지계획상 중요한 역할을 부담하는 것은 시가지계획의 本側으로 복귀하는 것으로 볼 수 있다는 것이다.[27] 또한 여기에서 소위 행정청이라는 자구 중에는 행정관청 및 공공단체를 통괄하는 도지사 등을 포함하는 것은 물론 이 경우에 있어서 실제문제로서의 지방의 하급 공공단체인 즉, 부윤, 읍면장을 목표로 하고 있다는 점이다.

조선총독은 토지구획정리구역을 결정하였을 때는 토지소유자의 시행인가를 신청하는 기간을 지정하여 이를 고시하며, 행정청이 이를 시행하였을 경우에는 행정청, 정리시행지구 및 준공기간을 정하여 이를 고시하도록 규정하고 있다(시행규칙 제 139조).

3) 토지구획정리의 시행 수속

구획정리의 시행인가 신청에 있어서 시행지구내의 토지소유자가 1인의 경우에는 단독으로 신청하기 때문에 하등의 지장이 없으나 2인 이상일 때에는 토지소유자는 서로 협의를 거쳐 공동사업으로서 신청하지 않으면 안되기 때문에 전원 중 한사람이라도 동의를 하지 않겠다고 주

---

27) 坂本嘉一, 『朝鮮土木行政法』, 帝國地方行政學會朝鮮支部, 1939, 128쪽.

장하는 자가 있는 경우는 시행인가 신청을 할 수 없는 것이다. 수리조합의 설립과 같이 지구전체에 대한 일정율의 인원, 일정율의 면적의 토지의 소유자의 동의가 있을 때는 일부의 동의가 없을 경우에도 조합조직의 인가를 받을 수 있지만 토지구획정리에 대해서는 조합조직의 강제를 인정하지 않고 있어 토지소유자 전원의 합의에 의하여 공동으로 신청할 것을 요한다. 그러므로 전원 중 한사람이라도 동의하지 않은 사람이 있는 경우에는 인가신청을 할 수 없는 것이다.

이렇듯 계획령에서 조합조직의 강제를 인정하지 않고 있다고 하는 것은 법령의 不備 때문이 아니냐하는 비평이 있을 수 있으나 법령의 정신은 전원 일치하여 신청하는 경우에만 사인의 시행을 인정하며, 그렇지 않은 경우에 다른 계획사업과 같이 행정청으로 하여금 집행하게 하는 방도를 터놓고 있다는 것이다.[28] 행정청이 토지구획정리를 명령받아 시행할 경우에는 시행인가 신청 전 먼저 사업계획, 비용부담방법, 토지처분규칙방법 기타 정리 시행 상 필요한 사항을 규정하여 10일간 고시하며, 이를 토지소유자 및 관계인의 공람에 공할 것을 필요로 하며, 토지소유자 또는 관계인이 고시사항의 내용에 대하여 이의가 있을 때에는 고시일로 부터 15일 이전 내에 정리시행자인 행정청에게 신청할 수 있다고 규정하고 있다(시행규칙 제 140조).

시행자인 행정청은 토지소유자 및 관계인의 신청이 타당하다고 인정할 경우에는 이에 따라 계획의 내용을 수정하여야 하지만 그렇지 않은 경우에는 원안대로 시행하며, 이의 신청기간이 경과한 후에는 행정청은 지체없이 시행규칙 제 6조에 의하여 실시계획 인가를 신청하여야 한다. 실시계획의 인가신청은 계획령 제3조제3항에 의한 시가지계획의

---

28) 坂本嘉一, 『朝鮮土木行政法』, 帝國地方行政學會朝鮮支部, 1939, 130쪽.

실시계획의 인가인 것이다.

행정청에 제출하는 실시계획 인가신청서에는 사업의 집행지, 사업의
종류, 사업집행의 年度割, 사업 착수 및 준공예정 年月日을 기재하여,
필요한 서류를 첨부하여 신청하도록 규정하고 있다.(시행규칙 제4조,
제6조, 제141조)

4. 結論을 대신하여

본 연구는 근대적 도시계획에 해당하는 기간의 가장 대표적인 법령
인 한국의 조선시가지계획령과 일본의 (구)도시계획법을 비교 분석하
였다. 그 이유는 두 법령이 양국의 근대 도시계획제도의 기초가 됐다는
점이고 또한 현재의 도시계획제도에도 많은 영향을 미쳤다고 판단되기
때문이다. 일제가 조선시가지계획령을 한반도에 적용한 배경은 무엇보
다 정책적 요소가 크게 작용하였다.

첫째는 조선시가지계획령은 식민지 개발정책의 수행하기 위해서 제
정되었다는 점이다. 두 번째는 도시 그 자체의 도시문제의 해결이나 계
획적인 도시개발에 있었던 것이 아니고 첫 번째와 관련하여 일본의 국
토계획적 성격이 강하다는 점이다. 세 번째는 조선시가지계획령의 실
현수단인 토지구획정리사업이 민간조합을 거의 인정하지 않는 강제적
토지구획정리방식이었다는 점이다.

이러한 식민지 정책수행을 위한 수단으로서의 정책적 성격이 강한
속성을 갖고 탄생한 조선시가지계획령을 일본의 도시계획법과 관련하
여 9개의 항목으로 나누어 비교분석하였다.

첫 번째는 제정시기로 일본의 도시계획법이 1919년에 제정된데 반해 한국의 조선시가지계획령은 1934년에 제정되었다. 한반도에서 1920년 초부터 도시계획법을 제정하자는 운동이 있었고 또한 총독부내에도 도시계획령의 초안을 작성했음에도 불구하고 어느 정도 자발적 입장에서 도시계획법이 제정되지 못하고 만주사변을 시작으로 전개된 식민지정책의 수행의 일환으로 조선시가지계획령을 제정되었다.

두 번째는 법의 구성과 종류에 대한 내용으로 일본의 도시계획법이 도시계획법, 시가지건축물법, 도시계획위원회관제의 3가지로 구성된데 비해 한국의 조선시가지계획령은 일본의 도시계획법과 시가지건축물법을 하나로 하여 만들었으며 도시계획위원회관제가 생략된 법령이었다.

세 번째는 두 법령의 목적내지 이념으로 일본의 도시계획법이 기성도시를 대상으로 목적으로 한데 비해 조선시가지계획령은 기성시가지의 개량은 물론 신시가지의 창설도 목적으로 하고 있다는 점이다.

네 번째는 도시계획의 입안권자와 결정권자에 대한 것으로 일본의 도시계획법은 입안권자가 내무대신으로 되어있지만 실제에 있어서는 도시계획의 입안은 도시계획지방위원회가 작성한데 반해 조선시가지계획령은 조선총독 자신이 입안권자이면서 결정권자였다.

다섯 번째 도시계획의 결정수속과정으로 일본의 도시계획이 주무대신이 원안을 작성한 후 도시계획위원회의 의결을 거쳐 내각의 인가를 받아 주무대신이 결정하도록 규정하고 있다. 조선시가지계획령에서는 조선총독이 원안을 작성한 후 관계 부회, 읍회, 면협의회의 의견을 청취한 후 조선총독이 결정하도록 규정되어있다. 그러나 조선시가지계획령의 경우 관계 부회, 읍회, 면협의회의 의견을 청취하는 것이 형식적이며 실제는 생략된 채 시가지계획이 결정된 사례가 많다는 점이다.

여섯 번째는 도시계획이 적용을 받는 대상지역을 살펴보면 일본의 도시계획법은 1933년 도시계획법의 개정에 의해 모든 도시가 도시계획법의 적용을 받게 되었는데 비해 조선시가지계획령은 1934년 제정되어 해방되기 전까지 조선총독이 지정하는 시가지에 한정하여 시가지계획이 수립되었다.

일곱 번째는 도시계획이 내용으로 조선시가지계획령은 일본의 도시계획법에서 규정한 계획의 내용보다 숫자가 더 많았다. 그러나 늘어난 시설은 대부분 전쟁과 관련된 시설이란 점이 특징이다.

여덟 번째는 지역 및 지구제에 대한 내용으로 조선시가지계획령에서 규정한 지역지구제의 종류는 일본의 도시계획법에서 규정한 지역지구제보다 그 수가 적었다. 또한 시가지계획의 지정내용을 검토하면 지역제를 지정한 시가지의 수는 얼마 되지 않다는 점이다.

아홉 번째는 토지구획정리사업의 방식에 대한 것으로 일본의 토지구획정리사업방식이 민간주도의 조합중심인데 비해 한반도에서 시행된 토지구획정리사업방식은 강제적 방식이 대부분이란 점이다.

조선총독부 도시계획 관련 조직 및 기구 분석

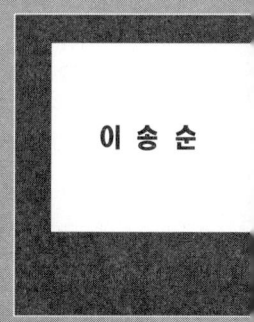

이 송 순

1. 머리말

근대사회의 대표적 공간은 도시이다. 전통사회에서도 행정적, 군사적 중심지로서 도시가 존재했다. 그러나 대부분의 사람들은 농촌에 거주했고 도시는 특수계층의 공간이자, 특수한 기능을 수행하는 곳이었다. 근대 자본주의사회에서는 산업의 고도화와 비례하여 상업이나 공업기능을 중심으로 도시가 성장했다. 그러나 도시지역의 폭발적인 인구증가와 각종 기능의 혼재는 오히려 도시를 무질서하고 불결한 공간으로 만들어 갔다. 이에 국가차원에서 도시기능에 대한 조정과 도로·상하수도·기타 기반시설 등을 마련하는 도시계획을 실시하였다.

한국의 근대 도시계획의 시작은 대한제국기 도시개조사업이었다. 그러나 1910년 일제 강점으로 식민지 조선의 도시계획은 총독부 사업으로 넘어가게 되었고, 일제시기에 입안, 시행된 도시계획은 현재 시행되고 있는 도시계획의 원형이 되었다. 1912년부터 시구개정사업이 시작되었고, 1934년 제정된 「조선시가지계획령」은 해방 이후 '조선 총독'이라는 말만 '대한민국 대통령'으로 바꾼 채 1962년까지 유지되었다. 그리고 1962년 1월에 제정된 (구)도시계획법과 1971년 1월에 제정된 (신)도시계획법도 「조선시가지계획령」을 원형으로 하여 제정된 법령이다. 한국 근대화 과정의 식민지배의 유제는 도시계획 분야에서도 매우 크게 남아있는 것이다.

이러한 일제시기 도시계획에 관한 연구는 여러 학문 분야에서 활발하게 이루어졌다.[1] 이를 통해 일본을 통한 근대적 도시계획의 수용, 서울 및 주요 지방도시에서 시행된 도시계획의 내용, 일제시기 도시계획의 무단적·독단적 특성과 도시의 생활상 등에 대한 대체적인 윤곽이 밝혀졌다. 그러나 도시계획 정책의 프로세스나 담당 주체(조직)에 대해서는 연구가 이루어지지 못했다.

이에 본고에서는 일제시기 도시계획을 담당했던 주요 행정조직의 구성, 역할, 운영과정을 살펴보고자 한다. 이것은 일제시기 도시계획의 내용과 역사성을 규명하는데도 도움이 될뿐만 아니라 도시계획 관련 공문서를 평가하는데 중요한 로드맵이 될 것이다.

조선총독부의 도시계획 관련 조직은 '토목과'와 토목출장소, 조선총독부토목회의, 시가지계획위원회를 들 수 있다. '토목과'는 총독부 내 행정실무 부서로서 그 소속 및 사무분장은 여러 차례 변화되었지만, 토목사무의 핵심 담당부서로서의 역할은 변함이 없었다. 토목출장소는 주요 토목공사가 시행되는 지역에 한시적으로 설치되어 실무 공사를 담당했다. 한편 총독 직속의 정책 심의기구로서 조선총독부토목회의(1910-1932)와 시가지계획위원회(1936-1945)가 설치되어 주요 토목사업 및 도시계획에 대한 정책을 심의, 조정하는 역할을 했다.

조선총독부는 본국으로부터 식민통치를 위임받은 행정관청이었지만, 일본 중앙정부와의 관계에서 독립적인 지위를 인정받았고, 조선 내부에서는 행정·입법 및 사법권의 일부까지 행사하는 강력한 중앙집권적

---

1) 일제시기 도시계획 관련 연구 성과는 한국국가기록연구원 편, 『일제시대 도시계획 관련 주제서지』 참고.

권력기구였다. 이에 총독부는 정책을 집행하는 실무부처 외에 직속기관으로서 각종 위원회를 두어 정책에 대한 자문, 심의, 조정기능을 갖도록 했다. 조선총독부토목회의와 조선시가지계획위원회 역시 이러한 기능을 가진 기구였다. 특히 시가지계획위원회는 일제하 조선 도시계획에서 최고의 정책브레인이 모여 정책을 논의하는 기구였으므로 실제 역할과는 별도로 상징적 의미는 더욱 크다고 할 수 있다. 이러한 위원회의 구성과 운영과정은 정책의 의도와 그 원형, 식민통치의 프로세스를 이해하는데 많은 시사를 줄 것이다.

2. 조선총독부 도시계획 담당 행정기구 : 총독부 토목과

1930년대 전반기까지 조선의 도시계획은 법적인 체계를 가지고 진행되지 않았다. 따라서 효율적인 식민지배를 위한 인프라 구축이라는 총독부의 토목사업에서 도시계획이 별도의 범주로 논의되고 시행된 것은 아니었다. 강점 직후부터 시행되기 시작한 경성시구개정사업과 각 지방의 시구개정사업은 도로 개수사업에 머물렀다. 1920년대 전반기 일본의 도시계획법 제정으로 도시계획에 대한 이해가 커지고, 식민지 조선에 나와 있는 행정관료와 재조일본인사회를 중심으로 「조선도시계획령」 제정이 시도되었지만, 그 역시 조선에 거주하는 일본인 중심의 삶의 환경 개선에 그치는 것이었고, 그나마도 실제 실행될 수 없었다.

이처럼 1934년 「조선시가지계획령」 제정 이전에는 도시계획을 전담한 총독부 내의 행정조직이나 민간조직이 따로 존재하지 않았다. 총독부 내의 토목사업 관장 부서에서 도로, 상하수도 등 시구개정이나 도시계획 관련 사업을 담당하고 있었다. 그러나 1921년 관제개정에서 처음으로 토목과 사무분장에 '도시계획'이라는 항목이 명시되었다(<표2>참조). 총독부의 토목사업 전반에서 도시계획이 차지하는 위상이나 비중이 어떻게 변화해 갔는지를 총독부 토목사업관장 부서의 변화를 통해 살펴보고자 한다.

일제는 합방 직후 「朝鮮總督府官制」(칙령 제354호, 1910.9.30)[2]을 발포하여 조선 식민통치기구로서 조선총독부를 설치했다. 조선총독과 정무총감, 관방과 5部(총무부, 내무부, 탁지부, 농상공부, 사법부)를 설치하고 각 部는 長官을 책임자로 두었다. 이러한 총독부 관제 중에서 도시계획을 포함하는 토목 관련 사무를 관장하는 부서로서 내무부 산하 지방국 아래 토목과를 설치하였다[3](이하 총독부 도시계획 관련 조직 변화는 <표1> 참조). 합방 이전 대한제국정부 內部 토목국에 소속되었던 토목 사무는 대부분 내무부 지방국 토목과에서 관장토록 했다. 그러나 대한제국정부 建築所에서 관장했던 사무 중, 건축에 속한 사항은 총무부 회계국 경리과에, 세관공사에 관한 사항은 탁지부 세관공사과에 관장토록 했다.[4]

내무부 지방국 토목과에서 관장하는 직할공사를 시행할 기관으로 토목과파출소를 18곳에 설치했고(1910.10.1), 이어 10곳의 파출소를 추가

---

2) 관보 제28호, 1910년 9월 30일자.

3) 관보 제29호, 1910년 10월 1일자, 「조선총독부사무분장규정」(훈령 제2호, 1910.10.1) : 제11조 지방국에 지방과,토목과,위생과 설치

4) *내무부 지방국 토목과 : ①도로, 하천, 항만, 사방 및 수리에 관한 사항 ②수면매축 및 사용에 관한 사항 ③직할토목공사 및 지방토목공사의 감독에 관한 사항 ④토지수용에 관한 사항 ⑤상수 및 하수에 관한 사항 *총무부 회계국 영선과 : 영선에 관한 사항, 관유재산에 관한 사항(총무부 회계국 경리과에서 이관) *탁지부 세관공사과 : ①세관부속공사에 관한 사항 ②세관이 설치된 항만의 축조에 관한 사항 (朝鮮總督府, 『朝鮮土木事業誌(上)』, 42쪽).

로 설치했다(1910.10.31). 1911년에는 28개 파출소는 폐지하고 9개의 토목과출장소를 설치하고 그 밑에 11개의 工營所를 설치했다(1911.4.1).

1912년 4월 조선총독부는 행정정리를 목적으로 관제 및 사무규정을 변경했다. 내무부 지방국 토목과는 식민지 기반구축사업에서 차지하는 토목공사의 중요성으로 인하여 1912년 3월 관방 토목국으로 승격시키고, 토목국 아래에 공무과, 영선과, 조리과를 두었다[5](이하 토목과 사무분장은 <표2> 참조). 1911년 설치된 토목과출장소는 폐지되고 관방 토목국출장소로 명칭과 위치가 변경되었다.[6]

관방 토목국 체제의 성립으로 총독부의 토목사업은 집중되어 보다 효율적으로 추진될 수 있었다. 하지만 局 내에 分課로 인해 상호 업무 협조 및 연락이 원활하지 않다는 점이 인정되어 1915년 조리과와 공무과를 합병하여 토목과를 신설했다.[7] 이 관제 개정을 통해 전국적 규모의 토목사업과 도시계획 업무를 담당하는 실무부서로 '토목과'가 자리잡게 되었다. 또한 이후 '토목과' 관장사무의 기본적 틀이 형성되었다.

1919년 3·1운동을 계기로 일제의 식민통치 방침이 당근과 채찍의 양면책이라 할 수 있는 '문화통치'로 전환되면서, 철도에 이어 도로 확충, 산미증식계획과 같은 대규모 증산정책을 위한 사회인프라 구축(치수사업)등 토목사업을 본격화 할 필요가 있었다. 이에 1921년 관제개정에서 관방 토목부(토목국에서 개칭)아래 토목과, 건축과, 공사과로 부서를 세분하고, 관장사무도 확대하였다.[8]

---

5) 관보 제475호, 1912년 3월 30일자, 「조선총독부사무분장규정 개정」(훈령 제27호, 1912.3.30) : 제5조 관방 토목국에 조리과,공무과,영선과를 설치.

6) 관보 호외, 1912년 3월 28일자, 조선총독부령 제57호.

7) 관보 호외, 1915년 5월 1일자, 「조선총독부사무분장규정 개정」(훈령 제26호, 1915. 5.1) : 제4조 관방 토목국에 토목과,영선과 설치.

이러한 총독부 토목과의 조직 개편과 업무 분장에서 도시계획과 관련한 사무가 명시된 것은 바로 1921년 관제 개정에서였다. 이는 조선에서도 1921년부터 도시계획에 대한 필요성이 제기되면서 이에 대한 본격적인 조사와 시행방안 마련이 강구되기 시작한 것과 관련이 있는 것으로 생각된다. 토목과의 '도시계획관련 업무'와 공사과의 '직할 토목공사의 조사, 설계 및 시행' '지형도 조제' 같은 사무 분장은 총독부 차원에서 토목사업과 도시계획에 대해 적극적으로 사고하며 준비에 들어갔음을 보여주는 것이다.

1924년 12월 총독부는 일반행정 및 재정 정리방침을 발표했다. 전후 공황으로 일본 財界의 불황이 심해 재정형편이 어려워지자 일본정부는 1922년경부터 행정 및 재정 정리를 단행했다. 총독부도 그러한 방침에 따라 정리를 단행하고 관제 및 사무규정도 개정했다.[9] 관방에서 서무부와 토목부, 참사관, 감찰관, 심사관 모두를 폐지하고 전면적으로 정원을 감축하며, 대신 내무국에 지방과, 사회과, 토목과, 건축과를 설치했다.[10] 관방토목부의 토목과, 공사과를 통합하여 내무국 토목과로, 관방토목부 건축과는 내무국 건축과로 사무를 이관했다. 토목출장소도 관방 토목부출장소에서 내무국출장소를 바뀌었다.

일본본국의 경제 불황으로 재정적 어려움이 커지는 상황에서 식민지에 대한 개발은 우선적인 축소·동결 대상이 될 수밖에 없었다. 그러나 쌀 증산과 관련된 治山治水事業, 水利事業, 旱害救濟事業 등의 토목사

---

8) 관보 제2595호, 1921년 4월 8일자, 「조선총독부사무분장규정 개정」(훈령 제22호, 1921.4.8) : 제4조 관방 토목부에 토목과,공사과,건축과 설치.

9) 관보 호외, 1924년 12월 25일자, 조선총독부훈령 제33호.

10) 관보 호외, 1924년 12월 25일자, 「조선총독부사무분장 개정」(훈령 제34호, 1924.12.25).

업은 오히려 다른 부분의 예산을 전용해서라도 유지 확대한다는 방침이었다.[11] 조선으로부터의 쌀 공급은 일본자본주의 발전을 위해 유용한 부분이었기 때문이다. 이처럼 조선의 식민정책은 일본제국주의의 요구에 입각한 것으로, 그 기준에 따라 不要不急함이 결정되는 것이었다.

반면 도로설비, 상하수도 건설, 주택용지 마련 등을 포함하는 도시계획과 같은 식민지민들의 삶의 조건을 개선시키는 분야는 그리 중요하거나 핵심적인 사안이 아니었다. 이는 1926년 「조선도시계획령」 제정 계획이 수포로 돌아가게 되는 요인과도 관련있는 것이었다. 총독부는 1929년 11월 사무분장규정 개정을 통해 토목사업 부서를 내무국 토목과로 단일화했다.[12] 이후 도시계획을 포함한 토목사업 업무는 내무국 토목과 체제로 일원화되었다.[13] 1934년 「조선시가지계획령」 공포로 전국적인 규모의 도시계획이 실시되기 시작했지만 이를 위한 별도의 행정부서를 마련하지는 않았고, 1936년부터 시가지계획위원회가 조직되어 중요한 정책에 대한 조사, 심의, 조정기능을 담당했다.

실무부서로서 토목과의 단일체제는 일제의 패망 때까지 지속되었지만, 전시체제기 총독부 관제 개정에 따라 1941년 11월 내무국이 司政局(국민총력과, 지방과, 토목과, 외무과, 척무과)으로 바뀌었다.[14] 토목출

---

11) 관보 제3706호, 1924년 12월 19일자, 「總督訓示」.

12) 관보 호외, 1929년 11월 8일자, 「조선총독부사무분장 개정」(훈령 제53호, 1929.11.8).

13) 실무부서로서 토목과의 단일체제는 일제의 패망 때까지 지속되었지만, 전시체제기 총독부 관제 개정에 따라 1941년 11월 내무국이 司政局(국민총력과, 지방과, 토목과, 외무과, 척무과)으로 바뀌었다. 1943년 12월에는 대대적인 총독부관제 개정이 단행되었다. 司政局이 폐지되어 그 소속이었던 토목과는 鑛工局 소속으로 재편되었다.

14) 관보 호외, 1941년 11월 19일자, 「조선총독부사무분장 개정」(훈령 제103호, 1941.11.19).

장소 역시 내무국토목출장소에서 사정국토목출장소로 개칭되었다.
1943년 12월에는 대대적인 총독부관제 개정이 단행되었다.[15] 司政局이
폐지되어 그 소속이었던 토목과는 鑛工局 소속으로 재편되었다.

한편 1939년 11월 총독부에 전쟁 수행을 위한 국가총동원전략을 총
괄하는 부서로서 기획부를 신설했다.[16] 1941년 11월 관제개정에서 기
획부의 제1과를 계획과로 개칭하고, '국토계획에 관한 사항'을 업무에
추가했다.[17] 이는 1930년대 후반부터 본격적으로 제기되었던 파시즘적
국토개발론에 따라 도시계획을 확대하여 국가총동원을 위한 '국토계
획'이라는 관점에서 지역개발을 추진하고자 했던 것이다.

[표 1]조선총독부 도시계획 관련부서 조직표 (매년 3월 31일 기준)

년도	부	국	과	토목출장소	관련회의
1911	내무부	지방국	토목과	공영소-경성,轟島,이천,전주,김천,안주,해주, 웅기,성진,진해,대상면 출장소-원산,전주,진남포,진주,청주,청진,평 양,해주,이천	토목회의
1912	관방	토목국	공무과,영선과,조리과	
			출장소-부산,원산,인천,진남포,진주,청주,청진,평양	
1913	관방	토목국	공무과,영선과,조리과	

15) 관보 호외, 1943년 12월 1일자, 「조선총독부사무분장 개정」(훈령 제88호, 1943.1
   2.1); 이에 대해 총독부는 행정의 일원화, 탄성화, 간소화를 목표로 '결전행정기
   구'로 관제를 개편했다고 밝혔다. 기존 11국(경무국, 농림국, 사정국, 식산국, 재
   무국, 법무국, 총무국, 학무국, 전매국, 철도국, 체신국)을 8국(경무국, 농상국, 광
   공국, 재무국, 법무국, 학무국, 교통국, 체신국)으로 재편하고 각 局 아래 2室 71
   課를 1室 56課로 축소했다 (『毎日新報』1943년 12월 1일 「本府 決戰行政機構 今
   日 發足」).

16) 관보 제3858호, 1939년 11월 29일자, 「조선총독부사무분장 개정」(훈령 제65호, 1
   939.11.29).

17) 「조선총독부사무분장 개정」(훈령 제103호, 1941.11.19).

년도	부	국	과	토목출장소	관련회의
				출장소-부산,원산,인천,진남포,진주,청진,평양	
1914	관방	토목국	공무과,영선과,조리과		
				출장소-부산,강릉,원산,인천,진남포,청진,평양	
1915	관방	토목국	공무과, 영선과,토목과		
				출장소-부산,강릉,경성,원산,인천,청진,평양	
1916	관방	토목국	영선과,토목과		
				출장소-경성,부산,원산,인천,청진,평양	
1917	관방	토목국	영선과,토목과		
				출장소-경성,부산,원산,인천	
1918	관방	토목국	영선과,토목과		
				출장소-경성,부산,원산,인천,평양	
1919	관방	토목국	영선과,토목과		
				출장소-경성,부산,원산,인천,평양	
1920	관방	토목국	영선과,토목과		
				출장소-평양, 경성,부산,원산,인천	
1921	관방	토목부	영선과,토목과		
				출장소-경복궁,경성,부산,원산,인천,평양	
1922	관방	토목부	건축과,공사과,토목과		토목회의
				출장소-경복궁,대동강,평양,경성,부산,원산,인천	(관제개정)
1923	관방	토목부	건축과,공사과,토목과		
				출장소-경복궁,경성,대구,대동강,부산,원산,인천,청진,평양	
1924	관방	토목부	건축과,공사과,토목과		
				출장소-경복궁,경성,부산,원산,인천,청진,평양	
1925		내무국	건축과,토목과		
				출장소-경복궁(건축),경성,부산,사리원,의주,이리,청진	
1926		내무국	건축과,토목과		
				출장소-경복궁(건축),경성,부산,사리원,의주,이리,청진	
1927		내무국	건축과,토목과		
				출장소-경복궁,경성,군산,부산,사리원,이리,청진,초량,	

년도	부	국	과	토목출장소	관련회의
			평양		
1928	내무국		건축과, 토목과		
			출장소-경복궁,경성,군산,부산,사리원,이리,청진,초량,평양	
1929	내무국		건축과, 토목과	출장소-경성,군산,사리원,이리,청진,초량,평양	
1930	내무국		토목과	출장소-경성,군산,이리,진남포,청진,초량,평양	
1931	내무국		토목과	출장소-경성,군산,원산,이리,진남포,청진,초량,평양	
1932	내무국		토목과	출장소-경성,원산,이리,진남포,청진,초량,평양	(관제폐지)
1933	내무국		토목과	출장소-경성,원산,이리,진남포,청진,초량,평양	없음
1934	내무국		토목과	출장소-경성,원산,이리,진남포,청진,초량,평양	없음
1935	내무국		토목과	출장소-경성,여수,원산,이리,인천,청진,초량,평양	없음
1936	내무국		토목과	출장소-경성,여수,원산,이리,인천,청진,초량,평양	시가지계획위원회
1937	내무국		토목과	출장소-경성, 부산, 이리, 청진, 평양	시가지계획위원회
1938	내무국		토목과	출장소-경성, 부산, 이리, 청진, 평양	시가지계획위원회
1939	내무국		토목과	출장소-경성,부산,청진,평양	시가지계획위원회
1940	내무국		토목과	출장소-경성,부산,신의주,청진,평양	없음
1941	내무국		토목과	출장소-경성,나진,부산,신의주,청진,평양	(관제 공포)
1942	司政局		토목과	출장소-경성,나진,부산,신의주,청진,평양	없음
1943	司政局		토목과	출장소-경성,부산,신의주,청진,평양	시가지계획위원회
1944	鑛工局		토목과		

출전 : 『朝鮮總督府施政年報』(各年度版) ; 국사편찬위원회 한국사데이터베이스 『직원록』자료.

[표 2] 토목과 사무분장

년도	부	국	과	사무분장
1911	내무부	지방국	토목과	①도로,하천,항만,사방 및 수리 ②수면매축 및 사용 ③직할 토목공사 및 지방 토목공사의 감독 ④토지수용 ⑤상수 및 하수
1912	관방	토목국	공무과 영선과 조리과	조리과:①토목 및 영선의 감독 ②도로,하천,항만,사방용지 및 상수하수의 시설 및 감독 ③수면매축 및 사용 ④지방토목비 보조의 조사 ⑤토지수용
1913				공무과:①도로하천,항만,수리 및 상수하수의 공사계획, 시행 및 감독 ②지방토목공사의 감독
1914				영선과:①건축공사 및 중요한 수선공사 계획, 시행 및 감독 ②지방 영선공사의 감독 ③관유재산의 정리
1915			영선과 토목과	토목과:①도로, 하천,항만,사방용지,수리,관개 및 상수하수 등 ②수면매축 및 사용 ③지방토목공사의 감독 ④토지수용 ⑤局내 他課의 주관에 속하지 않는 사항 영선과:①영선 ②지방 영선공사의 감독 ③관유재산의 정리
1916				
1917				영선과 업무 중 ③관유재산의 정리를 관유재산으로 개정
1918				
1919				
1920		토목부	건축과 공사과 토목과	토목과 업무 중 ①에서 관개 삭제
1921				
1922				토목과:①도로,하천,항만,운하,사방용지,수리,상수,하수 등 ②수면매축 및 사용 ③도시계획 ④토지수용 ⑤토목회의 ⑥관유재산 ⑦部내 타과의 주관에 속하지 않는 사항 공사과:①도로,하천,항만 기타 기술 ②직할 토목공사의 조사, 설계 및 시행 ③지형도 조제 건축과:①영선 ②지방 영선공사의 감독
1923				
1924				
1925	내무국		건축과 토목과	토목과:①도로,하천,항만,운하,사방용지,수리,상수,하수 등 ②수면매축 및 사용 ③도시계획 ④지방 토목공사 ⑤토지수용 ⑥토목회의 ⑦지형도 조제 ⑧관유재산 건축과:①영선 ②지방 영선공사의 감독
1926				
1927				
1928				
1929				

1930	토목과	토목과 업무 중 ⑧관유재산 삭제
1931		
1932		
1933		
1934		
1935		
1936		
1937		토목과 업무 중 ①에 광장, 공원 추가
1938		
1939		
1940		
1941		
1942	司政局	①도로,하천,항만,운하,사방용지,수리,상수,하수,광장,공원 등 ②수면매립 및 사용 ③도시계획 ④지방 토목공사의 감독 ⑤토지수용 ⑥토목회의 ⑦지형도 조제
1943		
1944	鑛工局	①도로,하천,항만,운하,사방용지,수리,상수,하수,광장,공원 등 ②수면매립 및 사용 ③시가지계획 ④토지수용 ⑤지형도 조정

출전 : 배성준, 『조선총독부 조직구조와 분류체계 연구』, 한국국가기록연구원, 2004,
([부록]조선총독부 조직 및 사무분장 변천).

3. 조선총독부 도시계획 정책심의 · 조정기구

가. 식민지 토목사업을 위한 정책심의기구 : 조선총독부토목회의
(1910-1932)

총독부의 토목사업 전반에 대한 일선 행정을 담당하고 집행하는 부서는 내무국 토목과였지만, 1934년 조선시가지계획 사업 이전까지 이에 대한 정책 입안과 심의과정에서 중요한 역할을 수행했던 것은 총독 직할의 '朝鮮總督府土木會議(1910-1932)'(이하 토목회의)였다. 토목회의는 1910년 9월 30일 「조선총독부토목회의관제」를 통해 성립되었다. 토목회의 관제는 총 6조로 구성되어 설립목적과 조직 구성에 대해 명시하고 있다. 중요 내용은 다음과 같다.

「朝鮮總督府土木會議官制」[18]
제1조 조선총독부토목회의는 조선총독의 감독에 속하고 하천, 도로, 항만, 항로표식, 철도와 경편철도, 궤도, 전기사업과 상하수도에 관한 제도, 계획, 설비와 기타 토목에 관한 중요한 사항을 조사 심의한다.
제2조 토목회의는 회장과 위원으로서 조직한다.
제3조 회장은 조선총독부 정무총감, 위원은 조선총독부 各部長官과 警務總長, 철도국장관, 통신국장관, 조선주차군참모장으로서 充함, 기타 위원은 조선총독부 高等官 중에서 조선총독이 이를 명한다. .... (이하 생략)

토목회의는 1910년 설치되어 1932년 관제가 폐지[19]될 때까지 조선총독부 토목사업 관련 심의 조정기구로서 중요한 역할을 수행했다. 토목회의는 관제 제1조의 내용을 조사 심의하여 정책 방향 및 시정방침을 만드는데 도움을 주는 기관이었다. 정무총감을 위원장으로 하고 各部長官(1919년 이후 각국 국장) 및 경무총장(경무총감→경무국장), 철도 및 통신(체신)국장, 조선주차군참모장(조선군참모장) 등 조선 내 식민정책 수립 및 실행을 담당하는 최고위 관료가 모여 정책을 심의 조정하는 기관이었다. 여기에 경제관련 부처의 長과 지방장관(도지사)도 사안에 따라 총독이 위원으로 임명하여 회의에 참가토록 했다.

1910년부터 1921년까지 토목회의의 총인원은 11-15명이었다. 위원은 내무부·사법부·탁지부·농상공부 장관, 경무총감, 철도국·체신국장,

---

18) 관보 제28호, 1910년 9월 30일자, 「조선총독부토목회의관제」(칙령 제375호, 1910. 9.30).

19) 관보 제1663호, 1932년 7월 23일자, 「조선총독부토목회의관제 폐지」(칙령 제153호, 1932.7.19).

조선(주차)군참모장과 실무급의 지방국장, 총무국장(회계국장), 토목국장(기사), 총독부무관 등이 임명되었다. 간사는 2인을 두는 것이 관제의 규정이었으나 1인만을 두었고, 회장의 지휘아래 토목회의 주재 및 실무를 담당했다(<부표1> 조선총독부토목회의 위원 명단 참조).

토목회의는 1921년 4월 관제 개정을 통해 확대되었다. 그 이유는 "民意를 존중하고 그 창달에 도움을 줌과 동시에 民利의 裁量에 도움을 받"는다는 것으로, 이를 통해 식민통치에 적극 협력하고 있는 민간인(조선인 포함)도 포함시켰다.

제2조 토목회의는 회장 1인 및 위원 25인 이내로서 조직한다. 前項 정원 외 필요한 경우에는 임시위원을 둘 수 있다.
제3조 회장은 조선총독부 정무총감으로 이를 충당한다. 위원 및 임시위원은 관계 각 청 고등관 및 학식 경험있는 자 중에서 조선총독이 이를 임명한다.[20]

이에 따라 1922년부터 토목회의는 인원이 25명 내외로 확대되었다. 총독부 관리 외에 조선상공회의소 會頭(회장), 조선식산은행 頭取(장) 등 민간 경제계의 핵심인사들이 위원으로 선임되었고, 기타 토목관련 전문가(技師나 학자)들도 위원이나 임시위원으로 임명되었다. 특히 관제개정으로 임시위원을 둘 수 있게 되었는데, 여기에 1923년부터 1926년까지 조선인 2명이 임명되었다.

토목회의 임시위원에 임명된 조선인은 玄龍燮과 金基德으로, 이들은 각각 함경북도 성진, 청진 출신이며 이 지역에서 경제적, 정치적 권력을 갖고 있던 인물이다. 현용섭은 1924년 함경북도평의원에 선출되었고,[21] 1920년대 후반에는 성진면장과 성진금융조합 이사를 역임했다.

20) 관보 제2599호, 1921년 4월 13일자, 「조선총독부토목회의관제 개정」(칙령 제72호, 1921.4.7).

金基德은 함경북도 제일의 재력가로서 나진, 청진, 웅기 지역에 막대한 토지를 소유한 인물이었다.[22]

함경북도는 일제의 대륙침략루트로서 주목되었던 지역이다. 1931년 만주침략으로 새로운 식민지를 얻게 된 일본은 '日鮮滿 엔블록체제'를 실현하기 위해 '北鮮루트'[23]를 개척하고자 했다. 이를 위해 조선에 거점 도시가 필요했고, 그곳이 北鮮 3항-나진, 청진, 웅기-였다. 이 중 북선루트의 종단기착항으로 가장 먼저 결정된 곳은 나진이었다. 이 지역 개발이 본격적으로 착수된 것은 1931년 이후이지만, 1920년대 중반 토목회의에 이 지역의 유력자를 임시위원으로 임명했던 것은 대륙침략에 대한 계획을 가지고 그를 위한 준비로서 이 지역에 대한 정보나 개발 계획을 마련하려는 움직임이었다고 생각된다.

이처럼 토목회의는 일제의 식민정책 수행을 위한 인프라 구축을 둘러싼 정책 심의와 자문을 행하는 기구였다. 식민지 조선의 도시계획 관련해서는 1920년대 중반 총독부에서 「조선도시계획령」을 제정하려 할 정도로 적극적이었고, 민간이나 지역 단위에서도 이에 대한 요구가 높았다. 이러한 분위기는 1920년대 토목회의의 조직 확대와도 연결되어 정책에 대한 구상이 이루어졌을 것이다. 그러나 살펴본 바와 같이 총독

21) 관보 제3493호, 1924년 4월 9일자.

22) 김기덕은 1930년대 초반 함북 최대의 부호로 주목받았다. 1910년대는 청진항을 중심으로 러시아와의 무역으로 부를 축적했다. 1차대전 이후 일본 본토의 공업발전에 따라 북한지방의 석탄, 목재 등의 공업원료가 주목을 받아 이 지역 항구의 무역량이 증가하자, 땅값도 상승할 것을 감지하여 상공업에 중요한 역할을 할 곳을 택해 토지매매를 하여 막대한 부를 축적했다. 그 중 가장 주목한 곳이 웅기와 나진이었다. 1932년 기준 웅기에 3백만평, 나진에 150만평의 토지를 매입하였다. (漢陽學人, 「財界의 怪傑 洪鍾華·金基德 兩氏, 突現한 壹千萬圓의 兩大富豪 一代記」『삼천리』4-12(1932.12).

23) '북선루트'는 일본과 만주(나아가 중국본토)를 연결하는 최단코스로서 '일본(니가타)-동해-북선 3항(나진,청진,웅기)-북선철도-길회철도'로 연결되는 것이다.

부의 식민정책, 그 중 토목사업 역시 철저히 일본의 이해관계에 규정되었고, 조선 내부의 요구를 수용하는 것은 아니었다.

현재 토목회의에서 구체적으로 조사, 심의한 사항이나 그 과정을 알 수 있는 문서가 남아있다면 그 실상을 보다 정확히 파악하는데 도움이 될 것이다. 하지만 회의록조차 남아있지 않아 구체적 議案이나 심의과정, 토목회의가 정책 결정에 어떠한 작용을 했는지 등을 판단할 수 있는 근거는 없다. 다만 그 운영에 있어 토목회의 위원들은 전원 일본인 총독부 관료로 구성된 내부 협의기관 수준이었고, 20년대 임명된 민간위원 역시 조선식산은행장이나 조선상공회의소 회두와 같은 관변기관의 대표로서 조선인들의 요구를 반영할 수 있는 구조는 아니었다. 또한 토목회의는 정책결정기관이 아닌 조사·심의기관, 즉 총독부 정책에 대해 자문이나 추인하는 역할에 그쳤다. 따라서 민의가 반영될 여지는 없는 기관이었다. 이러한 성격은 조선시가지계획을 논의하기 위해 만들어진 시가지계획위원회도 같았다.

나. 조선시가지계획사업의 정책 심의 · 자문기구 : 조선시가지계획위원회(1936-1943)

1) 일본 도시계획 정책심의기구 : 일본도시계획위원회

1934년 시가지계획령 공포로 조선의 도시계획은 법령에 의해 종합적, 체계적으로 실시되기 시작했다. 이의 주무부서는 총독부 내무국 토목과였지만, 진행과정에서 정책 방향이나 내용을 심의, 조정하는 역할을 담당할 조직으로서 총독 직속으로 조선시가지계획위원회가 조직되었다. 위원회는 1935년 조직되어[24] 1936년부터 실질적인 활동에 들어

---

24) 『東亞日報』 1935년 12월 7일 「시가지계획위원 등 선정」.

갔지만 법령상으로 그 관제가 공포된 것은 1941년이었다.[25]

조선시가지계획위원회의 위상과 역할, 그 특성을 이해하기 위해 먼저 일본의 「도시계획법」과 함께 만들어진 도시계획위원회를 살펴볼 필요가 있다. 일본 내무성은 1918년 7월 도시계획조사위원회를 조직하여,[26] 도시계획법과 건축물법의 原案을 심의 검토했다. 1918년 12월 24일 兩法의 原案이 결정되었고, 1919년 4월 「都市計劃法」(법률 제36호 1919.4.4)과 「市街地建築物法」(법률 제37호, 1919.4.4)이 공포되었다.[27]

이렇게 제정된 일본의 「都市計劃法」은 법령 내에 "도시계획구역에 대해 관계 시정촌 및 도시계획위원회의 의견을 들어 주무대신이 이를 결정하여 내각의 인가"(제2조)를 받도록 규정하였고, "도시계획의 내용이나 매년 집행되는 사업에 대해 도시계획위원회(중앙, 지방)의 논의를 거쳐"(제3조)야 한다는 규정과 "도시계획위원회의 조직, 권한, 비용에 관한 규정은 칙령으로 정한다"(제4조)는 규정을 두었다.[28] 이에 따라 「都市計劃委員會官制」(칙령 제483호, 1919.11.27)가 공포되어 위원회의 조직 구성, 권한 등이 법으로 뒷받침되었다.[29]

일본의 도시계획법 체계에서 도시계획의 입안에서 결정까지의 과정을 보면 주무대신(내무대신)이 원안을 작성하여 도시계획위원회의 의

---

25) 관보 제4199호, 1941년 1월 23일자, 「朝鮮總督府市街地計劃委員會官制」(칙령 제49호, 1941.1.14).

26) 도시계획조사위원회(조사회)는 관료, 학자, 전문가들이 모여 구성되었는데, 특히 오사카시 시구개정에 적극 참여하였던 關一과 片岡安, 당시 도시계획과장이었던 池田宏, 佐野利器이 중심이 되었다. 조사회의 초대 회장은 당시 신임 내무대신 水野鍊太郎으로 그는 1919년 조선 정무총감으로 부임했고, 1921년 '경성도시계획연구회' 창립에 주도적인 역할을 했다.

27) 石田賴房, 앞의 책, 114쪽.

28) 內務省 都市計劃課,, 『都市計劃關係法令』, 警眼社, 1923, 1쪽.

29) 위의 책, 15-18쪽.

견을 들어 이의 의결을 거친 후 내각의 인가를 받아 결정토록 했던 것이다. 즉 일본에서는 도시계획위원회가 도시계획에 관한 결정에서 매우 중요한 역할을 담당했음을 알 수 있다. 도시계획위원회의 역할과 그 조직 구성을 규정한 법령(총 17조)은 다음과 같다.

제1조 도시계획위원회는 내무대신의 감독에 속하고 법률칙령에 의해 그 권한에 속한 사항, 기타 도시계획 상 필요한 사항을 조사 심의한다.

제2조 도시계획위원회는 도시계획에 관한 사항에 대해 관계 各大臣의 자문에 응하고 또한 관계 각 대신에 건의할 수 있다.

제3조 도시계획위원회는 도시계획중앙위원회 및 도시계획지방위원회로 한다.

…

제5조 도시계획위원회의 결의를 거쳐야 할 사항에서 오로지 一地方에 관한 것에 대해서는 그 지방위원회의 의결로써 도시계획위원회의 의결로 하고, 기타 사항에 대해서는 중앙위원회의 의결로서 도시계획위원회의 의결로 한다. 다만 지방위원회의 의결을 거쳐 사항에 있어 내무대신이 다시 심의의 필요가 있다고 인정하는 것에 대해서는 그것을 중앙위원회의 의논에 부쳐 그 의결로서 도시계획위원회의 의결로 간주한다.

내무대신은 위원회의 의결을 거친 사항에 대해 필요하다고 인정할 때는 그것을 재의에 부칠 수 있다.

…

제8조 중앙위원회의 위원은 다음과 같은 자로 한다.

1. 관계각청 고등관   16인 이내
2. 학식 경험있는 자   12인 이내

지방위원회의 위원은 다음과 같은 자로 한다

1. 도시계획법 제2조의 규정에 의해 지정한 시의 시장
2. 관계각청 고등관   10인 이내
3. 제1호의 시의 시회의원   시회의원 정수의 1/6 이내
4. 관계 道府縣會의원   道府縣會의원 정수의 1/10 이내
5. 시장 이외의 제1호의 시의 市吏員   2인 이내
6. 학식 경험있는 자   10인 이내

제9조 위원 및 임시위원은 前條 제2항 제1호에 게시된 자를 제외하고 내무대신의 주청에 의해 내각에서 그를 임명한다.

…

제14조 회장은 회의의 의장을 한다.
위원회의 의사는 출석 위원 및 임시위원의 과반수로서 그것을 결정하고 可否 同數일
때는 의장이 결정한 바에 의한다.
(이후 생략)

　　도시계획위원회는 위원회제인 행정기구로서, 도시계획 전반사항에
대한 결정기관이었다. 그것은 전체적인 도시계획 정책을 심의 결정하
는 중앙위원회와 각 지역단위의 도시계획을 심의 결정하는 지방위원회
로 구성되었다(제3조). 중앙위원회와 지방위원회가 서로 종속적인 지위
를 갖는 것은 아니지만, 지방위원회 결정을 내무대신(중앙정부)이 수용
할 수 없을 경우 이를 중앙위원회에서 재심의토록 하고 그 결정을 따
르도록 했다(제5조). 지방위원회를 설립한 것은 도시계획의 적용을 받
는 지역의 사정을 고려하기 위한 것으로, 지방분권적 전통이 강한 역사
적·사회적 배경이 바탕이 되었다고 볼 수 있다.

　　그러나 다른 한편으로 도시계획위원회 위원의 구성(제8조)을 보면 지
방단위의 자치적 이해관계와 민의가 수용될 수 있는 구조였는가에 대
해 한계를 볼 수 있다. 우선 중앙위원회는 총 28인 중 행정관료가 18
명으로 과반수를 넘었다. 의안 결정은 출석위원의 과반수로 하는 구조
에서 행정관료가 과반수 이상을 차지하는 것은 정부의 정책 방향이나
의도가 거의 그대로 관철될 수 있는 구조라 할 수 있다. '학식 경험있는
자'라는 민간위원도 임명되었지만, 그 임명과정이 내무대신의 주청에
의해 내각이 임명하는 것으로 역시 정부 정책에 협조적이거나 보조할
수 있는 인물로 구성될 수밖에 없었을 것이다.

　　지방위원회의 경우는 행정관료와 민간위원, 지방자치단체의원(시회
의원, 道府縣會의원)이 동률의 비율로 포진되어 지역의 이해관계를 반

영할 수 있는 여지가 있었다. 그러나 앞에서 언급한 대로 지방위원회의 결정에 대해 중앙위원회의 재심의를 통해 불복할 수 있도록 함으로써 실제 도시계획이 집행되는 과정에서 각 지방단위의 이해관계가 충분히 반영되기에는 많은 한계가 있었을 것이다. 지방분권적인 역사적 전통과 민주주의에 대한 요구로 상대적으로 지방자치제도가 빨리 시행된 일본의 상황에 따라 지방위원회가 구성되고 상당한 역할이 주어졌지만, 중앙정부 주도의 일방적인 정책 수립과 집행 구조를 제어할 수 있는 수준은 아니었던 것이다.

일본 도시계획위원회 역시 중앙정부의 강력한 권력 하에 놓여 있었으나, 국민들의 삶의 공간을 규정하는 도시계획정책에서 자신의 역사적 전통과 국민들의 이해관계를 반영할 수 있는 여지는 열려 있었다. 이것은 뒤에 살펴볼 식민지 조선의 '시가지계획위원회'와 가장 큰 차이점이라 할 수 있다.

2) 조선시가지계획위원회(1936-1945)의 구성과 운영

조선시가지계획위원회(이하 위원회)는 1934년부터 시행되기 시작한 조선시가지계획을 위한 최상위 기구로서 시가지계획사업의 특성을 반영하고 있다. 앞에서 살펴본 일본 도시계획위원회와 비교하여 기구의 특성을 살펴보자.

첫째, 일본 도시계획위원회는 「도시계획법」에 설치가 명시되었던 것에 비해 시가지계획령에는 그러한 기구 설치를 명시하지 않았다. 따라서 정책 실행의 주체인 총독부의 필요에 따라 임의적으로 설치되는 조직이었다. 위원회는 총독부 내훈에 의거하여 일단 1936년에 조직되었다. 그러다가 1939년 제4회 위원회에서 「조선총독부시가지계획위원회 규정」(총7조)이 발표되었다.[30] 이에 따르면 위원회는 자문, 조사 심의 권한을 갖는 기구였다. 이것은 총독부 산하 다른 각종위원회의 역할과 같은 것이었다.

그러나 이 규정은 법적인 효력을 갖는 것이 아니었다. 이에 추후적으로 이미 활동하고 있는 시가지계획위원회의 법적 자격을 부여하기 위해 1940년 「조선시가지계획령」을 개정하였다.[31] 이에 따라 1941년 칙령으로 「시가지계획위원회관제」를 공포했다.[32] 법령으로 위원회가 공인되었지만, 실제 그들의 역할은 더욱 축소되고 형해화되는 형태로 법령이 만들어졌다.

그런데 <표3>과 같이 「관제」의 권한(제1조)은 「규정」의 제1조와 차이가 있었다. 「규정」에는 자문뿐만 아니라 조사, 심의 권한을 갖고 있었지만, 「관제」에는 자문과 건의만을 할 수 있는 그야말로 자문기구에 불과했다. 물론 이전 「규정」에 명시된 조사·심의 기능 역시 제대로 이루어졌다고 보기 힘들다. 아마 그러한 위원회의 실제 역할이 「관제」에 반영되었다고 볼 수 있다. 여기에 1941년은 전쟁이 확대되면서 강력한 전시통제체제가 구축된 시점으로 총독부는 자신들의 전시 정책을 집행하는데 걸림돌이 될만한 사항은 아예 삭제하는 절박함을 보여주고 있다. 실제로 이 「관제」에 의해 소집된 위원회는 1번(1943년)으로, 전쟁 상황이 악

---

30) 국가기록원 소장 공문서 「제4회시가지계획위원회 서류(2책의1)(경성,청주)(1939)」 (CJA0015671).

31) 관보 제4173호, 1940년 12월 18일자 「조선시가지계획령중 개정의 건」(칙령 제41호, 1940.12.18) 개정 내용 중 "제2조 시가지계획 구역 및 시가지계획은 그 구역에 관계된 부회,읍회,면협의회 및 조선시가지계획위원회의 의견을 듣고 조선총독이 그를 결정한다".

32) 관보 제4199호, 1941년 1월 23일자, 「조선총독부시가지계획위원회 관제」(칙령 제49호, 1941.1.14).

화되면서 '國策'을 추인하는 수준의 논의가 이루어질 수밖에 없었다.

[표 3] 시가지계획위원회 규정(1939) 과 관제(1941) 비교

	「조선총독부시가지계획위원회 규정」	「조선총독부시가지계획위원회 관제」
제1조	조선총독부에 시가지계획위원회를 둔다. 위원회는 조선총독의 자문에 응하고 시가지계획에 관한 중요사항을 조사 심의한다	조선총독부시가지계획위원회는 조선총독의 감독에 속하며 조선시가지계획령 제2조의 의견에 답신한다. 위원회는 시가지계획에 관한 중요사항에 대해 조선총독의 자문에 응하고 또는 조선총독에 건의할 수 있다.
제2조	위원회는 위원장 및 위원 若干人으로 조직한다. 필요할 때는 임시위원을 둘 수 있다	위원회는 회장 1인 및 위원 20인 이내로서, 前項 정원 외에 필요한 경우에는 임시위원을 둘 수 있다.
제3조	위원장은 조선총독부 정무총감으로 充한다. 위원 및 임시위원은 조선총독이 명하거나 촉탁한다	회장은 조선총독부 정무총감으로 充한다. 위원 및 임시위원은 조선총독의 奏請에 의해 관계 각청 고등관 및 학식 경험있는 자 중에서 내각에서 이를 명한다. 학식 경험있는 자 중에서 임명된 위원의 임기는 4년으로, 다만 특별한 사유가 있는 경우에는 임기 중에 그를 해임할 수 있다.
제4조	조선총독이 필요하다고 인정할 때는 위원이 아닌 자로서 회의에 출석하여 의견을 진술할 수 있다	회장은 회무를 총리한다. 회장 사고 시에는 조선총독이 지명하는 위원이 그 직무를 대리한다
제5조		위원회에 간사를 두고 조선총독의 주청에 의해 관계각청 고등관 중에서 내각에서 그를 임명한다. 간사는 회장의 지휘를 받아 서무를 정리한다
제6조		위원회에 서기를 두고 조선총독부내 판임관 중에서 조선총독이 그를 임명한다. 서기는 上司의 지휘를 받아 서무에 종사한다.

둘째, 위원회는 총독부 정무총감을 위원장으로 하는 총독부 직속기관으로 일본 도시계획지방위원회와 같이 시행지역의 민의를 수렴할 수 있는 조직을 두지 않았다. 즉 계획에 대해 직접적인 이해관계를 가지고 있었던 조선인들의 요구를 수용할 수 있는 기구가 아닌 일제의 식민정

책 하에서 조선총독부가 집행하는 도시계획을 협조 혹은 보조하는 역할에 그쳤다. 그 내용을 살펴보면 다음과 같다.

시가지계획령에서는 사업의 주체를 행정관청으로 명시하였고, 사업에 대한 자문역할은 제정 당시에는 계획 관련구역의 "府會, 邑會, 面協議會의 의견을 듣고 조선총독이 결정한다"(제2조)는 규정만 두었다.[33] 그럼에도 내부 규정으로 통해 위원회를 설치한 이유는 정책의 입안, 집행과정에서 총독부 내 관련부서의 유기적 연관과 협조가 필요하고, 때론 조선에 진출해 있는 일본인(대자본, 지주, 민간경제인 등)의 협조를 끌어낼 필요가 있었기 때문이다.

이러한 것은 위원회의 인적 구성을 통해 살펴볼 수 있다. 위원회는 총 6회 개최되었는데,[34] 『직원록』에는 위원회가 1936년부터 1939년까지, 1943년에만 위원 명단이 기록되어있다. 위원들은 토목회의와 마찬가지로 총독부 관련 局長, 조선군관계자, 민간경제계 요인으로 구성되었고, 임시위원은 해당 議案에 올라와 있는 지역의 도지사가 선임되었다.(<부표4>참조) 토목회의의 경우 임시위원에 지역유지와 같은 민간인이 임명되었던 것에 비해 보다 관제적 성격을 뚜렷이 하고 있다.

위원회 인적구성의 또 다른 특징은 간사 인원이 위원회 구성인원 총수의 1/3 이상을 차지할 정도로 많다는 것이다. 「관제」에 의하면 간사

---

33) 1940년 법령 개정을 통해 시가지계획위원회도 자문기구로서의 법적 지위를 부여했다. 주31) 참조.

34) 현재 시가지계획위원회의 공문서가 남아있는 것은 제5회까지이다. 국가기록원 소장 공문서 「경성 신시가지계획 및 토지구획정리 결정관계철 (1936)」(CJA0022534), 「제2회 시가지계획위원회 관계서철 (1936)」(CJA0015032), 「제3회 시가지계획위원회 관계서철(1937)」(CJA0014430), 「제4회 시가지계획위원회 서류(2책의1)(경성,청주)(1939)」(CJA0015671), 「제4회 시가지계획위원회 관계철(각도)(1939)」(CJA0015672), 「제4회 시가지계획위원회 관계철(각도)(1939)」(CJA0015674), 「제5회 시가지계획위원회 관계철(경인,인천 1939)」(CJA0015675).

는 "조선총독의 주청에 의해 관계 각청의 고등관 중에서 내각에서 임명"(제5조)하도록 되어 있다. <부표2>에서 보듯이 간사는 총독부 지방과장, 경무과장, 토목과장, 총독부 기사, 해군중좌 등 사무관 이상의 고위 실무관료들로서 최소 8인에서 최대 22인까지 임명되었다. 토목회의는 간사가 1인으로 회의의 실무적 진행만을 돕는 역할에 그쳤지만(<부표1>참조), 위원회의 간사는 정책 설명과 각 기관의 역할 분담, 협조 요구 등 위원회 기능의 가장 핵심적 역할을 수행했던 것으로 보인다. 이는 위원회가 정책에 대해 해당 지역의 이해를 반영한 심의·조정보다 총독부 정책의 홍보와 협조 요구가 중심이 되는 하향식 관제조직으로서의 특징을 보여주는 것이라 할 수 있다.

그렇다면 위원회의 중요한 기능 중에 하나인 府會, 邑會, 面協議會의 의견을 듣는 과정은 어떻게 진행되었을까. 제4회 위원회 문서35) 중 '시가지계획 결정 자문에 대한 답신' 결과 표가 있다. 제4회 위원회에서 검토한 9개 지역 12개 의안 중(<표4> 참조) 해당지역 會에서 답신안을 보낸 것은 5개 의안이었다. 답신안에 대해 해당지역 장(읍장, 부윤, 도지사)의 의견을 다시 들어 처리결과를 결정하는데, 부회나 읍회 의견을 수용한 것이 3건(경성, 청주, 흥남), 원안대로 통과한 것이 2건(광주, 해주)이었다. 12개 의안 중 지역의 이해관계가 최소한이나마 반영된 것은 3건으로 전체 의안의 1/4 정도였다.

위원회에서 검토를 하고 계획이 결정되는 경우는 최소한의 의견 수렴이 가능했지만, 보다 중요한 것은 시가지계획 해당 지역의 사업이 위원회에서 모두 검토되지 않았다는 점이다. 위원회의 개최일과 議案은 <표4>와 같다. 43개의 시가지계획령 적용도시 중 위원회에서 검토된

---

35) 「제4회 시가지계획위원회 관계철(각도)(1939)」(CJA0015674).

지역은 경성, 청진, 성진, 대구, 목포, 부산, 신의주, 인천, 평양, 함흥, 청주, 부여, 광주, 해주, 홍남, 楊市, 다사도, 京仁, 保山, 수원, 삼천포 지역 등 주로 전통적인 도청소재지나 개항 이후 성장한 대도시 지역 21곳이었다. 1943년 제6회 위원회에서는 실제 실행은 되지 않았지만 통영, 정주, 선천, 강계, 회령이 검토대상이었다. 즉 전체 시가지계획령 적용도시의 절반 정도만이 검토되었다. 위원회에서 검토되지 않은 지역은 그나마 해당지역 부회나 읍회 등의 요구사항과 의견을 반영할 자리를 갖지 못했던 것이다.

살펴본 바와 같이 시가지계획 자체가 도시 거주민의 쾌적한 삶과 균형적인 발전보다 대륙침략이 시작되면서 조선을 그를 위한 병참기지로 설정하고, 보다 효율적인 영토 이용을 목적으로 실시된 만큼, 이의 실행과정과 담당기구 역시 관 중심의 하향식 구조를 가질 수 밖에 없었다. 위원회의 구성과 그 성격은 이러한 시가지계획이 성격을 그대로 반영한 것이었다.

[표 4] 시가지계획위원회 개최일 및 議案

회차	개최년월일	議　案
제1회	1936년 1월 6일	議 제1호 경성시가지계획 구역결정의 건 議 제2호 청진시가지계획 구역결정 및 시가지계획 가로망과 同토지구획정리 시행지구 결정의 건 議 제3호 성진시가지계획 구역결정 및 시가지계획 가로망과 同토지구획정리 시행지구 결정의 건
제2회	1936년 11월 5일	議 제1호 경성시가지계획 가로망 결정에 관한 건 議 제2호 경성시가지계획 토지구획정리 결정에 관한 건
제3회	1937년 1월19 -20일	議 제1호 부산시가지계획 구역 결정에 관한 건 議 제2호 부산시가지계획 가로 결정에 관한 건 議 제3호 부산시가지계획 토지구획정리 결정에 관한 건 議 제4호 목포시가지계획 구역 결정에 관한 건

		議 제5호 목포시가지계획 가로 결정에 관한 건 議 제6호 목포시가지계획 토지구획정리 결정에 관한 건 議 제7호 대구시가지계획 구역 결정에 관한 건 議 제8호 대구시가지계획 가로 결정에 관한 건 議 제9호 대구시가지계획 토지구획정리 결정에 관한 건 議 제10호 평양시가지계획 구역 결정에 관한 건 議 제11호 평양시가지계획 가로 결정에 관한 건 議 제12호 평양시가지계획 토지구획정리 결정에 관한 건 議 제13호 신의주시가지계획 구역 결정에 관한 건 議 제14호 신의주시가지계획 가로 결정에 관한 건 議 제15호 신의주시가지계획 토지구획정리 결정에 관한 건 議 제16호 함흥시가지계획 구역 결정에 관한 건 議 제17호 함흥시가지계획 가로 결정에 관한 건 議 제18호 함흥시가지계획 토지구획정리 결정에 관한 건 議 제19호 인천시가지계획 구역 결정에 관한 건 議 제20호 인천시가지계획 가로망 결정에 관한 건 議 제21호 인천시가지계획 토지구획정리 결정에 관한 건
제4회	1939년 7월 3일	議 제1호 경성시가지계획 풍치지구 지정에 관한 건 議 제2호 경성시가지계획 공원 결정에 관한 건 議 제3호 경성시가지계획 지역 결정에 관한 건 議 제4호 경성시가지계획 가로 및 同토지구획정리지구 중 일부 변경에 관한 건 議 제5호 청주시가지계획 구역, 同가로, 同토지구획정리지구 결정에 관한 건 議 제6호 부여시가지계획 구역, 同가로, 同토지구획정리지구 결정에 관한 건 議 제7호 광주시가지계획 구역, 同가로, 同토지구획정리지구 결정에 관한 건 議 제8호 해주시가지계획 구역, 同가로, 同토지구획정리지구 결정에 관한 건 議 제9호 흥남시가지계획 구역, 同가로, 同토지구획정리지구 결정에 관한 건 議 제10호 신의주시가지계획 변경 및 추가 결정에 관한 건 議 제11호 楊市시가지계획 구역, 一團의 공업용지 조성지구 및 一團의 주택지 경영지구 결정에 관한 건 議 제12호 다사도시가지계획 구역, 가로, 토지구획정리지구, 一團의 공업용지 조성지구 및 一團의 주택지 경영지구 결정에 관한 건

제5회	1939년 10월 21일	議 제1호 경인시가지계획 구역, 一團의 공업용지 조성지구, 一團의 주택지 경영지구 및 토지구획정리지구 결정에 관한 건 議 제2호 인천시가지계획 一團의 공업용지 조성지구 및 一團의 주택지 경영지구 결정에 관한 건
제6회	1943년 6월 12일	1. 경인시가지계획(소사지구)구역변경, 가로, 공원결정 및 녹지지역, 풍치지구 지정에 관한 건 2. 인천시가지계획 구역 및 가로변경, 공원결정 및 녹지지역, 풍치지구 지정에 관한 건 3. 수원시가지계획 구역, 가로, 토지구획정리 결정 및 녹지지역, 풍치지구 지정에 관한 건 4. 부산시가지계획 공원결정 및 녹지지역, 풍치지구 지정에 관한 건 5. 삼천포시가지계획 구역, 가로, 토지구획정리 결정 및 녹지지역 지정에 관한 건 6. 통영시가지계획 구역, 가로, 토지구획지구, 공원결정 및 녹지지역 지정에 관한 건 7. 평양시가지계획 공원결정 및 녹지지역, 풍치지구 지정에 관한 건 8. 保山시가지계획(降仙지구) 가로결정 및 녹지지역 추가 지정에 관한 건 9. 정주시가지계획 구역, 가로, 토지구획정리 결정 및 녹지지역 지정에 관한 건 10. 선천시가지계획 구역, 가로, 토지구획정리 결정 및 녹지지역 지정에 관한 건 11. 강계시가지계획 구역, 가로, 토지구획정리 결정 및 녹지지역 지정에 관한 건 12. 다사도시가지계획(용암포지구) 공원결정 및 녹지지역 지정에 관한 건 13. 성진시가지계획 가로변경 및 추가, 토지구획정리 추가, 공원결정 및 녹지지역, 풍치지구 지정에 관한 건 14. 회령시가지계획 구역, 가로, 토지구획정리 결정 및 녹지지역 지정에 관한 건

출전 : 주34)의 공문서; 제6회는 「市街地計劃委員會開催さる」『朝鮮』1943년 7월호, 92-93쪽.

4. 맺음말

일제하 조선총독부에 의한 조선 도시계획은 효율적인 식민지배와 일본제국주의의 요구에 따라 이루어졌다. 강제 '합방'에 따른 조선인들의 저항을 무마하고 자신들의 식민지배를 합리화시키기 위한 가시적인 도시개조의 필요성 때문에 1912년부터 시구개정사업을 시행했다. 1920년대 조선도시계획령 제정을 둘러싼 움직임이 있었지만 실현되지 못했고, 1931년 만주사변과 이후 일제의 대륙침략정책으로 다시 조선에서 도시계획의 필요성이 커져 1934년 「조선시가지계획령」을 제정하고 시가지계획사업을 실시했다. 1937년 중일전쟁 도발 이후 시가지계획사업은 파시즘적 '국토계획'의 관점에서 대륙병참기지화하는 방향으로 추진되었다.

이러한 식민지 조선의 도시계획은 그 주체가 조선총독부였다. 따라서 정책 입안과정과 실무 주체를 분석하는 것은 정책 전반을 이해하는 데 도움이 된다. 조선총독부 토목과(관방→내무국→사정국→광공국 소속)는 도시계획을 포함한 조선의 사회기반시설 마련, 즉 토목사업 실무 담당 부서였다. 총독부 관제 개정에 따른 변동도 있었지만, 총독부의 토목사업 및 도시계획 정책의 부침과 연관하여 그 조직의 확대 내지 축소, 사무분장의 조정이 이루어졌다.

'토목과'라는 실무 부서와 함께 조선 도시계획에서 중요한 조직은 최고의 정책 심의, 조정기구였던 조선총독부토목회의와 시가지계획위원회였다. 조선총독부토목회의(1910-1932)는 사회인프라 구축에 필요한 제반 사업을 조사, 심의하는 기구로서 정무총감을 위원장으로 총독부 관련부서의 長과 조선군참모장, 민간경제계 인사가 참가했다. 그러나 토목회의는 조사심의기관으로 총독부 정책에 대한 자문과 추인 역할에 그쳤다. 또한 구성상 조선의 民意가 반영될 여지는 없는 기관이었다.

이것은 1934년 「조선시가지계획령」 공포로 본격화 된 시가지계획을 보다 집중적으로 논의하기 위한 시가지계획위원회도 마찬가지였다. 시가지계획위원회는 일본의 도시계획위원회와는 달리 설치 근거가 법을 규정되지 않았고, 총독부가 임의적으로 조직하였다. 1936년 조직되었지만, 그 활동이 법적으로 뒷받침된 것은 실제 활동이 다 이루어진 후인 1941년이었다. 역할 역시 단순한 자문기구로 축소되었다. 또한 인적 구성에서도 시가지계획위원회는 보다 더 관제적이고 하향적인 구조였다. 이는 전시통제체제의 성립으로 식민지 행정 및 사회전반의 통제가 강화되었던 맥락과 궤를 같이 하는 것이다.

본고는 일제시기 도시계획 관련 공문서 평가를 위한 연구의 일환이다. 현존하는 일제시기 도시계획 관련 공문서는 총독부 문서 일반이 그러하듯이 생산된 문서가 체계적으로 골고루 남아있지 않다. 따라서 도시계획 관련 공문서를 생산한 총독부 내무국 토목과와 시가지계획위원회에 대한 정확한 이해는 문서 평가에 필요한 역사적 콘텍스트를 제공하고, 평가작업을 위한 로드맵을 작성하는데도 기여할 수 있을 것이다.

[부표 1] 조선총독부토목회의 위원 명단 (매년 3월 31일 기준)

년도	회장	위 원	간사	서기	총인원
1911	山縣伊三郎 (정무총감)	倉富勇三郎(사법부장관), 宇佐美勝夫(내무부장관), 兒玉秀雄(회계국장), 大屋權平(철도국장), 荒井賢太郎(탁지부장관), 明石元二郎(경무총감), 外波內藏吉(총독부무관), 柴勝三郎, 小原新三(지방국장), 池田十三郎(체신국장) (10)	太田輝次(총독부참사관)(1)	吉野勝(1)	13명
1912	山縣伊三郎	倉富勇三郎(사법부장관), 宇佐美勝夫(내무부장관), 兒玉秀雄(총무국장), 大屋權平(철도국장), 荒井賢太郎(탁지부장관), 明石元二郎(경무총감), 小原新三(지방국장), 池田十三郎(체신국장), 立花小一郎(조선	遠藤柳作(관방사무관)(1)	吉田英三郎(1)	15명

년도	회장	위 원	간사	서기	총 인원
		군참모장),持地六三郎(토목국장),石塚英藏(농상공부장관),山縣文藏(총독부무관)(12)			
1913	山縣伊三郎	倉富勇三郎(사법부장관),宇佐美勝夫(내무부장관),兒玉秀雄(총무국장),大屋權平(철도국장),荒井賢太郎(탁지부장관),明石元二郎(경무총감),小原新三(지방국장),池田十三郎(체신국장),立花小一郎(조선군참모장),持地六三郎(토목국장),石塚英藏(농상공부장관),山縣文藏(총독부무관)(12)	遠藤柳作(관방사무관)(1)	吉田英三郎(1)	15명
1914	山縣伊三郎	宇佐美勝夫(내무부장관),兒玉秀雄(총무국장),大屋權平(철도국장),荒井賢太郎(탁지부장관),明石元二郎(경무총감),小原新三(지방국장),池田十三郎(체신국장),立花化小一郎(조선군참모장),持地六三郎(토목국장),石塚英藏(농상공부장관),岩村團次郎(총독부무관),國分三亥(사법부장관)(12)	遠藤柳作(관방사무관)(1)	吉田英三郎(1)	15명
1915	山縣伊三郎	宇佐美勝夫(내무부장관),兒玉秀雄(총무국장),大屋權平(철도국장),荒井賢太郎(탁지부장관),池田十三郎(체신국장),立花小一郎(경무총감),持地六三郎(토목국장),石塚英藏(농상공부장관),國分三亥(사법부장관),古海嚴湖(조선군참모장),中村彦(농무과기사),森義臣(총독부무관)(12)	遠藤柳作(관방사무관)(1)	吉田英三郎(1)	15명
1916	山縣伊三郎	宇佐美勝夫(내무부장관),兒玉秀雄(총무국장),大屋權平(철도국장),荒井賢太郎(탁지부장관),池田十三郎(체신국장),立花小一郎(경무총감),持地六三郎(토목국장),石塚英藏(농상공부장관),國分三亥(사법부장관),古海嚴潮(조선군참모장),中村彦(농무과기사),森義臣(총독부무관)(12)	遠藤柳作(관방사무관)(1)	吉田英三郎(1)	15명
1917	山縣伊三郎	宇佐美勝夫(내무부장관),大屋權平(철도국장),荒井賢太郎(탁지부장관),池田十三郎(체신국장),持地六三郎(토목국장),國分三亥(사법부장관),古海嚴潮(경무총감),	岡今朝雄(토목과장)(1)	吉田英三郎(1)	15명

년도	회장	위　원	간사	서기	총 인원
		中村彦(농무과기사), 小原新三(농상공부장관), 荻田悅造(총무국장), 白水淡(조선군참모장), 釜屋六郎(총독부무관)(12)			
1918	山縣伊三郎	宇佐美勝夫(내무부장관), 持地六三郎(체신국장), 國分三亥(사법부장관), 小原新三(농상공부장관), 荻田悅造(총무국장), 坂出鳴海(토목과기사), 人見次郎(철도국장), 鈴木穆(탁지부장관), 古海嚴潮(경무총감), 釜屋六郎(총독부무관), 市川堅太郎(조선군참모장)(11)	岡今朝雄(토목과장)(1)		13명
1919	山縣伊三郎	宇佐美勝夫(내무부장관), 持地六三郎(체신국장), 國分三亥(사법부장관), 小原新三(농상공부장관), 荻田悅造(총무국장), 坂出鳴海(토목과기사), 人見次郎(철도국장), 鈴木穆(탁지부장관), 東條明次(총독부무관), 兒島惣次郎(경무총감), 大塚常三郎(참사관), 大野豊四(조선군참모장)(12)	岡今朝雄(토목과장)(1)		14명
1920	水野錬太郎	柴田善三郎(학무국장), 大塚常三郎(내무국장), 持地六三郎(체신국장), 橫田五郎(법무국장), 赤池濃(경무국장), 西村保吉(식산국장), 大野豊四(조선군참모장), 河內山樂三(재무국장), 和田一郎(철도부장)(9)	岡今朝雄(토목과장)(1)		11명
1921	水野錬太郎	柴田善三郎(학무국장), 大塚常三郎(내무국장), 橫田五郎(법무국장), 赤池濃(경무국장), 西村保吉(식산국장), 大野豊四(조선군참모장), 河內山樂三(재무국장), 新田留次郎(철도부기사), 弓削幸太郎(철도부장), 原靜雄(토목부장), 靑木戒三(전매국장), 竹內友治郎(체신국장)(12)		守屋正二, 櫻井明(2)	15명
1922	水野錬太郎	柴田善三郎(학무국장), 大塚常三郎(내무국장), 橫田五郎(법무국장), 赤池濃(경무국장), 西村保吉(식산국장), 河內山樂三(재무국장), 新田留次郎(철도부기사), 弓削幸太郎(철도부장), 原靜雄(토목부장), 靑木戒三(전매국장), 竹內友治郎(체신국장), 和田一郎(참사관), 有賀光豊(식산은	須藤素(토목부사무관), 鈴木坂鐵(토목부기사)(2)	守屋正二, 櫻井明, 橫井謙治(3)	26명

년도	회장	위 원	간사	서기	총인원
		행두취),坂出鳴海,賀田直治(조선상공회의소회두),安滿欽一(조선군참모장),志賀潔(총독부의원장),時實秋穗,久保要藏,美濃部俊吉(20)			
1923	有吉忠一	大塚常三郎(내무국장),橫田五郎(법무국장),西村保吉(식산국장),新田留次郎(철도부기사),弓削幸太郎(철도부장),原靜雄(토목부장),靑木戒三(전매국장),和田一郎(재무국장),時實秋穗(경기도지사),有賀光豊(식산은행두취),賀田直治(조선상공회의소회두),安滿欽一(조선군참모장),志賀潔(총독부의원장),丸山鶴吉(경무국장),矢鍋永三郎(참사관),蒲原久四郎(체신국장),坂出鳴海,久保要藏,美濃部俊吉(19) 임시위원:森新助,山田正郞,玄龍燮,中村太郞左衛門,高崎親輝,金基德,北川三策,西元嘉平次,宮崎又治郞(9)	須藤素(토목부사무관),鈴木坂鐵(토목부기사)(2)	市木高雄,難波反藏,西猛美(3)	34명
1924	有吉忠一	大塚常三郎(내무국장),西村保吉(식산국장),新田留次郎(철도부기사),弓削幸太郎(철도부장),原靜雄(토목부장),靑木戒三(전매국장),和田一郎(재무국장),有賀光豊(식산은행두취),志賀潔(총독부의원장),丸山鶴吉(경무국장),矢鍋永三郎(참사관),蒲原久四郎(체신국장),赤井春海(조선군참모장)坂出鳴海,美濃部俊吉,安藤又三郞(16) 임시위원:山田正郞,玄龍燮,中村太郞左衛門,高崎親輝,金基德,北川三策,西元嘉平次,宮崎又治郞(8)	須藤素(토목부사무관),鈴木坂鐵(토목부기사)(2)	市木高雄,難波反藏,西猛美(3)	30명
1925	下岡忠治	大塚常三郎(내무국장),新田留次郎(철도국기사),靑木戒三(전매국장),有賀光豊(식산은행두취),志賀潔(총독부의원장),蒲原久四郎(체신국장),安藤又三郞,赤井春海(조선군참모장),賀田直治(조선상공회의소회두),坂出鳴海,美濃部俊吉 (11) 임시위원:山田正郞,玄龍燮,中村太郞左衛門,金基德,北川三策,西元嘉平次,宮崎	須藤素(토목과사무관),鈴木坂鐵(토목과기사)(2)	難波反藏,西猛美(2)	23명

년도	회장	위 원	간사	서기	총인원
		又治郎(7)			
1926	湯淺倉平	新田留次郎(철도국기사), 有賀光豊(식산은행두취), 志賀潔(총독부의원장), 蒲原久四郎(체신국장), 林仙之(조선군참모장), 大村卓一(철도국장), 草間秀雄(재무국장), 生田淸三郎(내무국장), 池田秀雄(식산국장)山本犀藏, 鈴木島吉, 渡邊嘉一, 本宿直次郎(13) 임시위원: 金基德, 西元嘉平次, 恩田銅吉, 新田隣平, 中野太三郎(5)	鈴木坂鐵(토목과기사), 榛葉孝平(토목과기사)(2)	難波反藏, 西猛美(2)	23명
1927	湯淺倉平	新田留次郎(철도국기사), 有賀光豊(식산은행두취), 志賀潔(총독부의원장), 蒲原久四郎(체신국장), 林仙之(조선군참모장), 大村卓一(철도국장), 草間秀雄(재무국장), 生田淸三郎(내무국장), 池田秀雄(식산국장), 松崎直, 山本犀藏 鈴木島吉, 渡邊嘉一 (13)	鈴木坂鐵(토목과기사), 榛葉孝平(토목과기사)(2)	林誠, 秦由男(2)	18명
1928	池上四郎	有賀光豊(식산은행두취), 志賀潔(총독부의원장), 山本犀藏(체신국장), 大村卓一(철도국장), 草間秀雄(재무국장), 生田淸三郎(내무국장), 齋藤固(철도국기사)(7) 촉탁:渡邊嘉一, 松崎直, 寺內壽一(조선군참모장), 加藤敬三郎(4)	鈴木坂鐵(토목과기사), 榛葉孝平(토목과기사)(2)	林誠, 秦由男(2)	16명
1929	池上四郎	志賀潔(총독부의원장), 山本犀藏(체신국장), 大村卓一(철도국장), 草間秀雄(재무국장), 生田淸三郎(내무국장), 齋藤固(철도국기사), 松村松盛(토지개량부장), 白銀朝則, 今村武志(식산국장)(9) 촉탁:加藤敬三郎, 有賀光豊, 寺內壽一(조선군참모장)(3)	榛葉孝平(토목과기사)(1)	林誠, 一戸三郎(2)	16명
1930	兒玉秀雄	山本犀藏(체신국장), 大村卓一(철도국장), 齋藤固(철도국기사), 松村松盛(식산국장), 白銀朝則, 今村武志(내무국장), 林繁藏(재무국장), 中村寅之助(토지개량부장) (8) 촉탁:加藤敬三郎, 有賀光豊, 中村孝太郎(조선군참모장), 久保忠道(4)	榛葉孝平(토목과기사), 野口耕一(토목과기사)(2)	林誠, 一戸三郎(2)	17명
1931	今井田淸德	山本犀藏(체신국장), 大村卓一(철도국장),	榛葉孝平(토목		14명

년도	회장	위 원	간사	서기	총인원
		齋藤固(철도국기사),松村松盛(식산국장),白銀朝則,今村武志(내무국장),林繁藏(재무국장),中村寅之助(토지개량부장) (8) 촉탁:加藤敬三郎,有賀光豊,久保忠道(3)	과기사),本間孝義(토목과기사)(2)		
1932		大村卓一(철도국장),齋藤固(철도국기사)			

출전 : 국사편찬위원회 한국사데이터베이스『직원록』자료.

[부표 2] 시가지계획위원회 위원 명단

년도(회수)	회장	위 원	간사	서기	총인원
1936 (1회)	今井田淸德	井上淸(체신국장),池田淸(경무국장),林繁藏(재무국장),穗積眞六郎(식산국장),越智孝平(진해요항부참모장),賀田直治(조선상공회의소회두),韓相龍(중추원참의),吉田浩(철도국장),棒居俊一(총독부사무관),牛島省三(내무국장),有賀光豊(식산은행두취),佐枝義重(조선군참모장) (12) 임시위원:富永文一(경기도지사),竹內0郎(함경북도지사),平田鑛吉(제20사단참모장)(3)	西岡芳次郎(지방과장),村田孝生(보병중좌),鵜池六藏(해군대좌),山岡敬介(총독부기사),坂本嘉一(토목사무관),北村輝雄(총독부사무관),新貝肇(경무과장),榛葉孝平(토목과장)(8)	2인	26인
1936 (2회)	大野綠一郎	大竹十郎(내무국장),林繁藏(재무국장),穗積眞六郎(식산국장),矢島杉造(농림국장),三橋孝一郎(경무국장),吉田浩(철도국장),山澤和三郎(심의실수석사무관),佐枝義重(조선군참모장),賀田直治(조선상공회의소회두),山田忠次(체신국장),越智孝平(진해요항부참모장),有賀光豊(식산은행두취),韓相龍(중추원참의)(13) 임시위원:湯村辰二郎(경기도지사),杵村久藏(제20사단참모장)(2)	西岡芳次郎(지방과장),北村輝雄(총독부사무관),坂本嘉一(토목사무관),榛葉孝平(토목과장),山岡敬介(총독부기사),鳥井捨藏(총독부기사),藤村益藏(총독부촉탁),伊藤泰吉(경무과장),鵜池六藏(총독부촉탁)(9)	2인	27인
1937	大野綠一郎	大竹十郎(내무국장),林繁藏(재무국장),穗	西岡芳次郎(지	3인	33인

년도 (회수)	회장	위 원	간사	서기	총인원
(3회)		積眞六郎(식산국장), 矢島杉造(농림국장), 三橋孝一郎(경무국장), 山田忠次(체신국장), 吉田浩(철도국장), 山澤和三郎(심의실 수석사무관), 久納誠一(조선군참모장), 水野準一(진해요항부참모장), 韓相龍(중추원참의), 賀田直治(조선상공회의소회두), 有賀光豊(식산은행두취)(13) 임시위원:松本伊織(전라남도지사), 上瀧基(경상북도지사), 土師盛貞(경상남도지사), 湯村辰次郎(경기도지사), 上內彦策(평안남도지사), 笹川恭三郎(함경남도지사), 杵村久藏(제20사단참모장)(7)	방과장), 伊藤泰吉(경무과장), 北村輝雄(총독부사무관), 坂本嘉一(토목사무관), 榛葉孝平(토목과장), 山岡敬介(총독부기사), 鳥井捨藏(총독부기사), 藤村益藏(총독부촉탁), 東郷實(해군중좌) (9)		
1939 (4회)	大野綠一郎	大竹十郎(내무국장), 水田直昌(재무국장), 穗績眞六郎(식산국장), 湯村辰次郎(농림국장), 三橋孝一郎(경무국장), 山田忠次(체신국장), 工藤茂男(철도국장), 西岡芳次郎(심의실사무관), 北野憲造(조선군참모장), 松永貞市(진해요항부참모장), 韓相龍(중추원참의), 賀田直治(조선상공회의소회두), 林繁藏(조선식산은행두취)(13) 임시위원:名倉栞(제19사단참모장), 臼井儉吾(제20사단참모장), 甘蔗義邦(경기도지사), 兪萬兼(충청북도지사), 李聖根(충청남도지사), 孫永穆(전라북도지사), 新貝肇(전라남도지사), 山澤和三郎(경상남도지사), 上瀧基(경상북도지사), 姜弼成(황해도지사), 西本計三(평안북도지사), 笹川恭三郎(함경남도지사), 兒島高信(함경북도지사)(13)	西崎鶴司(철도국감독과장), 榛葉孝平(토목과장), 淸水幸次(철도국개량과장), 柳生繁雄(지방과장), 伊藤泰吉(경무과장), 北野輝雄(방호과장), 坂本晃(경무국사무관), 庭瀨信行(토목사무관), 山岡敬介(토목과기사), 鳥井捨藏(경무과기사), 井原潤次郎(육군어용괘), 黑木剛一(해군어용괘)(12)	6인	45인
1939 (5회)	大野綠一郎	大竹十郎(내무국장), 水田直昌(재무국장), 穗績眞六郎(식산국장), 湯村辰次郎(농림국장), 三橋孝一郎(경무국장), 山田忠次(체신국장), 山田新十郎(철도국장), 西岡芳次郎(심의실 사무관), 加藤錀平(조선군참모	西崎鶴司(철도국감독과장), 橫井增治(토목과장), 淸水幸次(철도국개량과장),	6인	48인

년도 (회수)	회장	위 원	간사	서기	총인원
		장),松永貞市(진해요항부참모장),韓相龍(중추원참의),賀田直治(조선상공회의소회두),林繁藏(조선식산은행두취)(13) 임시위원:名倉栞(제19사단참모장),臼井儉吾(제20사단참모장),甘蔗義邦(경기도지사),兪萬兼(충청북도지사),李聖根(충청남도지사),孫永穆(전라북도지사),新貝肇(전라남도지사),山澤和三郎(경상남도지사),上瀧基(경상북도지사),姜弼成(황해도지사),西本計三(평안북도지사),笹川恭三郎(함경남도지사),兒島高信(함경북도지사)(13)	柳生繁雄(지방과장),伊藤泰吉(경무과장),北村輝雄(방호과장),井坂圭一良(상공과장),山地靖之(이재과장),奧村重玉(사계과장),阿部泉(경무국사무관),庭瀬信行(토목사무관),山岡敬介(토목과기사),鳥井捨藏(경무과기사),山之內二郎(육군어용괘),黑木剛一(해군어용괘)(15)		
1943	田中武雄	江口親憲, 石田千太郎, 小田忠夫, 新貝肇, 水田直昌, 上瀧基, 塩田正洪, 丹下郁太郎, 山田新十郎, 井原潤次郎, 安藤榮城, 穗積眞六郎, 林繁藏, 韓相龍, 長谷川理衛(15) 임시위원:高尾甚造, 古川兼秀, 高安彦, 平松昌根, 山木文憲, 金村泰男, 武永憲樹, 大野季夫, 碓井忠平, 下飯坂元, 白石光治郎, 瀬戸道一, 有富治郎, 福富伴藏(14)	高橋英夫, 横山幸生, 星出壽雄, 清水孝太郎橫井增次, 渡部肆郎, 奧村重正, 兵頭儁, 辻桂五, 山地靖之, 磯崎廣行, 坂本晃, 角永清, 永井炎鐘, 山名酒喜男, 田中保太郎, 上升主計, 庭瀬信行, 武居軍次郎, 山岡敬介, 今津重藏, 松本一浪(22)		52인

출전 : 주34)의 공문서; 1943년은 국사편찬위원회 한국사데이터베이스 『직원록』자료.

제3부

기록 선별 · 평가론의 검토의 적용

기록 평가 선별 결정 요인으로서의 기록 특성 · 가치 · 맥락

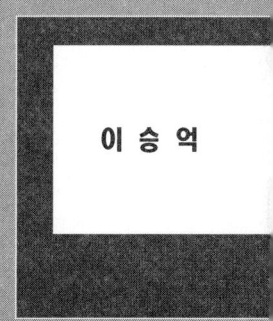

이 승 억

1. 머리말

문자로 의사소통한 이래 인간은 무형의 정보를 유형의 기록으로 남겨왔다. 기록된 정보는 사고나 활동의 증거로서 인간 공동체 형성의 중요한 매개이다. 기록된 정보는 하나의 결과이면서 한편으로는 또 다른 의사소통의 출발점이 되기도 한다.1) 이렇게 계속 이어지는 기록 활용의 연계는 기록이 지닌 계속적 가치의 기반이다. 기록 평가 선별이란 다름 아니라 생산된 '기록(records)' 중에서 만들어진 직접적인 목적을 넘어서 계속적으로 가치를 갖는 '기록(archives)'을 가려내는 일이다.

기록 평가 선별은 현대 기록관리에서 가장 중요한 분야라고 할 수 있는데 그 이유는 현대의 기록은 대량으로 생산되는 반면 그것을 보존하는데 필요한 재원은 한정되어 있기 때문이다. 그렇다고 기록의 평가 선별이 궁극적으로 기록의 물리적 보유 능력으로 귀결되는 것은 아니다. 전자기술 발달로 정보 저장 능력이 비약적으로 향상되고 이로 인해 선별할 수 있는 기록의 양이 절대적으로 많아지게 되면 기록을 선별할 현실적 이유가 줄어든다는 주장이 설득력을 가질 수 있다. 그렇지만 한편으로 선별한 기록의 활용가치에 비추어 그 보존에 쓰인 재원이 타당

---

1) Brown, John Seely and Paul, Duguid, "The social life of document" http://www.firstmonday.dk/issues/issue1/documents (2002.1).

해야 하고, 나아가 선별 결과가 인간 활동으로부터 비롯되는 요구 수준에 적절히 조응할 필요가 있다고 보는 이상 기록을 평가하여 선별하는 것은 이론적으로나 기술적으로 그렇게 단순하지 않은 이슈일 수밖에 없다.[2]

기록 평가는 실천적으로 선별 또는 수집을 수반한다. 그렇지만 평가 그리고 그에 따른 선별이나 수집의 본질적 목적이 무조건 같다고 보기는 어렵다는 견해가 있다. 콕스(R Cox)는 평가의 목적은 평가 근거에 관한 충분한 기술(記述)에 있다고 보았으며 그 목적이 수집이라고 할 수 없다고 하였다.[3] 이는 다양한 이해관계가 존재하는 다원화 사회에서 기록에 대한 이해 또한 상대적일 수밖에 없으며, 평가의 본질적 측면이 평가 판단 그 자체가 아니라 평가에 대한 설명책임(accountable)에 있다고 본 것이었다. 이렇게 본다면 평가는 기록이 지닌 의미나 가치에 대한 판단을 성문화하는 것이며, 선별과 수집은 그러한 평가 결과를 실현하기 위하여 의사 결정을 통해 자원을 동원하는 과정이라고 할 수 있다. 기록 평가 선별 결정은 기록에 관한 분석적인 연구를 수행하는 것이면서 동시에 평가 결과를 실행하기 위한 절차나 체계를 구현하는 방법을 모색하는 것이다.

상이한 이해관계가 얽혀 있는 상황에서 기록 평가 선별 결정은 이해관계들로부터 직·간접적으로 영향을 받게 마련이다. 경우에 따라서는 기록의 선별이나 폐기를 둘러싸고 첨예한 해명 요구가 제기되기도 한다. '민주화운동사료관'이나 노동운동아카이브처럼 사회적 이슈를 담은

---

2) 石原一則,「評價選別の步みと現在」, 國文學研究資料館史料館 編,『アカイブズの科學- 下』, (東京: 柏書房, 2003), 115쪽.

3) Cox, Richard, "The end of collecting: toward a new purpose for archival appraisal", *Archival Science* Vol 2, No.3 · 4 2002, pp.287-309.

기록에 대한 수집·보존 프로그램이 현실화되기도 한다. 기록을 남기거나 수집하는 이유에 대한 해명 요구와 그에 대한 응답은 앞으로 어떤 이유에서든 전문화된 기록 평가업무의 중요 과제가 될 것이다. 즉 평가 선별 결정은 해명이 타당함을 인정받을 때 비로소 의미를 갖게 된다는 것이다. 그리고 결정의 타당성에 대한 일관되고 합리적 판단을 위해서는 어느 정도 정식화된 판단 지표가 필요할 것이다.

이 글의 문제의식은 평가 선별 결정 요인의 정식화에서 비롯되었다. 평가 선별의 결정 요인 검토는 실제 평가 실무자들에게 영향을 미치는 요인으로부터 출발할 필요가 있을 것이다. 볼스(F. Boles)는 정부기관, 기업, 대학, 종교 등 주요 분야 기록관 구성원 중 평가 선별 경험이 있는 실무자를 대상으로 한 조사를 통해 기록 내용·보존비용·개별 기록관에 한정되는 특정 사항 등 세 가지 요인에 의해 작동되는 평가 선별 결정 모듈을 제시하였다.4) 볼스의 연구는 실제 평가 실무 주체가 염두에 두는 사항에 기반 하여 주관적 과정인 평가 선별의 객관화된 지표를 도출하려 한 것으로서 일정한 의미를 갖는다고 할 수 있다. 그렇지만 한국에서는 아직 기록 평가선별 실무 주체가 의미 있는 다수를 형성했다고 보기 어렵다고 판단하여 현장 조사는 고려하지 않았다.

본 글은 구체적인 평가 담당자나 실무에서 출발하지 않는 대신 기존 평가 선별에 관한 주요 논점을 짚는 과정에서 평가 선별 결정 요인에 관한 이론적 범주를 도출하고, 이 범주를 통해서 평가 선별 결정 요인을 설명하고자 하였다. 이러한 범주화된 평가 선별 결정 요인은 결정을

---

4) Boles, Frank, *Archival Appraisal*, (New York: Neal-Schuman Publishers, Inc., 1991); Boles, Frank and Julia m. Young, "Exploring the black box: the appraisal of university administrative records", *American Archivist* 48 (Spring 1985): pp.121-40

정합성 있게 해명하는데 기여할 것으로 판단된다.

　기존 논의에 대해서는 기록 생애주기, 가치 구분, 사회와의 관계 등 구미 평가선별론에서 주요한 것으로 판단된 논점을 중심으로 검토하였다. 그리고 이를 바탕으로 기록 특성 확인에 관한 문제, 가치 판단에 관한 문제, 기록 배경 파악에 관한 문제를 기록 평가 선별 결정의 정합성을 판단하기 위한 범주로 설정하였다.

　본 연구에서는 기록 평가 선별을 실행하거나 결정 결과 분석에 적용할 수 있는 이론적 접근 틀을 만드는데 있어 개별 기록관의 재정 조건 등의 요소는 고려하지 않았다. 또한 전자기록을 비롯한 특정 매체의 평가 선별 문제도 다양한 논점이 제기될 수 있으나 일반론과 별도로 다루어야 할 것으로 판단하여 이 역시 제외하였다.

2. 기록 평가 선별 관련 주요 논점

가. 기록 생애주기(lifecycle)

　기록으로서의 아카이브즈 는 '개인이나 조직이 자신들의 활동과 관련하여 생산한 것으로서 담겨있는 정보의 계속적 또는 지속적 가치(enduring value)가 있음으로써 또는 생산자의 책임과 의무를 입증할 수 있음으로써 보존되는 자료'를 의미한다.[5] 여기에서 '지속'의 문맥은 기록의 전체 생애주기에서 원래 생산된 목적에 따라 존재하는 기간을 넘어서 기록이 계속 유지된다는 것을 의미한다.

---

5) Pearce-moses, Richard, "A glossary of archives and records terminology", *Society of American Archivists*, 2004(exposure draft). pp35-36.

기록의 생애주기 개념은 미국의 기록관리 전문가들에 의해 체계적으로 제기되었다고 알려져 있다. 기록 평가 선별에서 기록 생애주기의 의미는 기록이 존재하는 전체 시간범위 속에 기록의 효용성이 구별되는 단계가 존재한다는데 있다. 쉘렌버그(T. Schellenburg)는 기록의 효용가치를 이른바 기록 생애주기에 따라 우선적인 것과 이차적인 것으로 나누었고, 이차적인 효용가치는 다시 '증거'와 '정보'로 구분하였다.6)

기록 생애주기론은 쉘렌버그 이전 이미 브룩스(P. Brooks)에 의해 그 단초가 제시된 바 있다. 원래 생산 목적으로부터 비롯된 의미와 이후 별도의 맥락에서 생겨난 의미에 따라 기록 효용의 특성을 구분하는 미국 아키비스트들의 접근방식은 기록의 가치 구성에 관한 인식에 지대한 영향을 미쳤다.

듀란티(L. Duranti)는 쉘렌버그의 주기구분은 기록학 이론에 기반 한 것이라기보다는 순전히 실용적 근거로부터 결론에 도달한 것이라고 비판하였다.7) 그렇지만 엄밀하게 듀란티가 강조한 것은 주기 구분 그 자체라기보다는 주기구분에 따라 구별되는 가치를 부여하는 아키비스트 역할의 타당성에 관한 것이라고 보는 것이 옳다. 즉 아키비스트나 연구자의 판단에 의해 결정되는 추가적 가치에 대한 문제제기인 것이다.

듀란티는 쉘렌버그식 주기구분에는 반대했지만 기록 가치의 계속성을 의미하는 것으로 받아들일 수 있는 주장을 하기도 했다. 즉, 아카이브즈의 본질을 '영속적인 기억'이라 규정한 것이 그것인데, 영속적인 기억이라는 것은 곧 기록이 생성된 이래 기억의 수단으로서 무언가 계

---

6) Schellenberg, T. R., "Appraisal of modern public Records", *NA bulletin*8(Washington: NARS, 1956. 오항녕 편역, 『기록학의 평가론』, 진리탐구, 2005, 29-47쪽.

7) Duranti, Luciana, "The concept of appraisal and archival theory", *American Archivist* 57 (Spring 1994): 328-344. 오항녕 편역, 앞의 책, 294쪽.

속적인 쓸모를 유지하게 된다는 것을 의미하는 것이었다.8) 따라서 기록의 가치가 이용의 관점에서 임의적으로 재단될 수는 없지만 지속적인 효용성이라는 관념 자체가 배제된 것은 아니라고 볼 수 있다.

따라서 쟁점은 '생산과 연계된' 계속적 가치라는 관점과 '생산목적과는 직접적으로 관계없는' 별도의 계속적 가치라는 관점의 차이라고 할 수 있다. 그렇지만 한편으로 차이에 앞서 두 관점의 사고 형식은 다르지 않다. 즉 기록 평가 선별 결정이 기록 생애주기 각 단계에 계속적 의미를 확인하고 또 그 의미의 현실화를 추구하는 것으로 귀결된다는 것이 그것이다.

나. 기록 가치 구분

브룩스, 바우어(P. Bauer) 셸렌버그 등 초기 미국 국립기록관(National Archives)의 아키비스트들은 기록의 가치를 성격에 따라 구분하고 이에 기초하여 평가하였는데, 기록 가치의 범주를 구분하는 것은 기록 평가 선별 결정에 대한 객관성의 측면에서 일정한 진전을 의미하였다. 미국은 20세기 들어 막대한 양의 정부 기록을 당장의 필요와 미래의 이용가치에 따라 적절하게 처리할 원칙과 기법이 필요했다. 기록 가치를 구분함으로써 비교적 명료한 선별 지표를 정할 수 있게 되었고 이로써 선별 결과의 해명을 신뢰할 수 있는 평가체제 운영이 가능하게 되었다.

이에 따라 미국 연방정부 기록에 대한 평가 선별 정책은 누적된 기록 중에서 필요 없는 것을 버리는 처리 방식에서 필요한 기록을 골라내는 적극적인 방식으로 옮겨가게 되었는데 이것이 곧 본격적인 기록물 처리일정 정책의 출발점이 되었다.

---

8) Duranti, Luciana, "The concept of appraisal and archival theory", 오항녕 편역, 앞의 책, 279-280쪽.

브룩스는 생산자의 기준, 행정사적 기준, 역사적 기준 등 세 가지 범주를 통해 기록의 가치가 구분될 수 있다고 보았다. 생산자나 행정사적인 기준에 의한 선별은 개별 단위의 기록을 대상으로 하는 반면 역사적 기준에 의한 선별은 대개 기록군의 집합적 단위로 이루지는 것이었다. 브룩스의 견해가 지닌 의의는 당시로서는 선구적으로 기록 라이프 사이클 단계별로 적용되는 가치가 구별된다는 점을 착안하였다는 점이었다. 한편 바우어는 기록의 효용성에 따라 우선순위를 부여하였다. 즉, 그는 공공기관의 업무 참고, 시민권리 보호, 학자들의 연구, 보학(譜學: genealogy) 또는 골동품 연구 가치 등의 순서로 우선순위를 제시하였다. 바우어의 우선순위는 한편으로는 보존비용을 정당화하는 척도이기도 했다.9)

쉘렌버그는 정교한 정의를 바탕으로 기록 가치의 개념을 보다 체계화하였다. 그는 기록의 가치를 현용단계의 '1차 가치'와 비현용 단계의 '2차가치'로 구분하고, 2차 가치는 다시 '증거'로서의 가치와 '정보'로서의 가치로 나누었다. 1차 가치는 기록 생산 목적으로부터의 비롯된 것으로서 재무, 행정적, 법적 목적의 이용에서 확인되는 가치를 말한다. 이에 비해 2차 가치는 현재 활용이 종료된 뒤의 계속적 가치(continuing value)를 의미한다. 따라서 2차적 가치의 증거가치는 1차 가치에서의 직접적인 업무 목적에 의한 가치와 구별되는, 생산자의 존재나 활동의 역사를 알 수 있는 증거라는 차원에서의 가치이다. 정보가치는 기록에 담긴 인물, 사물, 현상 등 내용에 관한 것으로 기록의 형식이나 포괄성, 유일성 같은 정보의 밀도에 따르는 것으로서 직접적인 생산 목적이나

---

9) 安藤正人,「歐米記錄史料學における記錄評價選別論の展開」, 安藤正人・靑山英幸 編 『記錄史料の管理と公文書館』, 北海道大學圖書刊行會, 1995 pp.482-483; Boles, Frank, *Archival Appraisal*, 오항녕 편역, 앞의 책, 9-11쪽.

증거와 구별된다.10) 쉘렌버그의 가치론은 기록에 담긴 정보의 특성을 보다 세분화하고 그 의미를 정형화함으로써 정식화된 기록 평가 선별 지표를 설정하는데 용이한 개념을 제공하였다. 쉘렌버그의 개념은 미국은 물론 각국의 기록관리제도에 상당한 영향을 미쳤다.

영국 아키비스트인 젠킨슨(H. Jenkinson)은 가치의 특성을 구분하는 쉘렌버그에 동의하지 않았다. 그는 비현용 단계 이용 가치 개념은 임의적인 것이며 기록의 가치는 기록(archives)의 자체 특성에 기반하는 것이지 주관적이며 상대적인 활용도에 따라 구분될 수 없다고 보았다. 다시 말해 아카이브즈는 생애주기의 특정 단계의 속성이 아니며 본원적으로 존재하는 가치를 갖는다는 것이었다.

젠킨슨의 사고가 실제 제도에 어떻게 반영되었는지는 그의 영향이 깊은 영국의 평가시스템을 통해서 알 수 있다. 1950년대 성립한 영국의 공공기록 평가선별에 관한 기본제도는 '그리그(Grigg)체제'라고도 알려져 있다. 그리그체제는 기록 생산 후 5년과 25년 두 차례에 걸쳐 평가를 실행하는 제도였는데 1차 검토는 행정적 또는 법적 기준으로 제2차 검토는 역사적 기준에 따라 평가 선별이 이루어졌다. 현재도 여전히 유효한 그리그체제는 평가 선별 방향에 있어서 '지속적인 행정을 위한 자료와 연구를 위한 자료의 밀접한 관련성' 또는 '기록 생산자와 이용자의 목적에 있어서의 관계의 긴밀성'을 추구하였다.11) 이는 그리그시스템이 젠킨슨의 영향에 따라 쉘렌버그의 2차적 가치 즉, 생산 목적과 관

---

10) Schellenberg, T. R., "Appraisal of modern public records". 오항녕 편역, 앞의 책, 3–32쪽.

11) Shepherd, Elisabeth ed., *Theories of Appraisal*, London University College London, The School of Library, Archives and Information Studies, 1997 [http//www.ucl.ac.uk/SLAIS/projects/level1.htm]

련이 없는 기록 가치를 받아들이지 않은 것으로 볼 수 있다. 그렇지만 다른 한편으로 계속적 가치가 생산 목적과 밀접하게 연관되어 있으면 서도 '연구'라는 별도의 이용 목적이 존재한다는 점 자체가 간과된 것 은 아니었다. 따라서 엄밀하게 보면 영국의 현실 제도에서도 순전한 이 용 목적에 의한 계속적 가치 자체가 부정되지는 않았다고 할 수 있다. 기록의 생산 목적과 계속적 가치의 관계와 함께 중요한 쟁점이 된 것 은 쉘렌버그가 제시한 계속적 가치의 '증거'적 성격과 '정보'적 성격에 관한 것이었다. 쿡(Michael Cook)은 제도적인 평가 선별의 특성을 지적 하면서 아키비스트를 대상으로 하는 평가선별 훈련이 행정적·제도 적·법적 연혁을 가르치는데 주안점을 두고 있어 그 결과, 실제 평가 선별에서 아키비스트는 자신이 속한 조직의 제도나 역사에 관한 기록 을 우선적으로 보존하도록 선택하게 만든다고 하였다. 그는 이러한 경 향이 기록의 보편적 가치보다는 모(母)기관에 대한 증빙을 우선적으로 추구하는 것으로 이는 기만적인 것이라고 비판하였다.[12] 쿡의 견해는 주로 기관 부설 기록관에서의 제도화된 평가 선별이 지닌 한계를 지적 한 것으로서 가치론으로는 증거로서의 가치보다 내용에 담긴 주제에서 포착될 수 있는 정보 가치를 중시한 것이라고 할 수 있다.

　독일 아키비스트인 만하리츠(A. Menne-Haritz)는 기록평가선별 결정 에서 기록의 생산목적과 관련된 증거로서의 가치를 우선순위에 두었 다. 그녀는 기록은 본질적으로 정보의 집합으로서 생산되는 것이 아니 라 의사결정을 추진하고 제어하기 위한 지적 작용 수단으로서 생산되 는 것이라고 하였다.[13] 이러한 점이 이차적 목적을 분명히 하는데 있어

---

12) Cook, Michael, *The Management of Information from Archives*(Shaftesbury: Gower, 1986) p. 71; Boles, Frank, *Archival Appraisal*, 오항녕 편역, 앞의 책, 23쪽에서 재인용.

서도 기록을 믿을 만하고 진실로서의 가치를 갖도록 한다는 것이다. 증거는 평가 선별을 위한 단순한 개념적 수단이라기보다는 목적인 것이다.[14] 만하리츠의 증거 개념은 기록의 생산 목적이 기록 내용에 얼마나 부합되는가가 기록가치의 중요한 척도라고 본 것으로서 목적 지향적 가치를 의미한다. 여기에서 증거는 단순히 행위를 입증하는 것을 넘어 행위의 목적과 기록의 관계를 설명하는 것이어야 한다. 이런 점에서 만하리츠의 가치론은 쉘렌버그의 이차적인 증거 가치를 행위의 입증으로 간주하는 입장과 일정한 차이가 있다. 한편 듀란티는 생산자의 기준에 따라 남겨진 기록의 전체적 완전성을 유지하기 위한 선별과 수집이 평가의 본질이라고 하였다.[15] 일차적 가치와 이차적 가치의 엄밀한 구분을 전제로 하지 않아 분명하지는 않으나 대체로 증거를 우선시한 관점으로 구분할 수 있다.

기록의 계속적 가치를 판별하는데 있어 이론적으로나 실무적으로 증거와 정보 어느 한 쪽에 결정적인 비중을 두는 것은 방법론적으로 타당하지 않다. 쉘렌버그도 언급했듯이 정보와 증거의 구분은 상대적인 것이며 증거는 어떤 의미에서 정보라고 할 수도 있다.[16] 다시 말해 정

---

13) Menne-Haritz, Angelica, "Appraisal or selection can a content oriented apprai sal be harmonized with the principle of provence?", *The Principle of Provenanc e*, 1st Stockholm 1993 Conference Archival Theory and Principle of Provenanc e(2-3 sept) p122.

14) Menne-Haritz, Angelica, "Appraisal or selection can a content oriented apprai sal", p126.

15) Duranti, Luciana, "The concept of appraisal and archival theory", 오항녕 편역, 앞의 책, 301-304쪽.

16) 쉘렌버그는 정보가치와 증거가치를 가늠하는데 있어 모두 동일한 고려사항이 적용될 수 있다고 하였다. Schellenberg, T. R., "Appraisal of modern public rec ords", 오항녕 편역, 앞의 책, 45쪽.

보가치는 기록에 담긴 사건이나 사물에 관한 '정보'지만 증거가치 또한 기록 생산자에 관한 '정보'일 수 있는 것이다. 정보가치를 판별하는데 필요한 기록의 형식이나 포괄성 등은 한편으로 증거가치의 판별에도 유용한 지표가 될 것이다. 정보와 증거가 가치 평가에서 일종의 접근점이 될 수도 있으나, 정보와 증거의 개념적 모호성 때문에 실제 기록 평가 선별 결정 요인이 정보와 증거 개념만으로는 충분한 설명이 어려운 점이 있다.

따라서 증거와 정보는 그 자체가 아니라 기록에 가치를 부여하는 주체와의 접목을 통해서 기록의 선별에 반영되는 다양한 이해관계의 특성을 부각시키는 개념적 수단으로 기능하도록 하는 것이 타당하다. 결국 생산자나 이용자 모두를 포괄하는 평가 주체의 관점에서 비롯된 의미부여 유형이 정보나 증거의 보다 명확한 구분점이 될 것이다.

다. 사회 표상(表象)

기록은 어떠한 목적으로 생산되었든 생산된 당대 사회를 반영하게 마련이다. 그리고 이러한 인식은 기록의 가치를 사회적 관점에서 보고자 하는 입장의 기반을 이룬다. 기록을 통해 사회의 상을 보려는 입장에서는 앞서 논의한 기록의 효용성을 증거 또는 정보 등으로 개념화하는 '서술적 범주화(descriptive categorization)'에 주목하지 않는다. 대신 기록에 담긴 사회의 표상으로서 선별된 기록의 동시대적 대표성에 대한 역사적·사회적 반성에 중요성을 부여한다. 서구에서 이와 같은 평가 선별 경향이 2차 세계대전 후 동서냉전의 현장이었던 분단 독일과 전쟁, 흑인 인권운동 등 사회 불안이 불거진 미국에서 등장한 것은 우연이 아닐 것이다.

독일 아키비스트 붐스(H. Booms)는 기록은 기록 자체가 아니라 사회의 투영으로서 실재하는 것이라고 보았다. 따라서 기록 평가 선별은 기록 자체가 아니라 기록이 나오게 된 사회가 대상이 되어야 하며, 평가 선별 작업을 통해 구성된 기록에는 개인과 집단 그리고 조직 등의 요소가 복잡하게 혼합된 전체로서 사회의 이미지가 담겨 있어야 하는 것이었다. 그에 있어 기록의 평가 선별은 다양한 사회집단들 속에서 드러나는 인간생활에서 가장 많은 부분을 최소한의 기록으로 남기는 창조적이며 능동적인 과정이었다. 그렇게 남은 기록은 동시대인이 인정한 가치의 체계를 반영함으로써 동시대를 이해하기 위한 매개가 되는 것이기도 하다. 그가 주장한 평가 선별은 우선적으로 기록 생산 배경인 사회과정을 분석하고 여기에 부여된 일정한 우선순위를 토대로 도큐멘테이션 계획을 수립하여 이에 따라 남길 필요가 있는 기록의 집합을 구축하는 것이었다.[17]

미국 아키비스트인 햄(G. Ham)은 미래를 위한 정보의 선택에 있어 중요한 것은 '당대의 대표적인 척도를 선별하는 것'이라고 보았으며 여기에서 평가 선별 결정의 본질적인 의의를 찾았다.[18] 1980년대 미국의 아키비스트들은 전 사회적 차원에서 협동적인 기록 수집을 추구한 이

---

17) Booms, Hans, "Society and the formation of a documentary heritage: issues in the appraisal of archival source", *Archivaria* 24 (Summer 1987): 69-107, 오항녕 역, 앞의 책, 218-219쪽.

18) Ham, Gerald, "The archival edge", *American Archivist* 38 (January, 1973) pp.333~335. 1970년 역사학자 하워드 진(Howard Zinn)은 미국 아키비스트협회(Society of American Archivist) 회의에서 미국에서 기록의 보존이 정부, 기업, 군사 등 모든 분야에서 중요하고 유력한 사회적 요소가 되었는데 비해 그에 따라 남겨진 기록은 빈약하기 이를 데 없다고 비판하면서 아키비스트들이 모든 영역으로부터 일반 사람들의 삶과 그들이 바라고 또 필요한 기록 자료를 수집하여야한다고 촉구하였고 햄은 이에 공감하였다.

른바 '도큐멘테이션 전략'을 주창하였다. 도큐멘테이션 전략은 그때까지 기록관 별로 단절되어 진행되어 온 평가 선별 결정에 의한 기록들이 중복되거나 편파적인 결과를 낳았다는 비판의식과 이를 극복하기 위한 것으로서 사회가 만들어낸 기록 전체를 대상으로 하는 협업적 선별·수집이 필요하다는 문제의식으로부터 비롯되었다.19) 도큐멘테이션 전략은 현재의 대표적 척도가 될 기록 집합의 의식적이며 계획적인 구성이라는 점에 있어서는 붐스의 도큐멘테이션 계획과 같은 선상에 있었다.

한편 쿡(Terry Cook)은 공공기록을 대상으로 하여 기록 평가 선별에서 거시적 관점의 하향식 기능평가의 선행을 주창하였다. 그는 공공기관의 조직과 기능의 분석 그리고 국가와 시민 상호 관계의 메커니즘을 통해서 기록이 평가되고 선별되어야 한다고 보았다.20) 쿡은 도큐멘테이션 전략이 지닌 의의가 정보나 증거와 같이 가치 자체를 개념적으로 구분하는 이른바 쉘렌버그의 분류학적(taxonomic) 가치론을 통해서는 사회적 역동성이나 기록생산의 입체적 메커니즘을 이해할 수 있는 기록이 남을 수 없다는 문제의식에 있다고 하였다. 그렇지만 그에 있어 도큐멘테이션 전략은 주제에 기반하여 도큐멘테이션 대상을 정하였다는 점에서 일정한 한계가 있는 것이었다.21) 이는 도큐멘테이션 전략의 실행에 있어서의 주관적 요소를

---

19) Abraham, Terry, "Collection policy or documentation strategy: theory and practice", *American Archivist* 54 (Winter 1991): p46.

20) Cook, Terry, "Macro appraisal and functional analysis: documenting governance rather than government", *Journal of the Society of Archivists* Vol.25, No.1, 2004. pp 5~18 ; "Appraisal methodology macro-appraisal and functional analysis Part A : concepts and theory", 2000. [www.collectionscanada.ca/information-management/061101_e.html].

21) Cook, Terry, "Documentation strategy", *Archivaria* 34 (Summer 1992): p186. 테리 쿡은 출처에 기반하고 구조 기능적 매트릭스를 이용한 평가선별이 우선이며 도큐멘테이션 전략은 이 과정에서 포착되지 않는 사적 기록을 찾아내 수집하는 보완적인 절차라는데 의미를 부여하였다.

비판한 것이었다. 그럼에도 불구하고 도큐멘테이션 계획, 도큐멘테이션 전략, 그리고 거시적 기능평가 모두 기본적으로는 사회의 표상을 기록의 개별 가치에 우선하는 것으로 간주한 같은 지향을 공유하고 있었다는 것이 보다 중요한 점이다.

사회라는 요인이 개입된 기록 평가 선별 결정에서 중요한 것은 다양한 목적에서 비롯되는 개별 유용성의 해명이 아니라 기록이 전체로서 담고 있는 상징은 무엇이며 또한 그것이 얼마나 대표적인가라는 것이었다. 이 상징은 가치의 부여나 해석이라는 주관성을 배제한 실체에 기반 하는 것이어야 한다. 따라서 동 시대를 표상하는 척도가 될 잠재적 대표 기록은 개별 가치에 따라 임의로 훼손되어서는 곤란하다. 그리고 도큐멘테이션의 구축이나 그 속에 존재하는 질서를 파악하는 것이 평가 선별 결정에서 중요한 과정이라고 할 수 있다.

라. 기록 배경

중요 기록물 기술(記述) 요소인 기록의 배경은 기록 평가 선별 결정서도 중요 요인으로 간주되어 왔다. 이는 기록이 생산되고 유지되는 맥락 기록의 평가 선별 결정을 해명하는데 필요하기 때문이다.

기록 평가 선별 결정 요인으로서의 기록 배경에 관하여 우선적으로 거론해야 할 것은 '출처(provenance)'개념이다. 출처는 어떤 기록의 기원과 보관에 관한 것으로서 활동의 증거로서 기록을 생산하거나 모아서 유지한 개인 또는 조직에 관한 정보로 정의할 수 있다.[22] 기록 평가 선별에서의 출처는 우선순위 체계로 표현되는데 그 사례로 기관의 위상과 결정권한에 따라 해당 생산기록의 선별을 결정하는 독일의 '행정체

---

22) *A Glossary of Archives and Records Terminology*, p211.

위계론(位階論)'을 들 수 있다. 중앙의 기관일수록, 또 정책을 결정하는 부서일수록 중요하며, 중요한 기관이 만든 기록일수록 중요할 수밖에 없다는 이 관점은 근대적 기록관리가 성립되는 과정에서 당연한 것으로 받아들여졌지만 성립되기까지 나름의 역사적 배경이 있었으며 단순하게 접근할 경우 자칫 구조 결정론의 기계적 해명에 빠질 수 있다.

출처는 근대적인 기록관리 모든 분야에서 가장 중요한 근거로 간주되었다. 전통적인 출처 개념이 기록의 조직 또는 인적 원천에 한정되는데 비해 근래의 출처 개념은 조직에 국한되지 않는다. 즉, 조직적인 출처에 대하여 기능에 기반 한 출처 이른바, 기능 출처(functional provenance)가 그것이다.

기능을 수행하는 실체가 조직이라는 점에서 기능과 조직은 밀접하게 연관될 수밖에 없지만 기능적 출처의 중요성이 대두된 배경은 양자가 대별되는 것에서 비롯되었다. 즉 조직 출처가 조직의 잦은 변동에 따라 실체로서의 안정성이 떨어지고 반면에 조직 변화와 상관없이 유지되는 기능 실체가 그 자리를 대신할 수 있다는 사고가 기능 출처 개념을 부각시켰다. 또한 기능 출처는 기록 라이프사이클 전 과정을 미리 정해진 요건에 의해 사전에 규정할 수밖에 없는 전자기록 관리환경이 대두된 것과도 밀접한 관련이 있다. 기능출처는 이른바 '기록연속체(Records Continuum)'에 입각한 관리에서 기록 평가선 별의 주요 거점으로 간주되고 있는 것이다.

기능 출처는 생산 목적을 중시한 평가 선별 경향과 연관되어 있다. 목적을 지향한 평가 선별에서 중시되는 기록 생산 주체의 정식화된 절차인 기준이나 표준은 기능을 인식하는데 필요한 주요 구성요소이다. 그런 점에서 만하리츠의 기록 생산 목적에 대비한 가치를 지향한 평가는 기능 출처의 맥락과 밀접한 관계가 있다고 할 수 있다.

기능이나 업무활동에 관한 증거의 선별은 최근 들어 국가단위의 제도에서 주요 흐름이 되고 있다. 호주와 캐나다 네덜란드 등은 정부기록의 평가의 중심 거점으로 기관 기능과 업무활동을 상정하였다. 영국도 최근 평가정책을 정비하면서 업무활동이나 기능에 의거한 평가 선별의 도입을 모색하고 있다.[23] 이러한 경향은 기록 보유기간 설정 및 처분 결정을 업무활동(business activity) 분석에 기반 한 기록관리체계와 밀접하게 결합시키는 기록관리 국제표준(ISO 15489)과 관련된 동향과 무관하지 않다. 이상 최근 경향의 공통점은 '충분하고 정확한 진본'으로서의 증거력을 갖춘 기록을 관리하는 시스템에 평가 선별 절차를 배치한다는데 있다.

기록의 배경은 사회적 차원으로 확대될 수 있다. 사회 과정은 개인과 집단 그리고 이들이 포함된 조직의 상호작용의 총체이며 남겨질 기록은 이러한 사회과정을 반영하고 있어야 한다는 붐스의 주장은 기록의 사회적 배경에 관한 언급이라고 할 수 있다. 거시적 기능평가에서도 사회의 구조 기능적 맥락을 평가 선별에 있어 본질적인 배경 요소로 상정하였다. 거시적 관점에서 기록의 배경은 기록의 평가 선별 결정이 갖는 사회적 함의에 대한 해답을 제시하는데 필요한 수단을 제공한다.

또 다른 기록 배경으로서 검토할 필요가 있는 활용과 관련된 것이다. 기록은 생산목적과 구별되어 다양하게 활용된다. 이러한 활용은 생산

---

23) 영국 국립기록관은 그리그체제의 기본은 가급적 유지하면서 변화된 환경에 필요한 사항을 보완하는 방식으로 평가정책을 재정비중에 있다. 즉 생산 5년 후의 행정적 검토와 25년 후의 역사적 검토라는 골격을 유지하면서 전자기록환경에 따른 연속체(continuum) 개념을 적용한 평가방식을 모색하는 것이다. 이에 대해서는 TNA, Appraisal Policy(2004). [www.nationalarchives.gov.uk/recordsmanagement/selection/appraisal]를 참조.

목적과 관련을 갖는 경우도 있으나 그렇지 않은 경우도 많다. 예를 들어 1950년대 농지개혁 기록은 농정(農政) 목표에 의한 행정 절차에 따라 만들어졌지만 후대에 그것은 개인의 재산권 증빙이나 역사 연구를 비롯한 다양한 이용 목적에 활용되기도 한다. 주민 관리를 목적으로 작성된 민적(民籍)이나 호적(戶籍) 같은 공부(公簿)의 경우도 이용하는 목적에 따라서는 개인사를 밝히는 단서가 되는 사료이기도 한 것이다.[24]

그렇지만 기록의 다양한 활용을 예측하여 기록 평가 선별을 결정하는 요인과 관련짓는 것은 그리 쉬운 일이 아니다. 그것은 생산 목적과 구별되는 활용을 정확히 예측하기 어렵기 때문이다. 단순히 정보가치에서 출발한다면 이용 배경은 쉘렌버그가 제시한 기록 형식이나 희소성과 같은 지표를 통해 간접적으로 접근할 수밖에 없을 것이다. 그럼에도 불구하고 일정하게 유형화된 이용을 도출하면 이용의 맥락을 일관성 있게 파악하는데 어느 정도 근접할 수 있게 될 것이며 이것이 정합성 있게 설명할 수 있을 정도로 정형화되면 평가 선별 결정을 위한 중요한 요인으로 활용의 맥락이 포함될 수 있을 것이다.

마. 소결

이상 기록의 생애주기·가치·사회·배경 등 다양한 논점들은 상호 관련되어 있으면서도 배경이나 논리는 구별된다. 그렇다고 각 논점이 최선의 평가 선별을 위한 배타적 방법으로 귀착되는 것은 아니다. 오히려 복잡한 기록관리 현실에서는 다양한 논점들이 투영된 융통성 있는 접근이 방법론적으로 보다 타당하다.

다양한 논점들을 통해 도출할 수 있는 기록 평가 선별 결정 메커니

---

24) 전명혁, 「기록과 역사 - 역사서술에서 기록물과 사료, 역사이론과의 관계」, 『기록학연구』 제11호 한국기록학회 2005, 132~134쪽.

즘의 일반화된 요소로서는 기록 자체, 기록 평가 주체 그리고 기록생산 및 이용의 맥락 등 세 가지를 들 수 있다.

일정한 물리적 형식에 잠재적 의미를 포함한 다양한 정보를 담고 있는 기록 자체에 관해서는 젠킨슨이나 듀란티는 물론 많은 논자들이 그 본질적 속성에 관심을 기울였다. 기록 자체에 대하여 실체적으로 그리고 개념적으로 정의내리는 것은 기록 평가 선별의 전제로서의 기반적 인식을 위해서 필수적이다.

평가 선별 주체는 스스로의 이해나 자기 정당성에 기반 한 의미를 기록에 부여한다. 브룩스나 쉘렌버그 등에서 알 수 있듯이 기록에 가치를 부여하는 일은 그 기록을 이용하려는 목적이나 이해관계에 따라 좌우된다. 기록 가치의 문제는 다양한 목적이나 입장에서의 기록 평가 선별을 해명하는데 필요한 요소이다.

기록과 기록의 생산·이용 주체들은 시간적으로 공간적으로 일정한 형식을 통해 서로 연결된다. 앞서 보았듯이 붐스나 햄, 쿡 등은 사회적인 차원에서의 배경적 요인에 주목하였다. 한편으로 보다 미시적으로 기록이 만들어진 배경으로서의 기능이나 업무활동의 중요성도 중시되고 있다. 근래 들어서는 생산만이 아니라 이용에 있어서도 배경의 다양성이 주목되고 있다. 직접적인 기록 내용과 구별되는 이러한 배경 또는 맥락(context)은 기록 이면의 다양한 현상이나 관련성을 통하여 선별 결정을 해명하도록 해준다는 점에서 또 하나의 중요한 요인이다.

평가 선별 결정 요인에 대한 일반화는 일정한 이론적 범주를 통해 진전되어야 할 것이다. 기록, 기록의 가치, 그리고 기록의 맥락 등은 이러한 이론적 범주화를 위한 기초가 될 것으로 판단된다. 다음 장에서는 기록의 특성과 가치 그리고 맥락 등 세 가지에 기반 한 분석적 틀을 제시하고자 한다.

3. 기록 평가 선별 결정 분석 범주

가. 특성(characteristic)

특성이란 어떤 사물이 다른 사물과 구별되는 성질을 의미한다. 특성은 상대적으로 사물을 이해하고 이를 통해 실체의 인식에 도달하기 위한 개념적 수단이다. 기록은 매체라는 물리적 형식으로 존재하지만 자연적으로 만들어진 물질이 아니며, 개인이나 집단이 목적의식적으로 만든 지적 인공물이다. 합목적적인 지적 활등의 산물로서의 기록에는 공적인 것과 사적인 것을 막론하고 생산한 의도가 반영되어 있다. 기록은 기록 그 자체가 목적이기 보다는 정치적·경제적·사회적·문화적인 다른 목적의 수단으로서 의미를 갖게 마련이다.

이런 점에서 기록의 특성은 기록이 생산되어 이용되고 또 유지되는 과정에서 경험적으로 확인할 수 있는 환경적 요인으로 접근하는 것이 타당하다. 즉, 기록 특성에 대한 이해는 경험에 따른 규범적 인식과 관련되어 있다고 보는 것이 옳다는 것이다.

이는 기록의 본질에 대한 듀란티의 정의에서도 알 수 있다. 듀란티는 고대 로마법에 연원을 둔 기록보존에 관한 전통적 관념에 입각하여 기록(archives)의 본질을 '영속적 기억(perpetual memory)'와 '공적인 신뢰(public faith)'라고 규정하였다. 여기에서 '영속적 기억'은 기록이 담고 있는 내용과 사실 간의 관계를 표현한 것이며, '공적 신뢰'는 기록과 사회의 관계로부터 비롯되는 가치를 의미하는 것이라고 할 수 있다.25) '공적 신뢰에 기반한 지속적 기억의 수단'이라는 정의는 기록의 생산과 유지의 목적과 효용성에 대한 특성적 본질을 정확하고 간명하게 설명해준다.

한편 젠킨슨은 공평하면서도 진본임을 믿을 수 있어야만 기록의 기본적 특성이 충족된다고 보았다. 그는 기록에 담긴 광범위하고 다양한 내용과 목적에도 불구하고 분석과 검증이 가능할 수 있는, 매우 중요한 의미를 지닌 공통의 근거가 존재하고 있다고 보았는데, 이것이 바로 기록의 불편부당성(impartiality)과 진본성(authenticity)이다.26) 듀란티는 이러한 젠킨슨의 주장을 바탕으로 불편부당성, 진본성과 함께 증거력을 갖는 믿을 수 있는 기록의 특성으로서 불편부당성, 진본성, 자연성(naturalness), 상호연관성(interrelationship), 유일성(uniqueness) 등 다섯 가지를 제시하였다.27)

불편부당성은 기록에 생산 주체의 목적과 객관적 사실이 반영되어 어디에도 치우치지 않은 공정함이 담기게 됨으로써 실현되는 것으로서 이는 기록이 사회적 이해관계의 조정과 균형을 위한 근거가 되어야 한다는 것을 의미한다. 진본성은 생산된 기록이 자연적으로 갖게 되는 태생적 특성이라고 할 수는 없으며 일정한 환경적 조건을 전제로 하며 그러한 전제에 기초하여 추정하는 판단 체계로 보는 것이 타당하다. 진본성은 다른 어떤 특성보다도 기록이 참으로서 의미를 갖게 되는데 있

---

25) Duranti, Luciana, "The concept of appraisal and archival theory", 오항녕 편역, 앞의 책, 279-281쪽.

26) Jenkinson, Hilary, *A Manual of Archive Administration*, 1937. 『힐러리 젠킨슨의 기록관리편람』, 정부기록보존소, 2004, 10-13쪽.

27) Duranti, Luciana, "The concept of appraisal and archival theory", 오항녕 편역, 앞의 책, 286-288쪽.

어 가장 유력한 지표이다.

자연성은 그와 같은 과정이 있는 그대로 가감 없이 반영되었다는 의미이다. 상호연관성 또한 자연성과 마찬가지로 객관적 사실의 복잡한 관계가 그대로 반영됨으로써 의미를 갖게 되는 경우이다. 유일성은 활동의 결과인 기록은 본질적으로 중복될 수 없다는 것을 말한다.

이상의 특성 모두는 기록에 원래부터 내재된 자연적 속성이라기보다는 참으로 믿을 수 있는 '바람직한' 기록으로 생산되어 유지되는 과정에서 갖추어야 할 척도로서의 요건이다.

증거력과 신뢰도라는 진본성 지표는 근래 들어 기록관리에서 중시되고 있다. 진본성에 대한 강조는 우선 전자환경으로 인해 상대적으로 기록 실체의 물리적 안정성이 떨어진 것에 기인한 것이다. 그렇지만 사실 진본성이라는 개념 자체는 전자기록환경 이전에도 존재했으며 기록의 증거력이나 신뢰성 입증을 위해 새롭게 등장한 개념은 아니다.

다만 진본성에 대한 최근 논의는 단지 오래된 문서의 입증에 한정하는 것이 아니라 보편적 기록 전체의 생애주기 관리에 적용되는 기반 지표로 간주하고 이를 근본적으로 규명하려 한다는 점에서 차이가 있다.

진본성의 추정을 돕거나 독립적으로 성립할 수 있는 별도의 지표 설정이 시도되기도 하였다. 전자시스템에서의 영구적 진본기록의 보존에 관한 연구를 목적으로 하는 인터패리스(InterPARES) 프로젝트에서는 믿을 수 있는 기록을 유지하기 위해 확인되어야 하는 요건의 사슬로서 진본성, 무결성과 함께 정체성 개념이 제시되었다. 또한 근래 기록관리 분야의 가장 중요한 성과라고 할 수 있는 기록(records) 관리에 관한 국제 표준 즉, ISO15489에서는 기록의 바람직한 특성으로서 진본성, 신뢰성(reliability) 무결성(integrity) 가용성(usability) 등 네 가지가 제시되었다.

ISO15489의 네 가지 지표 중 가장 중요한 것은 물론 진본성이다. 설문원은 영국에서의 사례를 인용하면서 기록관리 국제표준의 네 가지 특성은 상호 독립된 대등한 성격을 갖는 것이 아니라 진본성이 가장 근본적이고 포괄적인 것이며, 나머지는 사실상 진본성을 충족하기 위한 지표로 특화될 수 있는 요건들이라고 설명하였다.[28] 이는 진본성이라는 특성이 기록의 진정 요건의 본질적 요소를 다양한 측면으로 담고 있다는 점을 의미하는 것이라고 할 수 있다.

한편 듀란티의 진본성에 대한 성격 구분은 진본 범주의 포괄성 차원에서 주목할 만하다. 듀란티는 기록의 진본성을 문서학적(diplomatic) 차원, 법적 차원 그리고 역사학적 차원으로 구분하였다. 먼저 문서학적 진본성은 기록이 기록에 나타나는 장소나 시간에서의 행위와 부합되게 작성 되었는가 그리고 기록에 기록생산에 합당한 자의 진짜 서명이 있는가라는 점이 관건이다. 법적 진본성은 생산 중 또는 생산 이후 기록이 진짜임일 보증하는 공적(公的) 권한의 개입(intervention)으로 인하여 증거력을 갖춘 경우를 말한다. 역사학적 진본성은 기록에서 다루는 내용이 실제 일어난 사실에 관한 정보를 다루고 있는가라는 의심에 기반한다.[29]

이와 같은 세 가지 측면의 진본성은 같은 기록에 대하여 다양한 참의 지표를 제공한다. 우선 문서학적 진본은 기록이 생산 당시의 절차나 권한에 맞는 과정에 의해 생산되었음을 의미한다. 여기에서 중요한 것

---

28) 설문원, 「기록의 품질기준 분석 - 진본성, 신뢰성, 무결성, 가용성을 중심으로-」, 『기록학연구』 제11호 한국기록학회, 2005. 63쪽.

29) Duranti, Luciana, *Diplomatics-New Uses for an Old Science*, Society of American Archivists and Association of Canadian Archivists, 1998 (Lanham, Maryland and London: Scarecrow Press, Inc.): pp. 45-46.

은 기록 생산과 그 표현의 해명을 통한 참의 입증이다. 법적 진본은 공적인 개입에 의해 공공의 신뢰를 부여받을 수 있는 장치가 기록에 담겨 있음을 뜻한다. 법적 진본은 문서학적 진본성 입증을 필요로 할 수 있으나 어디까지나 법적 진본성의 확보는 사회적 합의의 결과로서 법적 신뢰를 보장하는 외적 장치가 중요한 관건이다. 역사적 진본성은 보다 포괄적이다. 역사학적 진본성은 기록에 담긴 정보 그리고 그와 관련하여 실제 일어난 사실 사이의 상관관계에서 드러나는 진실성이라고 할 수 있다.

진본성의 구분은 기록의 진위를 가리고 입증하는데 필요한 다양한 판단 체계로서 특히, 듀란티의 구분은 기록 평가 선별에서 평가 대상 기록을 확인하고 획득하는 과정에 적용할 수 있는 정형화된 특성적 접근을 가능하게 한다는 점에서 주목할 필요가 있다고 판단된다.

기록 평가 선별 결정에서 이상의 특성론이 갖는 의미는 무엇인가. 우선 기록의 특성 자체를 기록 평가 선별의 직접적인 결정 요인으로 보기는 어렵다. 그렇지만 기록 특성론은 평가 선별 절차의 출발이자 전제로서 증거로서 믿을 수 있는 적합한 평가 선별 대상을 확인하는 일과 관련되어 있다. 이는 진본성의 특성적 요건의 부합 여부를 검토하는 절차가 될 것이다.

듀란티의 진본성 개념 구분을 토대로 평가 선별을 위한 진본 기록의 확인을 위한 검토 대상 지표로서 다음 세 가지가 제시될 수 있다. 우선 첫째는 기록의 생산과 관련된 법규 등의 제도적 요건이며, 둘째는 생산된 기록의 유지관리 상태이며 셋째는 사실 관계 부합성이다. 이 세 가지 지표를 구성하는 요소는 다음과 같다

[그림 1] 평가 선별 대상 확인을 위한 진본 추정 지표

제도적 요건	유지관리 상태	사실 관계
- 법규 준수 · 권한 · 적용범위 - 의사 결정 · 절차적 정당성 - 작성 형식	- 기록관리시스템 · 업무절차 구현 · 개발요건 준수 - 관리연속성 - 이용가능성	- 문서화 · 사건 · 사물 · 인물 · 현상 · 관계 - 타 정보원과의 관련 · 일치성 · 보완성 · 포괄성

나. 가치(value)

일반적으로 '가치'란 중요함의 정도로서 어떤 대상에 부여하는 일정 수준의 의의라고 정의할 수 있다. 가치는 어떤 대상과 그 대상에 대한 주체의 상관관계를 전제로 성립한다. 곧 기록의 가치란 기록과 인간의 관계에서 나타나는 의의의 정도이자 기록을 통해서 이루고자 하는 바를 정당화하는 객관적 당위라고 정의할 수 있다. 이런 관점에서 기록 가치의 평가는 평가 주체의 이해관계나 특성이 투영된 일정한 척도의 등가를 기록에서 확인하는 것이라고도 할 수 있을 것이다. 결국 가치의 문제는 가치를 판단하거나 그로부터 영향을 받는 주체의 문제로 귀결된다. 여기에서는 기록 평가 주체를 '생산주체'와 '이용주체' 그리고 '집단적 주체'로 구분하고자 한다.

생산 주체는 기록을 직접적으로 생산했거나 그러한 생산자의 권한과 기능을 계승한 실체이다. 생산 주체는 기록의 가치를 활동 목적이라는 측면에서 접근하여 기록을 통해 이루고자 하는 바와 기록의 생산 형식이나 내용 사이에 필연적 연관관계를 상정한다. 생산 주체에 있어 기록은 그 자체가 목적이며 그러한 목적이 가치 의식을 규정한다. 목적에 기반 한 가치의식은 상대적으로 증거로서의 가치가 정보 가치에 우선한다.

이용 주체는 생산으로부터 소외된 개별 이용자를 의미한다. 이용 주체는 기록 이용에 있어 기록 생산자의 목적을 추적하기도 하지만 근본적으로는 생산 목적과 직접적으로 관계없는 이용을 추구한다. 이용 주체를 개념적으로 정의하는 것은 어렵지 않지만 현실화 되지 않은 개별 이용의 구체적인 목적을 예측하는 것은 용이하지 않다. 다만 기록된 형식 등의 특정 지표나 이용 사례를 유형화함으로써 일정하게 정형화된 이용을 예견하는 것은 어느 정도 가능할 것이다.

집단적 주체는 사회 구성원 전체 또는 일부로서 집체적 정체성에 기반한 실체를 말한다. 집단적 주체는 생산자나 개별 이용자의 단순한 양적 집적은 아니다. 집단적 주체의 관점은 거시적인 차원에서 집단 실체와 기록의 관계에 중점을 둔다.

집단적 주체의 관점을 통해서는 생산 주체나 이용 주체의 특성으로 설명할 수 없는 것의 해명이 가능할 수 있다. 집단적 주체의 관점은 개별 기록관의 정책문에 나타나기도 한다. 기록관이 내세우는 사명은 직접 기록 생산자나 개별적인 이용자에 복무하는 것에만 한정되지 않는다. 기록관에 따라서는 모체 조직으로부터의 요구나 개별 이용자 요구와 구별되는 거시적 또는 이념적인 지향이 정책문에 반영될 수 있다. 이러한 사명이나 정책은 기록관이 수행하는 평가 선별이 사회 구성원 일반 또는 특정 계층 · 계급 · 인종 · 성별 등과 같은 일정한 정체성을 공유하는 집단의 입장에 서 있음을 천명할 것이다. 집단적 관점은 형성된 도큐멘테이션을 분석하는 데에는 물론 형성될 기록에 대한 정책 즉, 평가 선별 및 수집정책의 수립 있어서도 실제적 요인으로 작용할 것이다.

현실 기록관의 성격을 주체별로 명확하게 나누는 것은 쉽지 않다. 아마도 많은 기록관의 지향에 복합적인 성격이 나타날 것이다. 그렇지만 이러한 복합성과 상관없이 집단적 주체의 관점은 평가 선별에 결정 요인을 분석하기 위한 의미 있는 실질적 지표가 될 수 있다는 점은 분명하다.

기록 평가 선별 결정에서 기록 가치론은 특정 기록에 의미를 부여하는 개념적 판단체계를 해명해 준다는 점에서 의의를 갖는다. 가치를 부여하는 것은 기록이 지닌 의의를 실현하는 것이며 평가 선별 결정에서 가장 기본적 절차로서의 의미를 갖는다. 가치 부여과정에 작용하는 요인은 기록을 평가하는 주체에 따라 다음과 같이 구분할 수 있을 것이다.

생산 주체의 관점	이용 주체의 관점	집단의 관점
- 법적 · 행정적 증빙 · 정책 목적 · 활동 절차 및 체계 - 활동의 문서화	- 중요성 - 희소성 - 정보 형식 - 주제의 문서화	- 집단의 범위 - 사회적 위치 - 당파성 - 사회적 관계의 문서화

[그림 2] 기록 평가에서의 가치 부여 주체의 성격에 의한 지표

다. 맥락(context)

맥락이란 어떤 실체 이면에 존재하는 질서나 비교 특성, 상황 등의 상관관계나 관련성을 의미한다. 맥락을 통한 기록 평가 선별에서는 기록 생산 및 이용 이면에 있는 요인, 기록 간 관계 그리고 기록에 기재된 내용과 조직된 상태에 관한 기록 외적 해석 등에 주목한다. 이러한 기록의 맥락은 기록 가치와는 또 다른 차원에서 평가 선별 결정을 해명하는데 있어 중요한 요소이다.

기록의 맥락은 기록의 생산, 유통 및 활용과 관련된 미시적 접근과 동시대 전 사회적인 또는 통시대적 관점에서 일정한 집합 기록을 대상으로 하는 거시적 접근을 통해서 설명될 수 있을 것이다. 기록 맥락을 포괄적으로 규명하기 위해서는 기록 생애주기라는 시간적 틀과 기록이 존재하는 공간적 틀을 포함하는 정형화된 요소 설정이 필요하다. 여기에서는 기록의 맥락에 접근하기 위한 요소로서 기록의 생산 환경, 이용조건, 기록 간 상호관계, 사회적 함의 등을 상정하였다.

생산 환경은 생산의 원인이 발생한 시점부터 구체적으로 생산이 이루어지기까지를 대상으로 하며 기록 생산과 관련한 다양한 요인과 기록의 상호관계를 포함한다. 이용조건은 기록을 통해 일정한 목적을 이루려는 의도와 기록 사이의 상호관계를 말한다. 기록 간 관계는 일정하게 성립한 기록들 사이에 존재하는 관련성을 대상으로 한다. 마지막으로 사회적 함의로서의 맥락은 거시적 관점에서 기록 집합과 사회의 상호관계에 근거하며 정치·문화·경제 등 상·하부 구조의 다양한 요소를 포함한다.

생산의 맥락을 통해서는 기록의 생성과 관련된 배경을 해명한다. 이는 기록이 만들어진 조직적·기능적 근원으로서 출처의 문제와 직결되어 있다. 기록의 생산 맥락은 기록의 생산과 관계된 내적 인과관계를 추론한 근거 위에 성립한다. 따라서 기록 생성 자체만이 아니라 생성되기 이전부터 작용한 일정한 요인이 기록의 형식과 내용에 작용하는 과정을 통해서도 기록 생산 배경이 성립하는 것으로 간주된다.

케텔라르(E. Ketelaar)는 기록이 생산되기 이전에 기록의 내용과 형식을 규정하는 사전(事前) 요인을 해명하는 것이 기록의 배경을 이해하는 데 있어 중요한 관건이 된다고 보았다. 그는 사회, 문화, 경제, 기술 등의 요인과 기록하는 행위 그리고 그 결과 사이에 잘 드러나지 않는 일정한 상관관계에 주목하였다. 이에 따라 기록의 생산과 관련하여 '기록될 만한(archivable) 요인', 이러한 요인의 작용으로 인한 '기록의 실질적 조건 조성(achivalization)', 그리고 요인이 조건으로 조성되어 구체적인 기록으로 생성되는 '기록화(archivation)'와 같은 개념을 제시하였다.30) 케텔라르는 구체적 기록 생산에 이르기까지의 배경적 요인을 개념적으로 세분화하는 것이 기록의 생산 맥락을 체계적으로 이해하는데 필수적이라고 판단한 것으로 보인다. 기록의 직접적 내용과는 구별되는, 그렇지만 일정한 영향을 미치는 생산 이면의 '암묵적' 요인이나 과정을 포착하는 것은 기록 평가 선별 결정의 배경적 요인 분석에 중요한 단서를 제공할 것이다.

이용의 맥락을 통해서는 기록 생산 행위를 제외한 모든 활용에서 포착될 수 있는 의도와 기록 사이의 관련성을 해명할 수 있다. 기록의 이용에는 매우 다양한 의도가 깔려 있게 마련이다. 이러한 의도 전반은 기록의 다양한 의미가 투영된 것으로서 이용과 관련된 맥락을 파악하는 것은 바로 이러한 의도된 의미들의 내용과 상호관계에 주목하는 것

---

30) Ketelaar, Eric, "Tacit narrative: the meaning of archives", *Archival Science* Vol. 1, No.2, 2001, pp.132-134.

을 말한다.

기록 생산자의 의도는 출처나 원질서를 존중하는 원칙과 맞물려 중요하게 취급되어 왔다. 그렇지만 이용 맥락의 관점에는 기록의 의미가 생산자로부터만 배타적으로 나오는 것은 아니며 관리자나 이용자를 통해서도 기록에 대한 일정한 의미 부여가 발생할 수 있다고 본다. 이러한 의도들은 기록 이용의 맥락에서 파악되어야 하는 다양한 '의도된 의미'를 구성한다.31) 케텔라르는 이러한 맥락에서 기록에 관한 의미를 사회적 · 문화적 · 정치적 배경을 바탕으로 접근하고자 하였다. 그는 '의미계통(semantic genealogy)'이라는 다양한 의미가 복합적으로 배열되는 동적(動的) 질서 개념을 통해 기록에 관한 다양한 의도된 의미의 본질을 설명하고자 하였다.32) 그에 있어 기록의 본질은 생산 목적으로 대변되는 단일한 의미가 아니라 기록을 둘러싼 다양한 목적이 품은 의도된 의미의 총체로 설명될 수 있는 것이었다.

기록이 다양한 의미에 주목하는 것은 곧 텍스트와 컨텍스트를 일치시키지 않음으로써 기록의 실체적 본질에 접근할 수 있다는 입장에 기반한다. 다양한 의미가 기록의 실체적 존재와 밀접하게 관련된다고 보는 경향은 사물의 유일한 의미로 회귀하는 형이상학의 이데아적 자기동일성을 비판했던 데리다(Jacques Derrida)의 해체(deconstruction) 철학으로부터 영향을 받은 것이었다.33) 이에 따르면 하나의 기록에 대하여

---

31) Lemieux, Victoria, "Let the ghost speak: an empirical exploration of the 'nature' of the records", *Archivaria* 51, 2001, pp.80-111.

32) 케텔라르의 '의미계통'은 미리 정해진 내용으로 실재하는 것이 아니라 의미계통에 접근하는 개별적 추론 또는 탐문과정에서 발현되는 것이다. Ketelaar, Eric, "Tacit narrative", pp.137-139.

33) 아키비스트로서 데리다를 분석한 글로는 Brien Brothman, "Declining Derrida: Integrity, Tensegrity, and the preservation of Archives from deconstruction", *A*

변하지 않는 단일한 의미는 성립될 수 없으며, 단일 기록으로부터 다양한 다른 의미가 발현된다. 그리고 기록의 본질은 기록의 유일한 한 가지 의미로부터가 아니라 다양한 의미가 반복되는 흔적 가운데 나타나는 자기 동일성으로부터 나온다. 따라서 궁극적으로 기록과 그것에 담긴 고정된 의미의 일원적 관계는 궁극적으로 해체되는 것이다.[34]

이는 자칫 기록의 의미를 무한궤도에 둠으로써 그 의미 파악이 불가능하다는 불가지론으로 귀결되는 것은 아닌지 우려를 낳을 수 도 있다. 그렇지만 이러한 우려가 기록의 다양한 의미를 파악하려는 본래 의도에는 해당되지 않는다는 점도 고려되어야 할 것이다. 다시 말해 기록과 그 의미의 일원화를 지양함으로써 추구하는 바는 기록의 의미가 구현되는 다양한 맥락에 대한 보다 충실한 그리고 포괄적인 해명에 있다고 할 수 있다. 이러한 접근은 이용이라는 요소를 독립적인 맥락으로 이해하게 함으로써 이용의 맥락이 평가 결정 실행과 그 결과를 분석하기 위한 실질적인 근거 요소가 될 수 있도록 하게 할 것이다.

기록 간 관계의 맥락은 일정하게 형성된 도큐멘테이션 내에서 개별

---

rchivaria 48(Fall 1999): pp. 64-88을 보라. 테리 쿡은 기록학에 대한 포스트모더니즘의 영향이 포스트모더니즘적 사고의 영향이 다른 다양한 학문분야에서와 마찬가지로 학문적 형식의 재정립을 추동하는 한편 보다 직접적으로는 텍스트의 본질적 성격의 재고라는 두 차원으로 나타난다고 하였다. 그는 포스트모더니즘이 기록의 특성과 생산, 또한 그것이 아카이브즈로 확인되어 남겨져 보존되는가를 통하여 국가의 공식적이며 신성화된 기억으로서 형성되는데 있어 하나의 제도로서의 아카이브즈의 역할에 주목한다는 점을 지적했다. 그에 따르면 데리다로부터 비롯된 텍스트의 불안정성 그리고 텍스트 생산자간 관계 또는 과거 활동 흔적으로서의 불안정성은 근래 컴퓨터혁명에 의한 전자 매체의 등장으로 보다 분명해지는 것은 사실이지만 실제로 이는 서구(西歐)의 글쓰기와 기록 만들기의 전통 다시 말해, 언어를 사용한 이래 보편적으로 적용되는 분명히 실재하는 모순이라고 덧붙였다. Cook, Terry, "Archival science and postmodernism new formulations for old concepts", *Archival Science* Vol.1, No.1, 2001. p5-6.

34) 이승억, 「전자환경에서의 기록관리 개념에 관한 재검토」, 『기록학연구』 제6호, 한국기록학회, 2002, 49~50쪽.

기록 간 상호관련성 해명을 위한 것이다. 활동의 결과로서 기록은 대개 상호 연관된 활동의 의도와 결과가 반영되어 연관된 일체를 이루게 되는데 그 연관된 기록 사이에 개별적으로 또는 집합적으로 일정한 평가 선별에 관한 우선순위가 성립될 수 있다. 이와 같은 우선 순위체계로 표현되는 기록 간 관계는 기록 평가 선별에 있어 중요한 결정 요인이 될 수 있다.

개별 기록의 경우 물리적 그리고 지적(知的) 중복 여부 등을 판단하는 비교 방법을 통해 기록 간 관계를 규명한다. 개별 기록 차원의 비교는 단순한 식별 작업으로 단정될 수도 있으나 실제로는 그렇지 않다. 개별 기록을 검토하고 비교하는 것은 많은 비용과 기록의 질에 대한 전문적 판단이 필요한 작업이다. 집합 기록에 대해서는 원인과 결과로서 또한 전체 과정의 연속적 연계로서 전체와 부분 사이에 성립된 관계를 파악하는 과정이 필요하다. 이러한 연관 관계로부터 도큐멘테이션 속에 존재하는 기록의 내적 질서가 도출될 것이며, 이는 다시 개별적 주제나 전체적 도큐멘테이션을 설명하기 위한 바탕이 된다.

기록 간 관계의 맥락은 존재하는 기록에 대한 지형을 파악함으로써 평가 선별 대상인 개별 기록 또는 집합 기록간의 관계와 비중을 가늠하는데 그 의미가 있다. 이러한 과정은 개별 기록관에서도 필요하지만 특정 부문 전반, 전사회 등 광역화된 차원에서 그 의미가 보다 중요하다. 기록 간 관계의 맥락은 사회적 차원의 계획적인 기록의 평가 선별 결정 요인으로서 또한 평가 선별 결과를 분석하기 위한 수단으로 기능하다.

사회적 함의의 맥락을 통해서는 특정 기록 집합의 사회적 의미가 해명된다. 기록의 생산과 이용은 하나의 사회 양식에 규정을 받게 되며 별개로 존재하기 어렵다. 기록은 사회의 표상으로서 사회를 통해 의미가 파악될 수 있다고 본 붐스 등이 입장은 이에 기반 하는 것이다. 평가 선별 결정요인으로서 사회적 함의는 기록의 사회적 맥락에 대한 보다 확대된 접근을 필요로 한다.

기록에 대한 사회적 함의에 대한 접근은 개별기록의 생산과 보존 영역에서도 이루어 질 수 있다. 단 이러한 개별 기록을 통한 접근의 경우도 그 결과에서는 사회적 차원의 확장된 해명이 개별 기록에 적용된다. 즉 개별기록의 작은 구멍을 통해 사회를 본다는 것이다. 보다 거시적 차원의 접근에서는 보다 직접적이지만 어느 정도는 구체성이 사상된 사회적 맥락의 규명이 추구된다.

기록의 사회적 함의에 대한 접근에서는 기록의 가치를 특정한 사회구성체적 요소로서 정치 · 문화 · 경제의 상부 및 하부구조와의 특성적 관계를 통해 가늠한다. 이를 통해서 결국 기록은 한정된 분야나 주체에 관한 증거가 아니라 사회를 구성하는 요소들 간의 상호관계 총체에 대한 증거 즉, 사회 전체에 대한 증거로서의 의미가 강조된다.

기록의 평가 선별 결정에서 가치 적용에 기반 한 방식이 일정한 목적의식을 기록에 적용하는 것이라면 맥락을 파악하는 접근방식은 존재하는 기록의 내 · 외적 질서를 통해서 기록에 담겨 있는 의의에 도달하고 그에 따라 상대적 선별 범위와 우선순위를 정하는 것이라고 할수 있다. 기록 평가 선별 결정요인으로서 기록의 맥락의 실질적인 의미는 이러한 우선순위에 관한 정형화된 기준 설정 여부에 달려있다. 기록 맥락론을 구성하는 지표는 다음과 같이 제시될 수 있을 것이다

생산의 맥락	이용의 맥락	기록 간 관계의 맥락	사회적 합의의 맥락
- 기록화 요인 - 기록화 과정 • 형식 • 내용 - 출처	- 이용 주체 - 이용 유형 - 이용 목적 - 이용의도의 계통	- 도큐멘테이션 구성 • 내적 연관 관계 • 도큐멘테이션 간 관계 - 증거 연계성 - 주제 연관성	- 상부구조 - 하부구조 - 국가 · 시민 사회 관계

[그림 3] 기록 평가선별 결정에서의 맥락 및 지표

라. 소결

기록의 특성, 가치, 맥락으로부터 도출된 각각의 지표들은 평가 선별 결정과 그러한 결정의 검토를 위한 기반 범주를 구성한다.

우선 특성의 확인은 평가의 대상이 될 수 있는 믿을 수 있는 기록을 획득하는 것을 의미하는 것으로 평가 선별을 위한 전제라고 할 수 있다. 이는 모든 평가 선별 결정에서 반드시 진행되어야 하는 필수적인 과정으로서 믿을 수 있는 진본 증거로서의 요건을 갖춘 '진본성의 추정'으로 규정할 수 있다.

가치와 맥락에 기반 한 평가 선별에서는 각각 다른 접근방식을 통해서 남겨야 할 기록을 확인한다. 가치 부여에 기반 한 접근방식의 평가 선별은 일정한 가치의식과 그에 따른 지표를 기록에 적용하여 가치의 성립요건을 확인하는 방식을 취한다. 가치 범주를 구성하는 가장 포괄적인 것은 증거와 정보이다. 증거와 정보는 상대적으로는 구별되지만 전체로서 기록 가치의 본질적 특성을 담은 가치 일반을 이룬다. 가치에 의한 평가는 가치 성립요건의 확인이 관건이라고 할 수 있는데 이것에는 가치 의식을 실현하고자 하는 주체의 특징적 지표가 판단기준으로 작용한다. 가치에 의한 접근에서 평가 선별 결정 과정은 다음과 같이 표현할 수 있다.

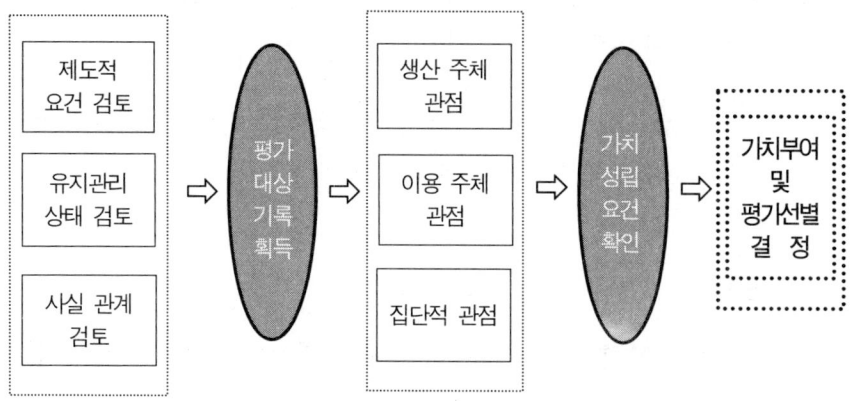

[그림 4] 가치 확인을 통한 평가선별 결정 과정

맥락의 확인을 통한 평가 선별은 기록과 기록 생산자 및 이용자가 존재하는 시간적 공간적 형식에 대한 이해를 통해 기록에 일정한 선별 우선순위를 부여함하는 것으로 진행된다. 맥락에 기반 한 평가에서도 평가대상 기록의 확인 및 획득은 필수 과정이다. 맥락에 기반 한 평가 선별에서는 기록을 둘러싼 실체적 관계들 속에서 의미 있는 질서를 짚고 이에 대한 설명을 바탕으로 선별의 범위와 우선순위 즉 도큐멘테이션의 범위를 결정한다. 맥락에 기반 한 평가 선별 결정은 기록의 생산, 이용, 사회적 맥락 그리고 기록 간 관계에 속한 각각 지표의 확인을 통해 진행된다. 이를 표현하면 다음과 같다

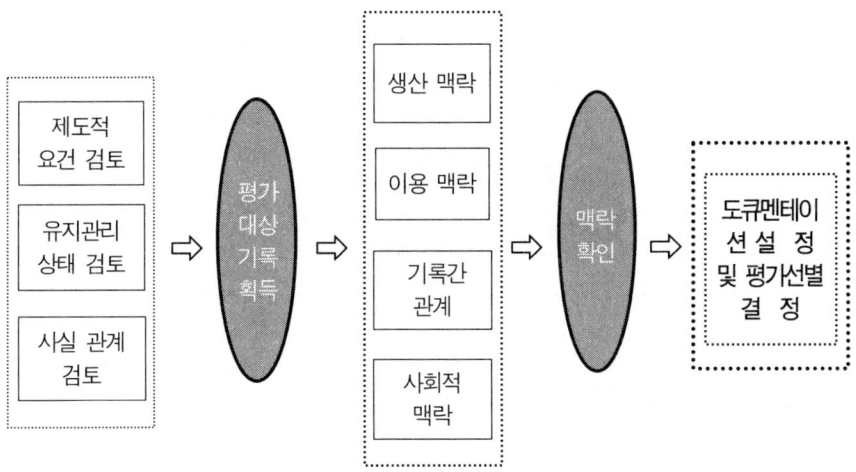

[그림 5] 맥락 확인을 통한 평가 선별 결정 과정

　가치 부여에 의한 평가 선별과 맥락 파악에 기반 한 평가 선별 과정은 배타적으로 독립된 것은 아니다. 평가 선별 결정에서 기록에 대한 가치 부여 과정은 실제로 일정 부분 맥락의 파악에 의존하기도 하며 맥락의 범위를 파악하는데 있어서도 가치 의식이 전혀 배제되기는 어렵다. 상대적으로 구별되는 이 두 가지 접근은 실제 기록 평가 선별의 결정을 실행하는데 있어서는 하나의 통합적인 과정으로 이해해야 할 것이다. 이제까지 논의한 평가 설별 결정의 이론 범주를 바탕으로 통합된 평가 선별 과정을 표현하면 다음과 같다.

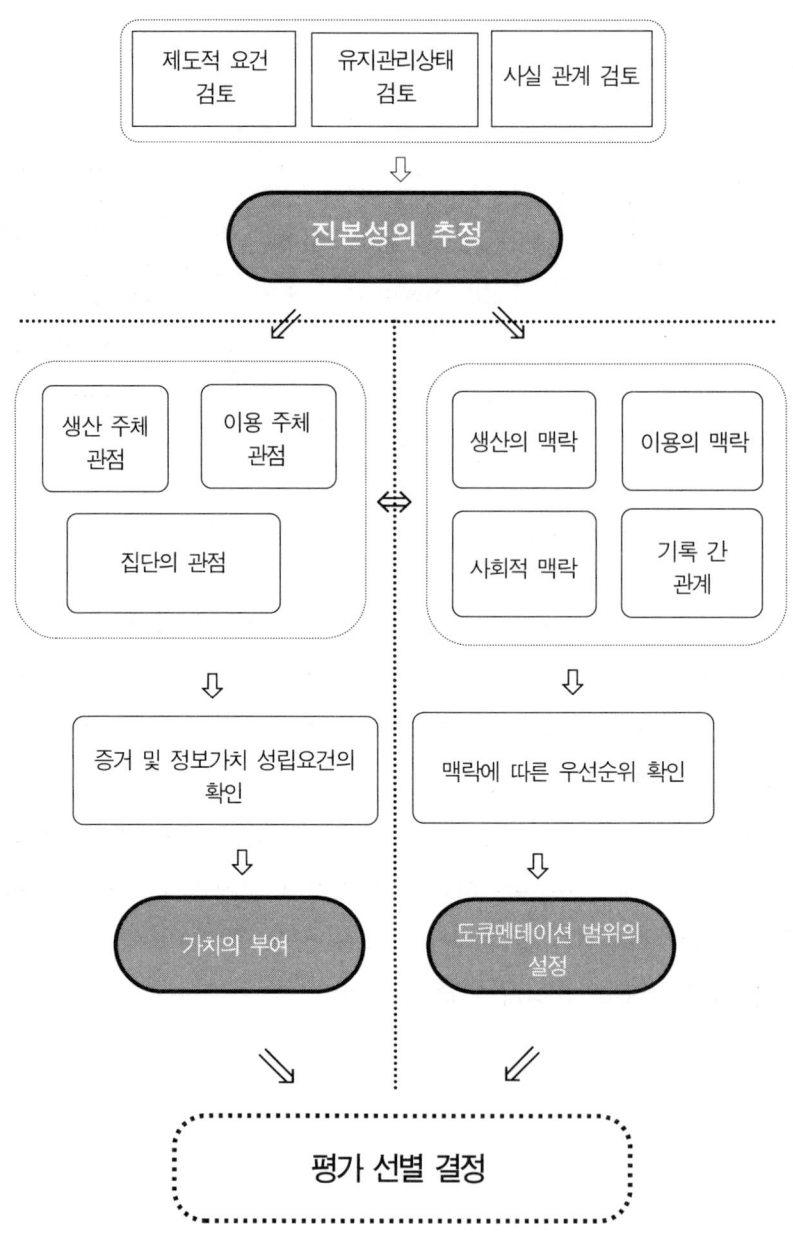

[그림 6] 기록 평가 선별 흐름 및 결정요인 개념도

4. 맺음말-기록 평가 선별에서의 아키비스트의 역할

이상 평가 선별 결정요인의 개념적 범주와 작용 메커니즘에 관하여 살펴보았다. 이러한 이론적 논의가 실질적인 의미를 갖기 위해서는 다양한 평가 기법이나 사례에 대한 연구가 필요할 것이다. 그런데 평가선별 결정의 실질적 중요 요인임에도 논의하지 못한 것이 있는데 그것은 바로 아키비스트의 역할이다. 기록에 평가 선별 결정에 대한 다양한 이해를 균형 있게 추구해야 할 필요가 있으므로 아키비스트에게는 폭넓은 지적 기반이 요구된다. 기록 평가에서 아키비스트의 역할은 평가론에서의 중요 논쟁 주제였다.

아키비스트 역할에 대한 이견은 간단히 말해 생산자를 기록 평가자로 보는 입장과 아키비스트를 평가자로 보는 입장간에 존재한다. 젠킨슨이나 듀란티의 경우 생산 당시의 기록의 의미를 훼손해서는 안 된다고 보았고 아키비스트에 의한 평가선별이 그것을 해치는 것으로 간주하였다. 이들에게 있어 아키비스트는 기록을 선별자가 아니라 보관자일 따름이었다.

기록 라이프사이클 관념이 발전한 미국에서는 아키비스트에게 평가선별에 대한 배타적인 권한이 부여되었다. 1970년대 아키비스트의 역할에 대한 회의가 대두되었지만 이때도 개별 분산적인 아키비스트에 의한 평가 선별이 문제였을 뿐 기록평가선별에서 아키비스트가 맡아야 하는 사회적·문화적 역할은 오히려 더욱 강조되었다. 붐스에 있어서도 아키비스트는 기록유산의 형성과정에서의 역할은 당연한 것이었다.

아키비스트 평가선별 역할에 관한 이견 이면에는 기록 선별 관점의 차이가 내포되어 있다. 아키비스트 개입을 비판하는 입장은 기록 만들어진 원래 목적에 선별 기준을 귀착시킨다면 그 반대는 생산목적과 구별되는 별개의 계속적 가치에 주목한다. 전자는 생산된 기록 전체는 퍼즐그림과 같아서 조각 하나를 임의로 골라내는 것이 곧 전체를 훼손하는 것이라고 본 반면, 후자의 경우 평가 선별 이전의 기록 집합은 정리가 필요한 잔가지 많은 나무에 불과한 것이었다.

유력한 근간 표준으로 간주되는 ISO 15489에서는 또 다른 차원에서 기록관리 영역으로부터의 체계적 생산 개입이 당연시 되고 있다. 자동화된 시스템을 통한 기록 생산의 사전 개입은 공공 영역의 투명성이나 설명책임성 보장이라는 같은 민주주의의 가치로부터 비롯된 것이며, 다른 한편으로 전자기록의 확산과 함께 대두된 기록 진본성과 신뢰성 문제도 투영되어 있다.

이러한 생산에 대한 개입은 조작 없는 '증거'의 관점에서 생산 통제를 지향하며 또한 실제 업무의 정의나 분석을 통해 진행되므로 생산 목적의 불편부당성을 해칠 수 있다는 젠킨슨류의 비판으로부터 자유로울 수도 있다. 실제로 세계 각국의 현실 기록관리제도에서 기록관리전문가로서 아키비스트의 역할을 근본적으로 부정하는 사례는 찾기 어렵다.

그럼에도 불구하고 개입 과정에서 아키비스트가 대변하는 기록관리 영역의 이해에 따라 기록생산 영역의 이해가 침해되거나 변경될 수도 있음을 어느 정도까지 용인할 것인가에 따라 문제는 달라질 수도 있을 것이다. 젠킨슨의 불편부당 측면에서 기록 생산의 체계적 개입이 그로 인해 형성되는 도큐멘테이션의 질에 어떠한 영향을 미치는지 검토할 필요는 없는지 의문이다.35)

---

35) 듀란티는 아키비스트의 문화적 사명과 관련하여 의미 있는 두 가지 척도를 제시하였다. 하나는 문화를 이념과 행위의 총합으로서의 사회적 산물로 간주하고 가능한 한 다양한 산물을 가급적 많이 축적하는 것이 사회를 기록하는 최선의

한편 개입을 당연시한다고 하더라도 과연 어떻게 '개입'하고 있는지 인지할 필요는 있을 것이다. 현재는 기록 하나 하나를 평가하는 전통적인 평가 선별 작업은 찾기 어려울 수 있으며 기술의 발달로 인해 평가 선별 실무에서의 아키비스트의 역할이 일정하게 영향을 받았다는 점도 인정해야 할 것이다.

그렇지만 정보통신기술이 발달한 사회라 하더라도 남겨질 정보가 정해지는 사유가 자본이나 정보 이용자의 사회경제적 위치와 같은 구조적인 요인과 근본적으로 무관한지 의문이다. 고도의 정보통신 환경에서도 여전히 특정계급·계층 사이에 존재하는 정보의 생산·보존·활용에 대한 물적·지적 영향력의 차이가 도큐멘테이션의 형성에 근본적인 영향을 미칠 것으로 보인다. 따라서 아키비스트는 전자 환경에 부합되는 평가 선별 결정의 맥을 짚는데 본 글에서 언급한 요인에 여전히 주의를 기울여야 할 것이다.36)

방법이라고 보는 입장이며, 다른 하나는 문화를 배경을 지닌 의도와 행위의 상호작용이라고 규정하고 기록 역시 그러한 상호작용이 산물로 판단하는 입장이다 전자가 다다익선으로 많은 기록이 남는데 의의를 두고 그것을 위한 개입 역시 인정하는 반면, 후자는 의도적 개입이 다른 의도와 행위의 산물인 기록에 영향을 미쳐 결과적으로 기록의 애초 맥락을 변동시키는 결과를 초래한다고 본다. 듀란티는 애초 맥락도 중시하고 목적의식적인 수집도 추구하는 절충적인 입장을 취했지만 이와는 별개로 아키비스트에 의한 개입이 기록군의 형성에 어떤 영향을 미치는가라는 문제의식은 여전히 중요하다. Duranti, Luciana, "The concept of appraisal and archival theory", 오항녕 편역, 앞의 책, 299-301쪽.

36) 정보통신기술에 대한 단순한 적용을 넘어 평가 아키비스트에게 부여된 새로운 직무 역할을 어떻게 구현할 것인가 또한 실질적으로 고민해야 할 문제영역이다. 자동화된 시스템에 기반 한 기록관리체제에서도 평가 선별에 대한 아키비스트의 역할이 여전히 유효한 것이라면 그것이 가급적 모든 실행모듈이나 이용자 인터페이스 등을 포함한 기록관리시스템 전반에 인식가능하도록 구현되어야 할 것이다.

기능 분석에 의한 공공기록 '거시평가(Macroappraisal)' 절차 모형

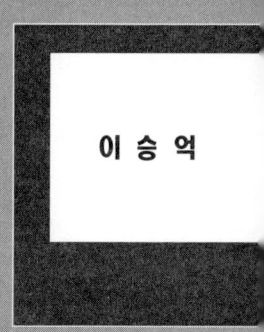

이 승 억

1. 머리말

근래 들어 외국의 국립기록관리기관에서는 국가와 국민에 관한 남겨야 할 기록 유산을 선별하고 또 실제로 확보할 수 있는 수단을 개발하기 위한 다양한 노력이 진행되고 있다. 이러한 노력들이 주목되는 것은 선별을 효율화하기 위한 기술 수단의 개발과 함께 보다 거시적 관점에서 전 국가적 또는 사회적 기록화 방향 모색한다는 데 있다. 이는 공적인 기록의 부재에 대한 우려가 적지 않은 우리에게도 많은 시사점을 주는 것이라 할 수 있다.

거시평가에 관한 연구와 실행은 1990년대 이후 이론적으로 또한 방법론적으로 체계화되었다. 캐나다나 네덜란드 등에서 공공기록 선별에 거시적 방법을 도입한 것은 대량으로 생산되는 기록에 대하여 하나하나 평가하는 전통적인 방법을 포기하고 그 보다는 일괄 평가하여 빠르고 효과적으로 기록을 감축하기 위한 방법을 찾은 것에서 비롯되었다. 1) 그런데 미시적 평가의 반대 의미로서 '거시적' 평가 방법 자체는 단

---

1) 네덜란드는 누적된 정부 기록의 처분을 위하여 1990년대 피봇(PIVOT)이라는 기록 감축 프로젝트를 시행하면서 기능에 기반한 기록의 일괄 처리 방법을 도입하였다. 이 방법은 많은 기록을 처분하는 수단으로서는 효과를 보였다. 다만, 기능의 가치가 개별기록의 가치와 반드시 일치하지 않을 수 있어 기능을 기준으로 기록을 일괄 처분하는 것이 가치 있는 기록을 남기는 평가선별의 근본 목적에 배치된다는 역사학자, 아키비스트들의 비판이 대두되었다. 이와 관련하여 호스만

순히 개별 기록이 아닌 집합 기록을 대상으로 평가함을 의미할 뿐이다. 다량의 기록군을 대상으로 하는 거시적 평가라 하더라도 관점이나 접근방식이 상이할 수 있다.2) 이 글에서 다루고자 하는 것은 거시적 관점의 평가 일반이 아니라 특정 이론과 방법론에 기반 한 기능분석에 의한 '거시평가(macroappraisal)'이다. 이러한 거시평가에 관해서는 이제까지 캐나다 국립기록관과 기록학자들이 비교적 체계적인 이론과 방법론을 제시하였다고 판단된다.3)

거시평가론에 대한 국내 연구는 외국의 연구 동향에 비하면 아직 활

은 피봇 방법을 네덜란드의 특산물로서 진흙(많은 기록들)에 젖지 않도록 해주지만 그 대신 교회나 강단(연구목적의 가치)에서는 소음 때문에 금지 되는 나막신에 비유하기도 하였다. Peter Horsman, "Appraisal on Wooden shoes, The Net herlands PIVOT project", *JANUS*, 1997, pp35-41.

2) 넓게 보면 업무나 기능에 근거하여 생산된 기록의 일괄 선별이라는 점에서 한국의 분류기준표제도 또한 거시적인 접근의 평가 사례에 포함된다고 할 수 있다.

3) 캐나다의 사례는 국립기록관이 주도하여 기능 분석에 의한 거시평가를 도입하고 정착시킨 주목할만한 사례이다. 캐나다에서의 거시적 평가방법은 1990년대 중반 이래 국립기록관의 아키비스트이자 기록학자들인 베일리(Catherine Bailey), 브라운(Richard Brown), 쿡(Terry Cook) 등에 의해 공공분야에 대한 기록 평가선별에서 거시적 기능분석 방법의 적용을 위한 이론과 실천방법이 체계화되어 정책화되었다. Brown, Richard, "Macro-appraisal theory and the context of the pub lic records creator", *Archivaria* 40 (Fall 1995): pp121-172; Bailey, Catherine, "Fro m the top down: the practice of macro-appraisal", *Archivaria* 43 (Spring 1997): pp89-12; Cook, Terry, Macro-appraisal and functional analysis: documenting g overnance rather than government, *Journal of the Society of Archivists* Vol. 25 N o.1 2004. pp5-18. 본 글에서 제시하고자 하는 내용은 캐나다 국립기록관의 거시평가 정책의 이론 및 방법론을 상당부분 받아들인 것임을 밝혀둔다. 이에 대해서는 다음 문헌을 참조하라. Library and Archive of Canada, "Appraisal methodo logy macro-appraisal and functional analysis Part A : concepts and theory", 2 000. [http://www.collectionscanada.ca/information-management/061101_e.html]; Library and Archive of Canada, "Appraisal methodology macro-appraisal and functional analysis part B : guidelines for performing an archival appraisal on government records", 2000. [http:// www.collectionscanada.ca/information-man agement/061102_e.html].

발하지 않은 편이다. 우선 김명훈은 공공기록 평가체계에 가치개념을 적용하는 방식과 관련하여 기능 분석에 기반 한 거시적 평가의 특성에 관하여 상술하였다.[4] 한편 거시평가론을 전자 환경에서의 기록관리 개념 변화와 연관지은 것으로는 이승억의 연구가 있다. 그는 기록 내용에서 배경을 중시하는 평가로의 전환과 '거버넌스'의 기록화라는 관점에서 거시평가론의 대두를 설명하였다.[5] 박혜진은 네덜란드, 호주, 캐나다의 정부 기능 분석에 기반한 거시평가 사례를 면밀하게 기술하고, 이를 토대로 한국의 분류기준표 제도에서의 적용 방안을 제시하였다.[6] 박혜진은 우리나라 기록물분류기준표에 의한 보존기간 책정이 기능 분석에 따라 이루어짐에도 불구하고 단위업무 차원에 머물고 있고, 그 분석조차 기록 생산기관의 판단에 의존하는 경향이 있다고 판단하면서 이것이 정부기능 전반을 포괄하는 기능 분석에 장애가 된다고 지적하였다. 이에 따라 대안으로서 우선 전문관리기관에서 정부 최상위 기능으로부터 하향식 분석을 수행하고 각 기관에서는 자기 기관의 상위기능에서 단위업무까지의 하향식 분석 및 단위업무별 세부 분석을 수행하도록 하여 최종적으로 각 기관별 분석 결과를 통해 전문관리기관의 분석 결과를 검증하는 방식을 제안하였다.[7] 이러한 제안은 거시평가 방법 특히, 상향식 과정과 하향식 과정을 결합하는 것으로 캐나다 거시평가 방법으로부터 시사점을 얻은 것으로 볼 수 있다. 그리고 전문관리

---

4) 김명훈, 「공공기록물의 평가체제에 대한 이론적 검토 - 선별방식 및 가치범주를 중심으로 -」, 『기록학연구』 6호, 2002, 27~27쪽.

5) 이승억, 「전자환경에서의 기록관리 개념에 관한 재검토」, 『기록학연구』 제6호, 2002, 46쪽, 58~60쪽.

6) 박혜진, 「거시평가 이론과 그 적용에 관한 연구」, 명지대학교 기록과학대학원 석사학위논문, 2005.

7) 박혜진, 앞의 논문, 84쪽.

기관과 각 기관의 자료관의 역할 분담은 국가기록원의 업무 가중을 피하기 위한 것으로서 우리나라 기록관리 행정 현실을 감안한 것이다. 그런데 필자의 말처럼 거시평가의 적용이 아키비스트가 기록 평가자로서의 역할을 분명히 하고 보다 적극적으로 평가선별 업무를 수행하기 위한 것이라면, 이러한 역할분담이 합당한 것인지 검토할 필요가 있다. 거시평가 과정 전체를 전문관리기관의 아키비스트가 직접 수행하고 그 결과를 분야별 기록보존 정책이나 개별 보존기간표에 반영하는 것이, 거시평가의 궁극적인 목적이 영구 보존대상 기록의 선별이라는 점에서 그리고 한편으로 거시평가 결과의 일관성을 위하여 좀 더 타당하다고 판단된다.

이 글의 목적은 공공기록에 대한 거시평가의 전 과정의 이행을 포괄하는 전형을 제시하는데 있다. 이러한 전형화는 평가의 착수부터 최종 완결까지의 실천 모형을 통해서 한국의 공공기록에 거시평가를 도입하기 위한 기본 틀을 만들기 위한 것이다. 거시평가의 이행을 위해서는 우선 가장 중요한 최초 단계의 기능분석 방법의 개발이 필요하다. 또한 이뿐만 아니라 거시평가 과정 전체에 대하여 각 단계마다 신뢰할 만한 결과를 낼 수 있는 적절한 수행 방법이 제시되어야 한다. 다만 이 글에서는 전체 과정을 포괄하는 윤곽을 그리는데 국한하고 전 과정의 단계별 수행방법이나 보다 구체적 예시는 이후 과제로 돌리고자 한다.

이 글은 거시평가론의 특성 도출을 위한 주요 논점 검토, 거시평가 전 과정을 포함하는 절차의 전형 제시 그리고 끝으로 정부 주요 기능의 하나인 국토개발정책 수립 분야를 대상으로 한 적용 예시 등으로 구성하였다.

2. 거시평가에 관한 주요 논점

거시평가론은 다양한 평가선별론과 실행 사례를 둘러싼 논쟁을 통해서 성립되었다. 따라서 거시평가 적용 틀을 개발하기에 앞서 평가학설들 속에서의 위치가 확인될 필요가 있다. 이 장에서는 거시평가론의 개념적 정체성을 반영한 전형적 이행 틀을 도출하기 위하여 다음 세 가지 논점에 관해 검토하고자 한다. 우선 첫째는 기록 평가의 개념적 기반이라고 할 수 있는 기록 가치론의 측면에서 거시평가가 다른 기록 평가와 구별되는 점이다. 두 번째는 거시적 관점의 다른 평가론과 거시평가의 차이점으로서 구체적으로는, 거시평가에서 추구하는 기록화 대상의 문제이다. 마지막 세 번째는 거시평가에서의 구조 및 기능 분석의 특성과 관련한 기록 생산 맥락에 대한 이해의 문제이다.

가. 기록 가치

기록 가치론에서 선구적인 업적을 남긴 사람은 미국 아키비스트인 쉘렌버그(T. R. Schellenberg)이다. 주지하듯이 그는 기록의 가치를 생산자에게 필요한 1차적 가치와 연구자에게 유용한 2차적 가치로 나누었고, 2차 가치는 다시 증거가치와 정보 가치로 구분하였다. '증거'와 '정보'는 기록의 계속적 가치를 해명하는데 있어 중요 개념으로 받아들여졌다. 다만 '정보'와 '증거'의 가치 척도를 실제 기록에서 찾는 일은 가치를 개념적으로 구분하는 것만큼 용이하지 않다. 쉘렌버그 자신도 말했듯이 정보가 증거일수 있으며 또 그 반대일 수도 있는 것이다.[8]

---

8) Schellenberg, Theodore R., "Appraisal of modern public records", *NA bulletin* 8, National Archives and Records Service of U. S, 1956 (오항녕 편역 『기록학의 평가론』, 진리탐구 2005, 29~47쪽).

이러한 모호함으로 인해 기록 가치에 대한 서술적 범주화는 기록으로부터 얻을 수 있는 실재적 가치를 설명하는데 있어 일정한 한계를 갖는다는 입장이 대두되었다. 독일 아키비스트인 붐스(Hans Booms)는 개별 기록이 아닌 기록을 생성하게 한 배경으로서의 사회적 요인에 주목하였다.9) 또한 테리 쿡은 쉘렌버그 가치론을 분류학적(taxonomic) 가치 구분으로 규정하고 기록 가치의 서술적 범주화의 문제를 보다 직설적으로 지적하였다.10) 이러한 비판은 기록이란 개별화된 정보 또는 증거 같은 서술적으로 범주화된 가치를 담는 그릇이 아니라 기록생산 맥락이나 당대 사회를 비추는 거울이라고 간주한 점에서 같은 맥락에 있다. 개별기록이 아닌 기록 집합, 동시대의 상 등이 거시관점의 기록 평가 가치를 구성하는 기반이다.

거시평가에서는 개별 기록의 가치에 앞서 기록이 만들어진 배경적 요인을 선별 기준에 반영하려 한다. 나아가 기록의 가치가 후대 이용자의 관점이 아니라 생산자나 생산의 맥락에 의해 결정된다고 본다. 즉, 기록의 계속적 가치는 잠재적인 미래 이용 가능성에 있는 것이 아니라 생산의 맥락이나 동시대적 활용(contemporary use)에 있어서의 중요도에 있다고 간주한다.11) 이러한 입장은 쉘렌버그보다는 기록의 불편부당성(impatiality)을 주장한 젠킨슨에 더 가까운 것이라고 할 수 있다. 다만 젠킨슨이 아키비스트가 평가선별에 개입하는 것을 배제한 것과 달리 거시평가에서는 아키비스트에 의한 평가를 당연시한다. 또한 거시평가

---

9) Booms, Hans, "Society and the formation of a documentary heritage", *Archivari a* 24, 1987, pp69-107.(오항녕 편역, 『기록학의 평가론』, 진리탐구 2005, 159~221쪽).

10) Cook, Terry, "Documentation strategy", *Archivaria* 34, 1992, pp181-91.

11) Cook, Terry, "Macroappraisal in theory and practice: origin, characteristic, and implementation in canada, 1950-2000", *Archival Science* 5, 2005, pp101-102.

에서는 개별 기록의 내용에 담긴 정보 자체의 장래 활용 가능성 대신 기능과 그 상호작용을 분석함으로써 기록 생산 맥락에서의 중요성 판단에 근거하여 기록의 가치를 확인한다.

나. 기록화 대상

거시적 관점의 기록 평가는 집합 기록에 담겨 있는 표상(表象) 즉 사회의 포괄적인 기록화에 주목한다. 예컨대 미국의 '도큐멘테이션 전략(Documentation Strategy)'은 각 기록관별로 이루어지는 개별 기록에 대한 평가 선별이 사회적으로 남겨야 할 대표적 기록 유산의 형성 즉, 사회적인 차원의 기록화에 지장을 초래하다는 문제의식으로부터 비롯된 것이다. 집합 기록을 통한 포괄적 기록화(documentation)의 추구는 기록화 대상을 어떻게 설정하고 확인할 것인가의 문제를 수반한다.

도큐멘테이션 전략을 제안하고 실행한 해크먼(Larry Hackman)이나 콕스(Richard Cox)가 제시한 방법에 따르면 기록화의 영역은 절차상 다양한 전문분야의 전문가 그룹이 의사결정을 통해 결정한다. 그런데 이러한 방법의 기록화는 임의로 정한 주제나 분야를 대상으로 함으로써 제한된 영역의 특정 관심을 반영한 대표성에 흠이 있는 주관적인 것이 될 가능성이 있었다.

실제로 콕스가 보고한 서부 뉴욕 지역 사례에서의 기록화 대상은 인류학적 관점에서 인간 활동을 해명하는 것으로 간주된 15개 분야를 대상으로 하였다.12) 테리 쿡은 도큐멘테이션 전략이 이전의 분류학적 한

---

12) Hackman, Larry J. and Joan Warnow-Blewett, "The documentation strategy pr ocess: a model and a case study", *American Archivist* 50, 1987, pp12-47; Cox, Richard J., "A documentation strategy case study: Western New York", *Ameri can Archivist* 52, 1989, pp192-200.

계로부터 일정하게 벗어났음에도 불구하고 기록화 대상을 주제나 사건에 기반 하여 설정함으로써 주관성을 벗어나지 못했다고 지적하였다.[13]

거시평가의 관점에서 도큐멘테이션 전략의 기록화 계획이 주제에 기반하였다는 점은 기록의 직접적인 생산 맥락과 거리가 있는 주관적이며 추상적인 것이었다. 실재하는 출처로서의 조직이나 기능에 근거함으로써 기록화 대상을 설정하는데 있어 주관적 요인을 가급적 배제하려 하는 것이 거시평가의 접근방식이다.

기록 정리·기술의 핵심 개념인 출처는 기록 평가에서 특히 거시평가에서 매우 중요한 요소이다. 거시평가에서 출처의 중요성은 기록 자체를 해명하기보다는 기록이 만들진 원인 행위나 기능의 작용 과정에 대한 배경을 해석하는데 초점을 두는데 있다. 테리 쿡은 주제에 기반한 기록화 계획을 비판하면서 사회나 제도가 지닌 동력이 작동 하는 속에서 출처로서의 구조와 기능의 통합적 접근을 역설하였다.[14] 이는 한편으로 추상적으로 설정된 기록화 계획이 기록의 실질적인 선별과 괴리되는 것을 경계하는 것이라고도 할 수 있다.[15]

---

13) Cook, Terry, "Documentation strategy", *Archivaria* 34, 1992, p186.

14) Cook, Terry, "Documentation strategy", p186.

15) 붐스의 도큐멘테이션 계획은 미국의 도큐멘테이션 전략과 마찬가지로 실제로 실행되는데 어려움을 겪었으며 실제로 계획이 실행된 동독에서는 기록화 계획의 추상성으로 인해 단 한 건의 기록도 계획을 통해 선별할 수 없었다는 보고도 있다. 이에 대해서는 다음을 보라 Abraham, Terry, "Documentation strategies: a decade (or more) later", paper presented at the Society of American Archivists, Washington, DC, August 31, 1995, [http://www.uidaho.edu/special-collections/papers/docstr10.htm].

다. 기록 생산 맥락의 이해

거시평가의 관점에서 중요한 것은 기록 생산 맥락을 이해하는 것인데 이 맥락은 곧 기록 생산의 구조와 기능을 의미한다. 기능이 특정한 구조를 통해 발현되는 것이라면 기능에 따른 기록 생성은 곧 그 구조의 작용이라고 할 수 있다. 다만 기록 생산 맥락을 파악하는 것은 단지 기록이 생산된 구조와 연계된 기능의 확인만을 의미하는 것은 아니다.

물론 공공 기록의 선별에서는 우선적으로 기록 생산 조직의 구조·기능적 특성에 따르는 기준이 제시될 수 있다. 기록을 생산한 조직의 위계에 따라 그 생산 기록의 가치도 그대로 상속받는 것으로 간주하는 것은 관료 조직의 계층 질서에 의해 상층 조직일수록 또한 중앙의 조직일수록 정책 의사결정에서의 영향력, 정보의 집약도와 희소성 등이 두드러진다는 점에서 공적 기록을 평가 선별하는데 있어 당연시될 수 있는 생각이다.

그렇지만 한편으로 조직의 위계에 근거한 기준은 구조결정론으로 귀결될 가능성이 높다. 구조결정론이 생산의 맥락을 구조에 종속시킴으로써 조직에 대한 자기 해명적 관점에서의 기준을 적용한다면 거시적 기능분석에 의한 생산자 맥락을 중시하는 접근은 구조를 포괄하면서도 또 다른 내러티브를 추구한다. 브라운(Richard Brown)에 따르면, 기록 생산자의 맥락과 연계된 거시평가에서는 구조 자체 대신 기록 생산 맥락과 그에 따른 기록에 대한 해석적 담론(discourse)을 통하여 기록 평가 선별 기준에 접근한다.[16] 이와 같은 기록 생산의 해석적 담론에서는 구조에 역사성을 부여하여 상대화하는 한편 기록 생산 맥락의 상호의존

---

16) Brown, Richard, "Macro-appraisal theory and the context of the public records creator", pp125-126.

적인 요인으로서의 구조를 기능의 거시적 발현 메커니즘에 포함시킨다. 거시평가에서 기록의 의미는 기록 생산의 유력한 배경인 구조를 포괄하는 복합적 요인의 상호작용을 해석함으로써 확인된다.

구조와 기능 그리고 사회의 상호작용의 포착은 거시평가에서 추구하는 사회의 포괄적 기록화와 관련하여 매우 중요하다. 캐나다 국립기록관의 거시평가 정책 그리고 테리 쿡의 거시평가론에서는 정부조직, 그러한 조직의 기능의 작용 그리고 시민사회, 이 세 가지 요소의 상호작용을 거시평가의 근간으로 간주한다.[17] 이러한 관점은 자칫 정부 조직의 기능을 해명하고 평가하는 것으로만 귀결될 수도 있는 기능 분석에서 폭넓은 배경을 감안하도록 유도한다.

3. 기능분석에 의한 거시평가 절차 모형

이 글의 거시평가 적용을 위한 모형은 비교적 완성된 이론적 기반과 방법론을 제시한 캐나다의 거시평가 사례를 기본으로 하였다. 그렇지만 캐나다 거시평가 사례 자체를 분석하는 것이 이 글의 목적은 아니다. 캐나다 거시평가 사례는 보편성과 함께 캐나다 나름의 역사적 배경을 지닌 정부조직 구성이나 성격, 행정 절차 등 우리와 비교하기 어려운 다양한 특수성이 나타난다. 이로 인하여 캐나다식 접근법 전반에 바로 접근하는 것은 우리나라에 거시평가를 도입하기 위한 방법을 개발하려는 목적에 전적으로 부합되지 않을 수도 있다. 이 글에서는 캐나다

---

17) Cook, Terry, "Macro-appraisal and functional analysis: documenting governance rather than government", *Journal of the Society of Archivists* Vol. 25 No.1 2004. p8.

사례에서 가급적 보편적 특성을 도출하고 이를 통해 우리의 공공기록 거시평가에 적용하기 위한 절차 모형을 제시하고자 한다.[18]

거시평가 이행 모형을 위해 캐나다의 거시평가 사례로부터 도출한 특성은 다음과 같다. 첫째, 거시평가를 위한 기능 분석에서는 정부기구 또는 준정부기구가 수행하는 과거가 아닌 현존의 기능을 분석 대상으로 한다. 둘째, 거시평가의 근간인 기능평가는 최상위의 기능으로부터 하위 구성의 기능과 구조에 대한 하향 방식으로 분석을 진행한다. 이러한 하향 분석에는 상층의 기능 분석과 함께 기능에 부합되는 영구보존 대상 기록을 생산하는 조직 출처를 추적하는 과정을 포함한다. 셋째, 위로부터의 개념적 평가 결과를 실재 생산된 기록의 선별과 연계하기 위하여 기록에서 기능으로 가는 아래로부터의 상향식 검토에 의한 확인과정을 통해 개별 기록을 평가한다. 아래로부터 진행되는 상향 과정에서는 개별 기록의 효용을 가늠하지만 여기에서 확인되는 잠재적 이용가치는 거시적 관점의 기능 분석 결과에 의해 규정받는다. 넷째, 정부 또는 준정부 조직의 기능이 사회구성원에 미치는 영향의 상호관계의 분석을 기능분석과 연계한다. 이러한 상호작용의 분석은 개념적 분석과 구체적인 증거기록의 확보 및 검토과정을 수반한다. 이 검토 결과는 거시평가의 지적 결과(해석)와 물리적 결과(선별기록)의 중요 부분을 구성한다.

---

18) 이하의 특성은 기본적으로 국립기록관의 거시평가와 관련한 다음의 공식문헌과 주요 연구 성과를 참조하였다. LAC, "Macro-appraisal and functional analysis part A" 2000; LAC, "Macro-appraisal and functional analysis Part B", 2000; LAC, "Drafting an appraisal report for the disposition of government records", 2001.

가. 하향 분석: 평가 가설의 설정

1) 분석대상 기능의 확인

하향 진행은 우선 분석대상 기능을 확인하는 것으로부터 출발한다. 기능은 포괄 범위에 따라 일정한 층위로 구분할 수 있는데 최상위의 기능은 특정한 영역과 관련한 한 사회 전반을 포괄하는 대 구성을 이룬다. 사회 전반을 포괄하는 구성의 하부에는 하위 분류단위를 구성하는 기능들이 존재하며 다시 그 밑에는 각각의 기능 구현을 위한 조응 체제로서 하부 시스템이 존재한다.

사회 전반을 포괄하는 대 구성의 기능은 사회에 실재하는 공동체 규범이나 관습 또는 정치·사회적 체제로 구현된 구체적 실체에 기반 한다. 즉, 관념적 분류로 성립하는 개념 자체가 아니며 기능의 실현을 목적으로 하는 법률이나 제도, 공적 조직 같은 실체적 구조가 그 하부에서 확인될 수 있는 것이어야 한다.

사회 전반을 포괄하는 대 구성을 이루는 기능의 발현은 인간이 정치 사회적 공동체를 이루고 유지하며 또 재생산하는 과정에 등장하는 공적 권력의 작용과 밀접하게 연관되어 있다. 이 글에서의 기능 분석에 의한 거시적 접근 방법은 이러한 실재하는 공적인 조직 즉 정부 기구에 기반 한다.

상위의 대 기능이 전체적이고 비교적 장기 지속적인데 비해 그 하부를 구성하는 기능은 부분적이거나 시간적 공간적으로 한정되어 있다. 행정구역별 토지개발은 전 국가단위의 국토개발의 공간적 부분으로 구성된다. 한편 '행정중심복합도시'의 건설은 행정구역별 개발과 구별되는 한시적인 프로젝트로서 항구적 기능은 아니다. 대 구성을 이루는 하

부의 기능을 확인하고 평가 단위로 설정할 경우 이 같은 특성이 고려
될 필요가 있다.

2) 기능 하부체제의 확인

기능 밑에는 기능을 구현하기 위한 하부 체제로서 구체적인 법적·
제도적 장치가 존재한다. 또한 이러한 법제적 장치의 하부에는 다시 정
책이나 조직과 같은 비교적 직접적인 기능 구현 장치가 배치된다. 대
구성을 이루는 기능과 제도적·법적 장치 그리고 정책·조직 사이의
상호관계에는 기능을 통한 목적 실현을 위한 특성으로서 '기능성
(functionality)'이 반영되어 있다. 기록의 생산이 상호관계 최하단의 정
책이나 조직으로부터 만들어진다고 하더라도 그 기록에는 최상위 구성
의 기능으로부터 상속된 기능성이 내재되어있다고 할 수 있는 것이다.

거시적 기능에 의한 기록 평가자는 기능 하부시스템 상호작용의 기
능성에 기반하여 가장 최적의 기능 구현 과정과 결과에 관한 영구보존
대상 기록을 생산하거나 보유하고 있는 '주출처(主出處 ; Office of
Primary Interest)'[19]를 확인하고 이와 별개로 부차적인 유관 기록을 생산
과 관련한 '부출처'(副出處 ; Office of Collateral Interest)'를 확인해야 한
다. 주출처를 확인하는 일은 직제 법규가 규정한 행정체계에서의 주무
기관 범위에서 확인될 수도 있고 경우에 따라서는 그 범위를 벗어날
수도 있을 것이다. 부출처 확인은 기능의 상호 연관관계가 다각화할수
록 보다 복잡할 수 있으므로 우선순위를 적용할 수 있는 일정한 기준

---

19) OPI는 캐나다 거시적 기능 평가에서 제시된 개념으로서 특정 기능에 관하여 영
   구 보존해야 할 가치를 갖는 기록이 생산되거나 보존되어 있는 곳을 의미한다.
   OPI는 기능분석에 의한 평가에서 확인된 기능과 기록을 연계시켜주는 중요 개념
   이다. LAC, "Appraisal methodology macro-appraisal and functional analysis P
   art A", 2000.

이 필요할 경우도 있다.

3) 기능과 사회의 상호작용에 대한 분석

사회적 차원에서 포괄적 기능은 일정한 지리적 공간에 작용하며 거기에 거주하는 구성원 전반에 영향을 미친다. 이러한 영향에 의해 파생되는 상호관계를 포착하는 것은 결국 기능의 작용에 관한 사회적 맥락의 이해에 접근함을 의미하는 것이라고 할 수 있다. 이와 같은 상호작용의 파악이 중요한 것은 기능의 자기 실현과정에 치우칠 경우 나타날 수 있는 기능 결정론적 일방통행에서 벗어나 그 이면의 상대성이나 사회적 맥락을 통한 거시적 시각 본래의 취지를 충족시켜 준다는 점에 있다. 사회구성원의 기능에 대한 반응에 관해서는 그 특성과 목적에 따른 분석방법이 필요하다.

기능의 영향과 상호관계는 제공자의 맥락과 피제공자의 맥락 두 가지 접근방식에 따라 이루질 수 있다. 전자의 제공자 맥락이란 기능의 실현하기 위한 것으로서의 '정책전달활동(program delivery activity)'의 확인을 의미한다. 후자는 기능의 작용으로부터 영향을 받고 그에 반응하는 사회구성원의 인식, 의사표현, 반응행동 등을 포착하는 것이다. 여기에서는 다양한 사례 기록 즉 케이스파일의 검토가 필요할 것이다.

기능의 작용이 사회구성원에 미친 영향을 파악하는 것은 기록생산의 사회적 맥락의 해석이라는 점에서 기능분석에 의한 거시적 평가과정의 중요 요소이다. 이는 기능의 일방적 과정으로서의 구조결정론적 평가를 지양한다는 점에서 중요하다.

4) 기록 생산 방식·체계의 확인

하향식 진행은 최상위 기능 도출, 하부체계 분석 그리고 사회 상호작용의 파악에 이어 기능의 작용으로 기록이 어떻게 생산되어 처리되는지를 파악하는 즉, 기록 정보 생산 체계를 확인하는 일로 마무리된다. 기록생산체계의 확인은 거시적 관점에서 기록 생산과 함께 직접적인 수단이나 도구의 사양과 특성 등 직접적인 것 모두를 포함한다.

거시적 평가의 관점에서 기록 정보의 생산 및 유통·관리 체계를 파악하는 것에서 중요한 것은 우선 기능이 작용하는 범위에서 존재하는 모든 정보 생산 장치를 망라하는 것이다. 이는 해당 사회가 도달한 정보 생산 기술 수준, 그 밖에 정보 유통 방식 등이 투영된 기록 문화와 기능의 관련성을 포괄적으로 포착하기 위한 것이다.

기록 정보의 생산 방식이 일정한 정치경제적 또는 사회문화적 요인과 밀접하게 연계되어 있다는 점에서 거시적 관점에서의 기록 생산 방식은 생산 맥락을 해석하기 위한 단서를 제공하기도 한다.

나. 상향 검토 : 가설의 검증

1) 기능과 상호작용의 기록화 확인

기능분석에 기반 한 거시적 평가의 하향과정 즉, 기능의 하부시스템의 구성 내역 확인과 상호작용 분석, 기능에 대한 외적 영향, 정보 생산 체계 확인 및 분석 등을 통하여 하나의 평가 가설이 제시된다. 그리고 기능분석에 의한 거시적 평가는 이와 같은 평가 가설을 개별 기록을 통해서 확인하는 상향 과정을 거쳐 마무리된다. 가설적 전제를 검증하는 개별 기록의 확인은 위로부터의 하향 과정을 통해 정의 내려진 다음 범주의 기록을 대상으로 한다.

- 기능 및 하부시스템의 정의, 실체, 범위, 변경, 배경 등에 관한 기록
- 기능 및 하부시스템의 작동에 관한 기록
- 하부시스템의 정책전달활동에 관한 기록
- 정책전달활동에 대한 다른 하부시스템의 관련성에 관한 기록
- 정책전달활동에 대한 사회의 반응 관한 기록
- 기능 및 하부 시스템에 연계된 기록정보 생산체계의 실체, 기술 및 내용적 특성, 구축 및 운영 배경 등에 관한 기록
- 기타 기능에 대한 포괄적 영향을 담은 기록

2) 확인된 기록의 획득 : 평가 선별의 마무리

확인된 개별 기록은 최종적으로 장기 또는 영구 보존될 수 있도록 물리적으로 확보되어야 한다. 이를 위해서는 평가결과가 기록의 성격에 따라 보존기록관의 보유 및 처분일정표, 단기 이관계획, 중장기 수집계획, 등 실질적 기록 획득을 위한 다양한 수단에 반영되어야 한다.

이상의 거시평가 절차를 그림으로 표현하면 다음과 같다.

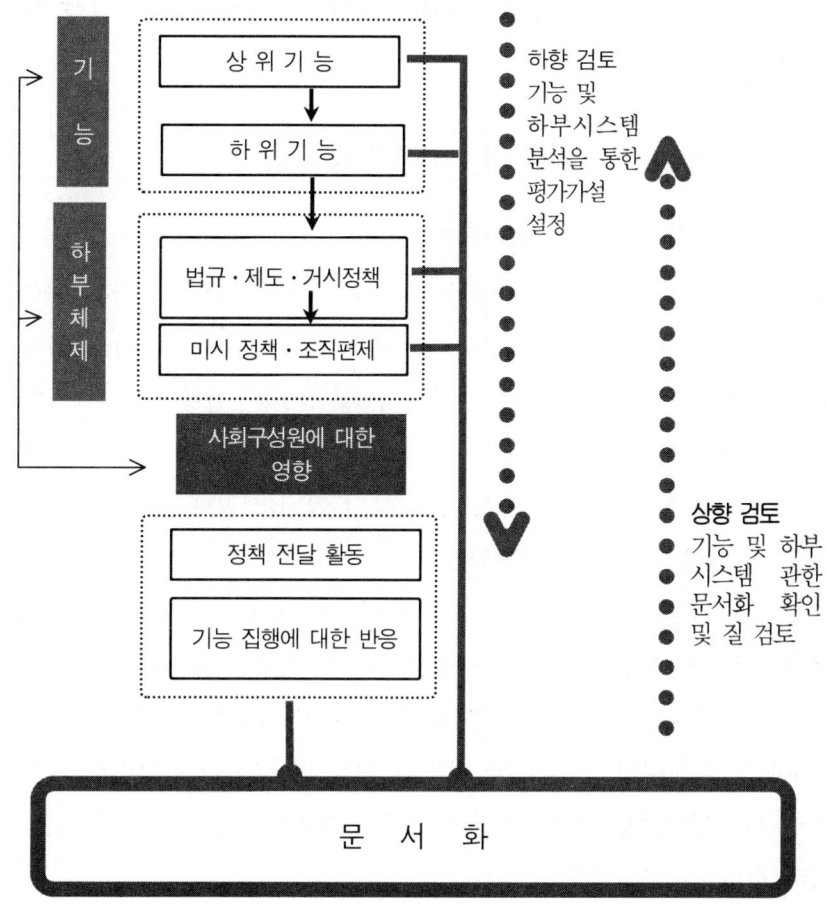

<그림 1> 거시평가 개념도

4. 국토개발정책 수립 분야에 대한 기능분석 거시평가 절차 적용

가. ' 국토개발 ' 기능과 하부 시스템의 구성

1) 국토개발 관련 기능의 구성

국토개발 기능은 현재도 존재하는 정부의 주요 기능이다. 정부 주요 기능 상위에 속하는 '국토' 개발은 정부수립 이후 1960년대 이후 본격화되는데 경제개발계획과 같은 선상에서 그 원활한 이행을 위한 기반 마련이 그 배경이었다. 국토 개발 방향은 경제성장이 가시화되면서 경제개발을 위한 직접적인 기반 조성으로부터 경제 성장에 따른 토지 이용 수급을 위한 것으로 확대되었다.

현재 국토 개발과 관계있는 기능을 수행하는 공공기관은 중앙행정기관에서부터 특별지방행정기관, 지방자치단체, 정부산하기관, 공익단체에 이르기까지 광범위하다. 그 중 핵심 정책 기능과 주요 법규는 건설교통부에서 관장한다. 국토개발 기능은 밑에 '국토종합개발계획'을 기본으로 한 '토지', '도시', '주택' 등의 세부 정책분야에 관한 하부 기능이 존재한다.

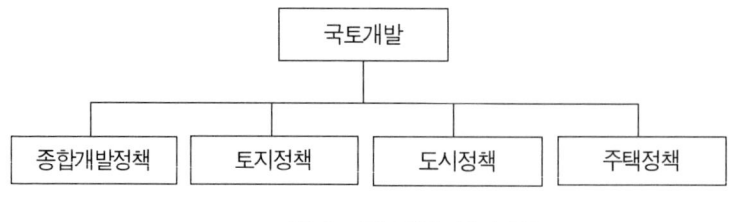

<그림 2> 국토개발 분야 기능

2) 국토개발 분야의 관련 법규

국토개발에 관한 법규 중 가장 기본적이 것은 국토기본법이다. 국토기본법은 국토 개발에 관한 개별적인 법규의 근거가 되는 법률이다. 국토개발의 하위기능을 구성하는 국토개발정책 수립을 비롯한 토지, 도시, 주택 정책에 관한 법규는 다음과 같다

<표 1> 국토개발관련 법규

구분	법　　률	대통령령	부　령
국토 개발 정책	국토기본법	시행령	
	수도권정비계획법	시행령	
	지역균형 개발 및 지방중소기업육성에 관한 법률	시행령	
	제주국제자유도시특별법	시행령	
	산업입지 및 개발에 관한 법률	시행령	시행규칙
	행정중심복합도시 건설을 위한 특별법	시행령	
토지 정책	부동산중개업법	시행령	시행규칙
	토지관리 및 지역균형개발 특별회계법	시행령	
	한국토지공사법	시행령	
	외국인토지법	시행령	시행규칙
	부동산투자회사법	시행령	시행규칙
	개발이익 환수에 관한 법률	시행령	시행규칙
	국가지리정보체계의 구축 및 활용 등에 관한 법률	시행령	
	공익사업을 위한 토지 등의 취득 및 보상에 관한 법률	시행령	시행규칙
	지가공시 및 토지 등의 평가에 관한 법률	시행령	시행규칙
			감정평가에 관한 규칙
	측량법	시행령	시행규칙
			수치지도 작성 작업 규칙
			지도도식규칙

도시 정책	국토의 계획 및 이용에 관한 법률	시행령	시행규칙
			도시계획시설의 결정 · 구조 및 설치에 관한 규칙
	도시개발법	시행령	시행규칙
	개발제한구역의 지정 및 관리에 관한특별조치법	시행령	시행규칙
	도시공원법	시행령	시행규칙
	건축법	시행령	시행규칙
			건축물 착공 통계 조사 시행규칙
			표준설계도서 등의 운영에 관한 규칙
			건축물의 설비기준 등에 관한 규칙
			건축물의 구조기준 등에 관한 규칙
			건축물의 피난 · 방화구조 등의 기준에 관한 규칙
			건축물대장의 기 재 및 관리 등에 관한 규칙
	건축사법	시행령	시행규칙
주택 정책	주택법	시행령	시행규칙
		주택건설 기준 등에 관한 규정	주택건설 기준 등에 관한 규칙
			주택공급에 관한 규칙
	임대주택법	시행령	시행규칙
	택지개발촉진법	시행령	시행규칙
	국민임대주택 건설 등에 관한 특별조치법	시행령	시행규칙
	대한주택공사법	시행령	
	도시 및 주거환경 정비법	시행령	시행규칙

3) 국토개발 기능을 수행하는 조직

국토개발 기능을 수행하는 기관은 건설교통부 내 균형발전본부, 토지기획관, 주거복지본부 그리고 도시환경기획관 등이다. 국토개발과 관련된 기능수행을 기록화한 것으로서 영구보존대상 기록물이 생산되는 주출처(OPI)는 이들 기관의 부서에 포함되어 있다.

기능의 적용범위가 넓으면 넓을수록 관련된 기관이나 부서가 다양하다. 다만 기본정책이나 종합정책을 수립하는 부서는 그 정책이 해당 영역 전반에 영향을 미치지만 관련된 기록물을 생산하는 부서는 오히려 제한적일 수 있다. 반면에 기본계획이나 종합계획에 근거하여 정책을 수립하고 다양한 제도를 기획하는 부서의 경우 오히려 관련 기관이 다양하게 존재할 수 있다. 국토개발 관련 법규와 기관은 다음 표와 같다.

<표 2> 각 법규별 주무기관 및 관련기관

소관	법　규	주　무　기관	우선 관련기관
국토 개발 정책	국토기본법	국토균형발전본부 (국토정책팀)	각 부 및 지자체
	수도권정비계획법	국토균형발전본부 (수도권정책팀)	지자체, 행정자치부 중앙토지수용위원회
	지역균형개발 및 지방중소기업 육성에 관한 법률	국토균형발전본부 (지역발전정책팀)	중소기업청, 지자체
	제주국제자유도시특별법	〃	제주도, 행정자치부
	산업입지 및 개발에 관한 법률	국토균형발전본부 (산업입지팀)	산업자원부
	행정중심복합도시 건설을 위한 특별법	행정복합도시 건설청	
토지 정책	부동산중개업법	토지기획관 (토지관리팀)	재정경제부
	토지관리 및 지역균형개발 특별회계법	〃	지자체
	한국토지공사법	토지기획관 (토지정책팀)	중앙통지수용위원회 토지공사

	외국인토지법	토지기획관 (토지관리과)	
	부동산투자회사법	토지기획관 (토지정책과)	
	개발이익 환수에 관한 법률	〃	중앙토지수용위원회
	국가지리정보체계의 구축 및 활용 등에 관한 법률	토지기획관 (국토정보기획팀)	국토지리정보원
	공익사업을 위한 토지 등의 취득 및 보상에 관한 법률	토지기획관 (토지관리과)	중앙토지수용위원회
	지가공시 및 토지 등의 평가에 관한 법률	토지기획관 (부동산평가팀)	
	감정평가에 관한 규칙	〃	
	측량법	국토지리정보원 (측지과)	중앙토지수용위원회
	수치지도 작성작업 규칙	국토지리정보원 (측지과)	
	지도도식규칙	국토지리정보원 (측지과)	
도시 정책	국토의 계획 및 이용에 관한 법률	도시환경기획관 (도시정책팀)	중앙도시계획위원회
	도시계획시설의 결정·구조 및 설치에 관한 규칙	〃	
	도시개발법	도시환경기획관 (도시환경팀)	중앙도시계획위원회
	개발제한구역의 지정 및 관리에 관한 특별조치법	〃	중앙도시계획위원회
	도시공원법	〃	
	건축법	도시환경기획관 (건축팀)	
	건축물 착공 통계조사시행규칙	〃	
	표준 설계도서 등의 운영에 관한 규칙	〃	
	건축물의 설비기준 등에 관한규칙	〃	
	건축물의 구조기준 등에 관한 규칙	〃	
	건축물의 피난·방화구조 등의 기준에 관한 규칙	〃	소방방재청, 지자체
	건축물대장의 기재 및 관리 등에 관한 규칙	〃	
	건축사법	〃	

주택 정책	주택법	주거복지본부 (주택정책팀)	대한주택공사
	주택건설 기준 등에 관한 규정	주거복지본부 (주거환경팀)	〃
	주택공급에 관한 규칙	주거복지본부 (주택정책팀)	〃
	임대주택법	주거복지본부 (공공주택팀)	〃
	택지개발촉진법	〃	〃
	국민임대주택 건설 등에 관한 특별조치법	〃	중앙도시계획 위원회 중앙토지수용원회
	대한주택공사법	〃 대한주택공사	
	도시 및 주거환경 정비법	주거복지본부 (주거환경팀)	

이상의 국토개발이라는 대 기능 중에서 이 글에서는 국토종합개발계획 수립에 관한 기능에 한정하여 기능분석에 의한 거시평가 방법을 적용하고자 한다.

나. 국토 종합개발정책 수립 및 기능에 대한 거시평가 절차 모형의 적용

1) 평가대상 기능의 확인

국토정책은 국토의 이용, 개발, 보전 등을 통해서 생활 및 산업입지를 적정하는 것을 기본목적으로 한다. 가장 중요한 활동은 국토개발에 관한 거시적 기본계획을 수립하는 것이며, 그것에 기초하여 권역별, 과제별 계획이 수립된다. 국토개발정책 수립에는 국토종합계획이나 도(道) 종합계획과 같은 항구적인 계획 수립과 함께 제주국제자유시 설치나 신행정수도 건설과 같은 프로젝트 계획 조정 활동도 포함한다. 평가 대상 기능의 확인에서는 연관된 타 기능과의 관계와 기능이 구현되는 주기를 확인하는 것이 중요하다.

2) 하부시스템의 확인

가) 근거법규

관련 법규는 국토기본법을 포함하여 5개의 법률이 있다. 관련법률 중 2개는 제주와 신행정수도 건설이라는 특정지역의 한시적 프로젝트에 한정된 사항을 규정한 것이다. 국토종합개발계획은 국토기본법에 근거하면서 관련된 다른 하부 법 또는 특별법에 영향을 미친다. 그 체계는 다음과 같다

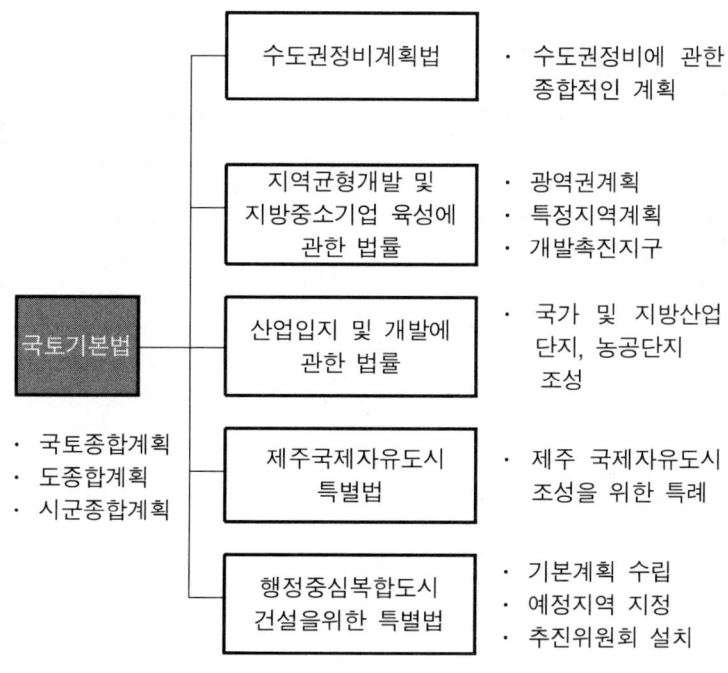

<그림 3> 국토정책관련 법규 체계

나) 국토개발 관련 계획의 종류 및 확정 절차

국토종합계획은 우리나라 국토개발에 관한 종합 마스터플랜으로서 20년을 주기로 수립하고 그 사이 필요시 부분적으로 수정된다. 종합계획에 따라 도 종합계획과 시군종합계획이 수립된다. 그 체계는 다음과 같다.

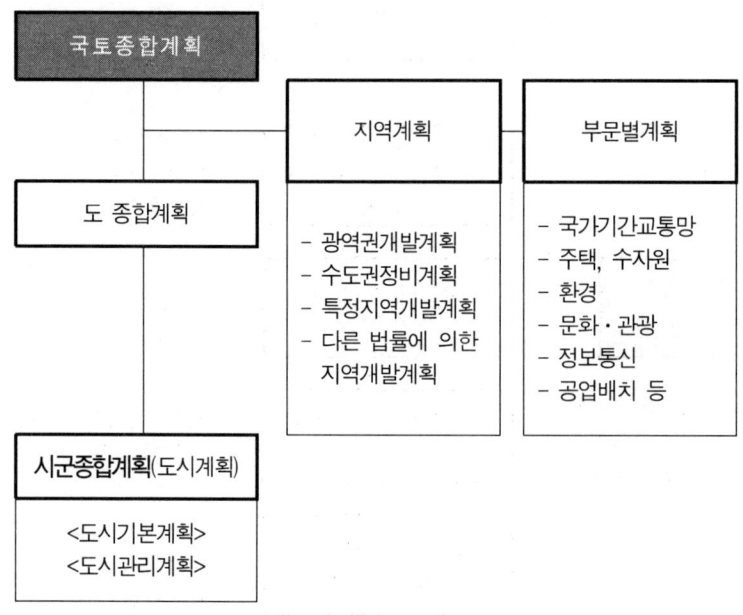

<그림 4> 국토계획체계도

　　국토종합계획은 기본적으로 각 중앙행정기관과 지방자치단체의 계획안을 토대로 합의제 심의기구를 거쳐 대통령의 재가로 확정된다. 국토종합계발계획과 도 종합개발계획의 수립절차는 다음과 같다.

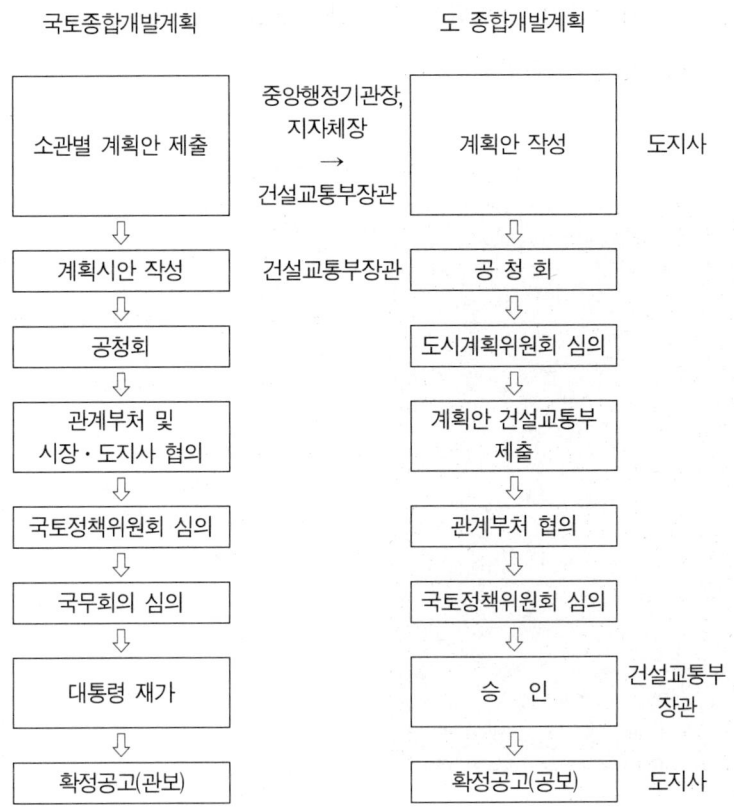

국토종합개발계획   도 종합개발계획

| 소관별 계획안 제출 | 중앙행정기관장, 지자체장 → 건설교통부장관 | 계획안 작성 | 도지사 |

계획시안 작성   건설교통부장관   공 청 회

공청회   도시계획위원회 심의

관계부처 및 시장·도지사 협의   계획안 건설교통부 제출

국토정책위원회 심의   관계부처 협의

국무회의 심의   국토정책위원회 심의

대통령 재가   승 인   건설교통부 장관

확정공고(관보)   확정공고(공보)   도지사

<그림 5> 국토종합개발계획 및 도종합개발계획 수립절차

다) 기능을 수행하는 조직

국토종합개발정책과 관련된 기관은 국토균형발전본부이며 그 하부에는 국토정책팀, 수도권정책팀, 지역발전정책팀, 산업입지팀 등이 편제되어 있다. 이중 국토종합개발계획의 수립기능에 관한 주출처(OPI)는 종합 국토개발계획의 수립을 수행하는 국토정책팀이다. 기타 나머지 팀은 팀에서는 수도권, 기타지역, 산업입지에 관한 세부 개발계획을 수

행한다. 주출처인 국토정책팀을 포함한 국토균형발전본부 각 팀의 세부적인 분장 업무는 다음과 같다.

<표 3> 국토균형발전본부의 사무

○ 국토정책팀	○ 수도권정책팀
· 국토종합계획 수립 및 추진 실적 평가 · 국토종합계획에 따른 도 종합계획·지역계획 및 부문별 계획 조정 · 국토균형발전정책 중 관련사항 · 국토조사 계획 수립·시행 및 조정 · 국토정책위원회 운영 · 통일 대비 국토개발전략 수립·운영 · 국토계획관련 국가간 협력 · 시·도 정책협의회 운영·총괄 · 국토 계획 및 이용 연차보고서 작성	· 수도권정비계획 법령 입안 · 수도권정비 정책 입안 · 수도권정비 기본계획 수립 및 조정 · 공장 및 대학 총량규제제도 운영 · 과밀부담금제도 운영 · 수도권정비위원회 운영 · 수도권개발 지표 설정 및 분석 · 인구영향평가제 실시
○ 지역발전정책팀	○ 산업입지팀
· 국토계획에 따른 지역개발정책 수립 · 도 종합계획의 승인·조정 · 광역권개발계획 수립·조정 · 특정지역 개발계획 수립·시행 · 지역계획 및 지역개발사업계획 수립·조정·시행·총괄 · 개발촉진지구 지정 및 개발계획의 조정	· 산업입지 및 개발에 관한 정책·법령 입안 · 산업입지공급계획 수립·운용 · 산업입지정책심의회의 운영 · 산업입지정보망 구성·운영 · 산업입지개발지침 수립·운용 · 국가산업단지의 지정·개발 · 일반지방산업단지·도시첨단산업단지 및 농공단지 개발계획의 조정 · 산업단지개발사업 · 개별공장의 입지지정 및 개발

자료: 「건설교통부 직제시행규칙」(2006년 5월 현재).

국토종합개발계획 수립 기능과 관련되어 있는 기관은 광범위하다. 기본계획의 성격을 갖는 정책을 기획하는 기능의 특성에 따라 해당 정책을 집행하거나 하위 계획을 수립하는 각 중앙행정기관, 자치단체의 권역개발계획 수립 시행 기관, 의결기관이 여기에 포함되는 것이다. 이들 모두 국토종합개발계획 수립 기능과 관련하여 기록을 생산하는 부출처를 포함하고 있다고 볼 수 있다. 부출처의 경우 관련성의 정도에 따라 우선순위를 설정할 필요가 있으며 만들어진 기록을 주출처의 기록과 연계하여 선별할 것인가에 대한 판단을 위한 기준이 필요하다.

3) 기능과 사회의 상호작용 분석

상호작용의 분석은 기능분석에 의한 거시평가가 기능의 일방적 과정으로서의 구조결정론적 평가를 지양한다는 점에서 중요한 과정이라고 할 수 있다. 상호작용의 분석을 통하여 기능은 자기 설명에 의해서만이 아니라 외적 요인에 의한 관계의 메커니즘을 통해 판단되는 일종의 해석 과정을 거친다. 상호작용의 분석 정도에 따라 기능의 사회·역사적 상대성이 평가 결과에 반영되는 폭이 달라질 수 있을 것이다.

가) 정책전달활동

중장기적인 계획에 관한 수립활동으로서 프로그램의 전달 대상은 공공기관인 경우가 대부분이다. 다만 공청회와 같은 직접적 의사수렴 활동을 검토대상에 포함할 필요가 있다. 또한 직접적인 정책전달활동과 함께 인터넷 등에의 한 간접적인 정책전달 수단이나 활동에 따른 영향도 검토대상이 된다.

나) 사회의 대응

국토종합개발은 중장기적 계획 수립 활동이므로 직접 주민의 실생활의 문제와 직접 대면하지 않는 경우가 많을 것이다. 그러므로 직접적인 개발결과에 대한 개별 이해관계에 따른 반응 보다 정책에 대한 공익적 검토를 지적하는 시민사회의 요구가 담긴 케이스 파일이 이 항의 분석에 중요한 소재이자 단서가 될 것이다.

4) 기록 생산 방식·체계

기록의 생산 방식과 체계를 확인하는 일은 우선 기술적 차원에서 이루어지며 온전한 기록의 획득과 보전을 위한 방편으로서 진행된다. 기록 생산체계에 대한 분석은 한편으로 기록 생산 맥락의 해석을 위한 거시평가를 위한 중요한 단서를 제공하기도 한다.

업무활동의 특성상 기록의 생산은 개별 작성자별로 완결 기안문서나 검토 자료가 주종을 이룬다. 또한 정책위원회 및 심의위원회 회의록이 생산된다. 다양한 목적의 계획 도면이 생산된다. 계획과 관련된 도면의 경우 선별되어야 한다. 계획수립 과정에 축적된 참고 자료를 포함하는 이른바 작업 중 축적된 파일(working file)의 선별이 중요하다.

한편 업무관리시스템 도입에 따라 정보시스템에 의한 기록생산이 점차 증가할 것이다. 예를 들어 산업입지정책 수립과 관련하여 운영되는 데이터베이스인 산업입지정보망의 경우 시스템에 관한 자료의 영구보존을 위한 선별 여부를 판단해야 한다.

5) 개별 기록 검토

가) 기능 및 하부체제의 정의 · 실체 · 배경 등에 관한 기록

국토개발계획 기능을 정의하고 내용을 규정하는 정부의 주요 거시정책의 계획 관련 기록, 정부의 현행 조직에 관한 편제가 규정된 직제 관련 법규 조직과 기능의 변천 연혁을 알 수 있는 조직 부서의 자료 등이 검토대상에 포함된다.

나) 기능 및 하부시스템의 실행에 관한 기록

계획 초안, 최종안, 참고자료 중 최종안 결정과 연관 있는 자료, 정책위원회 등 심의의결기구 회의록, 업무관리시스템의 결재 및 경로상의 데이터가 검토대상이다. 예를 들어 산업입지정보망의 경우 산업입지 정책의 수립 및 전달과 관련되어 있으므로 그 데이터는선별 대상이 될 것이다.

다) 정책전달활동에 관한 기록

의견조회를 위한 관계기관 및 단체에 보낸 시행 문서, 공청회, 워크숍 자료 등이 검토대상이 된다. 이들 기록들은 개별 평가를 거쳐 내용의 중요도에 따라 선별 대상을 결정한다. 정책전달활동 기록(program delivery product)은 반복적으로 생산되는 것인지 특별 안건에 관한 것인지에 따라 선별기준과 방법을 달리 할 필요가 있다.

라) 기능 및 정책전달활동에 대한 대응에 관한 기록

정책수립에 대한 의견을 표현한 외부단체 및 개인 접수문서, 진정서 및 이에 대한 답변서, 기타 민원 및 소송서류 등이 검토대상이 된다. 또한 이러한 공문서 이외에 보다 충분한 도큐멘테이션을 위하여 시민단체 등 정책 피제공자가 생산 보유한 기록의 원본이나 사본을 수집할 필요가 있으며 이 경우 별도의 기획 수집 프로젝트가 필요하다.

마) 기록정보생산체계에 관한 사항의 기록

기능 및 하부 시스템과 관련하여 영구보존대상 정보를 만들어내는 기록정보 생산체계의 실체 특히 정보시스템의 경우 구축목적, 기술적 특성 및 사양, 장기보존 및 재생을 위한 기술적 특성과 작동 요건이 담긴 사양서나 기술설명서가 선별 대상이 되어야 할 것이다.

다. 거시평가의 결과를 반영한 기록 획득

거시평가의 결과에 따라 기록물이 실제 선별되어 확보되기 위해서는 획득을 위한 조치가 수반되어야 한다. 정부 밖 영역과의 협력적 수단들이 다양하게 개발되어야 하지만 우선 기본적으로는 영구보존기록을 관리하는 기관의 수집정책과 기관별 특정 처리일정 또는 공통 처리일정에 거시평가 결과가 반영되어야 할 것이다. 기능분석에 의한 거시평가의 산출물은 각각의 수집을 위한 조치가 산발적으로 개별화되거나 단락되는 양상을 막아주는 중요한 역할을 하게 될 것이다

1) 수집정책

모든 거시평가 절차가 종료되면 그 결과를 담은 최종산출물로서 '국토종합 개발정책 기능에 관한 기록 평가서'가 만들어진다. 이 거시평가서에는 개별 기록의 확인을 통하여 확인된 기능분석의 결과와 분석결과에 부합되는 기록의 범주, 그리고 경우에 따라서는 구체적인 목록을 기술한다. 거시평가서는 변경이 필요한 새로운 요인이나 상황이 발생할 때까지 국토종합개발계획 수립 기능의 기록을 평가 선별하기 위한 기본 정책 문서가 될 것이다. 실제적인 기록 획득을 위하여 영구기록을 보존하는 기관에서는 거시평가서의 기본방향과 내용을 해당 기록들에 대한 중장기 수집정책

에 반영한다. 이렇게 수립된 수집정책에 따라 각 정부기관에서는 자기 기관이 생산한 기록 중 수집정책에 포함되는 기록이 정해진 이관 기한 내에 기록 영구보존을 위한 기관에 이관되도록 조치한다. 한편 비 정부분야에서 생산되는 기록의 경우 별도의 계획을 통해 기획 수집한다.

2) 기록 처리일정표

거시평가서에 기초하여 장기간 지속적으로 생산되거나 기관간 유사한 가치를 지닌 기록 종류 또는 유형이 확인될 경우 이러한 종류의 기록물에 대해서는 각각 별도의 기술서가 만들질 수 있는데 이 기술서에는 지속적으로 생산되어 선별 대상에 포함되어야 하는 기록 종류와 유형 그리고 필요 보유 기간에 관한 정보가 담긴다. 기술서 언급된 기록의 종류와 유형 그리고 보유기간은 각 기관별 기록 처리일정표에 반영함으로써 기관별 기록처분일정에도 거시평가서의 취지를 반영한다.

3) 비상대비 기록(vital records)의 확인

비상대비 핵심기록의 확인은 엄밀하게 말해서 거시평가의 직접적인 목적은 아니다. 다만 거시평가 분석과 개별기록 평가과정에서 비상 시 기능 행사 조직이나 그에 영향을 받는 개인과 법인의 법적 권리행사 그리고 손상을 복구하기 위해 필수적인 기록으로서 기능이나 조직의 연속성(continuity) 보장을 위해 필요한 중요 기록들이 확인될 것이다. 이러한 기록물에 관한 정보는 기록 평가 선별에 관한 중요 정보이다. 따라서 일반 기준이나 절차와 별개로 확인과 처분에 필요한 수단이 개발될 필요가 있다.

5. 맺음말

기능분석에 의한 거시평가는 국가 단위의 평가 선별 정책을 수립하는데 있어서 이제까지의 어떤 평가 방법보다도 포괄적인 기록화 전망을 제시해 준다. 우리나라에서 거시평가의 결과로 남게 될 기록의 출처 대부분은 정부조직이 될지도 모른다. 그렇지만 거버넌스 또는 '협치(協治)'에 관한 논의에서 알 수 있듯이 근래 들어 국가의 통치는 전일적인 영향력을 행사했던 과거에 비해 위축되었다는 견해가 설득력을 얻고 있다. 전통적으로 국가의 배타적 통치영역 상당 부분은 이제 시장이나 기업, 국제기구 그리고 무엇보다도 과거 통치의 대상이었던 시민사회에 그 자리를 내주고 있는 것이다. 공공 기록평가 선별에서 거시적이며 포괄적인 관점 즉, 거시평가의 도입이 필요한 이유가 바로 여기에 있다.

국가 단위에서 기능분석에 의한 거시평가의 안정적인 실행 관건은 국립기록관에 의한 전문적 분석 연구 작업 그리고 각 정부기관에서의 거시평가 정책의 구현, 그리고 정부 영역 외부와의 기록화 협력을 통한 포괄적 기록화 체계의 구축에 달려 있다.

거시평가의 도입이라는 목적에 비추어 볼 때 이 글의 한계는 거시평가 절차를 수행하기 위한 개괄적 전형을 제시하는데 그쳤다는 점에 있다. 기능 그리고 기능과 사회의 상호작용 분석, 개별 기록의 확인 절차 등 보다 완결된 적용 사례의 제시는 다음 기회로 미루고자 한다. 이 후속 연구에서는 특히 거시평가 절차의 핵심인 기능 분석과 관련한 기록학적 개념 정의와 방법에 관한 연구가 보다 진전되어야 할 것이다. 한편으로 거시평가가 이론적으로나 방법론적 모색에 그치지 않고 실제적인 제도나 실무절차로 구현되기 위해서는 체계적 연관 장치를 고안하기 위한 파생 연구도 중요하다.

그러한 가운데 실질적인 거시평가를 위하여 보다 근본적인 반성 또한 필요하다. 기능 분석에 의한 거시평가가 다른 거시적 관점의 평가에서 나타난 주관성을 어느 정도 극복했더라도 비븐(Brain Beaven)의 지적처럼, 거시평가를 실행하는데 있어 이론적 분석과 연구 지향적 경향이 지나칠 경우 초래하게 될 주관성이나 추상성에 대한 우려는 여전히 남는다.[20] 이는 곧 거시평가 또한 궁극적으로는 기록을 획득하기 위한 것이므로 그 만큼 기록 평가 선별을 위한 것으로서의 실천적 실효성을 잃어서는 곤란하다는 점을 의미하는 것이다.

---

20) Beaven, Brian P. N., "Macro-appraisal: from theory to practice," *Archivaria*, No.48(Fall, 1999): 154-198.

보유일정표 설계 방안

설 문 원

1. 서론

가. 연구의 배경과 목적

현재 추진 중인 국가기록관리혁신의 첫 번째 아젠다는 '공공업무 수행의 철저한 기록화'이다. 정부나 공공기관이 수행하는 업무의 자초지종이 반드시 기록으로 생산·관리되어야 한다는 점을 강조하는 의제이다. 이러한 목표와 관련하여 가장 주목해야할 도구가 '기록보유일정표'이다. 보유일정표란 조직의 기능이나 업무와 관련하여 어떤 기록을 누가 얼마 동안 어디에서 보유해야 하는지를 체계적으로 명시한 도구이다.

1999년 제정된 "공공기관의 기록물관리에 관한 법률"에서는 '기록물분류기준표'가 이와 유사한 기능을 수행하는 도구였다. 그러나 기록물분류기준표는 새로운 기록관리환경에 맞게 재설계될 필요가 있다. 지난 10월 전면 개정된 기록물관리법('공공기록물관리에 관한 법률')과 이어서 현재 입법예고 중인 시행령(안)[1]에는 '기록물분류기준표' 대신 '기록관리기준표'라는 도구가 등장하고 있으나, 아직 그 구조와 기능에 대해서는 많은 논의가 필요한 상태이다. 따라서 기존의 '기록물분류기준표'에 대한 문제의식을 바탕으로 개선 모델을 설계할 필요가 있다.

---

1) 공공기관의기록물관리에관한법률 시행령 전부개정령(안) 입법예고안(행정자치부 공고 제178호, 2006. 11. 14)의 내용을 참고하였음. 확정 이전에 많은 수정이 이루어질 것으로 예상됨.

특히 새롭게 설계되는 도구는 기록관리 국제표준인 ISO 15489의 기준에 맞아야할 것이다. 기존의 분류기준표는 ISO 15489(2001)가 발표되기 전인 1999년에 설계되었다. 따라서 국제표준에 근거하여, 분류기준표의 역할을 재정립할 필요가 있다. 즉, 새로운 기록관리 환경에서 역할은 무엇이며, 기존의 유형과 내부의 정보요소들은 과연 이러한 역할에 맞게 구성되었는지 살펴볼 필요가 있다.

한편 분류기준표의 역할을 단순히 '보존기간' 책정도구에만 국한하여, "보존기간 값이 단위과제나 기록물철의 등록 메타데이터로 관리된다면 굳이 기록물분류기준표와 같은 도구를 만들 필요가 없다"는 주장이 일각에서 제기된 바도 있다. 그러나 이러한 주장은 국가기록관리체제 내에서 기록물분류기준표의 역할과, 기준이 책정되고 운영되는 체계를 고려할 때 적절하지 않을 뿐더러 효율적이지도 않은 접근방법이다.

기록물관리법 시행령 입법예고안에 나타난 '기록관리기준표'의 경우, 보존기간과 함께 공개 여부, 접근 통제 범위 등 다른 기록관리 기준을 포함하는 도구를 제시하고 있다. 그러나 보존기록관리 체계(archival control system)와의 연계선상에서 볼 때 가장 중요한 기준은 보존기간이다. 역사 기록으로 남느냐 사라지느냐의 문제가 걸린 기준이기 때문이다. 또한 기준의 책정 및 운영 프로세스 측면에서 볼 때, 보존기간은 다른 기준과는 다른 운영 관리 프로세스에 의해 책정되고 운영되어야 하기 때문에 하나의 도구로 구조화할 경우 운영상 문제가 나타날 수 있다.

본 연구는 이와 같은 관점에서 현행 기록물분류기준표를 평가 분석하고, 새로운 기록관리환경에서 그 역할 및 구조가 어떻게 재설계되어야 하는지를 제안하기 위한 것이다. 특히 공공업무의 체계적인 기록화를 위한 도구로서 보유일정표 체계를 제안하고자 하였고, 특히 유형, 구조, 구성요소를 중심으로 제안하였다.

나. 선행연구

외국의 경우, 처분 및 보유일정을 결정하는 평가기준이나 평가체계에 대한 논문은 상당히 많이 찾아볼 수 있으나, 보유일정표의 구조 및 설계에 대한 연구는 매우 적은 편이다. 관련 연구로는 Man[2]과 Robinson[3]의 연구를 들 수 있는데, 두개의 논문 모두 기능평가에 근거한 보유일정표 개발방법론에 초점을 맞추고 있다. 따라서 보유일정표 재설계와 관련해서는 이와 같은 논문보다는 각국의 보유일정표와 관련된 정책문서 및 보유일정표 자체에 대한 분석을 통해 오히려 많은 시사점을 얻을 수 있다.

우리나라의 경우 2000년 '기록물분류기준표'가 개발된 이후, 이에 대한 학계의 논의는 매우 미약했다고 볼 수 있다. 당시 이 제도는 한국기록관리계의 매우 획기적인 제도였다. 기능 평가와 사전적 평가 개념을 적용하고 있다는 점에서 이전의 기록평가방법론과는 근본적으로 차이를 갖는다. 그럼에도 불구하고 이에 대한 본격적인 분석과 효과적인 운용 전략에 대한 논의는 부족했다. 김태웅[4], 이승억[5], 김정남과 최정태[6]

---

2) Man, Elizabeth. 2005. A functional approach to appraisal and retention scheduling. *Records Management Journal*, 15(1): 21-33

3) Robinson, Catherine. 1997. Records control and disposal using functional analysis. *Archives and Manuscripts*, 25(2)

4) 김태웅. 1999. 기록물분류기준표의 제정과 전망. 『기록보존』 12: 159-173.

5) 이승억. 2003. 호주의 정부기록 처리제도: 처리기준표(Disposal Authority).『기록보존』.

6) 김정남 최정태. 2004. 기록처리일정표의 작성과 유지 관리. 『한국기록관리학회

의 논문은 주로 이 제도의 도입 의의 및 해설이 주요 내용을 구성한다.

현행 기록물분류기준표에 대한 본격적인 분석과 대안이 모색된 것은 행정자치부 국가기록원이 주관한 기록관리시스템설계를 위한 ISP 사업이라고 볼 수 있다. 분류기준표의 구조 및 요소에 대한 문제점을 지적하고 개선방안을 제안하고 있다. 그러나 대안의 도출이 기존 기록물분류기준표에 대한 현상적인 분석에 근거하고 있다는 점에서 일정한 한계를 갖는다. 보다 본질적인 차원에서 현대 기록관리 환경에서 보유일정표의 역할과 의미를 정립하고, 아울러 각국 보유일정표의 특성과 장단점 비교를 토대로 분류기준표의 재설계방안을 모색할 필요가 있다.

다. 연구의 방법과 범위

우선 ISO 15489를 기반으로 보유일정표의 역할을 정립해보고자 하였다. 보유일정표 설계를 위해 호주, 미국, 우리나라 등 각국의 국가 차원의 보유일정표 체계를 비교 분석하였다. 분석의 주요 측면은 보유일정표의 유형, 구조, 구성요소로 설정하였다.

특히 구조 및 구성요소 분석을 위해서는 호주의 기록보유일정표(Disposal Authorities) 중 연방기관의 공통기능을 위한 보유일정표인 AFDA(Administrative Functions Disposal Authority)와 GDA(General Disposal Authorities), 미국 기록보유일정표(Records Schedules) 중 국립기록관리청(NARA)의 공통기능을 위한 보유일정표인 GRS(General Records Schedule), 우리의 기록물분류기준표를 주로 살펴보았다. 구성요소 분석을 위해서는 보유일정표 외에도 각국의 전자기록관리시스템(ERMS) 기능표준을 추가로 살펴보았다. 즉, 호주 국립기록관(National Archives of

---

지』. 4(1): 43-65.

Australia, NAA)의 표준(National Archives of Australia 2006), 미국 국방성인 DoD 표준(US. Department of Defense 2002), 영국 PRO 표준(Public Records Office 2002), 유럽연합 표준 Moreq(Cornwell Management Consultants plc. 2001) 등에 나타난 보유일정표의 구성요소를 참고하였다. 또한 우리나라의 경우 기록물분류기준표와 함께, 국가기록원의 기록관리시스템 개발을 위한 ISP 사업7)에 포함된 분류기준표 개선안을 함께 분석하였다. 보유일정표의 구성요소로서 분류계층 정보를 다루었지만, 분류체계 자체에 대해서는 다루지 않았으며, 처분을 위한 가치평가 기준 등도 이 연구의 범위 밖에 있음을 밝힌다.

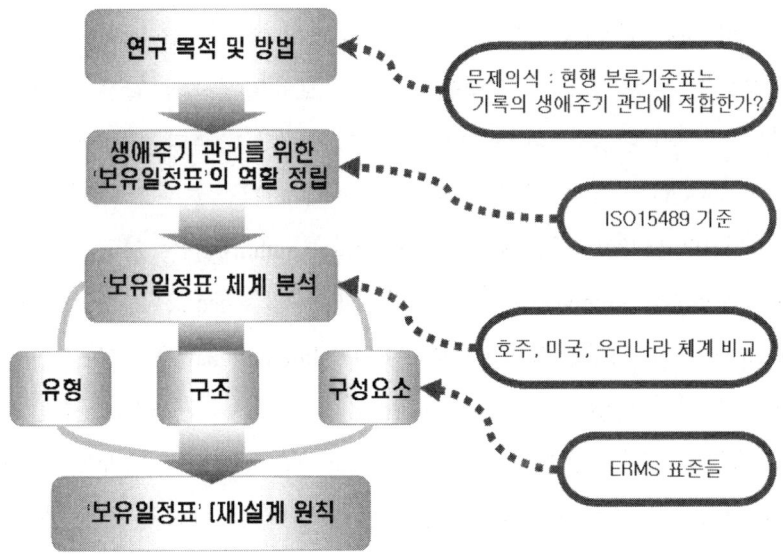

[그림 1] 연구구성도

---

7) 국가기록원 2006. 『기록관리시스템 개발을 위한 ISP 사업보고서』. 서울: LG C NS 컨소시엄(미간행).

2. '보유일정표'의 개념과 역할

가. 개념 및 용어

'보유일정표'란 일반적으로 기록을 일관성 있게 '처분(disposal)'하기 위해 미리 정해놓은 지침으로 정의된다. 기록의 처분 방식은 기록의 가치 평가에 따라 결정되는데, 이러한 관점에서 Shepherd & Yeo[8]는 기록에 대한 가치 평가 결과가 담기는 도구라고 규정한 바 있다. 통상 보유일정표에는 기록에 대한 가치 평가에 따라 보존 기간, 보존 방식, 보존 장소 등이 기술된다.

대부분의 나라에서 정부기록은 보유일정표에 따라서 처분해야 하며, 보유일정표는 보통 법적 구속력을 가진다. 보유일정표와 같은 역할을 담당하는 도구의 이름은 나라마다, 혹은 기관마다 다르다. 미국 국립기록관리청(NARA)은 기록일정표(records schedule)를, 호주 국립기록관(NAA)이나 ISO15489에서는 처분지침(disposal authority)을, 영국 국립기록관(The National Archives)은 처분일정표(disposal schedule)를, 유럽연합의 Moreq과 미국 기록관리자협회인 ARMA International 등 전문직협회에서는 보유일정표(retention schedule)란 용어를, 호주 퀸즈랜드 주립기록관 등에서는 보유 및 처분일정표(retention and disposal schedule)를 주로 사용한다. 우리나라의 경우 '기록물분류기준표'를 사용하였다. 본 연구에서는 이 중 보유일정표라는 용어를 사용하였다. 이는 생산주기 전반을 통제하는 도구로서의 개념을 강조하기 위함이다.

---

8) Shepherd, Elizabeth and Geoffrey Yeo 2003. *Managing Records: a Handbook of Pr inciples and Practice.* Ch. 5. Managing appraisal, retention and disposition. Lon don: Facet Publishing. 163p.

나. 역할의 확장

보유일정표의 기본적인 역할은 기록을 체계적이고 일관성 있게 처분할 수 있도록 지원하는 것이었다. 처분(disposal, disposition)은 평가 결정을 실행하는 절차(호주AS 4390-1996), 법률, 규정, 행정절차 등에 의거한 평가 결정에 따라 더 이상 현행 업무에 필요하지 않은 기록에 대해 취하는 행위(미국 NARA) 등으로 정의되어 왔다. ISO 15489에서는 기록의 유지나 파기, 이관과 관련하여 "처분지침이나 기타 도구에 문서화되어 있는 결정"을 이행하는 일련의 과정으로 규정한다.9)

기록관리 과정에서 '처분'의 의미는 입장에 따라 다르다. 생산자 입장에서는 현재 활용중인 기록과 분리하여 별도의 공간으로 옮기는 것이다. 업무부서에서 공간을 효율적으로 활용하기 위한 도구로서의 개념이 강조된다. 기록관리자 입장에서는 기록 평가에 따라 기록의 생애주기를 지정하고, 생애주기의 각 단계별 조치사항을 지정하여 이를 이행하는 절차이다.

그러나 처분의 의미도 변화하고 있다. 전통적 환경에서 처분은 이관, 폐기, 기증, 매각 등의 행위를 의미했다. 전자 환경에서는 기록관리시스템 내로 기록을 이전하거나 기록관리시스템으로부터 삭제하는 것, 기록관리시스템간의 이전, 오프라인 매체로의 변경10), 기록 소유권이나 관리권의 이전 등도 처분에 포함된다. 처분 개념의 확장에 따라 보유일

---

9) *ISO 15489 Information and documentation - Records management Part1 : General(ISO 15489-1), Part2 : Guidelines(ISO 15489-2).* 2001. Geneva: ISO. 3.9.

10) 미국 NARA에서는 "전자기록의 경우 테이프, 디스크 및 기타 오프라인 저장매체를 사용함으로써 서버 공간을 절약하도록" 지원할 것을 제시하고 있다.(National Archives and Records Administration. "What is disposition")[www.archives.gov]

정표의 기능도 확대될 필요가 있다.

기록관리 국제표준인 ISO 15489에서는 기록의 처분뿐만 아니라 획득 (capture)을 지원하는 도구라는 점을 강조한다. 동 표준에서는 처분지침을 "기록을 적절히 획득하고, 기록의 보유기간을 결정하며, 기록의 처분방식(이관, 폐기, 기증, 매각)을 결정하는 데에 기준이 되는 도구"라고 정의하고 있다.[11] 호주 NAA의 지침 역시 처분뿐만 아니라 기록 생산 및 유지 보유 등 라이프사이클 전반을 통제하는 영역으로 그 기능을 확장하고 있음을 알 수 있다. "보유일정표(DA's)는 생산, 유지, 보유, 폐기 지침을 밝혀주며, 모든 포맷의 기록(종이, 전자, 사진 등)에 적용"된다고 적시하고 있다.

이렇게 보유일정표의 역할이 확장된 배경은 두 가지 측면에서 분석해볼 수 있다. 우선 보유일정표 작성 방식의 변화이다.[12] 과거 환경에서는 기록관리자가 각 업무나 기능 영역별로 일정표를 종이로 작성하였다. 기록관리자가 기록 생산에는 관여하지 않았으며, 일정표는 기록의 생애주기의 후반에만 적용되었다. 한편, 전자기록관리 혹은 전자적 기록관리 환경에서는 기록의 생산 및 획득 단계의 통제가 필수적이다. 따라서 보유일정표에 대한 역할을 확대할 필요가 생긴 것이다.

둘째는 보유일정표 개발원칙의 변화이다. ISO 15489는 업무에 기반한 기록관리 원칙을 강조한다. 보유일정표도 '업무활동'을 기조로 개발하도록 제안하고 있다. 이러한 보유일정표를 활용하면, 해당 업무를 기록화(documentation) 하기 위해서 어떤 기록을 생산·획득해야 할지 규정할 수 있다. 업무 및 기능에 입각하여 개발된 보유일정표는 예전의

---

11) *ISO 15489 Information and documentation - Records management Part1 : General(ISO 15489-1), Part2 : Guidelines(ISO 15489-2).* 2001. Geneva: ISO. 9.10.

12) Shepherd, Elizabeth and Geoffrey Yeo, op. cit.

기록유형별 보유일정표에 비해 업무를 기록화하는 능력이 매우 확장될 수 있다는 이점을 갖는다.

Shepherd & Yeo[13]는 보유일정표가 "기록의 전 생애에 걸쳐 실질적이고 일관된 관리 지침을 제공해야 한다"고 적시한 바 있다. 결론적으로 기록보유일정표는 기능평가를 토대로 어떤 기록을 생산·획득해야 하는지를 제시하고, 어떻게, 어디에서 저장해야 하는지, 언제까지 보유하며, 최종적으로 어떻게 처분할지를 제시해주는 역할을 할 수 있도록 설계되고 운영되어야 할 것이다.

다. 국가기록관리체제와 보유일정표의 승인체제

국가기록관리체계에서 보유일정표는 각 기관이 설정하여 운용하는 단순한 관리기준이 아니다. 정부기록을 위한 보유일정표는 법적 구속력을 가진다. 보유일정표의 설정과 적용은 법령이나 규정에 적시된 바에 따르게 되며, 대부분 모든 나라에서 보유일정표를 확정하려면 국립기록관리기관의 승인을 받도록 규정하고 있다.

호주에서 처분지침(Disposal Authorities)은 "연방기록의 처분을 승인하기 위해 NAA 가 Archives Act 1983 의 제24 조에 따라 공표한 법적 문서"이다. 연방기록의 처분을 위해서는 NAA로부터 승인 받은 처분 지침에 의해서만 처분할 수 있도록 하고 있다.

미국 DoD 표준에서는 보유일정표를 "기록 생산기관이 영구보존하기로 정한 기록을 국립기록관으로 이관하거나 한시 보존 대상 기록을 파기할 수 있는 권한을 부여하는 법적인 허가"로 정의하고 있다[14]. 미국

---

13) Ibid., 163p.

14) US. Department of Defense. Assistant Secretary of Defence for Command, Control, Communications and Intelligence. 2002. *Design Criteria Standard for Electr*

의 연방법(44 USC 3303)에 의하면, "모든 연방기록을 기관별 일정표 (RS) 와 공통기록일정표(GRS)에 따라 스케줄을 결정"하도록 규정하고 있으며, 모든 기록일정표는 NARA의 승인을 받도록 하고 있다. 우리나라의 기록물분류기준표는 (구)기록물관리법 시행령에 규정되어 있으며, 국가기록원의 승인 절차가 필요하다. 한편 현재 입법 예고중인 기록물관리법 시행령개정안(제29조)에서는 단위과제별로 규정된 보존기간은 중앙기록물관리기관(국가기록원)의 장이 정하는 보존기간 준칙에 따라 공공기관에서 작성하고 관할 영구기록물관리기관의 장의 승인을 거쳐 시행하도록 정하고 있다.

3. '보유일정표'의 체계 분석

3장에서는 호주, 미국, 우리나라를 대상으로 보유일정표 유형, 구조적 특성, 구성요소 등을 중심으로 체계를 조사하고 비교 분석하였다.

가. 유형

호주의 보유일정표는 공통행정기능 보유일정표인 AFDA, 공통기록 보유일정표인 여러 개의 GDAs, 기관별 고유기능 보유일정표인 RDAs(Records Disposal Authorities) 등 3가지 유형으로 구분할 수 있다. 2000년 3월 이후 호주의 보유일정표는 정부조직의 업무기능에 기반하여 재설계되었으며, 호주 기록관리표준인 AS 4390(이후 AS ISO 15489-2002)을 준수할 수 있도록 하였다.

---

onic *Records Management Software Applications*. US. Department of Defense(DoD 5015.2STD, June 19, 2002).

[표 1] 호주 보유일정표의 유형

유 형	내 용	적 용	제 정
공통행정기능 보유일정표(AFDA)	각 연방기관들이 수행하는 공통적인 기능으로부터 산출되는 기록에 대한 공통적인 보유일정 제시	모든 연방기관의 기록에 적용	NAA
공통기록 보유일정표 (GDAs)	각 연방기관들이 관리하는 공통적인 기록유형에 대한 공통적인 보유일정 제시	모든 연방기관의 기록에 적용	NAA
기관별 고유기능 보유일정표(RDAs)	AFDA 및 GDA에 포함되지 않는 기관별 고유기능으로 부터 산출되는 기록에 대한 보유일정 제시	단일 기관의 기록에만 적용	각 기관 제정 후 NAA 승인

AFDA는 호주 연방기록법(Archives Act 1983) 24조를 근거로 하여 제정되었고, 2000년 2월 호주국립기록관(NAA)의 승인을 받았다. 대부분의 연방기관에서 수행되는 일상적 행정기능과 관련된 기록의 보유일정을 제공하고 있다. AFDA는 GDA12/ 12A, 13, 14, 15, 16, 17, 18, 20과 각 기관별 RDA 내의 일상적 행정기능과 관련된 기록 보유일정표를 대신하게 되었다.[15] AFDA는 사회관계(Community Relations), 보상(Compensation),

---

15) GDS 12/12A 재무 및 회계 기록(Finance & Accounting Records) / 제정일 1998년 6월 23일

GDA 13 시설, 재산 및 업무 기록(Accommodation, Property & Works Records) / 제정일 1989년 12월 21일

GDA 14 일반 행정 기록(General Administrative Records) / 제정일 1990년 10월 18일

GDA 15 입찰 및 계약 기록(Tender & Contract Records) / 제정일 1990년 10월 18일

GDA 16 석면 관련 기록(Asbestos Related Records) / 제정일 1990년 10월 18일

GDA 17 직원 및 시설 기록(Staff & Establishment Records) / 제정일 1992년 2월 22일

GDA 18 연방기관의 지방 및 해외 사무소(State/Regional Offices and Overseas Posts of Departments and Authorities) / 제정일 1993년 12월 22일

GDA 20 3순위 기관 관련 기록물 : 주 내지 지역사무소 산하 부서(Records Relati

장비 및 창고(Equipment & Stores), 조직설립(Establishment), 재무관리(Financial Management), 운송수단 관리(Fleet Management), 대정부관계(Government Relations), 산업관계(Industrial Relations), 정보관리(Information Management), 법무서비스(Legal Services), 직장위생안전(Occupational Health & Safety), 인사(Personnel), 부동산관리(Property Management), 출판(Publication), 직원개발(Staff Development), 전략경영(Strategic Management), 기술 및 정보통신(Technology & Telecommunications) 등 17개 일반 행정기능을 포함하고 있다.

GDA는 위의 공통행정업무에 포괄할 수는 없지만, 여러 기관들이 공통적으로 보유하게 되는 기록 유형을 위해 개발된 보유일정표이다. 대표적인 GDA는 다음과 같다.

- 복제/변환/마이그레이션이 이루어진 원천 기록을 위한 GDA (2003. 12 공표) : 전자기록의 복사, 변환, 마이그레이션 등의 처리를 하고 난 후, 원 기록(source records)에 대한 처분 지침
- 온라인 보안 프로세스에서 생산된 암호화 기록을 위한 GDA (2004. 5 공표) : 온라인 보안프로세스 과정에서 생성된 암호화된 기록으로서 더 이상 필요 없는 기록의 폐기 기준. 대상은 온라인 보안프로세스를 사용한 수발신 업무조치에서 발생한 암호화된 기록.

이밖에도 GDA 24, 23, 22, 21 등이 아직 사용되고 있으며, 호주의 보유일정표 유형을 도해하면 [그림 2]와 같다.

---

ng to Third Level Agencies: Offices Controlled by State or Regional Offices) / 제정일 1996년 3월 29일

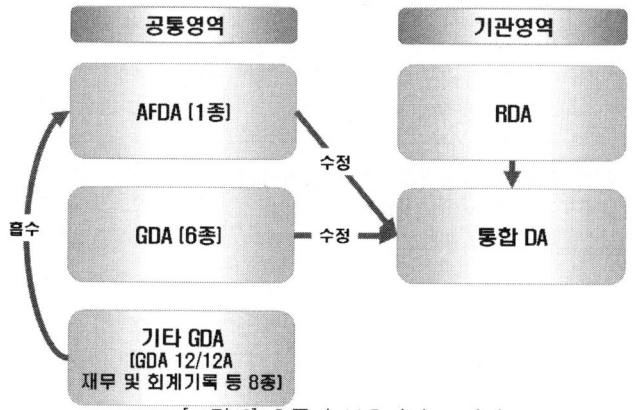

[그림 2] 호주의 보유일정표 체계

미국의 경우, 모든 연방기록은 기관별 보유일정표((Records Schedule, RS)나 공통기록보유일정표(General Records Schedule, GRS)에 따라 스케 줄이 결정된다. 연방기관들은 GRS가 포괄하지 않는 모든 기록에 대해 일정표를 개발해야 한다(44 U.S.C. 3303). 모든 기록보유일정표는 NARA의 승인을 받아야하며, 승인 전에는 해당 기록을 처분할 수 없다. 재정 관리, 클레임, 기타 관련 사안과 관련된 기록을 위한 일정표는 NARA 승인 전에 일반회계국(General Accounting Office, GAO)의 승인을 받아야 한다(44 U.S.C. 3309). NARA 승인 이후, 보유일정표 상의 보유 기간은 의무적으로 지켜야 할 항목이며, 연방기관들이 불필요한 기록 을 체계적으로 제거할 수 있는 근거가 된다.

[표 2] 미국 보유일정표의 유형

유 형	내 용	적 용	제 정
공통기록 보유일정표 (GRS)	각 연방기관들의 공통적인 기록에 대한 공통적인 보유일정 제시	모든 연방기관의 기록에 적용	NARA
고유기록 보유일정표 (RS)	GRS에 포함되지 않는 기관별 고유의 기록에 대한 보유일정 제시	단일 기관의 기록에 적용	각 연방기관 제정후 NAA 승인

　　미국의 GRS 제도는 1978년 도입되어 각 연방기관은 의무적으로 이를 사용하도록 하고 있다. 미국 국립기록관리청장은 미국 헌법 44조(44 U.S.C.) 3303a(d)항에 근거하여 이를 공표하여야 한다. GRS는 모든 연방정부기관에 공통적인 한시적 행정기록에 대한 의무적인 처분 명령을 제공한다. 민간인사관리, 재무회계, 조달, 커뮤니케이션, 인쇄, 기타 공통기능과 관련된 기록을 대상으로 한다. GRS는 지금까지 27개가 공표되었으나 이중 2개는 폐지되거나 철회되었다.16)

---

16) GRS 1. 민간인사 기록, GRS 2. 임금 및 보수 행정 기록, GRS 3. 물품 조달, 공급, 양도 기록, GRS 4. 부동산 처분 기록, GRS 5. 예산 준비, 제시, 배분, GRS 6. Accountable Officers의 회계 기록, GRS 7. 지출 회계 기록, GRS 8. 저축, 플랜트, 비용 회계 기록, GRS 9. 출장 기록, GRS 10. 차량유지 및 운영 기록, GRS 11. 공간 및 유지 기록, GRS 12. 커뮤니케이션 기록, GRS 13. 인쇄, 제본, 복제, 배포 기록, GRS 14. 정보서비스 기록, GRS 15. 주택 기록, GRS 16. 일반행정 기록, GRS 17. 지도, 항공사진, 건축도면, 공학적 기록, GRS 18. 보안 및 보호서비스 기록, GRS 19. 연구개발 기록 (폐지), GRS 20. 전자기록, GRS 21. 시청각 기록, GRS 22. 검사자(inspector general) 기록(철회), GRS 23. 기관 내 대부분의 부서에 공통적인 기록, GRS 24. 정보기술 운영과 관리 기록, GRS 25. 윤리 프로그램 기록, GRS 26. 한시적 위원회, 협의회, GRS 27. CIO(정보담당관) 기록.

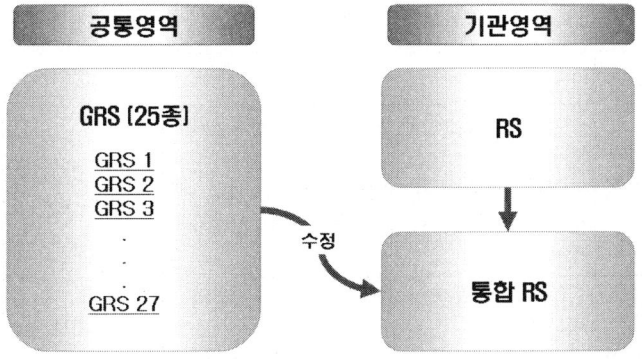

[그림 3] 미국의 보유일정표 체계

　우리나라의 경우, 새로운 기록물관리법 체계 하에서는 보유일정표의
구조가 아직 구체적으로 정해지지 않았으므로 구법 체계에 의한 기록
물분류기준표를 대상으로 하였다. 기록물분류기준표는 1999년 제정된
기록물관리법에 근거한다. 업무의 유형을 세분화하고, 업무구분에 따
라 분류기준표가 개발되었다. 업무의 구분은 '기관 공통업무' '처리과
공통업무' '유사 공통업무' '단독 고유업무'로 구분되며, 유형별 상세
내용은 [표 3]과 같다. 미국이나 호주의 경우 공통보유일정표에 제시된
보유기간은 최소한의 기준이기 때문에 기관별 통합 보유일정표에서는
이를 상향 조정할 수 있도록 하고 있으나, 우리나라의 경우 [그림 4]에
표시된 바와 같이, 일체 변경이 불가능하도록 규정하고 있다.

[표 3] (구)기록물관리법에 의한 기록물분류기준표의 유형

유형		내용	적용	제정
공통업무	기관 공통업무	- 기관단위의 운용과 관련하여 공통 적용되는 업무 - 감사, 공보, 기획, 예산, 행정관리, 법무, 비상계획, 총무분야로 분류하여 해당 처리과에 적용	모든 정부기관의 해당 처리과	국가기록원
	처리과 공통업무	- 처리과의 운영과 관련하여 공통 적용되는 업무 - 인사, 예산, 복무, 기록관리 등의 분야로 분류하여 모든 처리과에 적용	모든 정부기관의 모든 처리과	국가기록원
고유업무	유사 공통업무	중앙행정기관 사무를 일정 범위에서 위임받아 수행하는 중앙행정기관의 소속기관이나 지방자치단체 중 2개 기관 이상의 동급기관이 공통되게 수행하는 업무	해당 기관의 해당 처리과	기관(국가기록원 승인)
	단독 고유업무	전국을 대상으로 하는 중앙행정기관 및 중앙행정기관의 소속기관의 고유한 단독업무	단일 기관의 해당 처리과	기관(국가기록원승인)

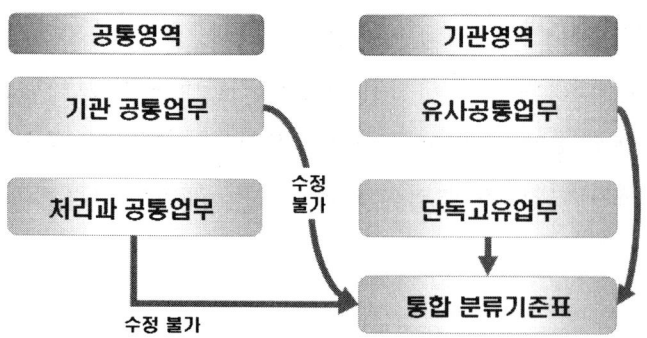

[그림 4] 우리나라 '기록물분류기준표'의 체계

이중 '유사 공통업무'는 통제시스템 부재로 현재 거의 사용하지 않는다. '기관 공통업무'와 '처리과 공통업무'는 정부 BRM에 입각한 새로운

분류체계 하에서는 그 구분이 없어질 것으로 전망된다.

나. 구조

　보유일정표의 구조는 기능별 구조모형과 기록유형별 구조모형으로 나눌 수 있다. 보유일정표의 적용단위가 기능이나 업무일 경우는 기능별 모형으로, 기록 유형일 경우는 기록유형별 모형으로 구분하였다. 기능별 모형으로는 호주 AFDA, RDA와 우리나라의 분류기준표를 들 수 있다. 보유일정표의 기본구조는 기능 및 업무에 따라 형성된다. 기록유형별 모형으로는 미국 GRS와 호주 GDA를 들 수 있으며, 기록유형별로 보유일정표의 구조가 형성된다.

　호주 AFDA의 구조를 개념적으로 표현하면 [그림 5]와 같다. 대기능(function)과 중기능(activity)으로 분류된 후 각 중기능 아래 생산·관리되어야 할 기록의 유형들로 다시 구분된다. 해당 기록 유형별로 처분을 위한 지침이 부여되는데, 여기에는 어떤 시점에 어떠한 처분행위(이관이나 폐기 등)를 해야 하는지가 포함된다. 처분이 이루어져야 하는 시점의 경우, 확정된 시점보다는 특정한 사안(event)이나 사유가 발생한 이후로 표현하는 경우가 많다는 것을 알 수 있다. 사례는 [그림 6]과 같다.

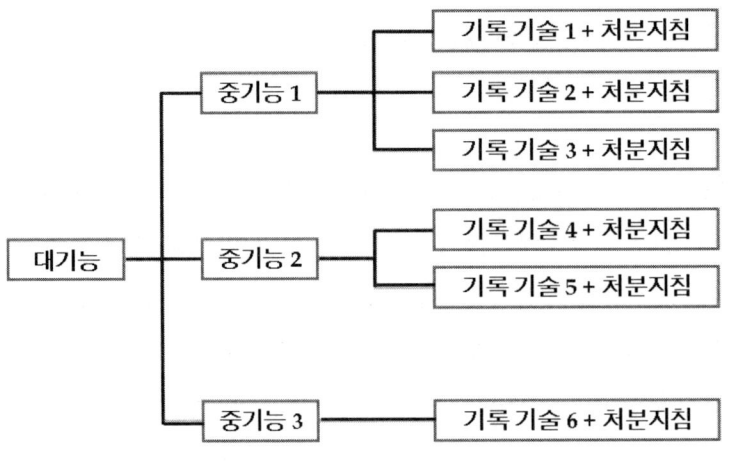

[그림 5] 호주 AFDA의 구조

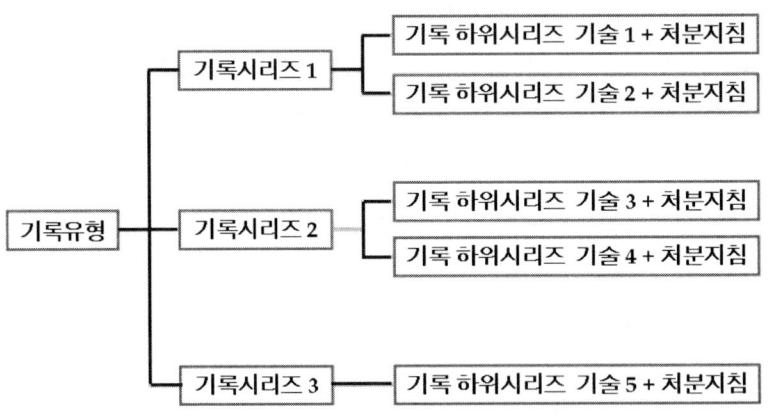

[그림 6] 호주 AFDA의 사례 (AFDA 중 일부)

반면, 기록유형별 모형을 취하고 있는 대표적인 사례로는 미국 GRS를 들 수 있다. GRS의 구조는 [그림 7]과 같이 표현할 수 있다. [그림 8]은 미국 GRS 사례로서, "GRS 16 : 경영/행정관리 기록" 중 일부를 번역 편집한 것이다. 영국의 공통기록처분일정(General disposal schedule)도 이

와 유사한 형태를 취하고 있으며, 영국의 경우 일정표에 포함되는 기록
계층은 보통 시리즈이다.17) 이들 일정표의 특징은 [그림 8]에서도 알 수
있듯이 기본적으로 기록의 유형을 나누고, 유형 아래 시리즈 및 하위시
리즈를 세분화한 후, 각 하위시리즈에 처분지침을 제시하고 있는데 이
는 호주의 기능 및 업무기반 체계와는 매우 다른 구조이다.

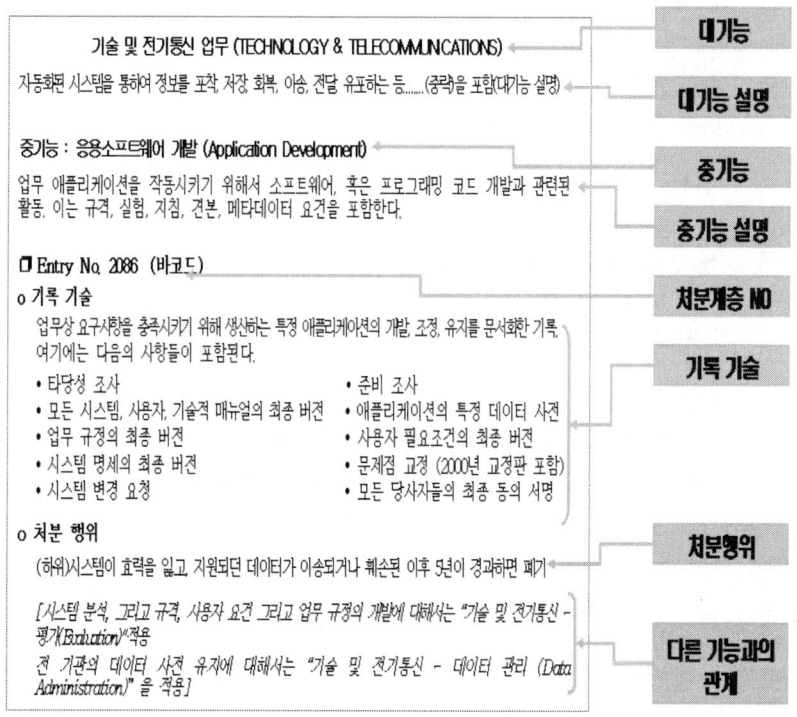

[그림 7] 미국 GRS의 구조

---

17) Public Records Office. 2002. *Requirements for Electronic Records Management Systems*. Surrey, PRO.

```
3. 서식 파일

 a. 서식의 개발, 범위, 목적을 보여주는 지시 및 설명 자료와 기관
 이 생산한
    서식 기록 각1부
    관련 서식이 중지되거나, 교체되거나, 취소된 5년 후 파기
 b. 배경자료, 접수, 명세, 처리데이터, 관리기록
    관련 서식이 중지되거나, 교체되거나, 취소되면 파기
4. 기록 소장 파일

기관 소장기록 통계보고서. 전체 사무실에서 나온 feeder report, 폐
기/이관된
기록 규모에 대한 데이터
 a. 기관 전체 소장 기록에 대한 보고서를 준비하는 부서가 소장한
 기록
    3년차에 파기
 b. 기타 사무실에서 소장하고 있는 기록
    1년차에 파기
5. 프로젝트 관리 파일

프로젝트 할당, 진도, 완료를 기록한 메모, 보고서, 기타 기록
    프로젝트가 종료된 해로부터 1년 후 파기
```

[그림 8] 미국 GRS 사례 ("GRS 16 : 경영/행정관리 기록" 중 일부)

　　우리나라는 2000년 기록물관리법을 시행하면서 업무 및 기능에 입각
하여 분류기준표를 개발하였다. (구)기록물관리법 시행규칙 제7조에서
는 "각급 기관별, 처리과별로 수행하는 각 단위업무(업무단위, 프로젝
트단위)를 확정하고, 확정된 단위업무별로 기능분류번호와 보존기간·
보존장소 등의 보존분류항목별 기준을 제시하여 생산기록물에 적용하
도록 기록물관리의 기준표를 개발"하라고 규정하고 있다. [그림 9]를
통해 기록물분류기준표가 기능분류와 조직분류가 중첩된 구조로 형성
되어 있음을 할 수 있다. '처리과'라는 조직으로 일단 분류한 후 단위

업무 별로 처분지침(보존기간)을 부여하도록 하고 있기 때문이다. 대기능, 중기능, 소기능은 법령에는 존재하나 실제 분류기준표에는 적용되지 않은 계층이다.

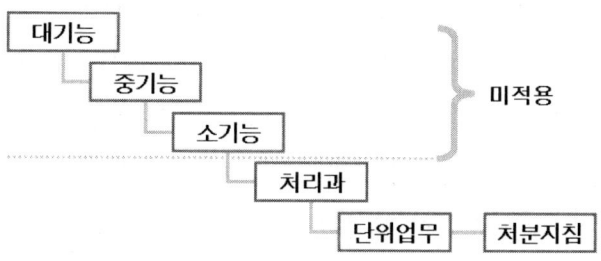

[그림 9] 우리나라 기록물분류기준표의 구조

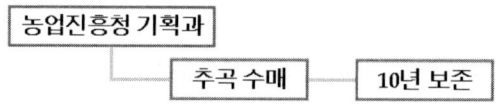

[그림 10] 우리나라 기록물분류기준표 적용 사례

ISO 15489에서는 "보유일정표는 기본적으로 기록 분류체계를 따르게 되며, 이때 분류체계는 업무분류에 기반을 두어야" 한다고 정하고 있다.[18] 호주의 경우 주도적인 보유일정표인 AFDA 및 RDA는 기능(업무)에 기반하고 있다. 해당 업무와 관련하여 어떤 기록이 생산·획득되어야 하는지에 대한 상세한 지침을 제공한다. GDA의 경우, AFDA나 RDA를 통해 구분할 수 없지만, 각 기관들이 공통적으로 보유하는 기록

---

18) *ISO 15489 Information and documentation - Records management Part1 : General(ISO 15489-1), Part2 : Guidelines(ISO 15489-2)*. 2001. Geneva: ISO.

유형을 위한 일정표로서, AFDA와 RDA를 보완하는 기능을 갖는다. 미국의 GRS는 기록유형에 기반하며, RS는 기관 재량사항이지만, 대체로 기록유형에 기반하며, 업무 및 기능과의 연계가 미약한 편이다. 특이점은 해당 기록과 관련된 법규 요건도 함께 기술하고 있다는 점이다.

분류기준표의 경우 단위업무에 처분지침이 부여된다는 점에서 ISO 15489가 제시하는 기능 및 업무 기반 체제에 부합한다. 그러나 모든 단위업무가 처리과라는 조직 분류에 귀속되어 있어, 엄밀한 의미에서 업무 및 기능분류체제에 기반하고 있지는 않다는 한계를 지닌다. 무엇보다도 각 업무별 기록에 대한 설명이 없어서, 어떤 기록을 생산·획득해야 하는지에 대한 지침으로는 미흡하다. 이러한 내용은 구성요소에 대한 분석을 통해 보다 명확해질 것이다.

다. 구성요소

ISO 15489가 제시한 보유일정표 요건에 따라 호주의 AFDA, 미국의 GRS, 우리나라의 분류기준표를 구성하는 정보요소들을 비교하면 [표 4]와 같다.

미국 NARA는 기록처분 요청서 서식을 지정하고, 각 기관은 이에 따라 서식을 작성하도록 하고 있다. 이는 각 기관을 위한 RS의 역할을 하게 된다. 이때 사용되는 표준서식(SF) 115 "기록처분요청서(Request for Records Disposition Authority)"는 기록 시리즈나 시스템 설명, 처분 설명으로 구성되는데, 처분 설명에는 시리즈의 종결(cut-off) 시점, 오프사이트 저장소로의 이동 시점, 폐기 시점, 국립기록관리기관으로의 이관 시점 등을 기재하도록 하고 있다. 즉, 처분의 개념이 확장되어 적용되고 있음을 알 수 있다.

[표 4] 보유일정표의 구성 요소 비교

ISO 15489	호주 AFDA	미국 GRS	분류기준표
업무 활동	대기능(function) 중기능(activity)		단위업무
각 업무활동으로부터 생산되는 기록	기록 기술	기록시리즈 설명	
기록의 유지 기간	처분 지침(보유기간)	기록보유기간	보존기간
처분 행위	처분 지침(폐기, 이관 등의 처분 행위)	처분행위	(법령에서 일괄 지정)
처분 행위를 일어나게 하거나 가능하게 하는 사건	처분 지침(기산점)	기산점	(법령에서 일괄 지정)
대체 저장 형태로의 이전 (예: 오프라인이나 오프사이트 저장) 지시		대체 저장 지침	보존방법 (ISO15489의 보존방법과는 다른 기준)
	처분지침번호 및 바코드		
	다른 대기능과의 관계		
			보존기간 책정사유
			보존장소
			비치기록물 여부
			비치기록물 이관시기
			열람예상빈도
			주요열람용도

구성요소 중에서 가장 주목해야할 요소는 ISO 15489가 제시한 "각 업무활동으로부터 생산되는 기록"을 표현할 수 있는 요소이다. 호주의 경우 '기록 기술'이, 미국의 경우 '기록시리즈 설명'이 이에 상응하는 요소들이다.

미국 NARA의 경우, 각 연방기관들의 기록관리를 평가하는 기준을 제공하고 있는데, 기록일정표가 기록조사서(인벤토리)에 기반하여 개발되는지, 기록조사서는 신규 업무 관련 기록물 및 전자기록생산시스템을 반영하고, 법규 요건 변화를 반영하기 위해 정기적으로 갱신되는지, 기록일정표에는 기록 시리즈를 명확하고 완전하게 기술하는 항목이 포함되어 있는지 등을 평가하는 항목이 포함되어 있다.[19]

국가기록원이 추진한 기록관리시스템을 위한 ISP 사업에서 제시한 기록물분류기준표 개선방안은 [표 5]와 같다. 상당히 의미 있고 현실성 있는 분석을 제공하고 있으나, 앞서 밝힌 보유일정표의 역할에 비추어 보다 심층적이고 본질적인 분석이 필요하다.

[표 5] 기록물분류기준표의 문제점과 개선방안 (국가기록원 ISP 사업 의견)

구분	상세현황	개선사항	의견
보존 기간	- 1년, 3년, 5년, 10년, 20년, 30년, 준영구, 영구 등 7종	- 한번 책정으로 고착. 업무변화를 반영한 변경 필요. - 책정기준이 불명확하고, 기록철별 책정으로 동일 업무 에서 나온 기록의 보존가치 상이 - 전문적 검토 미흡. 이관, 폐지 등 처분에 단순 적용	개선 유지
보존기간책정사유	- (예) 업무상 활용빈도가 높으므로	- '보존기간 책정근거'로 명칭 변경 - 보존기간 설정근거 목록(템플릿)과 연계	유지
보존 방법	- 원본보존, 매체보존, 병행보존으로 구분	- 종이기록 중심의 기준으로 전자기록관리에서는 부적합	제외
보존 장소	- 1:자료관 2:전문관리기관 - 준영구이상 기록의 보존 분담 고려	- 종이기록 중심의 기준 - 보존기간에 따라 보존장소가 정해지므로 실효성 적음	제외

19) National Archives and Records Administration. 2001. Records Management Self-Evaluation Guide, National Archives and Records Administration Management Guide Series. College Park(MD, NARA. [www.archives.gov]

비치기록물 여부	- 변동사항을 계속 기록하는 수시기록만 비치로 결정 - 그렇지 않으면 활용 빈도가 높아도 비치 기록 아님	- 카드, 대장 등의 전자화로 수시 기록의 필요성 감소 - 참조 등 활용 목적을 위한 비치항목 추가 필요	활용 목적 변경
비치기록물 이관 시기	처리과 업무종결 후 10년	- (미검토)	(의견 없음)
열람예상빈도	1:높음 2:중간 3:낮음	- 불필요	제외
주요열람용도	1:학술연구 2:행정참고 3:민원증명 4:사업정보 5:기타	- 불필요	제외
특수 목록	필요에 따라 검색어 지정	- 임의의 검색어 지정은 비효율적. 시소러스 개발 필요 - 실제 검색 용도로 활용되지 않음	제외
특수 기록물	대통령관련 기록, 비밀기록, 개별관리기록, 저작권보호기록, 특수 규격기록	- 대통령 관련 기록의 개념 변화 - 개별관리기록의 정의 불명확 - 특수 규격 기록은 종이기록 중심. 유효성 재검토 필요	제외
공개 여부	- 공개, 부분공개, 비공개로 구분 - 30년 경과후 비공개 기록 재분류 - 공개여부 구분은 건 단위 혹은 쪽단위로 표시	- 최초 생산, 접수 시점부터 공개여부 구분관리 필요 - 업무 종료에 따라 공개로 전환되는 특성을 반영한 재분류 절차 필요 - 부분공개의 경우 해당 비공개부분의 블랙마킹 처리 - 생산단계부터 내부 공무원에 대한 접근권한 관리 필요 (무결성 확보 차원)	유지

자료 : 국가기록원(2006) "기록관리시스템 개발을 위한 ISP 사업" III-93~III-121에서 요약.

보존기간의 경우, "기록철별 책정으로 동일 업무에서 나온 기록의 보존가치가 상이"하게 평가되는 것을 문제점으로 지적하고 있으나, 이는 적절한 지적이라고 보기 어렵다. 동일한 단위업무에서 산출되는 기록도 그 유형에 따라 보존기간을 달리 적용할 수 있기 때문이며[20], 과잉보존을 막기 위한 방책이기 때문이다.

보존기간 책정사유의 경우, "업무상 활용빈도가 높으므로"와 같이 그 의미가 모호한 사유를 표시하는 게 아니라, 법규요건 등 보다 구체적인 근거를 관리하고, 이를 선택할 수 있도록 설계한 것은 매우 의미 있는 진전이라 볼 수 있다.

보존장소의 경우, 현행 법령체계에서는 보존기간에 따라 일차적인 보존장소가 정해지므로 분류기준표에 표시할 필요가 없다. 장기보존대상이지만 기록관에서 보존할 필요가 있는 경우 등 예외적 상황이 존재하지만 이는 기록(철)별 등록정보(메타데이터)로 표시하는 것이 효율적일 것이다. 보존방법 역시 원본보존, 매체보존, 병행보존 등의 지정값(assigned value)이 전자기록환경에 부적합하다. 따라서 ISP 보고서에서 제안하듯이 보존방법을 항목에서 아예 삭제할 수도 있지만, ISO 15489가 제시한 것과 같이 대체 저장 형태로의 이전에 관한 정보를 기술하는 것도 고려할 만한 대안이 될 것이다.

한편 문제의 소지가 있는 항목은 '비치기록물 여부' 및 '비치기록물 이관시기'이다. 카드, 대장 등의 기록이 다양한 행정정보시스템의 도입으로 전자화되었기 때문에 수시로 내용을 추가 기록할 필요 때문에 비치기록을 설정할 필요성은 감소하였다. 그러나 국가기록원 ISP 보고서에서 제안한 대로 비치기록을 '참조 등 활용상의 이유로 설정'할 경우 비치기록의 양산을 초래할 수 있다. 따라서 전자기록의 경우, 비치기록

---

20) 보존가치 면에서 차이가 있거나 법규 요건 상 보존기간이 기록유형별로 상이한 경우가 있기 때문이다.

의 개념은 없애되, 조직의 업무연속성 유지를 위해 이관 등의 조치를 하지 않고 계속 보유해야할 필요가 있는 기록은 '필수기록(vital records)' 제도를 통해 관리하는 것이 적절할 것이다. 다만, 아직도 많은 공공기관에서 카드 및 대장류 기록이 전자기록과 병존하는 것이 현실이므로 비치기록항목은 계속 추가로 기록(수시 기록)해야 하는 비전자기록을 위해 남겨두는 것이 바람직할 것이다.

'열람예상빈도'와 '주요열람용도'는 이용환경에 따라 달라질 수 있으므로 분류기준표 항목으로는 적절치 않다. '특수목록'이나 '특수기록물의 지정' 역시 [표 5]에서 제시한 바와 같이 불필요한 항목이다.

'공개여부'의 경우, 보유일정표 항목으로 적절한지는 고려할 필요가 있다. 공개여부는 정보공개법에 의거하여, 단위과제나 기록철이 아니라 기록건이나 쪽 단위로 부여해야 하는 항목이다. 또한 기록 관리에 매우 중요한 기준이기는 하지만, 보유일정과 관련된 기준이라 보기는 어렵다. 특히 정보공개 여부는 국가기록관리기관의 승인을 받아야 하는 사안이 아니며, 국가기록원 ISP 보고서에서도 제시했듯이 다양한 시점에 유연하게 변경(공개 재분류)해야 하는 항목이다. 따라서 이는 기록에 대한 등록정보(혹은 관리 메타데이터)로 설정하는 것이 바람직할 것이다.

2. '보유일정표' (재)설계 원칙

가. 유형 재설계

첫째, 기존의 기관공통업무와 처리과공통업무를 위한 분류기준표는 기능 및 업무기반의 공통보유일정표로 통합하고, 유사공통업무와 단독 고유업무는 기관별 보유일정표로 통합하도록 하는 것이 바람직하다.

둘째, 기록유형별 보유지침 및 주요사업별 보유지침을 개발하여 새로운 전자 환경 및 정책 환경에서 더욱 체계적이고 효율적인 일정표 운용이 가능하도록 해야 할 것이다. 우선, 다양한 기관이 관여한 국가 사업인 경우 '주요사업별 보유 지침'을 개발할 수 있다. 가령 새만금개발사업의 경우 여러 부처 및 지방자치단체 등에 관여한 사업으로서 모든 관련 기관에 적용할 수 있는 일관성 있는 지침을 마련할 필요가 있다. 한편 호주의 사례에서도 알 수 있듯이, 앞으로 전자기록 자체로의 보존이 확산될 경우, 대부분의 기관이 마이그레이션(migration)이나 변환(conversion) 등이 이루어진 원천 기록(source document)을 보유하게 될 것이며, 이러한 유형의 기록에도 일관성 있는 처분기준을 제시할 필요가 있다. 이를 위해 장기적 관점에서 '기록유형별 보유 지침'을 개발하는 것이 바람직할 것이다.

셋째, 유사기능을 수행하는 기관들을 위해 '유사기관별 보유일정 모델'을 개발할 필요가 있다. 가령 지방병무청 보유일정표의 경우 하나의 모형을 개발한 후 지방별로 수정하여 사용할 수 있도록 하는 것이 바람직할 것이다. 그러나 이는 '기관별 보유일정표'의 일종으로 관리되어야 하며, 국가기록관리 체제에서 기존의 '유사공통업무'와 같은 형식으로 보유일정표를 개발하고 유지할 필요는 없다고 판단된다. [그림 11]은 이러한 재설계의 방향을 요약한 것이다.

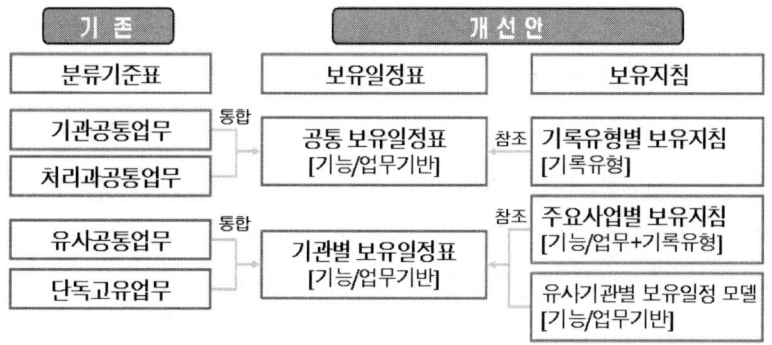

[그림 11] 보유일정표 유형 재설계 방안

나. 구조 재설계

우선 공통보유일정표, 기관별보유일정표는 기본적으로 기능(업무) 모형을 갖추어야 한다. 앞으로 각급 행정기관들은 BRM의 업무분류체계에 맞추어 기록분류체계가 설정될 것이며, 보유일정표가 기본적으로 이러한 체계에 기반할 경우, 기능(업무)모형을 갖추는 데에는 문제가 없을 것이다. 발표된 ISP보고서에 의하면, 보존기간은 단위업무에 부여하도록 하고 있고, 이는 BRM 체계 내에서 운영되도록 하고 있다. 다만, BRM은 기본적으로 현행 업무체계를 근간으로 형성되고, 업무변화에 따라 상당한 변경이 예상된다. 그러나 기록관리를 위해서는 기존에 사라진 업무라도 기록분류체계에는 남아 있어야 한다. 따라서 BRM에 의한 업무분류체계의 변화는 반영하지만 기록관리에 적합한 보다 안정적인 기록분류체계에 기반하여 기록보유일정표가 운용될 수 있도록 구조화할 필요가 있다.

한편 보유일정표의 구조와 관련하여 고려할 사항은 기산점(triggers)과 처분시점에 대한 원칙을 재정립하는 것이다. (구)기록물관리법 시행령 제15조 ③항에 의하면, "보존기간의 기산일은 당해 기록물의 처리가 완결된 날이 속하는 해의 다음 해 1월 1일로" 하도록 하고 있다. 기록물철 등록부 기술요소 중 '종료연도'는 해당 기록물철의 사안처리가 종료된 연도라고 표시되어 있다. 그러나 '처리' '사안처리' 시점에 대한 다양한 해석이 존재할 가능성이 있었다. 개정시행령 입법예고안에서는 보존기산을 산정하는 기산점을 '단위과제별로 업무처리가 완결된 날이 속하는 해의 다음해 1월 1일'로 제시하고 있다(개정령안 제30조). 그러나 '단위과제별로 업무처리가 완결된 날' 역시 다소 모호하며, 보존기간을 산정하여 처분을 적용하는 단위가 기록철이므로 '기록철 종결시점'을 기산점으로 규정하는 것이 혼선을 줄일 수 있을 것이다. 하나의 단위과제가 하나의 기록철을 구성하는 경우도 있지만 다수의 기록철로 구성되는 경우도 있기 때문이다.

그러나 보다 본질적인 문제는 처분시점을 결정하는 구조에 있다. 처분 시점을 결정하는 요소는 기산점(triggers)과 보유기간이다. 처분이 "직접적 생산목적에 의한 활용, 즉 업무상 활용이 종료되었을 때 취해지는 조치(보통 폐기나 이관)"이므로, 업무상 활용 종료 시점이 가장 중요한 기산점이 된다. 그러나 업무상 활용 종료시점은 단순히 3년, 5년 등의 정해진 기간으로 설정하기 어려운 경우가 많다. 또한 각종 법규에서 요구하는 보존기간을 준수해야 할 경우, 이는 정해진 시점 보다는 '가변 시점'으로 표현하는 것이 효과적일 경우가 많다.

호주 AFDA, 미국 GRS에 나타난 기산점의 유형은 매우 다양하다. 활동종료 후, 프로젝트 종료 후, 참조 이유 소멸 후, 계약 만료 후, 클레임 해결 후, 기부금 접수 후, 기부품목 처분 후, 업무이관 후 등 특정 사안(event)이 발생한 시점을 기산점으로 삼는 경우가 많다. 미국 국방성

(DoD)의 전자기록관리시스템 설계표준에서는 처분시점을 정하는 방식을 시간별 처분(정해진 시간이 지나면 처분), 사안별 처분(특정한 사안이 발생하면 처분. 보유기간 명시 안함), 시간-사안별 처분(특정한 사안이 발생하면 정해진 보유기간이 개시됨. 보유기간 명시)을 구분하고 있고, 이를 시스템 설계에 반영하도록 제시하고 있다.

아직 정해지지 않은 미래의 불확정한 시점에 폐기나 이관이 결정되는 기록을 '가변시점 처분 기록(contingent records)'이라 지칭한다 (Perice-Moses 2005). 이들 기록에 대해서는 일정 기간 경과 후에 어떤 요인이 발생하였을 때 처분이 결정된다. 일정한 시점에 재검토하여 폐기여부를 결정하게 되는 '준영구 기록' 제도가 우리나라에 존재하는 것은 결국 처분 기산점을 가변적으로 설정하는 제도가 없기 때문이라고 볼 수 있다. 기산점을 가변적으로 적용할 경우 '준영구'라는 보존기간을 설정할 필요가 없어질 것이고, 법규요건을 최대한 고려한 보유일정표를 설계할 수 있는 가능성이 열린다고 본다.[21]

다. 구성요소 재설계

3절에서 현행 분류기준표의 문제점을 분석하면서 그 개선방향을 제시한 바 있다. 이러한 방향에 근거한 구성요소 재설계안은 [표 6]과 같이 요약할 수 있다. 대부분의 요소들에 대해서 앞의 3.3에서 이미 설명한 바 있다. 이 중 특히 기록유형에 대한 설명은 반드시 포함시켜야할 요소이다. 이 요소는 체계적인 처분을 위한 지침을 제공할 뿐만 아니라 생산·획득되어야할 기록을 제시하는 지침서로서의 역할을 수행하기

---

21) 준영구기록에는 주로 인사 기록이나, 인허가 서류, 설계 도면 등이 포함되며, 영구 보존 가치는 불확실하지만 불확정 기간 동안에 증빙이나 법규요건 충족 등을 위해 보존되어야 하는 기록이 해당된다.

위해서 특히 필요하다. 가변적인 기산점의 경우, 현행 기록관리법제도에서는 쉽게 도입하기 어렵겠지만 장기적인 안목에서 적극적으로 고려할 필요가 있다.

[표 6] 보유일정표 구성요소(안)

기존항목(분류기준표)	개선항목	설 명
기능분류	기능(업무)	대기능, 중기능, 소기능, 단위과제
	업무 설명	단위과제 설명
	기록 설명	해당 기록 유형 설명
	기산점	다양한 사안(event)을 기산점으로 수용할 수 있도록 조정. 처리과에서 보유해야할 기간을 고려
보존기간	보유 기간	기산점 이후의 보유기간
	처분행위	(기간 만료후) 재검토, 이관, 폐기, 반출로 다양화
보존기간책정사유	결정 근거	보존기간 산정 등 처분지침의 근거법규 기술. 애매한 표현 배제
보존방법	보존방법	현행 지정값은 폐기. 전자기록의 경우 오프라인매체로 변경 필요시 기입(저장환경의 변경 기입)
보존장소	[제외]	–
비치기록물여부	비치기록물여부	비전자기록을 위한 항목으로 잔존
비치기록물이관시기	비치기록물이관시기	비전자기록을 위한 항목으로 잔존
열람예상빈도	[제외]	–
주요열람용도	[제외]	–
특수목록	[제외]	–
특수기록물	[제외]	–
공개여부	[제외]	–

또한 보유기간이 끝난 후 이루어져할 처분행위도 전자기록환경을 고

려하여 다변화 할 수 있다. [표 7]은 전자기록관리시스템에서 고려하는 처분행위를 유형화한 것이다. 검토, 반출, 이관, 폐기 등 4가지로 구분하고 있다. 이는 현용 및 준현용 기록관리시스템(RMS)을 위해 설정된 유형이며, 보유일정표에서는 이들 유형과 함께 '무기한 보유(영구 보존)'도 제시할 수 있어야 될 것이다.

[표 7] 처분행위의 유형 (Moreq, PRO, DoD)

검토(review)	보유기간 및 처분방식 재검토
반출(export)	기록은 그 ERMS에 그대로 두고, 기록사본을 다른 위치나 시스템으로 옮기는 것(예를 들어, 원래 시스템에 일정기간 사본을 유지한 채 보존기록장소로 반출)
이관(transfer)	- 법적, 행정적, 학술적 이유로 영구보존 - 중장기적 관리를 위해 외부 서비스의 이용 - 다른 ERMS로 이전 (ERMS에 있던 원래 기록은 이송 후 삭제)
폐 기 (destruction)	복구가 불가능한 상태로 파기

자료 : 유럽연합 Moreq, 영국 PRO, 미국 DoD의 전자기록관리시스템 기능요건에서 정리

3. 맺음말

국제표준 및 외국 사례에 대한 분석을 토대로 기존의 분류기준표의 개선방안을 모색해보았다. 다시금 강조하건대, 시대 새로운 기록관리 환경에서 무엇보다도 '보유일정표'의 역할을 재인식할 필요가 있다는 점이다. 즉, 보존기간을 정하기 위한 기준에서 "업무의 철저한 기록화 및 체계적인 처분 도구"로 재인식할 수 있어야 한다. 특히 생산 및 획득되어야할 기록을 제시하는 지침서로서의 역할이 강조되어야 한다.

아울러 "업무에 기반한 기록관리"에 대한 오해도 불식시킬 필요가 있다. ISO 15489는 기록관리가 업무와 긴밀히 연계되어야 한다는 점을 강조하고 있으며, 이는 매우 중요한 원칙이다. 그러나 순수하게 업무분석만을 기반으로 구성된 분류체계로는 기록관리를 효과적으로 수행하기 어렵다. 효과적이고 체계적인 기록관리를 위해서는 업무분석뿐만 아니라 다양한 매체나 포맷을 포함한 기록 조사가 함께 이루어져야 한다는 것에 유념할 필요가 있다. 업무분석에 입각하여 분류체계의 기본틀을 마련한 후 기록유형에 대한 조사가 병행되고, 이러한 내용이 보유일정표에 포함되어야 한다. 미국, 영국, 호주 등 여러 나라의 기록관리 평가기준을 보면, 대체로 보유일정표가 기록조사에 근거하여 만들어졌는지를 점검하는 항목이 포함되어 있다. 보유하고 있거나 생산해야 할 기록에 대한 조사 없이 개발된 보유일정표는 근본적으로 한계를 가지기 때문이다. 업무분석과 기록조사를 토대로 개발된 보유일정표는 '공공업무 수행의 철저한 기록화'라는 기록관리혁신의 목표에 다가갈 수 있는 사다리가 될 수 있을 것이다.

본 연구는 학문적, 실무적, 정책적 측면에서 일정한 의의를 갖는다. 학문적 측면에서 보면, '기록물분류기준표'에 대한 기록학적 분석으로 그간의 연구 성과를 보완하고, 국제표준에 근거하여 보유일정표의 역할을 정리하였다는 점이다. 실무적/정책적 측면에서는 미국, 호주의 보유일정표 체계에 대한 다각적 분석을 토대로 '보유일정표' 설계 방안을 제시한 것이다. 아울러 입법예고된 기록물관리법 시행령 개정안을 보완하는 데에 참조할 수 있는 근거가 될 수 있을 것이다. 후속 연구로 기록 조사 방법론 및 조사서(인벤토리) 설계, 행정정보시스템 내의 데이터베이스(데이터세트) 등 다양한 전자기록을 위한 보유일정표 연구 등이 이루어지길 기대한다.

참고문헌

국가기록원 2006. 『기록관리시스템 개발을 위한 ISP 사업보고서』. 서울: LG CNS 컨소시엄(미간행).

국가기록원 평가분류팀. 기록물 보존업무 처리기준표 작성(2006. 6. 20 워크숍 자료)

김정남 최정태. 2004. 기록처리일정표의 작성과 유지 관리. 『한국기록관리학회지』. 4(1): 43-65.

김태웅. 1999. 기록물분류기준표의 제정과 전망. 『기록보존』 12: 159-173.

박유진. 2004. 기록물분류기준표 특성 및 운영에 관한 연구. 『정보관리연구』 35(1): 71-91.

박유진. 2003. 기록물분류기준표의 운영과 과제. 『기록학연구』 8: 57-95.

이승억. 2003. 호주의 정부기록 처리제도: 처리기준표(Disposal Authority). 『기록보존』

이승억. 2001. 한국 공공분야 '기록보유(Recordkeeping)' 체제 전망 : '기록물분류기준표'의 제도적 의의와 특성. 『기록학연구』 4: 31-62.

ARMA International. 2005. *Retention Management for Records Information.* Lenexa: ARMA International (ANSI/ARMA 8-2005)

Man, Elizabeth. 2005. A functional approach to appraisal and retention scheduling. *Records Management Journal* 15(1): 21-33.

National Archives and Records Administration. 2001. Records Management Self-Evaluation Guide, National Archives and Records Administration Management Guide Series. College Park(MD, NARA. [www.archives.gov]

National Archives and Records Administration. What is disposition. [www.archives.gov]. [2006. 7].

National Archives and Records Administration. 1997. *Disposition of Federal Records: A Records Management Handbook.* Washington. D.C.

National Archives of Australia. 2004. General Disposal Authority for Encrypted

Records Created in Online Security Processes. [www.naa.gov.au]

National Archives of Australia. 2003. General Disposal Authority for Source Records that have been Copied, Converted or Migrated. [www.naa.gov.au].

National Archives of Australia. 2000. Disposal.
[http://www.naa.gov.au/recordkeeping/disposal/disposal.html].

National Archives of Australia. 2000. The Administrative Functions Disposal Authority. [www.naa.gov.au]

National Archives of Australia. 2000. DIRKS: A Strategic Approach to Managing Business Information. Appendix 8.
[http://www.naa.gov.au/recordkeeping/dirks/dirksman/contents.html].

Pearce-Moses, Richard. 2005. *A Glossary of Archival and Records Terminology*. Chicago: Society of American Archivists.

Robinson, Catherine. 1997. Records control and disposal using functional analysis. *Archives and Manuscripts*. 25(2): 1997.

Saffady, William. 2004. *Records and Information Management: Fundamentals of Professional Practice*. Lenexa: ARMA International.

Shepherd, Elizabeth and Geoffrey Yeo 2003. *Managing Records: a Handbook of Principles and Practice*. Ch. 5. Managing appraisal, retention and disposition. London: Facet Publishing.

Stephens, David O. and Roderick C. Wallace. 2003. *Electronic Records Retention: New Strategies for Data Life Cycle Management*. Lenexa: ARMA International.

[기록관리 및 기록관리시스템 표준]
행정자치부. 2002. 『행정기관의 전자문서시스템 규격』. 서울: 행정자치부.
정부기록보존소. 2003. 『행정기관의 자료관시스템 규격』. 대전: 정부기록보존소.
Cornwell Management Consultants plc. 2001. *Model Requirements for*

the *Management of Electronic Records(Moreq Specification)*.
Bruxelles-Luxembourg: European Union.

*ISO 15489 Information and documentation - Records management Part1 :
General(ISO 15489-1), Part2 : Guidelines(ISO 15489-2)*. 2001. Geneva:
ISO.

National Archives of Australia. 2006. *Functional Specification for Electronic
Records Management System Software((Exposure Draft)*, Feb. 2006.

Public Records Office. 2002. *Requirements for Electronic Records Management
Systems*. Surrey, PRO.

US. Department of Defense. Assistant Secretary of Defence for Command,
Control, Communications and Intelligence. 2002. *Design Criteria
Standard for Electronic Records Management Software Applications*.
US. Department of Defense(DoD 5015.2STD, June 19, 2002).

기록물 재평가 및 처분을 통한
보존관리 전략에 관한 연구:
사기록 보존소를 중심으로

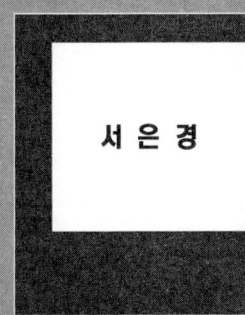

서 은 경

1. 서론

기록물은 인간의 경험을 기술한 것으로 기록물을 보존한다는 것은
바로 문명의 집단 기억인 문화유산을 보유하고 한 세대로부터 다른 세
대로 전달하는 역할을 수행하는 것이다. 따라서 기록물의 보존을 담당
하는 기록관은 중요 기록물을 수집하여 계속해서 영구적으로 보유하도
록 하는 기록물 보관자의 역할을 오랫동안 수행해왔다. 그러나 근대에
들어와서 기록물이 과잉 생산됨에 따라 기록물 관리업무의 성격이 변
화하게 되었고 이러한 변화는 기록관의 주요기능을 변화시켰다. Bools
& Young은 현재 사회는 실제로 필요한 것 이상으로 많은 정보들을 기
록하고 있으며 이에 따라 그 생산량은 엄청나게 늘어난 반면, 모든 기
록물들을 보존하기에 충분할 만큼 활동자원 즉 공간, 자금, 인력, 그리
고 시간을 기록관이 갖추고 있지 못하다[1]고 하였다. 또 그들은 대부분
의 기록물들이 단기적으로 유지되는 보존가치를 가졌을 뿐만 아니라
서로 중복적 정보를 지니고 있다는 점을 들어 기록물 수집시 이루어지
는 선별작업은 이제 기록관이 수행해야 할 가장 기본적인 작업이라고
하였다.

---

1) Bools, Frank and Julia Young. 1991. *Archival Appraisal*. New York: Neal-Schum
an Pub.

미국 아키비스트 협회는 1986년에 "(아키비스트의) 직업적 목표와 우선 순위"에 관한 보고서에서 사회에 대한 증거 기록을 남기기 위해 보존기간을 결정하고 영구보존 기록을 선별하는 것이 아키비스트의 제1차적 책무라고 선언했다.[2] 이제 아키비스트는 기록물을 선별해야할 처지에 놓이게 되었고 이로 인해 과거의 기록을 어떤 자료로 구성할 것인가를 결정하는 아키비스트의 역할이 예전보다 더 중요하게 되었다. 즉 아키비스트들은 영구보존을 위하여 정보를 선택해야하는 어렵고도 중요한 책임을 받아들일 수밖에 없는 환경에 처해 있다.

기록물의 평가는 아키비스트가 기록물 각각에 가치와 의미의 중요성을 부여해주는 작업으로 평가를 토대로 수행되는 기록물 선별은 실제 업무환경에서 이론적으로 말하는 가치를 파악하고 판단하여 기록물의 보존 여부와 보존기간을 결정하는 작업이라 할 수 있다. 따라서 공공기록물 관리기관은 물론 사기록관에서도 기록물 선별의 범위와 방식을 규정하여 가치 있는 기록물을 선별하여 보존하고, 가치 없는 기록물은 처분하는 업무를 기록관리의 핵심적 업무로 간주하고 있다. 이러한 선별작업은 기록관 목적에 적합한 필수적인 자료만을 보존하여 이용자가 쉽게 접근할 수 있게 하며 필요 없는 정보의 소장을 줄여줌으로서 보존비용 및 유지비용을 줄이는 기능을 한다.

그러나 몇몇 특정 기록물의 가치는 시간이 지난 후에야 명확해지기도 하나 대부분의 기록물이 지닌 가치는 시대의 흐름에 따라 변화되기 때문에 이전에 이루어진 선별 결정을 재검토할 필요가 있다고 지적되고 있다. 즉 시대 흐름에 따라 기록물 평가 기준이 되는 가치의 변화를 받아들이기 위해서 기존 기록물에 대한 재평가가 필요하다고 보았다.

---

2) 이상민. 2001. "영구보존문서의 선별과 가치평가". 『기록보존』. 14호: 87-119.

재평가와 처분은 1980년대까지만 하더라도 기록유산을 구성하는데 장애가 되는 개념으로 간주하였으나 기록물 보존에 드는 자원을 효율적으로 이용하고, 소장물의 초점이 잘 잡힌 기록관으로 유지하기 위해서는 과거의 평가 및 수집 결정을 재평가하는 절차가 필요하다는 인식이 최근 들어 아키비스트들의 공감대를 얻기 시작했다. Dowler는 재평가와 처분은 '보존관리의 정당한 기능'이자 '컬렉션 개발에 있어 필수적인 부분'[3]이라고 하였고 Rapport는 보존되고 있는 기록물 중 가치가 의심스러운 기록물을 계속 보존할 필요가 없으므로 재평가를 실시해야 한다[4]고 주장하였다.

다수의 논문에서 기록물의 평가, 조직 및 기술에 대한 이론과 원칙이 다루어지고 있으나 기록물 보존관리에 필수적인 업무로 인정받기 시작한 재평가 및 처분에 대한 이론과 원칙에 대해서는 많은 관심을 표하지 않았다. 본 연구는 보존되고 있는 기록물에 대한 재평가 및 처분에 대한 여러 학자들의 견해를 고찰하여 보존관리 업무에서의 그 역할을 분석하고, 재평가와 처분이 보존관리 기능으로 수행될 때 도움이 될 수 있는 재평가의 원칙과 처분업무 프로세스를 제시하고자 한다.

2. 재평가 및 처분에 대한 소고

1980년 전에는 아키비스트들은 일반적으로 재평가를 통한 처분은 반

---

3) Dowler, Lawrence. 1984. "Deaccessioning collections: a new perspective on a continuing controversy". In *Archival Choices: Managing the Historical Record in an Age of Abundance*, ed. Nancy E. Peace, 117-132. Lexington, Massachusetts: Lexington Books.

4) Rapport, Leonard. 1981. "No grandfather clause: reappraising accessioned records". *American Archivist*. 44(2): 143-150.

-기록관리 행동으로 간주하고 있었다. Haas는 보존되고 있는 기록물에 대한 포괄적인 재평가 및 처분을 고려하는 것은 아키비스트의 속성에 반하는 작업[5]이라 하였다. 그러나 기록물이 처리되기 위하여 대기하는 시간이 점점 길어지고 이를 관리하는데 드는 자원 부족이 심각해짐에 따라 아키비스트는 기록물의 보존관리 기능으로 기록물의 재평가와 처분을 수행하기 시작하였다. 본 장에서는 기록물 재평가와 처분에 대하여 아키비스트들이 제기한 윤리적인 이슈와 실용적 이슈를 살펴보고자 한다.

가. 정의적인 면

SLAIS 용어집에서는 재평가(reappraisal)를 '기록관에 수집 · 보관된 기록물을 계속적으로 보유하는가 아니면 처분하는가를 결정하기 위하여 다시 한 번 이루어지는 평가 작업과정'[6]이라고 정의하고 있다. Ledwell 은 재평가는 '아카이브로 이관되었거나 입수되었을 때 평가받은 기록물을 다시 평가하는 작업'으로 적합한 평가 없이 수집된 기록물에 대하여 시일이 지난 후 평가하는 연기된 평가(deferred appraisal)와는 다르다[7]고 지적하고 있다. 기록관리학사전에서는 재평가를 '보유되거나 삭제해야 할 소장 자료를 결정하기 위하여 기록관의 소장 자료를 다시

---

5) Haas, Richard L. 1984. "Collection reappraisal: the experience at the university of cincinnati". *American Archivist.* 47(1): 51-54.

6) School of Library, Archival and Information Studies. The University of British Columbia. Select List of Archival Terminology. <http://www.slais.ubc.ca/RES OURCES/students/Archival_Terminology.pdf> reappraisal as "process of re-val uation of holdings of historical archives to determine what should be retained and what should be deacceesioned".

7) Ledwell, Mary P. 1995. *The Theory of Reappraisal and Deaccessioning of Archival Material*. MAS thesis, The University of British Columbia.

평가하는 과정과 절차'8)라고 정의하였다.

또한 재평가와 관련 있는 용어가 바로 처분이다. 처분(deaccessioning) 은 SLAIS 용어집에서 '아카이브가 법적 관리자로부터 공식적으로 기록 물을 제거하는 과정'이라고 정의하였다9). 이 정의는 처분 업무가 원하 지 않는 기록물을 폐기하는 것만을 의미하는 것이 아님을 시사하고 있 다. 즉 아키비스트들은 원하지 않는 기록물을 다른 기관에 이관을 하거 나 매각할 수도 있음을 시사하고 있다. 1980년 초반까지는 대체로 재평 가와 처분을 하나의 같은 과정으로 보았으나 Ledwell은 이 두 기능이 기록물 보존관리 과정에서 항상 함께 수행되지는 않는다10)고 하였다. 즉 기록물이 분실/파손되었거나 또는 원 소유자로 회수되는 경우 재평 가 없이 처분할 수 있음을 지적하였다. 따라서 기록관리학사전은 '자료 를 재평가하여 보유물이 부적당한 것으로 발견했거나, 법적 소유자가 자료의 영구 반환을 요청하거나, 한 기관이 기록물을 또 다른 기록보존 소로 이관하는 데 동의하여 그 기록물을 공식적으로 제거하는 과정11)' 이라 정의하고 있다.

재평가 및 처분과 관련된 또 하나의 용어는 폐기(weeding)이다. Evans et al.은 폐기 작업을 '지속적인 가치를 지니지 못한 기록물 파일을 제거 하기 위하여 기록물을 조사하는 작업'으로 정의하였으나12) SLAIS 용어

---

8) 최정태 외 엮음. 2005. 『기록관리학 사전』. 서울: 한울 아카데미.

9) School of Library, Archival and Information Studies, op. cit., deaccessioning as "process by which an archives removes materials from its own legal custody"

10) Ledwell, loc. cit.

11) 최정태 외, 전개서.

12) Evans, Frank et al. 1974. "A basic glossary for archivists, manuscript curator s, and records managers". *American Archivist.* 37(3): 415-433. weeding as "ex amining records in order to remove permanently file units lacking continui

집은 폐기를 '문서 또는 파일을 파기하기 위한 목적으로 기록물철로부터 문서를 제거하는 작업'이라 정의[13]하였다. Danniels는 기록물철에 보다 쉽게 접근하여 이용할 수 있게 하기 위해서는 기록물철의 양을 줄여야 한다는 전제아래, 폐기작업은 기록물철에서 관계가 없는 문서를 제거하는 작업[14]이라고 정의하였다. 따라서 폐기는 하나의 기록물철이 갖는 내용과 상관이 없거나 중요성을 갖지 못한 부적합 문서만을 대상으로 하여 이루어져야 하며, 폐기되는 부적합 문서는 누구나 인정하고 명확한 것만으로 국한되어야 하고 이러한 폐기대상으로는 복본자료와 단명자료가 포함될 수 있다고 하였다.

일반적으로 재평가는 폐기보다는 보다 복잡한 업무로 간주되고 있다. 재평가는 적합한 평가를 받지 못한 기록물 또는 잘못 평가된 기록물을 파악 또는 식별하기 위해 정규적 업무 과정 안에서 이루어지는 작업을 뜻한다. 따라서 기록관의 컬렉션을 재검토하는 체계적인 작업인 재평가는 중복된 자료나 단명자료를 제거하는 것보다는 보다 주관적 평가와 지적 작업을 요하는 작업임에는 틀림이 없다.

나. 재평가 역할에 대한 논쟁

최근 들어 기록관은 보존해야 하는 기록물의 양이 점차적으로 증가하여 관리대상의 기록물이 넘쳐나고 있다는 사실을 인지하게 됨에 따라 수집 · 이관되는 모든 기록물을 처리, 유지, 보존할 수 없음을 인정

---

ng value".

13) School of Library, Archival and Information Studies, op. cit., weeding as "the removal for the purposes of destruction of documents or files from a series"

14) Daniels, Maygene F. 1988. "Records appraisal and disposition." In *Managing Archives and Archival Institutions*, ed. James Gregory Bradsher, 53-66. London: Mansell Publishing Limited.

하기 시작하였다. 이에 따라 아키비스트는 기록물을 효율적으로 관리하기 위하여 다른 전문직의, 특히 도서관에서 이루어지는 정보관리 기능을 기록물관리에 응용할 필요성을 느끼게 되었다.15) Reed-Scott는 도서관의 장서관리 업무로 이루어지고 있는 장기적이며 체계적인 4가지 전략을 기록물 컬렉션 개발과 관리에 응용할 필요가 있다16)고 하였다. 기록물관리에 적용할만한 장서관리 전략으로 그녀가 제시한 것은 다음과 같다: 1) 작성된 장서정책에 따라 장서관리가 이루어져야 하고; 2) 장서관리는 원하는 또는 기록관이 필요로 하는 자료에 대해서도 적극적으로 선정·수집해야 하고; 3) 수집된 장서가 기관의 현재 그리고 미래의 목적과 얼마나 잘 부응하는지에 따라 계속적인 평가와 분석을 해야 하며; 4) 협동 장서정책을 수립하고 자원공용을 수행해야 한다. Reed-Scott의 의견을 Ham은 재빠르게 수용하여 기록물 관리에 적합하도록 수정하였다.17) 즉 Ham은 '도서관에서 이루어지고 있는 장서관리'는 아키비스트들에게 새로운 개념과 관리 사이클을 제시해준다고 하며 6가지 기록물 컬렉션 관리기능 -기록관간의 상호 협동적인 수집; 체계적 평가절차 적용; 처분; 현용 문서의 사전 관리통제; 기록물 양의 통제; 분석과 계획- 을 제시하였다.

기록물 컬렉션 관리의 한 과정으로서 처분업무를 포함시킨 Ham은 처분을 보유하고 있는 기존의 기록물을 보다 정제하고 강화시켜주는 복잡한 업무활동으로 정의내리고 있으며 기록물 재평가를 통해 이루어

---

15) Chan, May. 2004. "Deaccessioning archives: the ongoing controversy". <http://www.slais.ubc.ca/courses>.

16) Reed-Scott, Jutta. 1984. "Collection management strategies for archivists". *American Archivist*. 47(1): 23-29.

17) Ham, F. Gerald. 1984. "Archival choices: managing the historical record in an-age of abundance". *American Archivist*. 47(1): 11-22.

질 수 있다고 하였다. 재평가는 과거에 부적절하게 내려진 평가 결정을 정정하고 더 이상 타당성이 없다고 판단되는 평가 결정을 변경하는 컬렉션 관리도구로 점차적으로 가치가 축소되고 있는 기록물이 점차적으로 중요성을 갖게 된 컬렉션으로 대체하도록 하여 아키비스트로 하여금 소장물을 강화시키고 또한 소장물을 재정의 할 수 있도록 해주는 업무이다. 그는 재평가를 통해 얻을 수 있는 가장 큰 장점은 과거에 부득이하게 내려진 잠정적인 평가 결정 또는 흔히 있는 불완전한 평가 결정으로 입수·소장된 기록물을 재평가함으로서 부적합 기록물을 미래의 아키비스트에게 떠넘기는 것을 막을 수 있다는 점을 들고 있다.[18]

재평가를 통하여 정규적으로 기록물을 처분하자는 Ham의 견해는 1981년 Rapport의 논문 "기득권은 없다[19]"의 영향을 많이 받았다.[20] 미국의 국립기록원에 오랫동안 근무한 Rapport는 이용되지 않는 기록물이 기록관 한 선반에 계속적으로 자리 잡고 있는 상황을 비판적으로 바라보면서 수집된 모든 공공문서가 영구적으로 소장되어야 한다는 점을 받아드릴 수 없다고 하였다. 그는 한번 이관된 기록물이 계속 보존되어야 하는 기득권을 가져서는 안 되며 보존할 필요가 없는 기록물의 보존비용을 국가가 지불해서도 안 된다고 하였다. 따라서 아키비스트는 기관에 소장되어 있는 기록물을 체계적으로 그리고 정규적으로 재평가하여 원하지 않는 기록물을 처분하는 것을 제안하였다.

또한 Rapport는 재평가시 무용지물의 기록물을 식별하는 것이 그리 어려운 것은 아니라고 하였다. 그는 재평가를 통하여 다시 선별되는 기

---

18) Ibid., 11-22.

19) "No grandfather clause: reappraising accessioned records"

20) Chan, op. cit.

준을 기록물의 이용 빈도수라고 생각하여 약 20-30년 동안 한번도 이용되지 않았던 기록물은 반드시 재평가하여 보유할지 아니면 처분할지를 결정해야 한다고 주장하였다. 이와 같은 재평가를 통한 처분은 첫째, 중복적인 내용을 지니거나 수집 범위가 벗어나 이용가치가 없는 자료를 제거함으로서 보다 효율적으로 소장공간을 활용할 수 있고, 둘째, 처분으로 인하여 관리 범위를 줄임으로서 보다 적합한 기록물들을 수집·기술하는데 드는 시간과 에너지를 확보할 수 있게 하고, 셋째, 높은 가치를 지닌 기록물에 대하여 보다 향상된 보존 방법을 제공할 수 있으며, 넷째, 협력 기록관간의 기록물 이관으로 인하여 기록관간의 관계를 더욱 밀접하게 해주는 이점을 지닌다고 하였다. 따라서 Rapport는 기록물의 보유기간을 입수시 결정하여 그대로 지켜지는 기존의 방식을 탈피해야 하며 아키비스트는 기록물의 영구적 가치를 다른 시각으로 조명할 필요가 있다고 주장하였다.

그러나 모든 아키비스트들이 Rapport의 제안 즉 정규적 재평가와 처분이 필요하다는 의견을 동의하는 것은 아니다. Benedict는 재평가와 처분이 기록물 폐기를 공식적으로 인가해주는 기능으로 기록물관리 도구라기보다는 위기관리 도구일 뿐[21]이라고 하였다. 이제껏 재평가와 처분은 근시적이며 좁은 범위 안에서 즉효를 가져오는 것을 목적으로 즉 예산이나 공간문제를 바로 해결하고 싶을 때 이루어졌다고 주장하였다. 따라서 아키비스트는 보다 신중하게 재평가 및 처분을 진행시켜야 한다고 주장하였다. 또한 Benedict는 재평가를 통한 처분이 관리비용과 시간 그리고 공간을 절약해준다는 Rapport의 의견을 반박하였다. 즉 기

---

21) Benedict, Karen. 1984. "Invitation to a bonfire: reappraisal and Deaccessioning of records as collection management tools in an archives-a reply to Leonard R apport". *American Archivist.* 47(1): 43-49.

존 기록물에 대한 정규적 재평가는 매우 비용이 많이 드는 업무로 대부분의 기록관이 시도하지 못하고 있는 실정이며, 또 많은 소장공간을 차지하는 기록물은 입수시 소장공간의 여부를 검토하여 결정하므로 나머지 불필요한 기록물을 처분한다 할지라도 소장공간이 그리 크게 늘어나지 않을 것이라 하였다. 또한 그녀는 기록물의 사초적 가치와 연구적 가치를 결정하는데 이용 빈도수를 적용하는 것에 반대하였다. 기록물 검색 도구가 부적합하거나 찾고자 하는 기록물에 대한 지식부족으로 인하여 이용이 안 될 수도 있기 때문이다. 더구나 긴 역사의 흐름 속에서 이용될 기록물을 한 시점에서 유용판단을 하는 것은 불합리하였고 현재 어느 정도로 이용되었는가라는 요소보다는 앞으로 계속적으로 그 가치가 유지될 것인가 즉 이용 가치가 아닌 질적 가치를 중요시 여겨야 한다고 주장하였다. Benedict는 아키비스트가 잘못 선별된 기록물이 기록관에 많이 존재하고 있다고 확신한다면, 기록물을 재평가하는 대신에 그 기관의 평가기준을 재평가해야 하고 동시에 직원들이 어떻게 평가기준을 적용시키고 있는지에 대해 내부적 평가를 실시해야 한다고 하였다.

Powell 역시 Rapport의 광범위하고 정규적인 기록물 재평가에는 동의하지 않았다.[22] 그녀는 재평가를 평가과정의 하부 업무로 보았고 더 이상 사초적/연구적 가치가 존재하지 않는 기록물을 찾아내거나 보존가치를 계속 유지하고 있는 기록물을 식별하기 위해서 수행되는 기능으로 설명하였다. 특히 기록관 목적과 부응하지 못하는 평가환경으로 인하여 생겨진 결과를 수정하거나 보충하고자 할 때 재평가를 실시해야

---

22) Powell, Sheila. 1991. "Archival reappraisal: the immigration case files". *Archivaria*. 33 (Winter): 104-116.

하며 이때 사용되는 평가기준은 기존의 평가기준에 변화된 접근을 적용한 새로운 것이어야 한다고 하였다.

Rapport와 Ham이 재평가와 처분을 기록관리를 수행하는 정규적 업무 중의 하나로 포함해야 한다고 의견을 제시한 반면, Benedict와 Powell은 정규적 재평가보다는 필요한 경우에만 재평가와 처분을 하도록 유도하고 있다. 이러한 두 가지 견해는 바로 큰 규모의 기록관에서 이루어지는 실용적 보존관리 전략으로 또는 특정 기록관 속성과 환경에 맞추어 활용될 수 있을 것이다. 이 상반된 두 견해는 비록 재평가 빈도수와 기준(특히 이용 기반의 기준)에 대해서는 동의하고 있지는 않으나 법적 소유권자로부터 필요시 기록물을 처분할 수 있도록 재평가를 실시하는 것에는 동의하고 있다. 따라서 이 모두 기록물 재평가가 공정하게 그리고 절차적으로 이루어질 수 있도록 윤리적, 법적, 실제적 문제를 다루고 있는 재평가 정책을 개발해야 하며 아키비스트들은 자관에 보유되고 있는 기록물은 물론이고 새로운 기록물, 타기관에 보유되고 있는 다양한 기록물에 대해 완벽한 지식을 갖춘 다음 재평가를 수행해야 한다고 주장하였다.

다. 보존관리로서의 처분

재평가와 마찬가지로 처분 또한 논쟁적이며 다양한 의견이 있는 이슈이다. 아키비스트들은 처분이라는 용어가 가치 있는 기록물을 폐기하고 또는 미래 연구자에게 기록물의 가치를 지속시켜주지 못한다는 이미지를 불러일으킨다고 생각하고 있으며,[23] 또 기록관이 이제껏 지켜온 평판에 손상을 입히고 공공기관으로서 기본적 기능을 잘 수행하

---

23) Chan, op. cit.

지 못하고 있는 인상을 남길 수 있다고 생각하고 있다.24) 따라서 처분은 기록관에 또 아키비스트들에게 원초적으로 위험부담을 주는 업무임은 틀림없다.

그러나 대부분의 기록관이 다양한 이유를 가지고 기록물을 처분하고 있는 것에 아무도 부정하지는 않을 것이다. 그렇다면 이제 아키비스트들은 뚜렷한 처분 근거를 수립하는 것과 처분 결정 후 어떻게 그 기록물을 처분할 것인가에 더 많은 관심을 가져야 할 것이다. 일반적으로 처분하는 유형에는 기록물 폐기, 기증자에게로의 반환, 더 적합한 기관으로의 이관, 그리고 매각이 있다. 즉 그 기록물이 컬렉션 개발정책에 더 이상 적합하지 않아 처분하기로 결정했다면, 먼저 기증자에게 반환하는 것을 고려해야 하고, 기증자가 원하지 않거나 없다면, 더 적합한 기관으로 이관시키는 작업, 또는 매각을 수행한다. 그러나 폐기는 마지막 선택사항이며 전혀 보존가치 없는 기록만을 대상으로 해야 할 것이다.

이관을 통한 처분을 일반적으로 아키비스트들 사이에서는 가장 적합한 방법으로 인정하고 있다. 즉 사초적/연구적 가치를 지닌 기록물이 그 기관의 수집기준에 적합하지 않다는 이유로 폐기되어서는 안 되며, 이용자는 그 기록물이 더 적합한 어느 곳에 소장되어 더 유용하게 이용되고 있다는 사실에 위로를 받을 수 있고 이관으로 인하여 생겨진 불만족을 상쇄시킬 수도 있기 때문이다. 이러한 협력 기관간의 이관은 소장공간면, 소장내용면, 접근성에서 서로 이익을 주기 때문에 바람직한 관리업무라 할 수 있다. 그러나 처분 유형 중 이관을 통한 처분이 가장 바람직하고 비논쟁적이라 할지라도 제 문제점을 갖고 있다. 즉 아키비스트는 처분하고자 하는 기록물이 안주할 새 집을 찾아야 하고 또

---

24) Ledwell, op. cit.

협상을 하여야 하는데 이때 많은 시간과 노력이 필요하고 이관비용(법적으로 또 물리적으로)도 상당히 많이 들기 때문이다. 미시간주립기록관(the State Archives of Michigan)은 1999년 2월에 13,275 박스 분량의 기록물을 재평가하기 시작하여 2002년 7월에 끝마쳤다. 장장 41개월 동안에 이루어진 재평가 결과, 전체 기록물 중 58%의 기록물이 보존가치가 더 이상 없는 것으로 판명되었다. 이에 따라 미시간주립기록관은 전체 기록물 중 48%만을 계속 보유하도록 한 반면, 53% 기록물을 완전히 폐기하였으며 나머지 5% 기록물에 대해서는 원래 생산된 부서로 이관하였다.[25)

이관과 달리 원하지 않는 기록물의 매각은 자금면에서 기록관에게 이익을 가져오는 업무라 할 수 있다. 그러나 수익을 위한 기록물 매각은 상당히 논쟁적 이슈이다. 다만 박물관이나 도서관보다는 표면적으로 이슈화가 안 되고 있는 상태인데 이는 기증한 자료로 수익을 남겼다는 기증자의 반격과 함께 공공시민의 조사를 피하기 위하여 아키비스트들이 공개적으로 원하지 않은 기록물을 매각했다는 것을 알리지 않기 때문일 수도 있다. 그러나 매각을 할 경우에는 공개적으로 실시해야 하며 이때 발생될 문제점 특히 소유권과 제한점 등을 충분하게 조사한다. 만약 문제점이 있는 경우에는 그 문제가 모두 해결된 다음에 처리해야 하며 법적인 절차나 조언이 필요한 경우는 반드시 참조를 받아야 할 것이다.

만약 기록관이 그 기록물의 법적 소유권을 가지고 있으며 기증자가 매각을 반대하지 않는 다면 판매 방법 -직접 판매 또는 경매- 에 대해 고려해야 할 것이다. 직접 매각시 가장 좋은 가격을 받기 위해 완벽한

---

25) Wojcik, Caryn. 2002. "Appraisal, reappraisal, and deaccessioning". *Archival Issues.* 27(2): 151-160.

목록을 작성해야 하며 또 중개상에게 수수료를 지불하여야 하는데 이러한 것들이 기록관으로 들어오는 수익을 적게 만들기 때문에 일반적으로 직접 매각을 권장하고 있지는 않다. 그 반면 경매는 그 순간의 경쟁으로 가격이 매겨짐에 따라 기관에 가장 높은 수익을 가져올 수 방법이다. 그러나 경매가 성립되기 위해서는 몇 년이 걸릴 수 있으므로 이 방법이 절대적으로 우수하다고 말할 수는 없다. 경매를 성공적으로 하기 위해서는 먼저 경매하고자 하는 자료와 경매결정을 공개하여야 하고 모기관으로부터 지원을 받도록 노력해야 한다. 특히 원래 소유자에게 이러한 계획을 알려야 하고 이때 소유자가 반대한다면 기록관은 기증자가 다시 가져가도록 유도함으로서 미래 부정적 평판 및 법적 위험을 받을 수 있는 기회를 피하도록 노력해야 한다.26)

　　온라인경매 사이트를 이용하여 성공적으로 기록물을 매각한 미 위스콘신 대학교 기록관 관장인 Doylen은 매각이 단지 소장공간을 마련하는 기능만이 아니라 기금 부족의 사이클을 탈피하게 해주는 계기를 제공한다27)고 하였다. 그러나 처분하고자 하는 모든 기록물을 매각하는 것은 찬성하지 않았고 단지 운영자금이 부족한 기록관에서 자금모금 차원에서 경매를 실시하면 좋을 결과를 가져올 수 있다고 하였다. 또한 Doylen은 기록물 판매기금은 기록관 컬렉션을 강화시킬 수 있는 자금으로 활용해야 한다고 주장하였다. 즉 건물 수리비, 또는 인건비로 사용하게 되면 기증자는 물론이고 이용자에게 비난받을 수 있음을 지적하였다. 또 매각을 시행할 경우, 윤리적 문제, 법적인 문제, 모기관간의

26) Streit, Samuel. 1982. "Research library deaccessioning: practical considerations". *Wilson Library Bulletin*. pp. 658-662.

27) Doylen, Michael. 2001. "Experiments in deaccessioning: archives and on-line a uctions". *American Archivist*. 64(Fall/Winter): 350-362.

정치적 문제, 비용 대 이익 면 등에 대하여 보다 명확하게 파악해야 하며 매각은 기록관에서 이루어지는 작은 일부 기능이고 주 기능은 컬렉션 개발과 보존임을 인식해야 한다고 주장하였다.[28]

처분은 법적, 윤리적, 실용면에서 상당히 논쟁을 불러일으키는 개념이므로 기록관에서 실행하기에는 쉬운 작업은 아니다. 아키비스트는 일반적으로 기록관에 모든 기록물을 보유하고 보존할 수 없다는 것에는 다 동의하고 있어 처분이 보존관리 하는데 필요한 업무임을 인정하고 있으나 어떤 기준으로 재평가하여 처분할 기록물을 선별하는지에 대한 의견은 분분하다. 또한 처분한다면 어떤 방식으로 즉 폐기할 것인지, 이관 또는 매각하는 것이 좋은지 그 결정을 내리는 기준에 대해서도 전문적 합의점을 찾지 못하고 있다. 따라서 아직 처분업무는 시스템적으로 분명하게 이루어지는 업무라기보다는 일시적이고 단편적으로 이루어지고 있는 활동이라 할 수 있다.

3. 기록물 재평가 및 처분 전략

Schellenberg는 '모든 기록관리의 목적은 가치 있는 기록을 보존해서 그 기록을 이용할 수 있게 하는 것이다'[29]라고 하였다. 물론 선별을 위한 기록물 평가 작업을 강조하는 말이기는 하나 이것의 의미는 재평가에서도 적용될 수 있을 것이다. 이제 재평가는 단지 기록을 제거하기

---

28) Stam, David H. 1982. "'Prove all things: hold fast that which is good': deaccessioning and research libraries". *College and Research Libraries.* 43(1): 5-13.

29) Schellenberg, Theodore. 1956. *Modernn Archive: Principles and Techniques.* Chicago: University of chicago Press. 224p.

위한 수단으로 간주되기 보다는 기록관 목적에 적합한 보존가치를 지니는 기록을 계속해서 보유하고 이용하도록 하기 위한 기록관리 방법으로 간주되고 있다. 3장에서는 먼저 기록물을 재평가하는 아키비스트가 고려해야 하고 근간으로 삼을 수 있는 재평가 원칙과 재평가에 따른 처분을 수행하는데 도움을 줄 수 있는 처분업무 프로세스를 제시하였다.

가. 재평가 원칙

최초 평가시 장기간 보존할 가치가 있다고 판단하여 보유해온 기록물에 대하여 어느 정도 기간이 지난 후 새로운 기준이나 환경에 맞추어 다시 평가하는 재평가 작업을 체계적이며 책임 있게 수행하기 위해서는 재평가 업무에 대한 핵심개념, 논점, 방향 등을 제시해 줄 수 있는 원칙이 설정되어야 할 것이다. 원칙이라 함은 조직 또는 시스템이 지녀야 할 의무와 권리, 기능, 활동 등에 대하여 정의와 범위를 서술한 것을 말한다. 따라서 본 장에서는 기록물 보존관리 업무의 하나로 간주되는 재평가 업무에 대한 기본적 정의, 기능, 업무프로세스, 고려사항 등을 설명해주는 재평가 원칙을 제시하였다.

1) 기록물의 재평가라 함은 기록관이 현재 지향하고 있는 목적과 평가기준을 가지고 다시 한 번 보존기록물의 가치를 판단하는 것을 말한다. 재평가의 기능은 소장물의 질을 향상시키고 자원을 효율적으로 사용할 수 있도록 도와주는 것이다. 따라서 기록관은 재평가 업무를 기록관 운영을 위한 위기관리 도구가 아닌 기록물 보존을 위한 컬렉션 관리 도구로 사용하여야 한다. 또한 최초 평가 작업을 통하여 기록물을 선별하였다는 것이 기록관에서 그 기록물을 영구적으로 보존한다는 의

미라기보다는 그 기록물이 보존가치를 지니고 있을 때까지 지속적으로 보존한다는 것으로 받아들여야 할 것이다. 그 기록물의 가치가 지속적으로 유지되고 있는지에 대한 파악은 재평가를 통하여 이루어지도록 한다.

2) 기록물 재평가가 제도화되기 위해서는 재평가 정책이 수립되어야 한다. 각 기관의 재평가 정책은 기관 나름대로의 특성을 고려해서 만들어져야 하나 기본적으로 재평가 정책은 재평가 목적 및 사명, 재평가 범위 및 기준, 세부적 지침과 고려사항, 예외조건, 재평가 결과에 대한 처리 사항 등이 포함되어야 한다. 특히 재평가 정책은 기록관이 그 기록물을 지속적으로 보존해야 하는 명확하고도 강력한 개념적 당위성을 제공해주어야 한다.

3) 재평가 업무프로세스를 수립하고 이에 따라 진행시키는 것은 평가 작업이 지니고 있는 과학적이 아닌 예술적 속성을 완화시키는 기능을 한다. 따라서 재평가 작업을 보다 체계적이고 일관성 있게 수행하기 위해서는 각 기관에 적합한 재평가 업무프로세스를 수립해야 할 것이다. 업무프로세스를 체계적이며 보편적으로 설계하기 위해서는 먼저 상위수준의 주요 업무를 파악하여 골격을 설계한 다음, 실제 업무에 대한 "모범 실무"를 규명하여 일률적이며 효율적인 처리가 가능하도록 한다. 또한 각각의 업무프로세스에서 발생되는 문제점 해결과 평가기준 등에 도움을 줄 수 있는 지침을 동시에 개발하여야 할 것이다. 재평가 지침에는 재평가 시기 및 방법, 외부 자문, 위원회의 의견 수립, 승인방법, 사후처리에 대한 적합한 순서와 고려사항 등이 포함되어야 한다. 기관에 따라 재평가 일정표와 위원회 자문 일정표를 확정하여 제시할 수 있다.

4) 재평가를 실시하는 아키비스트는 기록물 보유여부에 대한 완전무결한 결정을 내리는 것이 아니라 분별 있는 결정을 내리는 것을 목표로 삼아야 한다. 절대적으로 완벽한 평가란 있을 수 없지만 아키비스트들이 최선의 노력을 기울일 때 평가는 향상될 수 있다. 특히 평가업무는 미리 정해진 처리과정을 수행하는 작업이 아니므로 재평가를 맡은 아키비스트들은 예리한 분석력과 신중한 결단을 내릴 수 있게 하는 훈련을 쌓아야 한다. 이를 위해서 아키비스트들은 자관에 소장된 기록물뿐만 아니라 협력 기록관 또는 그 외 기록관에 소장되어 있는 기록물과 이용자들을 잘 파악하고 있어야 한다.

5) 현 보유기록물에 대한 재평가 결정에 대하여 재검토와 승인 작업이 필요하다. 이는 재평가의 결과가 기록물 처분과 직접적으로 연결되기 때문이다. 재평가 결과에 대하여 위원회가 재검토를 하는 목적은 모든 사람들로부터 동의를 얻는 데 있는 것이 아니라 폭 넓은 합의를 이끌어 내는데 있다. 그러나 재검토 작업이 아키비스트의 전문적 평가결정에 대한 거부권 행사를 위한 수단이 되거나 부적절한 평가결정에 대한 거부권 행사를 막는 수단으로 사용되지 않도록 해야 한다. 이와 같은 상위 운영자 및 외부 전문가에 의한 재검토는 평가 결정에 대한 책임을 분담해주는 역할을 하며, 행정적 기관장의 승인 절차 역시 평가자의 부담을 덜어주고 재평가 결정에 대한 완충장치 역할을 해줄 수 있으므로 이러한 과정이 필요하다.

6) 현재 종이 형태의 기록물이 영구보존을 위하여 디지털 매체로 전환되고 또 전자기록물이 대량으로 생산됨에 따라 기록물 보존시 항상 부담이 되었던 공간문제가 해결되었다고 보는 견해가 있다. 디지털 매체의 소장 공간이 무한적으로 증가할 수 있다는 전제 아래 평가 또는

재평가를 통한 선별작업 없이 모든 기록물을 보존하자는 의견이 대두되고 있다. 즉 아키비스트들이 많은 시간과 노력을 들어 평가하는 것보다 선별작업 없이 모든 기록물을 디지털 매체에 저장하는 것이 비용대효과면에서 더 효율적이라는 주장을 하고 있다. 현재로서는 재평가 작업이 엄청난 비용, 시간, 노력을 요구하기 때문에 그러한 주장이 일어나고 있으나 현용 전자기록물의 관리, 매체보존 및 진본성 유지, 효율적인 정보접근 및 검색, 전자기록물 보존관리 등을 수행하는데도 상당한 노력과 비용이 든다. 따라서 기록물 디지털화가 기록물 재평가 작업을 대신해 줄 수 없음을 인식해야 할 것이다. 또한 앞으로는 디지털 형태로 생산되어 관리·보존되는 디지털 기록물의 비율이 높아질 것이다. 아키비스트들은 디지털 기록물에 대한 재평가 절차가 종이형태의 기록물과는 다르겠지만, 재평가 대상임에는 틀림이 없다는 것을 인식하여야 한다.

7) 재평가는 지속적으로 이루어져야 한다. 단편적인 재평가 수행은 위기관리 도구로 전락시킬 뿐이다. 따라서 정규적 기록보존 관리 업무로 인정받고 기록관의 목적과 역할을 잘 유지시키기 위해서는 재평가가 지속적으로 수행될 수 있는 발판을 제시해주어야 한다.

8) 재평가는 최초의 평가결정을 수정할 수 있는 계기를 제공해주기 때문에 최초의 평가를 소홀히 할 가능성이 높다. 그러나 재평가는 최초 평가시에 잘 선별된 기록물이 시간이 지나 보존가치가 사라졌거나 기록관의 목적 및 역할이 변화되어 보존범위에 벗어난 기록물을 선별하는 작업이므로 평가자는 최초 평가를 소홀히 해서는 안 된다. 더욱이 잘 수행된 최초 평가는 재평가해야 하는 기록물의 범위를 줄여주는 역할을 수행함으로 모든 평가 작업은 신중하게 거시적으로 수행되어야

한다.

나. 처분 업무프로세스

처분은 재평가 결정에 따른 정당한 활동으로 더 이상 기록관에 보유하지 않기로 판정 받은 기록물을 기록관으로부터 제거하는 작업을 말한다. Sauer는 2000년에 78개의 사기록물보존소에 대해 기록물컬렉션 개발정책 수립여부와 그 이용에 관련하여 조사하였다. 51개의 보존소 (65.4%)가 성문화된 개발정책을 가지고 있는 것으로 조사되었고 이 중 처분과 관련된 항목을 개발정책에 명기한 보존소는 오직 15개(29.4%)인 것으로 조사되었다.30) Phillips는 일찍이 기록물컬렉션 개발정책 수립시 처분과 관련된 사항을 두어 처분에 관련하여 궁극적 목적, 절차, 도덕적·윤리적 지침을 명시해야 기록물을 수집하는 업무와 마찬가지로 원칙적이며 체계적으로 수행할 수 있다31)고 하였으나 아직도 처분에 대한 정책 및 절차를 명시하는 작업은 미흡한 것 같다.

본 장에서는 특수한 경우에만 이루어지는 매각을 통한 처분업무를 제외하고 일반적으로 기록관에서 이루어지는 세 가지 처분유형, 즉 원소유자 또는 기증자로의 반환, 적합한 다른 기록관으로의 이관, 폐기와 같은 업무를 수행하기 위해여 이루어져야 하는 최소 업무프로세스를 제시하였다.

---

30) Sauer, Cynthia K. 2001. "Doing the best we can? the use of collection develo pment policies and cooperative collecting activities at manuscript repositories". *American Archivist*. 64(2): 308-349.

31) Phillips, Faye. 1984. "Developing collecting policies for manuscript collections". *American Archivist*. 47(1): 30-42.

1)원소유자로의 반환

기록관의 기록물 수집 범위나 목적에 벗어난 기증자료인 경우에는 먼저 원소유자에게 반환을 고려하게 된다. 특히 법적 소유권이 원소유자가 있는 경우에는 반드시 원소유자에게 반환하여 처분해야 하고 물리적/법적 소유권이 기록관에 있다할지라도 처분을 할 경우에는 원소유자에게 문의하여 원한다면 되돌려주는 것이 바람직하다. 원소유자에게 기록물을 반환하는 절차는 <그림 1>과 같이 진행될 수 있다. 즉 특정 기록물에 대하여 원소유자가 반환을 원하는 신청이 접수되면 기록물처분심의위원회는 기록관에서의 기록물 소유와 관련된 법적인 면과 소유권자의 의견을 검토하여 반환여부에 대한 의견을 정립해야 한다. 이러한 위원회의 의견을 토대로 하여 기관장은 검토하여 처분 결정을 내려야 한다. 처분이 결정되면 소유권자에게 기록물 반환을 통보한 후 이관에 대한 협의를 가져 절차적이며 체계적으로 이관을 수행한다. 보편적으로 반환기록물이 원소유자에게 잘 전달될 수 있도록 하기 위하여 기록관은 기록물 포장과 운송에 책임을 져야 한다. 이전이 된 후, 원소유자에게 입수증을 받고 기록관에서는 처분파일을 갱신하게 되면 모든 기록물 반환업무가 마치게 된다. 만약 기관장이 처분하지 않기로 결정했다면, 처분신청 기각 사유를 기록한 후 처분기각 파일을 갱신한다.

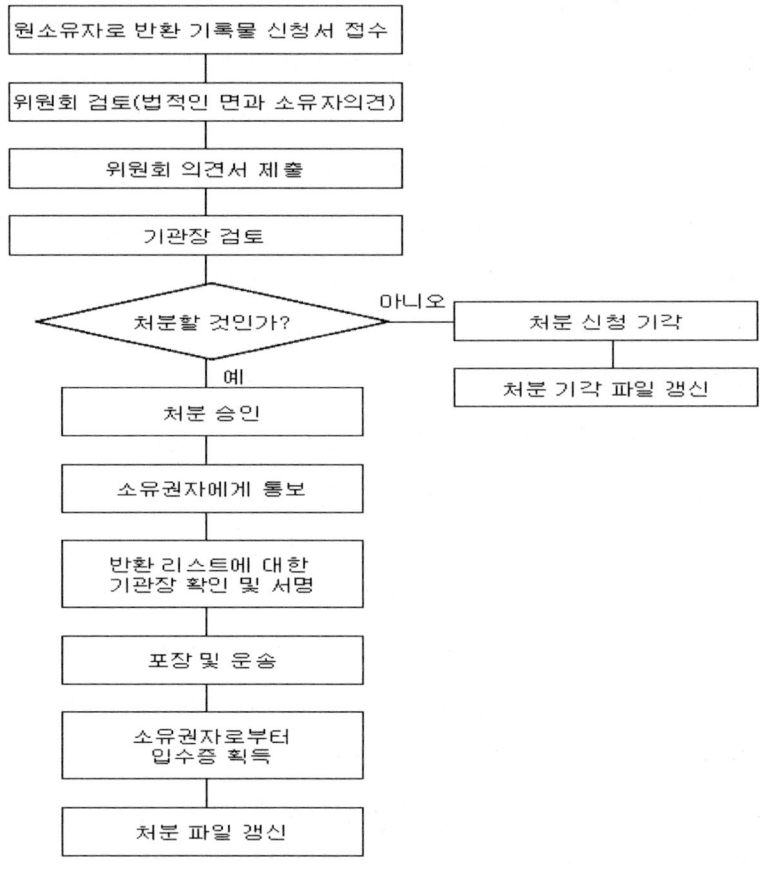

[그림 1] 처분절차 : 원 소유자로 반환

2) 다른 기록관으로의 이관

기록관의 수집대상 영역을 벗어난 자료를 보유하고 있거나, 동일한 범주에 속하는 기록물이 둘 이상의 기록관에 분리되어 보존되고 있거나, 자관보다는 다른 기록관이 보다 잘 보존할 수 있는 환경을 갖추고 있는 경우 그 기록물을 더 적절한 기록관으로 처분시킨다. 이러한 유형의 재이관 절차는 정치적인 고려 때문에 부득이하게 기록물을 이관 받는 상황을 모면할 수 있도록 해주며 또한 영역을 벗어난 기록물을 보존하는 문제에 대한 만족스러운 해결책이 될 수 있다.[32] 다른 기관으로의 이관은 먼저 이관될 기록물을 확인한 후 위원회와 협약 기록관과의 검토를 걸쳐 가장 적합한 기록관을 선정 한 후 이관을 실시하도록 한다.

즉 이관될 기록물이 선별되어 최종 리스트가 작성되면, 기록물처분심의위원회는 이관기록물 선정기준과 외부전문가와의 협의를 걸쳐 이관여부에 대한 결정을 내린다. 이에 따라 이관업무 실무자는 이관시킬 가장 적합한 기록관을 선정하기 위하여 먼저 협약된 기록관을 탐색하고 만약 협약된 기록관 중에 적합한 것이 없다면 다른 기록관들도 탐색해야 한다. 이러한 탐색을 통하여 이관시킬 가장 기록관을 선정한 다음, 그 기관으로부터 이관승인을 받도록 한다. 이러한 작업으로 결과로 이관될 기록물과 기록관에 대한 최종 리스트가 작성되면 기관장은 검토하여 최종 처분결정을 내린다(<그림 2> 참조).

---

32) Ham, F. Gerald. 1993. *Selecting and Appraising Archives and Manuscripts*. Chicago: SAA.

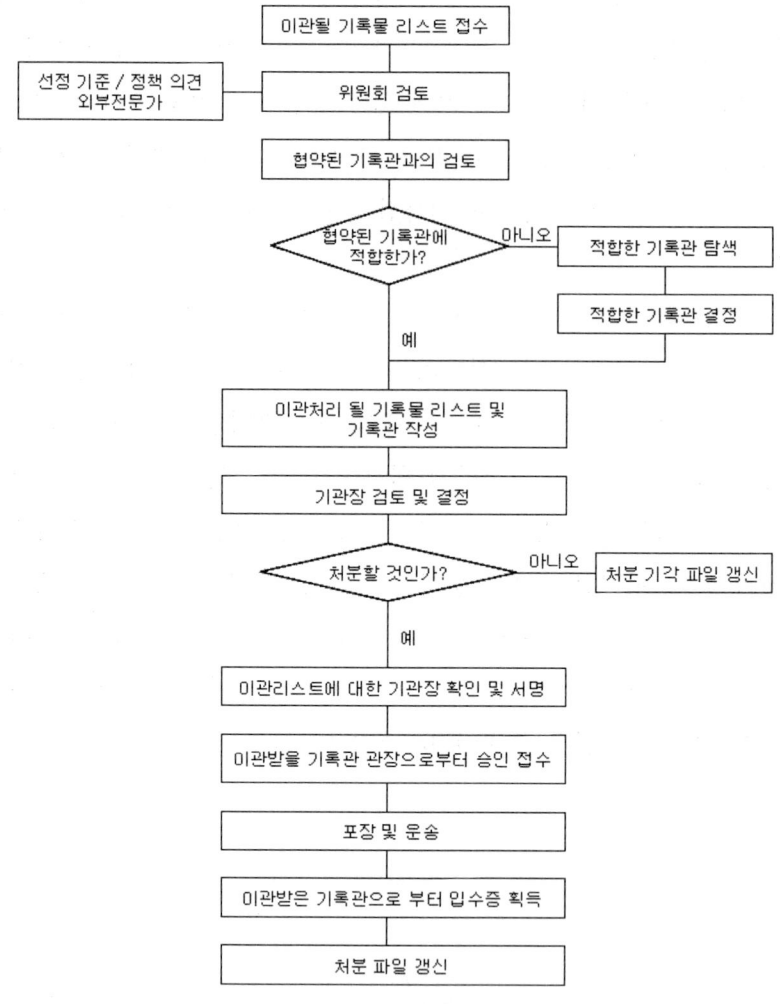

이관될 기록물 리스트 접수

선정 기준 / 정책 의견
외부전문가 → 위원회 검토

협약된 기록관과의 검토

협약된 기록관에 적합한가? —아니오→ 적합한 기록관 탐색

적합한 기록관 결정

예

이관처리 될 기록물 리스트 및 기록관 작성

기관장 검토 및 결정

처분할 것인가? —아니오→ 처분 기각 파일 갱신

예

이관리스트에 대한 기관장 확인 및 서명

이관받을 기록관 관장으로부터 승인 접수

포장 및 운송

이관받은 기록관으로 부터 입수증 획득

처분 파일 갱신

[그림 2] 처분절차 : 다른 기록관으로 이관

또한 이관받을 기록관으로부터 공식적으로 이관승인 증서를 받으면 이관기록물을 포장하여 책임적으로 운송시킨다. 다음, 새로운 소유자인 기록관으로부터 그 기록물에 대한 입수증을 받은 후, 기록관에서는 처분파일을 갱신하게 되면 모든 기록물 이전업무가 마치게 된다. 만약 기

관장이 처분하지 않기로 결정했다면, 처분신청 기각 사유를 기록한 후 처분기각 파일을 갱신한다.

3) 폐기

어디에서나 지속적으로 보존할 필요가 없다고 재평가 판정을 받은 기록물은 폐기처리를 해야 한다. 완전한 폐기는 되돌릴 수 없기 때문에 보다 신중하게 결정을 내려야 하며 명확한 대상만 즉 중복 기록물, 손상이 되어 정보적 가치를 상실한 기록물, 증빙적 사실을 오도하는 기록물 등으로 국한시켜 수행시켜야 한다. 폐기작업은 다른 처분업무 절차와 유사하 나 기록물의 잘못된 폐기가 수행되는 것을 막을 수 있도록 기관장 검토 및 결정 다음에 이사회에서 다시 한 번 검토하는 절차가 필요하다.

폐기기록물 대상으로 앞서 기술한 기록물 이외에 손실되거나 도난되어 기록물을 공식적으로 기록관에서 폐기해야 할 경우에도 기록물처분심의를 거쳐야 한다. 심의위원회가 각각의 기록물에 대하여 폐기결정을 하여 폐기기록물 리스트를 작성하게 되면 기관장은 다시 한번 검토한 후, 최종 폐기결정을 내리기 위하여 기록관운영이사회에 제출한다. 기록관 최고심의위원회인 이사회에서 기록물에 대한 폐기를 승인하게 되면 실무자는 각각 기록물에 대한 폐기사유를 작성한 폐기 파일을 갱신하고 마지막에 폐기처리를 수행한다. 만약 기관장 또는 이사회에서 폐기를 검토한 후 기각하게 되면 처분기각 파일에 그 사유를 기록하고 처분기각 파일을 갱신한다. 상세 폐기절차는 <그림 3>과 같다.

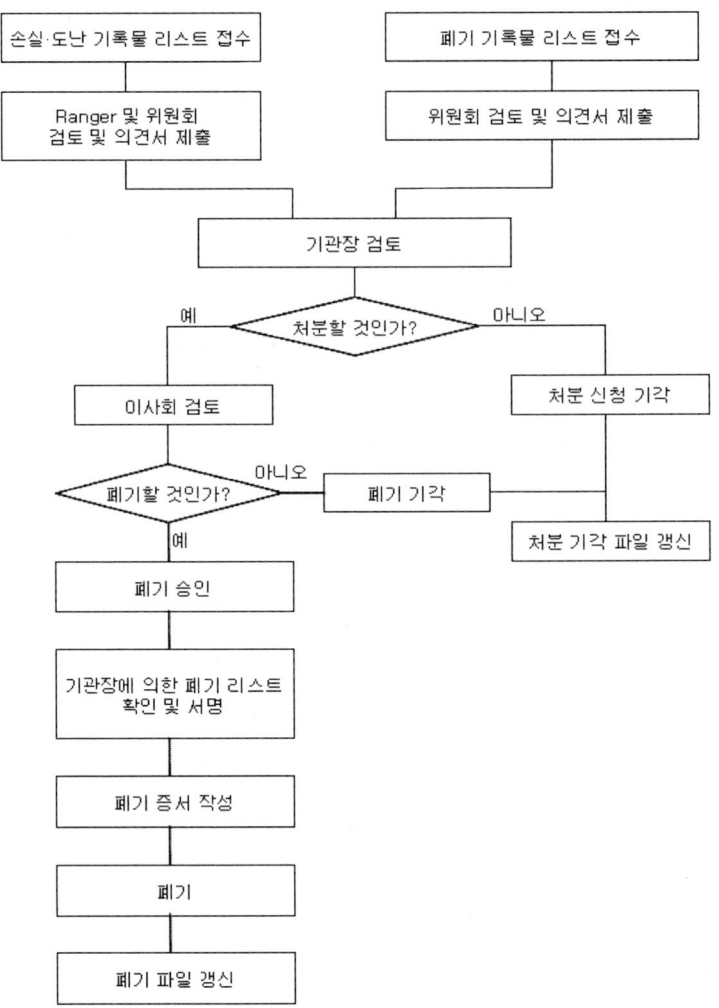

[그림 3] 처분절차 : 폐기

3. 결론

　Dowler의 "기록물 컬렉션이 성물처럼 관리되고 보존되어서는 안되며 끊임없이 기록관의 수집정책과 부응하는지를 평가해야한다"[33]는 인식과 "과거에는 가치 있는 것으로 평가된 기록물이라도 과거의 평가결과를 지속적으로 유지하는 기득권을 가질 수 없다"[34]라는 Rapport의 의견에 힘입어 Ham은 재평가와 처분을 정규 기록관리 업무로 인정하였다.[35] 이와 반대로 Benedict는 부분적인 재평가와 처분을 인정하였으나 정규적 업무로의 재평가와 처분은 비용대효과면에서 그다지 실용적이지 않으면서 논란과 왜곡만을 양상 시킨다[36]고 주장하고 있으며 특히 기록물의 이용가치를 기준으로 한 재평가와 처분을 반대하고 있다. 이러한 두가지 견해에 대하여 여러 학자들의 의견을 조명한 결과 어떠한 기록관도 모든 기록물을 보유할 수 없으므로 기록물 처분을 위한 재평가작업이 필수불가결한 업무임을 인정하고 있는 것으로 나타났다.

　이에 따라 현재 우리나라의 사기록관은 재평가를 통한 기록물 처분 업무를 어떻게 실시하고 있는지 살펴본 결과 아직까지는 조직적이며 체계적인 재평가를 통하여 처분하는 경우가 없는 것으로 나타났다. 일반적으로 재평가는 이전의 평가결정에 대하여 부분적으로 다시 재고해야 한다는 요구 또는 공식적 사유가 발생된 경우에만 재평가를 하고 있는 것으로 나타났다. 즉 공식적인 틀 안에서 정규적으로 이루어지는

---

33) Dowler, op. cit, 117-132.

34) Rapport, loc. cit., 143-150.

35) Ham, 1984, loc. cit., 11-22.; Ham, 1993. op. cit.

36) Benedict, loc. cit., 43-49.

것이 아니라, '때늦은 지혜(hindsight)'의 수행을 위하여 또는 '위기관리'를 위하여 이루어지고 있는 것이다. 이러한 현상은 아직 우리나라의 사기록관의 역사가 짧아 기록물 재평가를 수행할 만한 시기가 아직 도래하지 않았기 때문이라고 설명할 수 있다. 대다수의 사기록관은 현재 기록물 수집과 선별작업에 집중하고 있으며 이와 동시에 기록물관리를 제도화하는데 힘쓰고 있어 재평가와 처분에 대한 비중은 상대적으로 낮을 수밖에 없었다.

그러나 사기록관에서 기록물의 수집 및 선별을 담당하는 아키비스트들은 기록관에서 관리해야 하는 기록물 대상범위가 광범위해지고 이와 더불어 선별된 기록물을 무한적으로 축적 하여 보존할 수 없는 현실을 인지하고 있는 실정이다. 또한 기록관의 목적과 환경에 맞추어 기록물의 보존관리의 범위를 한정시키고 이를 바탕으로 효율적인 기록정보서비스를 제공하기 위해서는 지속적으로 기록물의 보존가치를 파악해야 하는 점을 인정하고 있다. 따라서 이제는 이러한 인식 위에 앞으로 수행해야만 하는 보존관리 기능으로서의 재평가와 처분업무를 보다 신중하게 고려하면서 기록관리 전체적 업무프로세스를 구상해야 할 것이다.

연구팀

곽건홍　　고려대학교 사학과 문학박사, 국가기록원 기록수집팀 학예연구관
　　　　　「한국에서의 노동통제 이데올로기 비교연구　1940년대와 1970년대의 '노사협조주의'를 중심으로」,
　　　　　사림 25호, 2006.6
　　　　　『한국 국가기록관리의 이론과 실제 - 기록이 없으면 역사도 없다』, 역사비평사, 2003

김익한　　일본 동경대학 문학박사, 명지대 기록정보과학전문대학원 교수
　　　　　「기록관리혁신의 과제와 전망 - 거버넌스 기록관리」, 한국기록학회, 기록학연구 11, 2005. 4
　　　　　「기록학의 도입과 기록관리혁신(1999년 이후)」, 한국기록학회, 기록학연구 15, 2007. 4

박성진　　한국학중앙연구원 한국학 박사, 국가기록원 수집평가팀 학예연구관
　　　　　『사회진화론과 식민지사회사상』, 선인, 2002
　　　　　『조선총독부 공문서-일제시기 기록관리와 식민지배』(공저), 역사비평사, 2007

이광희　　서울대 대학원 정치학 박사, 한국행정연구원 국정평가센터 연구소장
　　　　　『거버넌스 지수 도입방안에 대한 연구』, 한국행정연구원, 2007
　　　　　『정책평가와 성과관리』(공역), 대영문화사, 2006

이명규　　서울대학교 박사과정 수료, 광주대학교 도시계획부동산학과교수
　　　　　『동양도시사속의 서울』(등 편), 서울시정개발연구원, 1994
　　　　　『근대도시』(역서), 세진사 , 1996

이상민　　미국 노던일리노이주립대학 역사학 박사, 국제공인아키비스트인증원(ACA) 공인아키비스트(C.A)
　　　　　「대통령기록관의 설립과 운영 방향:미국 대통령기록관의 사례와 교훈」, 한국기록관리학회, 한국기
　　　　　록관리학회지 1(2), 2001. 9
　　　　　「역사를 위하여:아키비스트와 역사가의 역할 -공공기록보존소를 중심으로」, 한국기록학회, 기록학
　　　　　연구 6, 2002. 10

이송순　　고려대학교 사학과 문학박사, 친일반민족행위자재산조사위원회 사무관
　　　　　「일제하 조선인 군수의 사회적 위상과 현실인식 - 1920~30년대를 중심으로」, 역사와현실 63호,
　　　　　2007.3
　　　　　「일상을 통해 본 식민지근대성, '균열의 식민지'」, 역사비평 76호, 2006.8

이승억　　한양대 대학원 박사과정 수료 한국현대사전공, 국가기록원 기록수집팀 학예연구관
　　　　　『전자환경에서의기록관리 개념에 관한 재검토』, 한국기록학회, 기록학연구 6호 2002
　　　　　「현행 국가기록보존의 문제점과 개선방향」, 『대통령소속의문사진상규명위원회보고서: 진실을 향
　　　　　한 험난한 여정』, 대통령소속의문사진상규명위원회, 2004

이승일　　한양대 사학과 문학박사, 국회기록보존소 기록연구사
　　　　　『조선총독부 공문서-일제시기 기록관리와 식민지배』(공저), 역사비평, 2007
　　　　　「1960년대 초반 한국 국가기록관리체제의 수립과정과 제도적 특징」, 한국기록관리학회, 한국기록
　　　　　관리학회지 7(2), 2007. 12

서은경　　한성대학교 지식정보학부 교수, 국가기록원 기록물평가심의회 위원
　　　　　『기록관리론: 증거와 기억의 과학』(공저), 아세아출판사, 2008.
　　　　　「An Experimental Comparison on Visualization Techniques of Long Menu-List」, 정보관리학회
　　　　　지, 24(2), 2007

설문원　　이화여자대학교 문헌정보학 박사, 국가기록원 기록정보서비스부 부장
　　　　　『조선총독부 공문서 분류·기술방법론』(공저), 한국국가기록연구원, 2004
　　　　　「조선총독부 기록물을 위한 기능분류체계 개발 연구」, 한국정보관리학회, 정보관리학회지, 20(1),
　　　　　2003.

조선총독부 도시계획
공문서와 기록평가론

초판1쇄 인쇄 2008년 5월 20일
초판1쇄 발행 2008년 5월 25 일

　　　엮은이 한국국가기록연구원
　　　펴낸이 방 은 순
　　　펴낸곳 진리탐구출판사

등록번호 제10-898호
등록일자 1993년 11월 17일

주　　소 경기도 고양시 일산서구 구산동 199-1
전　　화 031)925-5366~7
전　　송 031)925-5368

ISBN :
※ 잘못된 책은 바꿔드립니다.
　가격은 표지에 있습니다.

※ 이 연구는 2004년도 한국학술진흥재단의 지원을 받았습니다(KRF-2004-073-AS2006).